Graeme Goldsworthy
trilogia

O EVANGELHO E O REINO
O EVANGELHO NO APOCALIPSE
O EVANGELHO E A SABEDORIA

Dados Internacionais de Catalogação na Publicação (CIP)
Angélica Ilacqua CRB-8/7057

Goldsworthy, Graeme

    Graeme Goldsworthy trilogia / Graeme Goldsworthy ; tradução de Vivian do Amaral Nunes. – São Paulo : Shedd Publicações, 2016.
488 p.

    ISBN: 978-85-8038-045-3
    Título original: *The Goldsworthy Trilogy: Gospel & Kingdom, Gospel in Revelation, Gospel & Wisdom*

    1. Bíblia A.T. 2. Bíblia N.T. 3. Bíblia - Crítica, interpretação, etc. 4. Apocalipse I. Título II. Nunes, Vivian do Amaral

16-0101   CDD-220.076

Índices para catálogo sistemático:
1. Bíblia - Crítica, interpretação, etc.

Graeme Goldsworthy
trilogia

O EVANGELHO E O REINO
O EVANGELHO NO APOCALIPSE
O EVANGELHO E A SABEDORIA

Tradução
Vivian do Amaral Nunes

Copyright © Shedd Publicações
Título do original em inglês: *The Goldsworthy Trilogy: Gospel & Kingdom, Gospel in Revelation, Gospel & Wisdom*
Translated and printed by permission of Paternoster an imprint of Authentic Media Limited
52 Presley Way, Crownhill, Milton Keynes, MK8 0ES

1ª Edição - Março de 2016

Publicado no Brasil com a devida autorização
e com todos os direitos reservados por
Shedd Publicações
Rua São Nazário, 30 - Santo Amaro
São Paulo, SP - 04741-150
Tel.: (011) 5521-1924
shedd@sheddpublicacoes.com.br
www.loja.sheddpublicacoes.com

Proibida a reprodução por quaisquer meios (mecânicos, eletrônicos, xerográficos, fotográficos, gravação, estocagem em banco de dados, etc.), a não ser em citações breves com indicação de fonte.

Printed in Brazil / Impresso no Brasil

ISBN 978-85-8038-045-3

Tradução: Vivian do Amaral Nunes
Revisão: Rogério Portella
Diagramação & Capa: Edmilson Frazão Bizerra

Sumário

O evangelho e o Reino 7

O evangelho no Apocalipse 137

O evangelho e a sabedoria 291

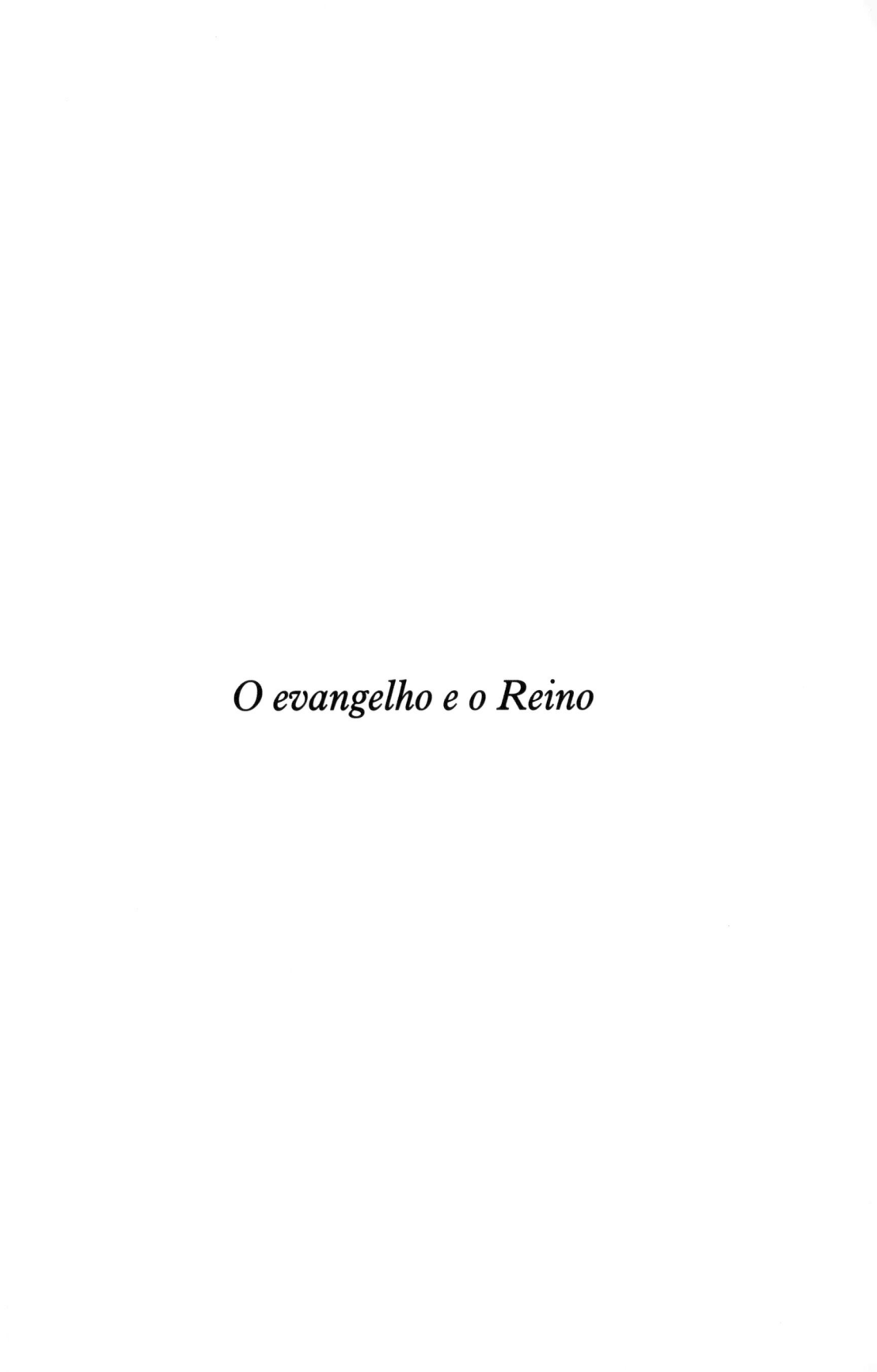

O evangelho e o Reino

Sumário

Prefácio 11
Introdução 13
1. Por que ler o Antigo Testamento? 17
2. Preenchimento das lacunas 27
3. O que é o Antigo Testamento? 37
4. Teologia bíblica e a história da redenção 47
5. A aliança e o Reino de Deus 53
6. O Reino revelado no Éden 59
7. O Reino revelado na história de Israel 67
8. O Reino revelado nas profecias 87
9. O Reino revelado em Jesus Cristo 97
10. Princípios de interpretação 113
11. Aquele gigante de novo! 119
Conclusão 125
Apêndice A. Leituras sugeridas 127
Apêndice B. Perguntas para estudo individual ou em grupo 129
Apêndice C. Passagens para interpretação 133

Prefácio

Este livro surgiu de uma profunda preocupação com a recuperação do Antigo Testamento (AT) como parte da Bíblia cristã. É indiscutível que os cristãos evangélicos ainda demonstram certa negligência e ignorância em relação aos primeiros três quartos da Bíblia. Não precisamos, aqui, refletir sobre a causa do problema, mas não se discute que se trata de um problema.

Provavelmente, os cristãos "crentes na Bíblia" sofrem por estarem conscientes dessa grave falta de compreensão bíblica como um todo — e com razão.

Tenho sido convidado, com frequência, para promover uma série de estudos sobre o AT por vários grupos. "Nós não estudamos nada sobre o AT por um longo tempo. Que tal os Profetas Menores?" (Os Profetas Menores parecem exercer fascínio peculiar sobre grupos de estudo que desconhecem o AT!) De modo geral, respondo com a contraproposta de realizarmos uma série de estudos sobre a estrutura da teologia do AT e a unidade da Bíblia. Não raro, a reação costuma ser uma resposta entusiástica a qualquer coisa que ajude a mostrar como as várias partes bíblicas se integram e relacionam.

Ao ministrar um curso de teologia bíblica, há alguns anos, no Moore Theological College, não consegui recomendar um único livro (de caráter introdutório) sobre o assunto. Obviamente se fazia necessário um título que trouxesse os princípios básicos de interpretação cristã do AT para pastores e mestres, bem como para o cristão comum.

Os frequentes pedidos de alunos para indicar livros foram aos poucos sendo substituídos pelo desafio de preparar meu próprio trabalho para publicação, baseando-me na série de palestras proferidas no Moore College.

Este pequeno livro resulta desse esforço. Ao escrevê-lo, procurei ter em mente as necessidades de todos os que, com pouco ou nenhum treinamento formal, assumem a tarefa de ler a Bíblia para a própria edificação ou a fim de ensiná-la também a outras pessoas. Sei, por experiência, que pastores e pregadores precisam de ajuda mais simples e não técnica. Os riscos do excesso da simplificação são muito grandes, mas a natureza urgente da tarefa faz com que eles valham a pena.

Tenho uma dívida de gratidão para com vários professores que me instruíram por meio de estudos bíblicos e teológicos. Sinto gratidão especial ao arcebispo Donald Robinson por me transmitir um pouco de seu entusiasmo e ideias para o estudo da teologia bíblica. Agradeço também àqueles que voluntariamente contribuíram com a digitação do manuscrito.

Graeme Goldsworthy
Brisbane

INTRODUÇÃO

Você matou algum gigante nos últimos dias?

A festinha de aniversário da escola dominical está apenas começando e o salão se encontra repleto de crianças sob os olhos atentos de professores e pais. Todas elas cantam a plenos pulmões com a ajuda de um acordeão e dois violões, enquanto o líder de louvor trabalha energeticamente no palco. A ânsia das crianças pela história bíblica que em breve será apresentada não é partilhada pelo jovem sentado junto à tribuna e que folheia suas várias ilustrações e anotações com nervosismo. Talvez mais pensativo que a maioria, ele é tomado por uma dúvida repentina a respeito da apresentação que pretende fazer da história do AT.

Não há nada de errado com seus recursos visuais, e sua narrativa técnica é reconhecida como de alto padrão. Mas há algo que o incomoda. Como ele pode lidar com acontecimentos mil anos antes de Cristo, ou mais, e fazer com que signifiquem algo para seus jovens ouvintes do século XXI?

Essa incerteza não é repentina. Imaginemos que nosso amigo (vou chamá-lo "Ken") tenha sido criado em um lar cristão e em uma igreja ativa e fundamentada na Bíblia. Ao longo dos anos, foram ensinados a ele conteúdos bíblicos, e Ken aprendeu a aplicá-los à própria vida, presumindo que essa seria a única maneira "adequada" de viver. Como professor da escola dominical, ele adquiriu aos poucos certa habilidade nesse tipo de exposição, mas nunca se sentiu muito convencido dos princípios subjacentes ao método. Porém, ao se interessar pelo estudo das Escrituras, ele começou a ter consciência da diversidade da literatura bíblica, bem como do contexto histórico de suas ocorrências. Sem haver dirimido as dúvidas em relação a alguns dos livros, ele se tornou consciente da maneira descuidada com que lidava com o significado originário dos textos e com sua aplicação no "presente" — aceito de forma prévia.

O convite para falar no aniversário confrontou Ken com um novo problema. Ele não podia apenas refazer a história de acordo com o material das lições da escola dominical (não que estivesse muito feliz com ele, de qualquer maneira!). Sua inquietação sobre o método de narração de histórias bíblicas havia aumentado poucas semanas antes quando ouviu outro orador, em uma festa infantil, apresentar a história de Davi e Golias. Seu trabalho estava bem feito e as crianças adoraram. Houve muita emoção na encenação dessa grande vitória do líder escolhido por Deus, e o uso de recursos visuais havia sido realizado com cuidado e precisão. Mas, o que deixou Ken preocupado foi como o orador aplicou a história. O colega vestido como Golias havia revelado de forma progressiva uma lista de pecados da infância ao descartar tiras de papelão de sua couraça, uma por uma, enquanto o orador explicava o tipo de "Golias" que todos nós precisamos enfrentar. Em seguida, um jovem apareceu em cena e apresentou a Davi seu arsenal — um estilingue rotulado "fé" e cinco pedras listadas como "obediência, serviço, leitura bíblica, oração, comunhão". O orador havia omitido qual pedra matara de fato Golias — questão que provocou risos quando Ken discutiu o assunto com alguns amigos. Mas, por trás dos risos, havia um verdadeiro sentimento de mal-estar e confusão sobre a questão de como essa história do AT deve ser contada.

Ken estava preocupado com tudo isso porque, seis meses atrás, ele teria feito exatamente a mesma coisa. Mas, agora, quando se preparava para assumir a tribuna, ele se sentia muito inseguro em relação a tudo. Estava ali para apreciar mais da unidade histórica e da progressão dos acontecimentos bíblicos. De alguma forma, o engenhoso salto comparativo entre Golias e nossos pecados, entre as armas de Davi e nossa fé e virtudes cristãs e, de modo mais significativo, entre Davi e nós parecia, ao mesmo tempo, lógico e arbitrário.

De qualquer forma, Ken vai em frente, mesmo com dificuldades. Ele tem uma palestra a ministrar com uma abordagem adequada para a transmissão de um conteúdo valioso, embora, ao mesmo tempo, sem razões claras para que essa abordagem seja considerada assim.

*****

Esta história poderia ser escrita de mil maneiras diferentes para se adequar à sua situação e à minha. Se você não é um professor de escola dominical, talvez seja um conselheiro de acampamento, um ajudante de clube bíblico em feriados, ou apenas um cristão comum lutando com a questão da relevância do AT para a vida cristã. Ou, talvez, você seja um pai ou mãe cristã que quer ensinar os filhos a buscar o significado da Bíblia e a maturidade no manejo do texto das Escrituras. Cada vez que lemos a Bíblia, encontrarmos o desafio de aplicar com correção o texto para nós, partindo do significado do texto antigo para o mundo de hoje.

Este livro foi escrito para ajudar a preencher essa lacuna. Para construir uma ponte que vai ligar o mundo antigo ao homem moderno, precisamos saber que tipo de lacuna nos separa. Não se trata de algo fácil, mas é preciso começar. Se acreditarmos que até as crianças são capazes de aprender a compreender algo do modo de falar de Deus para elas por meio da Bíblia, devemos aceitar o chamado ao longo de toda a vida para aumentar nossa compreensão da Palavra de Deus, a fim de construir pontes mais seguras.

Este livro objetiva proporcionar a estrutura da base sobre a qual se possa construir a melhor utilização do AT bem como de toda a Bíblia. O objetivo é ajudar os cristãos a atravessar o abismo que os separa do sentido originário do texto bíblico. Ele não relata toda a história da teologia bíblica, mas oferece um convite para começar a emocionante tarefa de ler a Bíblia por toda a vida.

CAPÍTULO 1

Por que ler o Antigo Testamento?

Antes de começar a construir a ponte, devemos fazer uma pergunta básica: Em primeiro lugar, por que nos preocuparmos em preencher a lacuna existente? Para muitos cristãos, o problema não é ler o AT, mas, afinal, *por que* ele deve ser lido?

POR QUE ALGUMAS PESSOAS NÃO LEEM O ANTIGO TESTAMENTO

Algumas pessoas ainda são influenciadas pela atmosfera intelectual do século XIX, que muito fez para minar a apreciação positiva do AT. A filosofia da época levou as pessoas a concluir que a religião cristã, encontrada no Novo Testamento (NT), não era nada mais que a evolução natural das ideias do homem sobre Deus. Como consequência, o AT foi considerado uma expressão da religião primitiva e desatualizada. Visto não só como *pré-cristão* — por não se preocupar durante séculos com os acontecimentos do evangelho —, mas também como *subcristão*, por não alcançar as alturas éticas e teológicas do NT. No entanto, muitas pessoas não afetadas por essas ideias a respeito do AT podem, na prática, adotar atitude similar. Elas o entendem como um pano de fundo para o ensino do Novo. Talvez elas se recusem a diminuir a importância teológica do AT por causa de suas convicções sobre a inspiração e a autoridade de toda a Bíblia. Mas, na prática, essas pessoas podem ser ainda mais negligentes em relação ao AT que outros cristãos, sem um conceito tão elevado da inspiração.

Ironicamente, o próprio conceito evangélico das Escrituras pode tornar o problema pior, pois o "evolucionista" descarta com facilidade as partes do AT que ele considera ofensivas, grosseiras e primitivas em sentido moral. Já o "conservador" precisa encontrar uma forma de conciliar sua visão do AT como Palavra de Deus com coisas como o massacre dos cananeus por Israel, as maldições lançadas contra os inimigos em alguns salmos, ou a ampla prescrição da pena de morte na lei de Moisés. Ainda que partes do NT não pareçam moralmente repreensíveis ao cristão "conservador", outras partes se mostram de todo irrelevantes.

Para o terceiro grupo de pessoas, o problema do AT é simplesmente que, no conjunto, eles o acham seco e desinteressante; ele é prolixo, pesado e confuso. Seja qual for seu conceito das Escrituras, o peso absoluto e a complexidade dessa coleção de livros antigos (três vezes maior que o NT) leva ao tédio, à apatia e negligência em vez de, deliberadamente, à rejeição.

Há uma maneira simples de evitar essas dificuldades. Nossa consciência é menos propensa a nos incomodar pela negligência em relação ao AT se estivermos estudando o Novo. Depois de algum tempo, o AT sai de nossa vista e não nos causa qualquer dor.

Por que outras pessoas, de fato, leem o Antigo Testamento?

Felizmente, existem pessoas que ainda leem o AT. Sua convicção de que o AT é parte da revelação escrita de Deus é, sem dúvida, em parte, responsável por isso. E mais. Se interpretado de forma correta, o AT desperta muito interesse em qualquer idade. Professores de escola dominical estão entre os maiores leitores das narrativas do antigo Israel, pois elas contêm riqueza de emoção e interesse humano capazes de capturar a imaginação de crianças de todas as idades. Conte uma boa história sobre uma das batalhas de Israel e você verá as crianças inclinadas para frente, sentadas na beira das cadeiras! No entanto, não faltam armadilhas para o professor que quer extrair a mensagem cristã do AT, embora elas não sejam aparentes até que se entenda a unidade da Bíblia.

Trilhas falsas

A falha em reconhecer a unidade das Escrituras levou alguns dos primeiros pregadores a seguir pistas falsas. O surgimento do método alegórico de interpretação, no início da igreja, é um bom exemplo. Como grande parte do AT foi considerado inútil ou subcristão, a única maneira de salvá-lo para o uso cristão era distinguir o sentido "espiritual" oculto, escondido atrás do significado natural.

A alegoria parecia ser um método legítimo de interpretação, pois foi controlada pelo conteúdo do NT ou, mais tarde, pelos dogmas da igreja. O que estava faltando, no entanto, era o tipo de controle que o próprio NT aplicou ao usar o AT. Em vez disso, a relação entre o significado natural do AT e os ensinamentos do Novo foi deixada para o engenho do expositor. Um grave efeito do método alegórico é que ele tende a impedir as pessoas de ver com seriedade o sentido histórico ou natural do Antigo Testamento.[1] Esse problema não existe apenas em relação ao AT. Na Idade Média, a lógica deu um passo adiante, pois se percebeu a necessidade de haver uma interpretação espiritual do sentido natural do NT, sendo essa encontrada na tradição da igreja.[2] Assim, a autoridade não se encontra agora no sentido natural do cânon das Escrituras, mas nos ensinamentos

---

[1] V. Beryl Smalley, *The Study of the Bible in the Middle Ages* (University of Notre Dame Press, 1964, cap. 5). Stephen Langton (morto em 1228) aplicou a interpretação alegórica e espiritual com vigor. Por exemplo, 2Reis 1.2 — Acazias caiu da sacada de seu quarto na Samaria e ficou doente — significa que um prelado da igreja que entra, às pressas, nas perplexidades do seu cargo pastoral e cai em pecado. Boaz, no livro de Rute, existe para representar Deus. Quando ele pergunta aos ceifeiros: "A quem pertence aquela moça?" (Rt 2.5), de fato questiona os doutores em teologia sobre o *status* do pregador que reúne frases das Escrituras para a pregação. Um exemplo moderno de exposição alegórica muito semelhante ao método medieval de interpretação pode ser encontrado em W. Ian Thomas, *If I Perish I Perish* (Grand Rapids: Zondervan, 1967). O autor trata do livro de Ester e entende que Assuero representa a alma do homem, Hamã, a carne pecadora, Mardoqueu, o Espírito Santo, e Ester, o espírito humano.

[2] Cf. J. S. Preus, *From Shadow to Promise* (Cambridge: Massachusetts, Harvard University Press, 1969).

da igreja quando interpreta o significado espiritual segundo seus próprios dogmas.

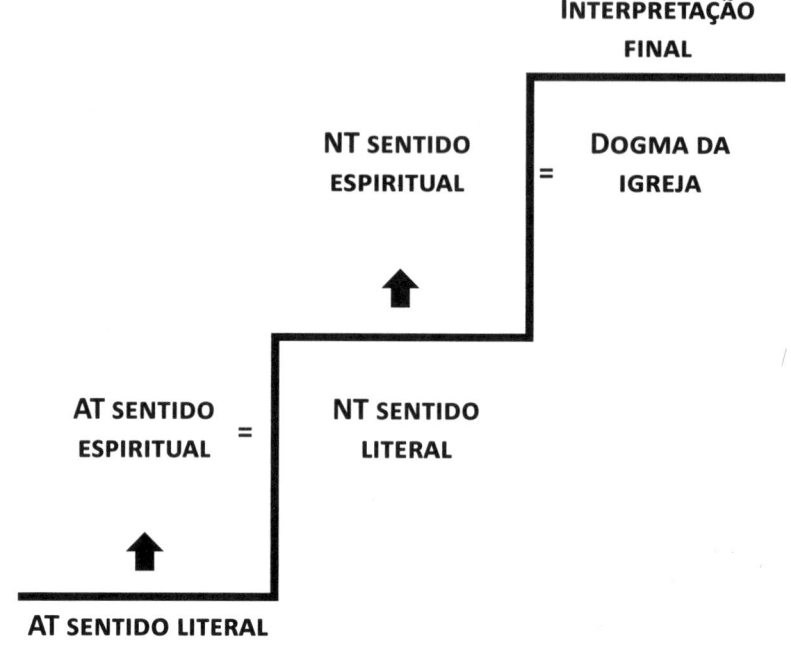

Figura 1   O processo de espiritualização

A Idade Média viu o desenvolvimento da interpretação de acordo com os quatro significados das Escrituras:

a) sentido literal ou natural;
b) referência moral para a alma humana;
c) referência alegórica para a igreja, e
d) referência escatológica às realidades celestes.

Nem todos os textos eram lidos com os quatro significados, e não havia atividades consideráveis no campo dos estudos bíblicos (especialmente entre os séculos XII e XV) quando os estudiosos procuraram se dedicar ao significado.[3]

---

[3] Uma introdução útil ao assunto da interpretação pode ser encontrada em Robert M. Grant, *A Short History of the Interpretation of the Bible* (New York: Macmillan, 1948).

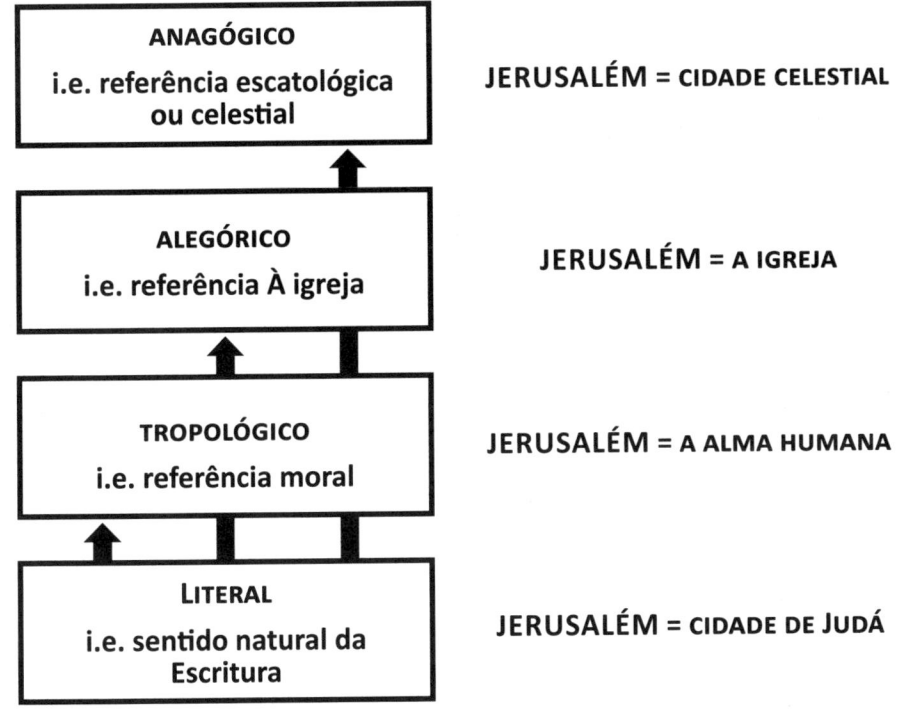

Figura 2   O método medieval de interpretação dos quatro níveis

O CAMINHO DA REFORMA

Os reformadores protestantes ajudaram a igreja cristã a perceber de novo a importância do significado histórico e natural das Escrituras, para que o AT pudesse ser considerado valioso. Quando os reformadores recuperaram a autoridade das Escrituras, não só reafirmaram as doutrinas bíblicas da igreja e salvação, mas também a doutrina das Escrituras. A interpretação protestante se baseou no conceito da natureza perspícua (clara e autointerpretativa) da Bíblia. Mediante a remoção da autoridade externa para a interpretação da Bíblia — a igreja infalível —, os reformadores estavam livres para aceitar e enxergar os princípios de interpretação contidos na própria Bíblia.

Assim, as Escrituras que interpretam a si mesmas se tornaram a única regra de fé — *sola Scriptura* (só as Escrituras) era o grito da

Reforma. O direito de interpretação foi entregue a todo crente, mas isso não significa que os princípios de interpretação encontrados na Bíblia poderiam ser esquecidos e cada cristão seguiria os próprios caprichos.

O método alegórico se tornou muito menos popular, pois o sentido histórico do AT foi considerado significativo para a unidade da Bíblia. Talvez entendamos melhor a posição protestante à luz dos outros princípios surgidos na Reforma. Os reformadores afirmavam que a salvação é um dom derivado *só da graça*, *só* por meio de *Cristo*, e *só* pela *fé*. "Só a graça" significa que a salvação é obra exclusiva de Deus, não condicionada por qualquer coisa que o homem seja ou faça. "Só Cristo" significava que o pecador é aceito por Deus com base exclusiva no que Jesus realizou. "Só a fé" significa que a única maneira de o pecador receber a salvação decorre da fé pela qual a justiça de Cristo é imputada (creditada) ao crente.

Qual a ligação de tudo isso com o AT? Os reformadores estabeleceram um método de interpretação bíblica em que o sentido histórico natural do AT tem significado para os cristãos por causa da relação orgânica com Jesus. A graça de Deus vista em suas relações com Israel é parte de um processo vivo que atinge o ponto culminante na obra da graça, o evangelho, nos acontecimentos históricos de Cristo — Jesus de Nazaré. Como é importante afirmar que essa "história sagrada" ou "história da salvação" do AT deve ser interpretada pela Palavra, Jesus Cristo, é também importante reconhecer que o evangelho é Deus agindo na história — de modo mais específico, mediante a história de Jesus.

A teologia medieval havia internalizado e subjetivado o evangelho de tal forma que a base de aceitação divina da justificação não mais decorria do que Deus fizera uma vez por todas em Cristo, mas o que Deus continuava a fazer na vida do cristão. Essa *des-historicização* do que Deus havia feito uma vez por todas no evangelho passou de mão em mão com a *alegorização* da história do AT. A Reforma recuperou o Cristo/acontecimento histórico (o evangelho) como a base da nossa salvação e, por sua vez, a importância objetiva da história do AT. Isso é muito diferente da abordagem moderna: considerar o AT parte do desenvolvimento histórico das ideias religiosas do homem, ou apenas o fundo histórico da era do NT. Basicamente, o AT não é a história do desenvolvimento das ideias *do homem* sobre Deus, mas toda a Bíblia se apresenta como o processo de desdobramento das relações de Deus com o homem e da própria revelação divina ao homem.

O Novo Testamento é para todos os cristãos?

A razão mais atraente para os cristãos lerem e estudarem o AT encontra-se no NT. O NT testemunha o fato de Jesus de Nazaré ser aquele em quem e por meio de quem todas as promessas de Deus são realizadas. Estas promessas só devem ser entendidas a partir do AT; seu cumprimento só pode ser compreendido no contexto das próprias promessas. O NT pressupõe o conhecimento do AT. Todas as preocupações dos escritores do NT fazem parte da história da redenção testemunhada pelo AT. Os escritores do NT não podem separar a pessoa e a obra de Jesus, nem a vida da comunidade cristã da história sagrada iniciada no AT.

Naturalmente, é de grande importância que os escritores do NT citem ou aludam muitas vezes ao AT. Estima-se que haja pelo menos 1600 passagens do NT que aludem de forma inequívoca refletindo versículos do AT.[4] Claro que nem todas essas citações demonstram a continuidade direta de pensamento com o AT, e algumas até mostram certo contraste entre o AT e o NT. Mas o efeito geral é inquestionável — a mensagem do NT tem suas bases no AT.

Ao contrário do que por vezes se sugere, os escritores do NT não tinham o hábito de citar textos sem referência ao contexto. Na verdade, algumas vezes, a citação consiste na reprodução de uma passagem inteira do AT. Por exemplo, a citação de Paulo em 1Coríntios 10.7 de parte de Êxodo 32.6 refere-se às festividades dos

---

[4] Henry M. Shires, *Finding The Old Testament in the New* (Philadelphia: Westminster Press, 1974, p. 15).

israelitas. A intenção é trazer à memória toda a narrativa da idolatria de Israel e o bezerro de ouro.

Uma pessoa pode se tornar cristã sem muito conhecimento do AT. A conversão requer a compreensão básica de Jesus Cristo como Salvador e Senhor. O cristão não pode se comprometer com Cristo sem apegar à sua doutrina. Resulta que a atitude de Cristo em relação ao AT será transmitida ao cristão que estuda o NT com cuidado. Quanto mais estudamos o NT, mais evidente se torna a convicção partilhada por Jesus, pelos apóstolos e os escritores do NT em geral: o AT é a Escritura e a Escritura aponta para Cristo. A maneira pela qual o AT testemunha a respeito de Jesus é uma questão que precisa ser resolvida com base no NT, uma vez que o NT fornece ao cristão a autoridade para interpretar o AT.

O efeito disso é duplo. Como cristãos, sempre olharemos para o AT a partir do ponto de vista do NT — a partir do cenário do evangelho que é o objetivo do AT. Mas, como o NT pressupõe de modo contínuo o AT como uma unidade, nós, que não conhecemos ao AT da mesma forma que os primeiros cristãos, seremos levados de volta ao estudo do AT em seus próprios termos. Para entender todo o processo de vida da história da redenção no AT, devemos reconhecer duas verdades básicas. A primeira é que a história da salvação é um processo. A segunda é que esse processo da história da redenção encontra objetivo, foco e cumprimento na pessoa e na obra de Cristo. Esse é o princípio subjacente a este livro.

A incapacidade de compreender essa verdade — em grande parte porque o bom estudo do AT tem sido negligenciado — ajuda e instiga uma das inversões mais infelizes da teologia evangélica. O núcleo do evangelho, os fatos históricos relativos ao que Deus fez em Cristo, é muitas vezes *desvalorizado*, hoje, a favor da ênfase mais mística na experiência particular. Considerando-se que a fé no evangelho é, em essência, a aceitação e o compromisso com a declaração do que Deus realizou por meio de Cristo cerca de dois mil anos atrás em nosso nome, a fé salvadora não raro é retratada hoje mais como a crença no que Deus faz em nós agora. Conceitos bíblicos como o "perdão de pecados" e a "salvação" são interpretados, principalmente, como a descrição de uma experiência pessoal do cristão. Mas, quando deixamos que toda a Bíblia — AT e NT — fale conosco, consideramos os aspectos subjetivos da vida cristã sem dúvida importantes — o novo nascimento, a fé e a santificação — *os frutos* do evangelho. O evangelho, embora ainda relacionado com as pessoas em suas necessidades, está arraigado e alicerçado na história da redenção. São as boas-novas *sobre* Jesus, antes de se tornar uma boa notícia para homens e mulheres pecadores. Na verdade, apenas *quando* os fatos *objetivos* (redentores e históricos) são apreendidos é que se pode entender a experiência cristã *subjetiva*.

Neste ponto, alguns leitores podem pensar que nos desviamos do objetivo inicial, discutir a história da interpretação bíblica. Espero que alguns pontos técnicos não os detenham, pois tenho convicção de que todos os cristãos precisam desenvolver uma forma bíblica de entender a Escritura e usá-la. Isso não só é possível, mas mesmo necessário a todos os cristãos, incluindo-se crianças, para obter a perspectiva total da Bíblia, de modo que as relações importantes entre as partes comecem a aparecer.

CAPÍTULO 2

Preenchimento das lacunas

A primeira lacuna que se deve preencher é o intervalo de tempo e cultura. As pessoas e os acontecimentos bíblicos estão muito distantes de nós. Na verdade, quanto mais tomamos conhecimento do contexto histórico de qualquer parte da Bíblia, mais reconhecemos a grande distância no tempo, na linguagem e no pensamento que nos separa desse texto.

Mas o tempo e a cultura não são os únicos aspectos das lacunas. Há uma dimensão mais vital na Bíblia que tem ligação com a forma como Deus se revelou, bem como com *o conteúdo* da revelação — uma dimensão ligada ao que chamamos "teologia". Talvez devamos dizer agora que a palavra *teologia* se refere de modo próprio ao conhecimento de Deus, isto é, ao que deve ser conhecido a respeito dele por meio de sua autorrevelação. Apenas em sentido secundário a palavra pode ser aplicada a todo tipo de estudo religioso e discussão realizados por pessoas que aceitam a autorrevelação divina nas Escrituras como por quem não concorda com partes dela. Abordaremos este assunto com mais detalhes no final do Capítulo 3.

UM EXEMPLO SIMPLES

Para ilustrar o problema da distância e diferença de épocas, culturas e teologia, façamos a suposição de que nós, cristãos contemporâneos, abrimos a Bíblia em uma das cartas de Paulo. Lemos um pouco de sua exposição teológica e, em seguida, passamos para a exortação a viver de forma consistente as verdades do evangelho. Admitindo-se a necessidade de alguns ajustes, e dando certo desconto pelo fato de Paulo ter escrito dezenove séculos atrás para algumas pessoas da Ásia Menor ou da Itália, nós, no entanto, não sentimos que esses fatos sejam um sério obstáculo para nosso entendimento. Mais importante, não achamos que a lacuna nos impeça de acatar com seriedade as palavras de Paulo dirigidas aos gálatas como a palavra de Deus para nós. A razão é óbvia. Paulo se dirigiu a um grupo de cristãos com base no evangelho, e reconhecemos que, apesar da diferença no tempo e na cultura, há uma base teológica cristã comum suficiente entre o século I e o XX para ouvirmos as palavras como se fossem endereçadas a nós.

Ao analisar o que acontece, vemos ter reconhecido quase de modo intuitivo que, do ponto de vista da revelação divina e das relações divinas com os homens, a igreja cristã em todas as idades é uma só. Ela pertence à era dos relacionamentos de Deus. Os limites dessa era são, de um lado, o nascimento da igreja no NT no Pentecoste, e do outro, o retorno de Cristo em poder e glória para julgar os vivos e os mortos. Sempre que recorremos a um texto fora desses limites, a distância aumenta, e maior cuidado e habilidade são necessários para superá-la.

A DISTÂNCIA AUMENTA

Demos um pequeno passo atrás da era "do evangelho" definida com clareza. Em Atos 1, Lucas descreve uma situação — as aparições ocorridas após a ressurreição e ascensão de Jesus — muito diferente da nossa, pois ela ocorre antes da outorga do Espírito Santo. Há uma singularidade sobre esse período, também partilhada pela narrativa do Pentecoste em Atos 2, o que levanta a questão de quanto um período tão único pode fornecer informações aplicáveis diretamente a nós. Afinal, não nos encontramos na situação das pessoas que esperavam o início definitivo da nova era. Um princípio importante da interpretação bíblica é que não devemos generalizar os acontecimentos de uma narrativa histórica sem uma boa razão para fazê-lo. (O que se considera boa razão é uma questão analisada mais adiante.)

Da mesma forma, podemos continuar a nos mover mais para dentro da história bíblica aumentando a distância da situação cristã normal a que pertencemos. Os evangelhos, por exemplo, contêm narrativas referentes a um tempo não apenas anterior ao Pentecoste, mas também anterior à crucificação e ressurreição. Não se pode apenas admitir que a narrativa sobre os discípulos e sua relação com Jesus em sua vida terrena forneça instruções normativas para nós. Sabemos da necessidade de fazer ajustes pelo fato de nosso relacionamento com Jesus, que não se encontra aqui na carne, mas no céu, decorre da fé e do Espírito dele que habita em nós. Olhemos para trás — para a obra consumada de Cristo por meio de sua vida, morte e ressurreição — enquanto a narrativa dos evangelhos apenas antecipa essa conclusão. Pode ser, por exemplo, que João 1.12 tenha relevância para o evangelismo moderno — *"aos que o receberam, aos que creram em seu nome, deu-lhes o direito de se tornarem filhos de Deus"* —, mas podemos não aceitar essa passagem até examinarmos seu significado originário. Ela fala de Jesus, que vinha física e literalmente para os judeus como o Messias, e que ele veio para o seu povo, mas ele não o quis receber (v. 11). Os judeus, como grupo, não o reconheceram como Messias, mas os que o fizeram foram feitos filhos de Deus.

Se achamos que este problema se apresenta para nós até mesmo no NT, encontramos maior dificuldade no AT. Portanto, não estamos apenas em uma situação anterior à ressurreição; encontramo-nos em uma situação anterior à encarnação e a Jesus. Na verdade, as diferenças entre a situação do AT e a nossa são muito mais fáceis de discernir que as semelhanças. Devido a isso, tendemos a agarrar as semelhanças óbvias, de modo que elas se tornam nosso guia para a interpretação e aplicação. O Deus de Israel é o nosso Deus e seu caráter é imutável. Os fiéis de Israel, os "santos" do AT, são verdadeiros santos mesmo que não tenham conhecido Jesus. Temos a tendência a engavetar a questão de como eles foram salvos sem conhecer Cristo e, em vez disso, apenas perguntamos como eles ilustram a vida por meio da fé.

Abordagem do "estudo de personagem"

É aqui que os estudos de personagens do AT aparecem. Há muitas mais situações da vida real para se extrair do AT do que do NT — muitas mais narrativas históricas que nos revelam homens e mulheres retratados de forma realista, "com todas as suas fraquezas", nos encontros com Deus. No entanto, as dificuldades encontradas nas narrativas históricas dos evangelhos e Atos aumentam quando nos reportamos às narrativas do AT. Não podemos transferir as experiências do passado de forma indiscriminada para hoje. Há dois perigos a evitar com relação à narrativa histórica:

a) Não devemos interpretar esses acontecimentos registrados como se fossem mera sucessão de acontecimentos a partir dos quais tiramos pequenas lições de moral ou exemplos para a vida. Muito do que se pode aplicar do texto do AT na vida cristã é moralizante. Consiste quase exclusivamente na *observação* do comportamento dos piedosos e dos ímpios (reconhecidamente contra o pano de fundo da atividade divina) e, em seguida, na exortação das pessoas para que aprendam a partir dessas observações. Por isso o "estudo de personagem" é uma abordagem favorecida da narrativa bíblica — a vida de Moisés, de Davi, a vida de Elias e assim por diante. Não há nada errado em estudar personagens — devemos aprender com o exemplo de outras pessoas —, mas esses estudos, muitas vezes, tomam o lugar de aspectos mais fundamentais do ensinamento bíblico. De modo paradoxal, eles podem até mesmo nos levar para longe dos fundamentos básicos do evangelho. Sem dúvida, não resolvemos o problema usando o método alegórico e transformando cada detalhe histórico em uma prefiguração de Cristo, sem levar em conta toda a estrutura da Bíblia.

b) Devemos nos precaver contra a aceitação imediata do exemplo de personagens bíblicas, sejam boas ou más, como fonte de princípios da vida cristã. Se nos concentrarmos em como Davi salvou Israel de Golias, na resposta dada por Elias às ameaças de Jezabel, em Saul mostrando as frestas de sua armadura moral como exemplos a seguir ou evitar, teremos reduzido a importância dessas pessoas ao menor denominador comum. Essa abordagem obscurece com facilidade quaisquer outras características únicas que possam fazer parte da revelação.

O perigo na abordagem do "estudo de personagem" é que ele conduz ao uso de personagens do AT e de acontecimentos como meras ilustrações de verdades do NT, enquanto, ao mesmo tempo, dá a aparência de ser a exposição correta do significado da Palavra de Deus. Contudo, se a substância real é extraída do NT, e dele apenas, podemos perguntar qual o objetivo de nos aplicarmos ao AT: por que não podemos apenas usar o material não bíblico para ilustrar o NT? Fazer essa crítica não é negar o valor da narrativa do AT para ilustrar os princípios do NT, mas não devemos supor que essa abordagem descubra o significado primário do texto.

Indo um pouco além, deve-se reconhecer que a abordagem do "estudo de personagem" é, com frequência, utilizada de forma a implicar erroneamente que o leitor, hoje, possa se identificar com a personagem em questão. No entanto, nós devemos contar com a singularidade histórica e a teológica das personagens e dos acontecimentos se não quisermos fazer mau uso deles. É, de fato, verdade que, se Deus cuidou de Moisés bebê, Deus vai cuidar de mim? Essa aplicação admite apenas que o que se aplicou à figura única de Moisés, em uma situação única, se aplica a todos nós, e presumivelmente, o tempo todo. Mas por que nossos filhos deveriam ser privilegiados e se identificar com Moisés, e não com outras crianças hebreias da época que não puderam escapar da ira do Faraó? O significado teológico de Moisés não pode ser ignorado no caso.

Com quem o cristão deve se identificar na narrativa de Davi e Golias — com os soldados de Israel ou com Davi? (Não com Golias, sem dúvida!) Mas, alguém dirá, por exemplo, haver uma lição para nós tanto nos soldados como em Davi. Os primeiros nos mostram o cristão desprovido de fé, e o segundo exemplifica o homem que de fato confia em Deus e supera grandes desafios (sem considerar o engenhoso feito com as pedras!). Em um ponto isso é verdade. Os soldados estão com medo e Davi é um homem que confia em Deus. Mas é só isso? Com certeza não é tudo quando lemos a narrativa no contexto, onde, então, descobrimos algo único sobre Davi que não pode ser aplicado a nós. Davi é o único que, pouco antes do episódio Golias (1Sm 17), é apresentado como o rei ungido de Deus. Ele recebe o Espírito de Deus para realizar milagres a favor da salvação de Israel, de acordo com o padrão dos salvadores já estabelecido no livro de Juízes. Assim, quando se trata da morte de Golias, é como o ungido de Deus que ele vence a batalha.

A aplicação dessa verdade para o crente é um pouco diferente da simples identificação do crente com Davi. Em vez disso, ele deve se identificar com as pessoas comuns de Deus, os soldados, que ficaram e assistiram a batalha travada em seu nome. A mesma observação pode ser feita sobre a vida de todas as personagens bíblicas com alguma função distinta concedida a eles por Deus. Se sua realização é a de qualquer homem de Deus, a lição é clara, mas se é a realização de um profeta, um juiz ou o rei messiânico, então, essa magnitude não mais se aplica ao povo de Deus em geral, da mesma forma que a obra única de Jesus como o Cristo.

A UNIDADE DA BÍBLIA

Tenho procurado colocar o problema como ele é para nos confrontar nas situações práticas do serviço cristão — palestras missionárias na praia, aulas da escola dominical e afins. O caso do orador do aniversário na introdução é quase autobiográfico. Tenho certeza de que esses exemplos de má aplicação ainda florescem. Por trás de tudo está o problema da unidade da Bíblia. Não se trata de uma questão acadêmica mais corriqueira, pois mesmo nossas crianças estão envolvidas no mais simples nível de instrução bíblica.

Se quisermos evitar voos fantasiosos na interpretação, precisamos de alguma compreensão do que rege a abordagem correta do significado da Bíblia. A maioria de nós acredita (com razão, creio eu) na existência de alguma unidade básica em toda a Bíblia e sua mensagem. Ela é mais que uma coleção de livros sagrados, pois contém uma única história da salvação. Se há um tema unificador em toda a Bíblia, então, *a estrutura* de sua mensagem — a relação global de cada parte com o todo — torna-se de primordial importância para a interpretação. Não podemos fugir do fato de que cada tentativa de ler a Bíblia é um exercício de ciência da interpretação ou, como é chamada em termos técnicos, hermenêutica. Mesmo a carta de um amigo exige que se interprete como o amigo usa a linguagem para lhe transmitir determinado conteúdo. Todos sabem como é mais difícil conversar por carta que em pessoa. Na conversa pessoal usamos não apenas palavras, mas também expressões faciais e alterações no tom de voz. Podemos variar a velocidade, a intensidade e a ênfase nas palavras. Podemos parar e esclarecer um ponto quando uma ligeira mudança na expressão facial do ouvinte sinaliza a falta de compreensão. Mas a palavra escrita não tem muitos auxílios à interpretação, mesmo na comunicação de alguém que conheçamos bem. A hermenêutica, obviamente, não pode ser ignorada quando lidamos com os textos antigos da Bíblia, pois eles foram escritos em línguas estrangeiras e dirigidos ao povo de outra época.

Usemos a analogia do mapa. Se você abrir um mapa ou consultar o plano turístico de uma cidade grande, uma das coisas de que terá certeza é que o plano representa uma unidade real. Assim, acreditamos que as informações para ir de um lugar a outro estejam baseadas nas relações reais entre as partes da cidade e das ruas que os conectam. Se alguém, por brincadeira, colasse metade do mapa de Sidney em metade do mapa de Melbourne, a viagem planejada da Prefeitura de Melbourne até a Sydney Opera House seria impossível com base no mapa. As duas partes não pertencem uma à outra e não há unidade. Agora, se quisermos partir de um texto bíblico da era anterior a Cristo para a nossa era do evangelho no século XX, devemos não apenas considerar a existência entre a ligação entre os dois, mas temos que entender como eles se conectam. Tal como acontece com nosso mapa se dá com a Bíblia — é preciso conhecer o tipo de unidade em seu interior. É óbvio que essa unidade não provém da uniformidade estática, como se a Bíblia fosse apenas um grande reservatório de textos comprobatórios que podem ser selecionados e aplicados de maneira aleatória, sem considerar em seu contexto. Infelizmente, algumas pessoas tendem a trabalhar com a Bíblia nessa base, com pouco crédito para si mesmas ou para a mensagem extraída.

Pensemos sobre a questão dos relacionamentos de outra maneira. Há um ditado muito usado: "O texto sem o contexto é pretexto". Esta verdadeira pérola de sabedoria nos lembra que a Bíblia não é uma coleção de frases isoladas ou versículos que podem ser usados aleatoriamente no estabelecimento de doutrinas. Um dos infelizes resultados da divisão da Bíblia em capítulos e versículos (o que só ocorreu no final da Idade Média) é a fragmentação anormal do texto. Paulo escreveu uma carta para os romanos, não dezesseis capítulos separados contendo um número variável de unidades chamadas versículos. A maioria de nós reconhece o fato em um ponto — sabemos que qualquer um pode provar quase tudo, apresentando alguns versículos fora do contexto. Reconhecemos, também, que a unidade literária básica para transmitir o pensamento é a sentença. Mas nós sempre entendemos quanto o significado de uma frase é regido pela colocação em uma unidade maior de comunicação?

Quão abrangente precisa ser o contexto para oferecer o bom entendimento da frase? Poderíamos, de modo arbitrário, definir um parágrafo como o limite — se pudéssemos ter certeza da existência do equivalente a um parágrafo no texto hebraico ou grego, que na verdade não usaram parágrafos nem pontuação. De forma gral, no entanto, o parágrafo ocorre no contexto de vários outros parágrafos. Poderíamos ir dos parágrafos aos capítulos (também unidades desconhecidas para os autores) e, em seguida, para os livros completos. Não é possível a necessidade de ir tão longe para fornecer o contexto necessário à compreensão de determinado versículo ou frase, mas qualquer suposição de unidade no livro significa que o conhecimento do todo e o conhecimento das partes são inseparáveis. A conclusão lógica a ser extraída é que, se a unidade da Bíblia significa algo, o contexto real de qualquer texto da Bíblia é a sua totalidade. Qualquer texto dado é mais significativo quando relacionado não só com o contexto imediato, mas também com todo o plano de redenção revelado na Bíblia inteira.

RESUMO

Para sintetizar nosso problema: aceitar toda a Bíblia como Palavra de Deus levanta a questão de como ele nos fala no século XX. Como podemos entender com legitimidade, como palavra relevante e viva de Deus, o que foi dirigido a pessoas em situações de diferentes graus de distância de nós mesmos?

Estar ciente da natureza do problema significa caminhar para sua solução. Nosso problema de interpretação está ligado de maneira íntima à questão da natureza da unidade da Bíblia. Precisamos entender as relações entre as várias partes da Escritura, e isso significa compreender não só a unidade como também a pluralidade lá existente. Vimos como a distância entre nós e o texto bíblico aumenta à medida que retrocedemos a partir da idade do evangelho à qual pertencemos. A vinda de Jesus em carne é o único acontecimento causado de descontinuidade na Bíblia, e que deixou sua marca na história da humanidade por meio da distinção das épocas entre a.C. (antes de Cristo) e d.C. (depois de Cristo).

Vimos algumas diferenças importantes entre as eras posterior ao Pentecoste, anterior ao Pentecoste e anterior a Cristo. Devemos agora perguntar o que une essas eras para que os 66 livros da Bíblia formem uma unidade orgânica de revelação.

CAPÍTULO 3

O que é o Antigo Testamento?

Quando lidamos com algo tão complexo como o AT é melhor não supor nada, mas tentar entender o que compõe sua complexidade. (Os leitores que já conhecem mais o AT precisarão ser pacientes neste momento!)

A primeira e mais óbvia dimensão do AT é a *literária*. O AT é um livro, ou, em vez disso, uma coleção de livros. Em segundo lugar, notamos que a característica comum desses livros é sua associação com uma *história* que abrange um único espaço de tempo contínuo e também uma única parte contínua da história humana. Em terceiro lugar, o AT apresenta uma dimensão *teológica* em que a história, o sujeito da literatura, é representada como uma única história do relacionamento de Deus com o mundo e com o homem. Vejamos agora algumas das implicações destas três dimensões fundamentais do AT (e para toda a Bíblia) — literária, histórica e teológica.

O Antigo Testamento como literatura

O AT é uma coleção de 39 livros escrita por vários autores ao longo de talvez mil anos ou mais. Quase todo o AT foi composto em hebraico, uma língua antiga do grupo semita do noroeste — intimamente relacionada com a língua dos cananeus. Algumas partes do AT foram escritas em aramaico, outra língua semítica falada em todo o Império Babilônico, de onde foi adotada pelos judeus no século VI a.C. As partes mais antigas remetem ao tempo de Moisés

— provavelmente, no século XIII a.C., enquanto as seções mais recentes foram escritas antes do Período Grego do século IV a.C.[5]

Costuma-se dividir os livros do AT em quatro grupos: lei, história, profecia e poesia. Diferentes estilos literários funcionam de maneiras diversas e algumas apreciações das várias formas literárias hebraicas são essenciais se quisermos evitar a má interpretação das intenções dos autores. Não devemos esperar que os autores hebreus estejam ligados às mesmas regras de expressão literária a que estamos acostumados. A Bíblia não é um volume de obras reunidas de vinte séculos; é uma coleção antiga que usa uma linguagem antiga para expressar formas de pensamento que, muitas vezes, diferem das nossas.

Não devemos nos preocupar em classificar livros inteiros, pois, em todo livro podem ser encontrados diferentes tipos literários. Cada tipo tem que ser reconhecido pelo que é antes de ser interpretado de forma correta. Assim, a intenção subjacente a uma seção de narrativa histórica será diferente do subjacente a uma parábola ou a um preceito da lei mosaica. Alguns dos estilos literários serão suficientemente conhecidos por nós e apresentarão poucas dificuldades como expressões literárias. Outros nos serão estranhos, e sua intenção não será tão clara até que tenhamos descoberto a natureza e função desses estilos. No AT, encontramos:

narrativas históricas de sabedoria	ditos de sabedoria
leis e estatutos	de estilo proverbial
oráculos proféticos	sabedoria instrucional
genealogias	hinos de louvor
músicas de vários tipos	ações de graças
reprovações	lamentos
parábolas e fábulas	visões apocalípticas...
enigmas	e muito mais.

---

[5] A opinião acadêmica difere em relação à data do livro de Daniel. Ele pertence ao séc. VI a.C. e oferece um relato de acontecimentos ocorridos no cativeiro na Babilônia. Muitos estudiosos atuais acreditam que Daniel é uma exposição da perseguição dos judeus no séc. II a.C. O governante helenista Antíoco Epifânio desejava ocultar de todos, menos dos iniciados, o verdadeiro significado do livro.

Não precisamos nos tornar especialistas em literatura antiga para evitar as armadilhas. Mas devemos, pelo menos, tentar conhecê-la mais e compreender a forma como funciona. É de fato incrível quão negligenciada se tornou a dimensão literária quando refletimos que falamos sobre o meio de comunicação usado por Deus. É também surpreendente que alguns intérpretes procurem impor um único código interpretativo à literatura, como a interpretação "literal". O literalismo é válido como abordagem literária, se for concebida de forma suficientemente ampla para acomodar as diferentes formas em que a linguagem pode ser usada para comunicar. Mas não é o objetivo deste livro discutir as questões complexas dos estilos literários. Manteremos, no entanto, a abertura para as convenções antigas do meio literário de comunicação, tornando-nos sensíveis à maravilhosa variedade de expressões existente na Bíblia.

O Antigo Testamento como história

Não podemos esperar compreender como o AT funciona como parte da Bíblia sem termos alguma compreensão de todo o movimento da história do AT. Mas o caminho, para a maioria de nós, não é percorrer um grande volume sobre a história de Israel. Isso deve vir mais tarde. Devemos começar pela estrutura básica de história bíblica, a "visão panorâmica", que nos mostrará os principais acontecimentos na progressão da história. Isto, contrário ao que se supõe, é fácil, pois há um esboço histórico simples a ser discernido na Bíblia, mesmo que esta não seja a impressão imediata do leitor que se sente atolado nos livros dos Reis. O diagrama simples da página 40, que aprendi com um dos meus professores, fornece uma representação efetiva da história no AT.

A simplicidade do diagrama permite detalhar como alguém pode conhecer o conteúdo do AT. Não é exagero dizer que, sem o sentido da progressão histórica e da relação entre os acontecimentos e as personagens, seria muito difícil encontrar sentido na Bíblia. A esmagadora convicção dos autores bíblicos é a atividade divina na história. Deus não age de maneira fragmentária, caprichosa ou desagregada, mas em um único período significativo da história. A Bíblia não é um depósito de ideias abstratas ou mesmo de doutrinas formuladas, mas uma maravilhosa unidade da história da salvação.

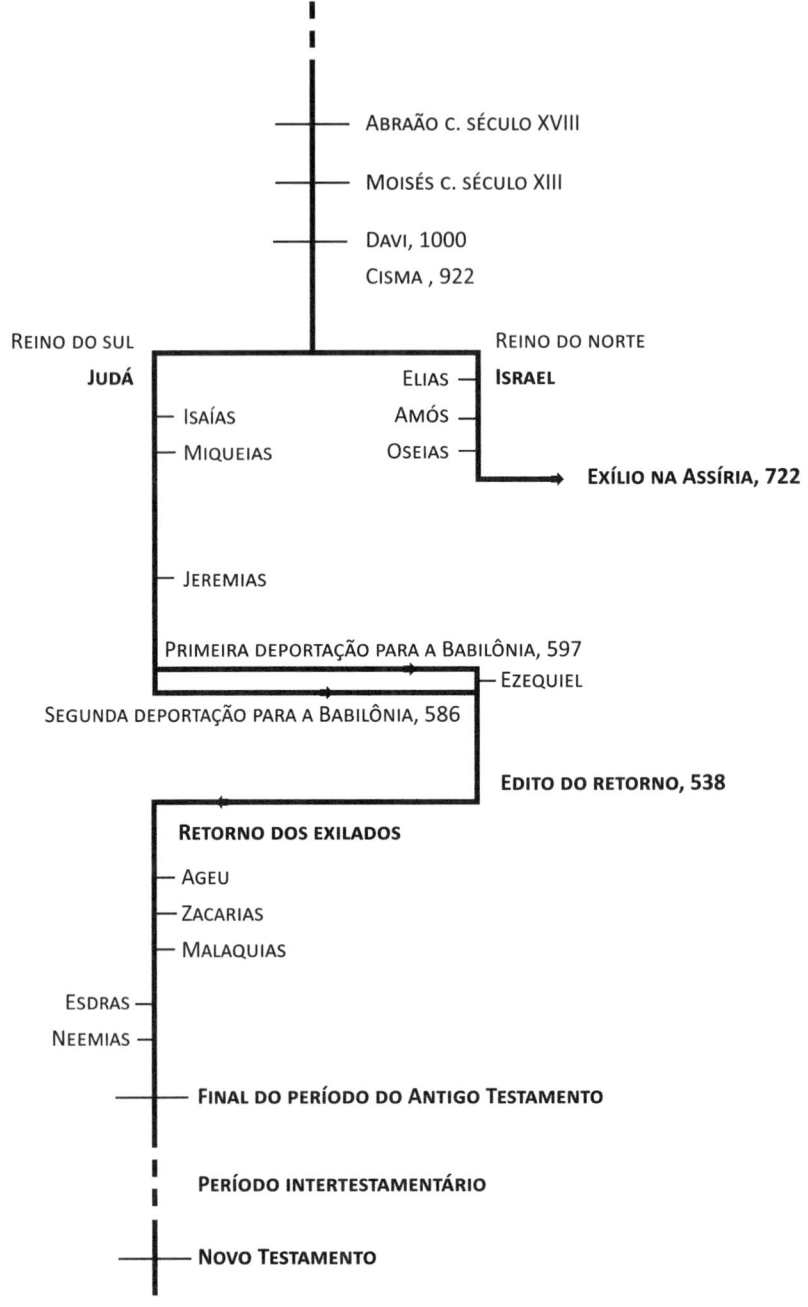

```
                    |
                    |
                ——— Abraão c. século XVIII
                
                ——— Moisés c. século XIII
                
                ——— Davi, 1000
                    Cisma, 922

Reino do sul                    Reino do norte
   Judá                              
                    Elias ———  Israel
          ——— Isaías    Amós ———
          ——— Miqueias  Oseias ———
                                    ———► Exílio na Assíria, 722

          ——— Jeremias

          Primeira deportação para a Babilônia, 597
                                    ——— Ezequiel
          Segunda deportação para a Babilônia, 586
                                    Edito do retorno, 538
          Retorno dos exilados
              ——— Ageu
              ——— Zacarias
              ——— Malaquias
  Esdras ———
  Neemias ———
          ——— Final do período do Antigo Testamento

          ——— Período intertestamentário

          ——— Novo Testamento
```

Figura 3 Esboço da história do Antigo Testamento (sem escala)

Se você nunca se dedicou a compreender o progresso histórico básico da Bíblia, é hora de fazê-lo. Sugiro que use o esboço da Figura 3, ou algo como ele, em conjunto com um resumo da história bíblica que pode ser encontrado em diversos livros.[6] É necessário fazer a distinção entre os esquemas históricos da Bíblia e as reconstruções da história bíblica elaboradas pelos historiadores. Muitos historiadores trabalham com o pressuposto de que podemos aceitar apenas o que pode ser verificado a partir de fontes e evidências fora da Bíblia. Para alguns, a história bíblica verificável mais antiga é a do período do assentamento em Canaã, no final do século XIII a.C.[7] Outros afirmam que podemos voltar com alguma certeza ao período de Abraão.[8] Mas aqui não nos preocupamos com a possibilidade de testar a veracidade da narrativa bíblica, apenas com a compreensão do padrão de acontecimentos apresentado pela Bíblia.

A história bíblica apresentada pela Escritura

Assim, estamos lidando com a história iniciada com a criação do universo, do mundo e do homem. A história, em seguida, concentra-se no homem (Adão) e na sua relação com Deus. Depois de ser expulso do paraíso, no Éden, pela rebelião contra o Criador, a história do homem é de pecaminosidade crescente e generalizada. Isso levou à destruição por meio do Dilúvio e à preservação de uma família.

---

[6] Por exemplo, v. John Stott, *Entenda a Bíblia* (São Paulo: Mundo Cristão, 2005). Também qualquer bom dicionário bíblico fornecerá um esboço da história bíblica. Um tratamento mais completo pode ser encontrado em John Bright, *História de Israel* (São Paulo: Paulus, 2003, 7. ed.) ou Charles Pfeiffer, *Old Testament History* (Grand Rapids: Baker, 1979).

[7] As datas da saída do Egito e do estabelecimento em Canaã são temas de debate. Hoje, a maioria dos estudiosos aceita o início do séc. XIII como a data provável do Êxodo.

[8] Há grande diferença de opinião entre John Bright e o historiador radical do AT Martin Noth. Bright concorda que as narrativas patriarcais soam verdadeiras em relação às evidências históricas no ambiente cultural em que são retratadas. Assim, considerando-se as probabilidades, podemos aceitar, de acordo com Bright, a historicidade substancial dessas narrativas. Noth rejeita o valor histórico da narrativa bíblica anterior ao estabelecimento em Canaã. A explicação da controvérsia se encontra em John Bright, *Early Israel in Recent History Writing* (London, SCM Press, 1956).

A partir da família de Noé, vê-se a linhagem do homem se dividir entre as nações do mundo, embora o foco permaneça na linhagem de Sem até chegar a Abraão.

Abraão foi chamado por Deus para deixar a Mesopotâmia e se dirigir a Canaã, onde recebeu algumas promessas relativas a seus descendentes (e não havia nenhum até então). Essas promessas foram passadas a seu filho Isaque, e a Jacó, filho de Isaque. Os descendentes de Jacó migraram para o Egito e, com o tempo, tornaram-se uma grande nação. Quando esse povo foi submetido à escravidão cruel pelos egípcios, Deus enviou Moisés para levá-los à terra de Canaã, que ele prometera dar aos descendentes de Abraão. Esse processo foi longo e complicado, e incluía a formação de uma aliança no monte Sinai em que a nação de Israel foi ligada a Deus como seu povo — com tudo o que isso implicava.

O desapossamento dos habitantes de Canaã e o assentamento na terra levaram à necessidade da formação de alguma forma de governo ou administração da aliança. Depois de um falso início sob o rei Saul, Israel recebeu um grande líder na pessoa de Davi. Ele uniu as tribos, estabeleceu a capital, garantiu as fronteiras e implantou uma boa administração. Infelizmente, o sucessor de Davi, Salomão, tornou-se demasiado ambicioso e suas políticas insensatas levaram o povo à insatisfação. Quando seu filho chegou ao trono, houve uma rebelião e as dez tribos do norte se separaram para formar o Reino de Israel, ao passo que a dinastia de Davi continuou a governar o sul, o Reino de Judá.

A secessão levou ao declínio geral no norte e no sul, embora os profetas continuassem a chamar o povo de volta à fidelidade ao Deus da aliança. O norte, por fim, foi derrotado pelos assírios (722 a.C.) e deixou de ser um Estado independente. Mais de um século depois, o poder de Babilônia se voltou para o sul e, com a destruição de Jerusalém (586 a.C.) e a deportação da maioria dos seus habitantes, Judá, como entidade política, deixou de existir.

O exílio na Babilônia chegou ao fim para os judeus quando Ciro, o persa, venceu o poder de Babilônia e permitiu que os povos cativos voltassem para casa (538 a.C.). Muitos judeus escolheram permanecer na Babilônia, pois a vida havia sido boa para eles. Os que retornaram, por sua vez, travaram uma verdadeira luta para reconstruir o Estado de Judá. Com a cooperação persa, alguma estabilidade foi alcançada e Jerusalém e o templo foram reconstruídos. Mas a glória da idade de ouro de Davi e Salomão nunca voltou e o período do AT chega ao fim com um gemido, em vez de um estrondo!

Cerca de três séculos e meio se interpuseram entre os dois Testamentos. Nesse tempo, o mais complexo dos acontecimentos políticos ocorreu no Estado judeu. O Império Persa desmoronou quando Alexandre, o Grande, entrou na Ásia Menor e avançou para o Egito e além da Babilônia até as fronteiras da Índia. A cultura helenística foi imposta ao império de Alexandre por seus sucessores e os judeus não escaparam dos terríveis resultados do conflito entre as filosofias gregas pagãs e o modo de vida, e a devoção hebraica à lei e religião do único e verdadeiro Deus. No meio do século I a.C., os romanos entraram na região do Oriente Médio e a terra dos judeus se tornou uma província do grande Império Romano.

O QUE A HISTÓRIA DO ANTIGO TESTAMENTO NÃO É

À primeira vista, a história contida no AT pode parecer a de uma nação bastante insignificante, que passou a maior parte do tempo em sujeição política a qualquer grande poder que ascendesse no Oriente Médio. Infelizmente, esta é, muitas vezes, a impressão que se tem a partir de detalhes da história do AT. Agora, o estudo dos detalhes é, sem dúvida, importante, mas é uma fraqueza humana falhar em "observar a floresta por trás das árvores". Muita concentração inicial nos detalhes da história de Israel pode obscurecer relações importantes e o padrão geral nos acontecimentos.

É essencial se lembrar de um dos pontos cardeais da história escrita: nenhuma história é mero registro da sucessão de detalhes ou acontecimentos. O historiador compõe de maneira seletiva, segundo seu propósito. Claro que ele não pode isolar por completo um aspecto da vida humana de todos os outros, mas ele pode dirigir a atenção para um ou outro aspecto, de modo que alguns permanecem em segundo plano. Assim, é possível ter em relação à mesma nação, no mesmo período, uma história política, uma história econômica, uma história social, uma história militar e assim por diante.

Que tipo de história é a história do AT? Em primeiro lugar, vejamos o que ela não é. Não se trata apenas de uma história de *Israel*, pois parte dela trata de um período anterior ao nascimento da nação, e esse material não pode ser tratado como pano de fundo único. Os textos de Gênesis 1 e 2 são muito importantes para serem descartados de forma tão simples.

A história do AT também não é uma história religiosa, pois isso implicaria nada além de tentativas dos historiadores em lidar com o pensamento e a atividade religiosos. O AT afirma ser muito mais que isso, em especial porque, de forma contínua, julga a atividade religiosa da humanidade — mesmo a dos israelitas. De fato, tratar a Bíblia como história das religiões foi o grande erro do racionalismo do século XIX.

O QUE A HISTÓRIA DO ANTIGO TESTAMENTO É

Na exata medida em que o AT é história, ela é uma história *teológica*. Em lugar de uma história religiosa (um registro humano da religião humana), consiste no registro de Deus sobre as relações divinas com o mundo e com os homens. É uma característica da Bíblia não registrar os acontecimentos nos assuntos dos homens como se tivessem sido determinados por acaso, pelo destino, ou por uma cadeia necessária de acontecimentos anteriores. A história da Bíblia tem *propósito*; o propósito que rege os acontecimentos pertence a Deus. Os historiadores bíblicos relacionam acontecimentos, não como ocorrências em si mesmas, mas como a atuação de Deus — ou como as ações de homens que devem ser julgados de acordo com o caráter divino. Deus chama Abraão de Ur, tira Israel do Egito, levanta Ciro para libertar Israel da Babilônia, e julga as ações humanas de acordo com sua visão. É esse o elemento intencional na história bíblica que torna a Escritura única, dando a ela dimensão própria.

Além disso, a história bíblica ("história como a Bíblia a apresenta") é, portanto, parte da Palavra de Deus para o homem. A própria interpretação divina dos acontecimentos da história bíblica nos dá a conhecer os propósitos por ele buscados dentro dessa história. É essa interpretação dos acontecimentos como atuações de Deus que dá à Bíblia o caráter de revelação divina. Esse é o consistente testemunho da Bíblia, uma vez que registra como Deus fala ao homem *declarando* seus propósitos e intenções, como ele age com base em sua palavra, e interpreta os acontecimentos por sua palavra. Assim, vê-se, ao contrário de algumas interpretações modernas, que Deus declara a Moisés o que ele fará por Israel (libertá-lo do Egito e dar-lhe Canaã) e com base em quê ele o fará (as promessas feitas a Abraão). Quando o Êxodo ocorre, Deus declara: "Eu sou o Senhor, o teu Deus, que te tirou do Egito, da terra da escravidão" (Êx 20.2).

Essa história, repleta de propósito, não só revela a mente divina, mas também afeta a maneira com que esses pensamentos são comunicados. A seleção de acontecimentos e o registro dos detalhes são regidos pelo significado teológico em vez de serem controlados por qualquer significado militar ou político. A teologia rege a escrita da história. O fato de Deus agir na história humana e interpretar seus atos significa que esses acontecimentos históricos formarão o padrão que se relaciona com os propósitos divinos. A história bíblica é uma história teológica.

O QUE É TEOLOGIA?

Teologia significa o conhecimento divino revelado pelo próprio Deus. Vimos que a teologia bíblica consiste no estudo da revelação de como Deus age no mundo e na história humana. A preocupação mais importante no estudo da Bíblia é a revelação divina. O que Deus nos diz mediante o registro dos seus atos? O que Deus fez ao entrar de maneira especial na história da humanidade? Nós já levantamos a questão da unidade da Bíblia; afirmamos aqui que a teologia é o aspecto que, acima de tudo, cria a unidade da Bíblia. É o Deus único que age e fala em toda a história da Bíblia. Além disso, ele age e fala com unidade de propósito. A mensagem divina para nós é um discurso unificado, não uma série de mensagens isoladas e desconexas.

A tarefa que temos pela frente é tentar discernir o que Deus fala e como ele o diz. Ao fazê-lo, pode-se afirmar que estamos interessados principalmente na revelação — em teologia. Mas não devemos separar o que Deus diz e faz do contexto em que ele o diz e o faz (a história), nem da maneira que ele fala sobre o que ele faz (o registro literário). Devemos procurar a unidade essencial da Bíblia, sem ignorar sua diversidade e complexidade.

CAPÍTULO 4

Teologia bíblica e a história da redenção

Três características já foram apresentadas na nossa busca pela unidade e estrutura da Bíblia. São elas os estilos literários, o quadro histórico e as estruturas teológicas. Cada uma deve receber o devido peso e ser levada em conta no processo de interpretação do texto bíblico. Desde que o único recurso da Bíblia é a revelação da parte de Deus e de seus propósitos (sua teologia), é pena que tão pouca ênfase seja dada nos dias de hoje ao estudo da teologia bíblica. Nos últimos anos, apareceram vários livros, escritos em nível não acadêmico para o leitor cristão comum, que lidam com estudos da Bíblia como literatura, história bíblica e doutrina cristã. No entanto, dificilmente se encontrará um livro sobre teologia bíblica.

Doutrina cristã e teologia bíblica

Precisamos estar cientes da distinção entre doutrina cristã e teologia bíblica. A abordagem da interpretação bíblica adotada neste livro baseia-se no método da teologia bíblica. A doutrina cristã (sistemática ou teologia dogmática) envolve a reunião sistemática das doutrinas da Bíblia sob vários tópicos para formar o corpo doutrinário cristão definitivo sobre o homem, o pecado, a graça, a igreja, os sacramentos, o ministério e assim por diante. A sistematização da teologia depende, para sua validação, do tratamento satisfatório do problema de interpretação. Ela declara, com base nos textos *então* escritos, a verdade *agora* a ser acreditada e proclamada. No entanto, é importante perceber as limitações dessa abordagem. A estrutura e o conteúdo da Bíblia não são sistemáticos — não há uma seção que defina a doutrina do pecado e outra a da salvação. A formulação da doutrina cristã exige que transformemos o material definido no âmbito dos processos dinâmicos da história bíblica em uma forma verdadeira para a Bíblia e aplicável ao presente momento. O teólogo quer evitar as armadilhas do "texto-prova", em que se presume o valor idêntico de todos os textos bíblicos no estabelecimento de doutrinas, de modo independente do contexto em que eles ocorram. Assim, o tipo mais estático de proposições da doutrina cristã depende, para sua validação, do manuseio correto da revelação dinâmica registrada pela Bíblia de forma muito diferente da progressão histórica do relacionamento entre Deus e o homem.

A teologia bíblica, já definida aqui, não é dinâmica ou estática. Ou seja, ela segue o movimento e o processo de revelação de Deus na Bíblia. Ela está relacionada de forma íntima com a teologia sistemática (as duas são dependentes uma da outra), mas há uma diferença na ênfase. A teologia bíblica não se preocupa em afirmar as doutrinas finais que comporão o conteúdo da fé cristã, mas sim em descrever o *processo* pelo qual a revelação se desdobra e se move em direção ao objetivo: a revelação final de Deus a respeito de seus propósitos em Jesus Cristo. A teologia bíblica procura entender as relações entre as diferentes épocas no tocante à atividade reveladora de Deus registrada na Bíblia. O teólogo sistemático se interessa de modo principal pelo produto final — a declaração da doutrina cristã. O teólogo bíblico, por sua vez, tem interesse no desdobramento progressivo da verdade. É nos termos da teologia bíblica que o teólogo sistemático baseia os textos anteriores ao Pentecoste da Bíblia como parte do material a partir do qual a doutrina cristã pode ser formulada.

Usando o método da teologia bíblica é possível analisar como os acontecimentos no tempo de Moisés, por exemplo, se relacionam em sentido teológico com as ocorrências previstas pelos Profetas Posteriores, e como estes, por sua vez, se relacionam com o evangelho do NT. Se pudermos, então, discernir o desenvolvimento na revelação bíblica, estamos em uma posição melhor para falar a respeito da relevância da lei de Moisés, da narrativa do maná no deserto ou de qualquer outro acontecimento do AT para nós — que vivemos no lado posterior ao "surgimento de Cristo".

A HISTÓRIA DA REDENÇÃO E O REINO DE DEUS

Vimos que o AT não é apenas um livro sobre a história de Israel como a entendemos hoje, mas uma história teológica.

Como caracterizaremos essa história de modo a ver sua unidade real? Sugiro olhar para o AT como uma *história de redenção*. Em outras palavras, a chave para o AT não é o papel desempenhado por Israel — por mais importante que seja —, mas o papel que Deus desempenha ao redimir um povo da escravidão e torná-lo seu. A primeira abordagem seria reduzir o AT a um exemplo da antiga história nacional; a segunda interpreta a história de Israel como parte da atividade redentora de Deus para o homem.

Também a redenção não é o único conceito teológico que fornece estrutura para o AT, pois ela é um processo que conduz a um objetivo. O AT não tem nada a dizer sobre esse objetivo? De fato, tem — o povo redimido de Deus são os súditos do Reino de Deus. Eu até sugiro que esse objetivo, *o Reino de Deus*, seja uma questão mais central no AT que o processo redentor de trazer as pessoas para o Reino. É claro que não podemos separar os dois de modo tão estrito. O processo necessita do objetivo; o objetivo deve ter um processo ou método de realização.

ALGUMAS CARACTERÍSTICAS DA HISTÓRIA DA REDENÇÃO

Primeiro, a história da redenção é *progressiva*. Isso é fácil de constatar apenas comparando a clareza dos patriarcas (Abraão, Isaque e Jacó) em relação aos propósitos divinos com a compreensão do judeu pós-exílico que podia se basear em Moisés e em todos os profetas. Quando olhamos para o NT, encontramos a plena luz do evangelho e todas as suas implicações são expostas. O Reino é o aspecto central do evangelho (v., p. ex., Mc 1.14,15).

Isso significa que a verdade foi mal-entendida no início e se tornou mais clara até a vinda de Jesus? Não. A ideia da "aurora da luz" gradual é útil até um ponto, mas não explica o que parecem ser picos importantes ou pontos culminantes no processo. Descobrimos uma série de etapas independentes, cada uma seguindo a um ponto culminante que leva, por sua vez, a um novo estágio. As ênfases dadas a determinados acontecimentos e pessoas, em sentido histórico e teológico, dirigem a atenção do leitor para esses pontos culminantes. Em segundo lugar, a história da redenção é *incompleta sem o NT*. O fato de o Reino anunciado pelos profetas jamais se cumprir no AT só preocupa se ignorarmos o NT. Os grandes "acontecimentos da salvação" do AT (a salvação de Noé, o chamado de Abraão, a saída do Egito, o estabelecimento da monarquia unida, a destruição de Jerusalém por Babilônia e a previsão profética do Reino novo e perfeito) estão todos cumpridos em Cristo e no Reino de Cristo. É o NT que dá foco às ocorrências de salvação do AT.

O cristianismo não difere do judaísmo ao afirmar que o AT é incompleto, pois o judaísmo também reconhece a esperança futura da profecia que se manteve não cumprida nos tempos do AT. Alguns cristãos e judeus tendem a perder de vista o cumprimento messiânico futuro e, assim, reduzem o AT a um código moral encaixado em uma era da história antiga — interessante, mas irrelevante. A diferença essencial entre as duas religiões reside na forma como a realização da esperança de Israel é provocada. De acordo com o NT, Cristo traz essa esperança ao objetivo determinado. Já o judaísmo rejeita Jesus de Nazaré como o cumpridor messiânico esperado e procura outros caminhos.

Em terceiro lugar, a história do resgate deve *ser interpretada*. Uma vez que nossa preocupação é com a teologia bíblica, em primeiro lugar e acima de tudo, temos a intenção de seguir o método requerido pela teologia bíblica:

a) Começamos com o NT, pois é lá que encontramos o Cristo do evangelho, por meio de quem, pela fé, somos feitos filhos de Deus.

b) O NT nos leva de volta ao AT porque, em todos os lugares, pressupõe o AT como base do evangelho.

c) O NT estabelece para nós que o AT envolve a promessa e a esperança do objetivo cumprido em Cristo. Assim, nos orienta a levar em conta a "dinâmica", o processo de vida e de movimento, do AT, que nos conduz ao Cristo dos Evangelhos. Como o NT declara que o AT é incompleto sem Cristo, devemos entender o AT à luz do seu objetivo — Cristo. Jesus é indispensável para a verdadeira compreensão do AT e do NT.

APLICAÇÃO DO TEXTO HOJE

Tudo isso interessa por abrir o caminho para tornar o texto bíblico aplicável a nós mesmos. A teologia bíblica nos mostra o tipo de ligação necessária para superar a distância entre o texto e o cristão moderno. Pode ser útil, neste momento, delinear as três etapas envolvidas em trazer o texto até nós.

```
                    HERMENÊUTICA
            ──────────────────────────▶
            INTERPRETAÇÃO DO TEXTO POR
              MEIO DA TEOLOGIA BÍBLICA

      EXEGESE                      HOMILÉTICA
 (EXPLANAÇÃO DO TEXTO)    (APLICAÇÃO DO TEXTO AOS OUVINTES)


  │                                        │
  ▼                                        ▼
[TEXTO ORIGINAL]              [OUVINTES CONTEMPORÂNEOS]
```

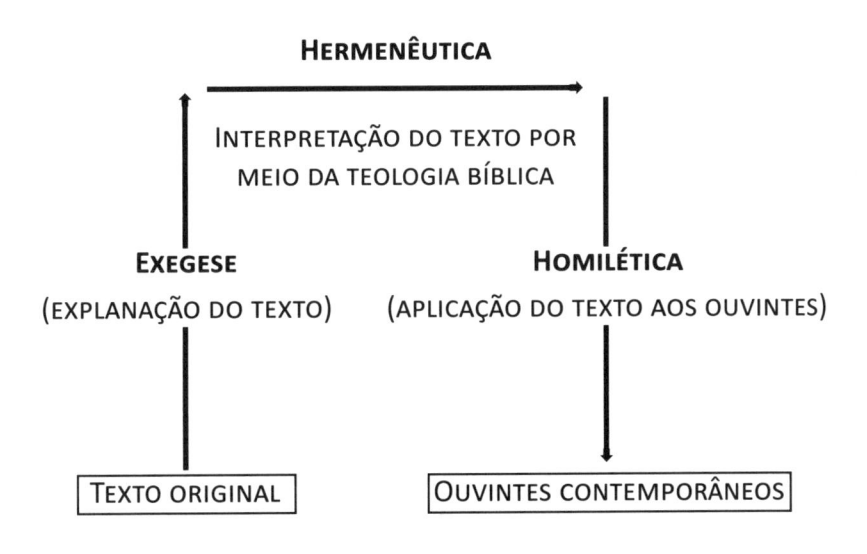

Figura 4 Eliminação da distância entre o texto e os ouvintes

a) *Exegese* — Termo usado para se referir ao ato de descobrir o sentido originário do texto. Antes de podermos demonstrar a relevância de qualquer parte da Bíblia, deve-se saber o que o autor pretendia transmitir aos leitores.

b) *Hermenêutica* — Processo interpretativo que demonstra a relevância atual do antigo texto bíblico. Este livro se concentra, de modo principal, com essa fase e procura mostrar como a interpretação depende da estrutura da revelação da Bíblia.

c) *Aplicação* — Transformação da aplicação geral do texto em algo específico para a vida do leitor ou ouvinte. A homilética (pregação) é uma forma de aplicar o texto em que o pregador apresenta seu significado a partir do sentido primário (exegese) e da interpretação cristã geral (hermenêutica) para a forma específica de utilizá-lo com a congregação.

CAPÍTULO 5

A aliança e o Reino de Deus

A ALIANÇA

A criação do homem à imagem divina distingue o homem dos animais. Ele não é a extremidade de uma cadeia evolutiva, e sim qualitativamente diferente dos animais. O homem foi criado em comunhão com Deus e com domínio sobre o resto da criação. Assim, há uma relação única entre Deus e o homem. No entanto, não se pode ignorar a semelhança entre o homem e os animais — o homem nunca é mais que uma criatura e, como tal, totalmente dependente do Criador. Por exemplo, a palavra de Deus a Adão proibindo-o de comer da árvore do conhecimento do bem e do mal expressa o fato de que o homem, a criatura, está vinculado aos limites decorrentes de ser criatura. Há limites reais estabelecidos pelo Criador. Como tal, eles são expressões da soberania divina — de seu absoluto senhorio. Mas o Senhor é bom e ele estabelece com sua criatura-homem um relacionamento que comporta regras e bênçãos. Deus é o rei, e o homem, seu súdito. E o lugar em que tudo isso acontece é o melhor lugar de todos — o jardim paradisíaco do Éden.

O cerne do problema

O pecado do homem é a tentativa de abandonar a condição de criatura e afirmar sua independência de Deus, o Criador. O consequente julgamento (a "queda" do homem) estabelece a ruptura na relação entre o homem e Deus. O mundo se torna um lugar decaído para o homem decaído nele viver (Rm 8.19,20). Todavia, como a criação caída ainda reflete a glória de Deus (Sl 19.1; Rm 1.20), o homem também reflete algo da imagem divina. Um aspecto da presente misericórdia de Deus é a revelação de uma atitude graciosa para com o homem caído. Mesmo na queda, a graça divina permite que o mundo continue, e sustenta a ordem em que o homem pode viver e se multiplicar.

A medida da graça de Deus não é apenas a "graça comum" mostrada no versículo em curso; é vista na declaração do propósito de resgatar um povo para pertencer a Deus. A relação existente entre Deus e o homem no Éden fornece alguma indicação da intenção divina em relação à sua nova raça.

A aliança com Abraão

Deixando de lado por um momento a questão da revelação entre a queda do homem e os primórdios da nação hebraica (Gn 4—11), pode-se agora examinar o chamado de Abraão. A promessa de Deus a Abraão, encontrada em Gênesis 12 e nos capítulos subsequentes, fornece um dos temas centrais da Bíblia. A forma da promessa descrita como *aliança* é em essência um acordo entre as partes. Mas não se trata de uma aliança humana normal que envolve o consentimento mútuo entre as partes iguais, mas uma aliança nobre resultante do ato gracioso do Deus muito ofendido e contra quem se pecou. A aliança é um acordo no sentido de que o destinatário deve concordar com todos os termos que possam ser propostos. Mas, antes de tudo, deve-se ver a aliança como um pacto da graça — um favor imerecido. As promessas de Deus a Abraão envolviam:

a) um povo — seus descendentes;
b) uma terra em que eles viverão;
c) uma relação com Deus em que eles devem ser o povo de Deus.

Assim, essa relação de aliança consiste em ser chamado povo de Deus. Todas as expressões posteriores desse relacionamento decorrem da aliança originária. Descobrimos que essa promessa aos antepassados de Israel (Abraão, Isaque e Jacó) torna-se a base da relação de todo o povo de Deus na Bíblia. Mesmo no NT, o conceito de ser filho de Abraão é transferido para quem, pela fé, abraça o evangelho (Gl 3.29). Todo cristão é filho de Abraão! Mais tarde, observaremos áreas em que a aliança recebe expressão distinta no AT.

O Reino de Deus

Para entender a aliança devemos examinar seu conteúdo e seus termos. O conteúdo da aliança, como o objetivo da redenção, é o Reino de Deus, pelo fato de a aliança estar relacionada com nossa redenção enquanto filhos de Deus. O que é o Reino de Deus? O NT tem muito a dizer sobre "o Reino", mas se pode compreender melhor esse conceito em termos da relação do governante com os indivíduos. Ou seja, há o rei que *governa*, o povo *governado* e a esfera em que esse governo reconhecidamente acontece. Dito de outro modo, o Reino de Deus envolve:

a) o povo de Deus;
b) no lugar de Deus;
c) sob o domínio de Deus.

Dada essa análise básica, é evidente que o fato de o termo "Reino de Deus" não ocorrer no AT não é importante. A ideia básica é tecida ao longo de toda a Escritura. Primeiro, vê-se o Reino de Deus no jardim do Éden. Adão e Eva vivem em obediência voluntária à palavra e ao governo de Deus. Nesse cenário, o Reino é destruído pelo pecado do homem — e o resto da Bíblia fala sobre a restauração do povo que será o sujeito desejado do governo perfeito de Deus. Há muitos mais episódios na Bíblia em que o Reino de Deus tem expressão.

A promessa a Abraão

Ela está registrada em Gênesis 12.1-3. Deus promete aos patriarcas que seus descendentes (o povo de Deus) possuirão a terra prometida (o lugar de Deus) e serão o povo de Deus, sob sua autoridade (o governo de Deus). O processo histórico pelo qual as pessoas são trazidas a essa situação assume a forma de um ato redentor divino. Deus redime Israel quando ele o resgata do cativeiro no Egito.

A monarquia

A "idade de ouro" de Israel ocorre no período da monarquia, quando os Reinos do Norte e do Sul se comportam como uma só nação. A conquista política, econômica e religiosa do reino de Davi e Salomão cumpre de uma maneira muito tangível as promessas feitas a Abraão. Este reino não é de forma alguma perfeito, mas exibe todos os elementos do Reino de Deus. Assim, emerge um padrão: a revelação do Reino de Deus começa pela promessa básica feita a Abraão, e então se move através do processo de realização que inclui uma experiência da redenção (o Êxodo) e o ponto culminante em um cumprimento (a monarquia). Esta última etapa contém algumas coisas não indicadas de forma específica na promessa originária (como a cidade de Sião, o templo e a realeza de Davi).

O Reino profético

O reinado de Salomão falha e isso serve para sublinhar o que tem sido evidente — que o processo histórico de Abraão até Salomão sempre fica aquém da glória do verdadeiro Reino de Deus — ainda que ele revele a natureza desse Reino. Em face do juízo do pecado de Israel (culminando na destruição da nação), os profetas reafirmam a promessa do Reino como algo cumprido no futuro.

O retorno do Exílio babilônico não consegue produzir o Reino predito por profetas como Isaías, Jeremias e Ezequiel. Os profetas pós-exílicos, Ageu, Zacarias e Malaquias, continuam a dirigir os olhos de Israel para longe da história presente, em direção ao grande dia futuro em que o Reino perfeito e eterno de Deus será revelado. O AT termina com a nota da promessa e expectativa. Não há cumprimento em vista, pois os judeus experimentaram quase quatrocentos anos de silêncio profético entre os dois Testamentos. Nesse tempo, os judeus desenvolveram uma variedade de soluções para o problema. O mais conhecido é o dos fariseus, que buscavam o retorno literal à monarquia israelita e à liberdade de Israel de toda a opressão estrangeira.

O Reino do Evangelho

Jesus declara: "O tempo é chegado; o Reino de Deus está próximo" (Mc 1.15). Assim, ele apresenta o evangelho como o fator que aproxima o Reino. O que significa o Reino estar próximo a não ser que seu cumprimento emerge quando o NT expõe o evangelho? Jesus é o cumprimento das promessas, mas, nesta fase, o fato de o Reino de Deus triunfar só pode ser recebido pela fé. Quando Cristo aparecer na segunda vinda, os santos de Deus surgirão com ele em glória (Cl 3.4).

O PADRÃO DO REINO **ESTABELECIDO** — **Éden**

A QUEDA

	ATO REDENTOR: NOÉ
O REINO **PROMETIDO** —	**ABRAÃO**
	ATO REDENTOR: ÊXODO
O REINO **PRENUNCIADO** —	**DAVI–SALOMÃO**
	Ato redentor: promessa profética de salvação
O REINO **ESTÁ PRÓXIMO** —	**JESUS CRISTO**
	Ato redentor: sua vida, morte e ressurreição
O REINO **CONSUMADO** —	**A VOLTA DE CRISTO**

Figura 5   *Revelação do "Reino" na Bíblia (v. tb. fig. 8)*

Agora fica claro por que a história da redenção não é apenas o desdobramento gradual das verdades do Reino, o alvorecer da luz, mas sim uma série de etapas em que o Reino, e o caminho para ele, são revelados. Em cada etapa, todos os ingredientes essenciais do Reino se manifestam, mas cada estágio sucessivo se baseia no anterior até que a revelação plena do evangelho seja alcançada. Correndo o risco de simplificar demais, podemos organizar nosso material sobre o Reino de Deus em vários "blocos" de revelação:

a) O Reino revelado no Éden
b) O Reino revelado na história de Israel (de Abraão a Salomão)
c) O Reino revelado na profecia (de Elias a João Batista)
d) O Reino revelado em Cristo (do tempo do NT ao retorno de Cristo).

Devemos agora considerar de forma mais exata qual a relação entre essas fases ou blocos de revelação. As conclusões a que chegamos sobre estas fases controlarão nosso método interpretativo de textos do AT e a compreensão de sua relevância para nós, cristãos hoje.

CAPÍTULO 6

O Reino revelado no Éden

A Criação

A história da Criação nunca deve ser considerada do tipo "era uma vez". O fato de Deus ser o Criador e o homem sua criatura estabelece a base para a compreensão do Reino de Deus. Quando falamos da *soberania* divina, usamos uma palavra para expressar o significado de sua realeza absoluta e inflexível. A criatura é governada e pertence, como criatura, à esfera do governo perfeito de Deus. Ao realizar todas as coisas pelo poder de sua palavra (2Pe 3.5), Deus demonstra seu direito, como Criador, de reger tudo. A existência perfeita para a criatura é a encontrada apenas no âmbito do governo de Deus.

Toda a realidade é a realidade de Deus; toda a verdade é a verdade de Deus. Nada existe a não ser pela vontade e pela Palavra de Deus. Poderíamos escrever livros inteiros sobre as implicações da Criação em relação ao tratamento cristão da educação, política, economia, vida familiar, dos valores morais ou da pesquisa científica. Se acreditamos em Deus como Criador, não podemos dividir o mundo em espiritual e secular. O fato de toda a realidade depender da criatividade da palavra divina significa que a Palavra de Deus deve julgar as ideias dos homens sobre a verdade e o erro, e não o contrário. Assim, a doutrina cristã da autoridade das Escrituras encontra suas raízes na Criação. O famoso comentário sobre a autoridade da Bíblia feito pelo pregador do século XIX Charles H. Spurgeon ("Defender a Bíblia? Seria o mesmo que defender um leão!") é bem conhecido e apropriado. Mas também precisa ser lembrada a relação da palavra de Deus com o raciocínio humano, a criatura, sobre a verdade — ninguém pega uma lanterna de bolso e a liga ao sol para averiguar se o sol é real![9] A verdade da palavra de Deus não pode ser sujeita à luz débil da razão egoísta do homem. A palavra divina criou o que existe e deve ser seu intérprete.

O HOMEM À IMAGEM DE DEUS

O que é "à nossa imagem" (Gn 1.26)? Deus criou o homem à sua imagem e lhe delegou autoridade sobre o resto da criação (Gn 1.26*ss*). Alguns estudiosos veem o domínio do homem, a sua função *de domínio* na Criação, como a "imagem" de Deus. Outros apontam que o homem à imagem de Deus é masculino e feminino. A "imagem" pode, portanto, ser vista na relação do homem e da mulher, em especial na que tem a expressão máxima na união de marido e mulher, e que se baseia na polaridade sexual (Gn 2.24). Se a Bíblia não define com clareza a imagem divina no homem nessa fase, mais tarde apontará para Jesus Cristo como a verdadeira imagem de Deus. Os pontos básicos desta fase são: i) a singularidade do homem como ápice da Criação e imagem de Deus, e (ii) a qualidade de criatura do homem — totalmente dependente do Criador para existir.

ÉDEN— JARDIM DO REINO

Como a Criação nos fala do Rei, Éden nos diz respeito ao Reino de Deus. No capítulo anterior, vimos que o Reino de Deus (um termo do NT) é uma ideia totalmente bíblica — o conceito do Reino domina toda a história bíblica. O ponto de estabelecimento desse padrão é o jardim do Éden. Aqui vemos o povo de Deus (Adão e Eva, em sua inocência), o jardim do paraíso (o lugar que Deus preparou como ambiente perfeito para seu povo) e o governo de Deus expresso por sua palavra. Deus, o Rei soberano, define os limites de liberdade: "Coma

---

[9] Esse aspecto do funcionamento adequado da razão humana é discutido em Cornelius van Til, *Apologetics* (sílabo não publicado), Westminster Theological Seminary, Philadelphia (sem data) p. 67.

livremente de qualquer árvore do jardim, mas não coma da árvore do conhecimento do bem e do mal" (Gn 2.16,17).

Como este é o Reino, o Rei não pode ser contestado por seus súditos. A relação perfeita entre Criador e criatura, governante e governado, não pode existir se a criatura pretende usurpar o papel do Criador ao rejeitar seu governo: "porque no dia em que dela comer, certamente você morrerá" (Gn 2.17).

A descrição do jardim do Éden não nos diz tudo sobre o Reino de Deus, mas fornece o quadro essencial para a compreensão da natureza do Reino como:

povo de Deus (Adão e Eva)
no lugar de Deus (Jardim do Éden)
sob o domínio de Deus (a palavra de Deus).

Veremos esse padrão surgir cada vez com mais intensidade como o objetivo de toda a atuação de Deus. Como era na Criação, assim será no processo de redenção que leva à nova criação. Não por acaso a árvore da vida, negada ao rebelde Adão, transforma-se na descrição da nova Jerusalém em Apocalipse 22 (cp. Gn 3.22*ss.* com Ap 22.2) ou na profecia de João sobre a vitória dos santos em Apocalipse 2.7: "Ao vencedor darei o direito de comer da árvore da vida, que está no paraíso de Deus."

A QUEDA DO HOMEM

Como acontece com a Criação, é fácil subestimar o significado e efeitos da Queda. Se dermos o devido peso à qualidade criadora de Deus, a Queda, como resultado da declaração unilateral de independência do homem, é uma coisa muito séria. A tentação da serpente foi direcionada com esse fim: "Foi isso mesmo que Deus disse?". Esse questionamento inicialmente sutil da palavra divina detentora de autoridade é seguido da negação absoluta da verdade da palavra: "Certamente não morrerão!" (Gn 3.1-4). O resultado foi a rejeição de Adão e Eva do governo de Deus e demonstração de que, mesmo na atividade de raciocínio, eles foram bastante autossuficientes e independentes.

É impossível para Deus ser fiel a si e, ao mesmo tempo, suportar o próprio destronamento pela criatura. Assim, o juízo é inevitável e radical (no sentido de atingir a raiz da situação). "Não comam do fruto da árvore que está no meio do jardim, nem toquem nele; do contrário vocês morrerão", disse Deus, e o homem morreu. O fato de o sinal físico final de morte, a dissolução do corpo, não ter ocorrido de forma imediata não diminui o fato de a morte ter sobrevindo ao homem. O homem morto é o homem pecador, o que rejeitou o Reino de Deus. O homem morto é o homem fora do Jardim.

A soberania divina e o Reino de Deus

Precisamos fazer a distinção aqui entre a soberania divina absoluta e o Reino de Deus. O homem e o Diabo não podem escapar do poder soberano de Deus, não importa quão intensamente lutem contra ele. No final, todos os rebelados contra o Criador serão forçados a se submeter à realidade inegável do senhorio divino. Mas o Reino de Deus, como a Bíblia, revela isso na esfera do governo de Deus em que suas criaturas se submetem de modo voluntário a seu justo governo. O governo soberano de Deus é universal; o Reino de Deus não é. Há inferno e céu, o mundo da escuridão e o reino da luz.

Aqui não se faz necessário completar os registros de Gênesis com o material do NT, que amplia o significado da sentença de morte que sobreveio ao homem na Queda. O relato de Gênesis fornece a estrutura sobre a qual as Escrituras são elaboradas. É impossível separar os aparentemente contraditórios elementos da Queda do homem — o justo juízo de Deus e a maravilhosa graça divina.

Julgamento

O julgamento envolve, em primeiro lugar, a ruptura do relacionamento entre o homem e Deus. Isso é visto com clareza na expulsão do homem do jardim. Em segundo lugar, existe o rompimento da relação entre homem e mulher quando a perfeita harmonia entre eles dá lugar à rivalidade e acusação (Gn 3.12,16). Em terceiro lugar, há o rompimento da relação do homem com o ambiente assim que a criação física já não é vista sob o domínio humano (Gn 3.17-19). A palavra "rompimento" não se destina a diminuir a seriedade da sentença de morte. O homem fora do Reino não está apenas sob sentença de morte — ele está morto. O significado real da morte se encontra na separação do homem da desejada relação com o Reino. O homem autônomo é a negação de Deus e, portanto, negação da vida. O homem caído está morto em sentido espiritual. Fora do Éden não há retorno. O homem escolheu ser um rebelde e está vinculado à sua decisão. Não há liberdade de escolha para a posteridade de Adão. A Queda do homem do jardim do Reino é a queda de toda a raça humana. Todo homem nasce fora do jardim; todo homem nasce rebelde ativo afirmando sua autonomia e independência do Deus da vida. A história da humanidade e das Escrituras vai mostrar que o estado de morte do homem significa que ele, de modo inevitável, escolhe odiar Deus, pois essa é sua natureza exterior ao Éden. Não é mais uma questão de liberdade de escolher o certo ou errado, pois o homem é livre agora só para ser o que ele é — um pecador que odeia Deus (cf. Rm 3.9-18; 8.6-8). O homem se tornou escravo do pecado — a escravidão que é a morte.

Graça

A graça se refere à atitude de Deus para com os pecadores rebeldes ao usar de misericórdia para com eles — não só imerecida, mas exatamente o oposto do merecimento. Essa atitude de Deus não é algo abstrato, mas só é conhecida por nós mediante a ação salvadora de Deus. A incrível história de Gênesis 3 é de juízo e graça. Para começar, notamos que Deus não tem o propósito de obliterar o homem como ele poderia ter feito quando Adão pecou. O próprio fato da preservação da raça e do desejo de Deus de continuar a falar com o homem são sinais de sua graça. A graça é vista no julgamento da serpente. Deus é justo, e o pai da mentira é destinado à recompensa final. Há muito se reconhece o texto de Gênesis 3.15 como uma palavra de graça, o Protoevangelho (isto é, a primeira referência ao evangelho), pois promete que a "semente da mulher" deve, na verdade, compartilhar a reversão do erro. A serpente levou o homem à queda, e isso é censurável. O homem também é censurável por ter se deixado conduzir de forma deliberada. A graça opera em face da culpabilidade.

A graça é observada na manutenção da aparência da sociedade. A imagem divina no homem não foi totalmente obliterada e, portanto, o homem retém um pouco da dignidade originária em relação ao restante da criação. O homem e a mulher continuam a se relacionar e procriar, mesmo que o relacionamento esteja corrompido. O universo, a fim de permanecer sob o domínio do homem, e apesar de seu desafio permanente em relação ao domínio humano, cai junto com o homem. Fora do jardim, o mundo decai, pois o homem não pode sobreviver no mundo não caído: "Pois ela [a criação] foi submetida à futilidade, não pela sua própria escolha, mas por causa da vontade daquele que a sujeitou, na esperança" (Rm 8.20).

As duas linhagens do homem

Os capítulos 4 a 11 de Gênesis contêm uma história compacta que abrange um longo período. De acordo com o método da teologia bíblica, olhamos para as ênfases dos capítulos a fim de descobrir a mensagem geral neles contida. A primeira história do homem caído no mundo caído é um exemplo de história teologicamente orientada. As duas linhagens de pessoas caracterizadas pelos líderes das linhagens, Caim e Abel, filhos de Adão e Eva, são organizadas de maneira esquematizada. O dispositivo da genealogia ou da árvore genealógica é utilizado diversas vezes na Bíblia e não devemos, apressadamente, julgar as genealogias desinteressantes ou irrelevantes em sentido espiritual. O diagrama a seguir demonstra a estrutura genealógica de Gênesis 4 a 11.

A narrativa de Caim e Abel demonstra um efeito da queda da humanidade — rivalidade e assassinato. O relato, em seguida, volta-se para a genealogia da linhagem ímpia dos descendentes de Caim, caracterizados como os desenvolvedores da cidade e da indústria, e que culminou com a maldade de Lameque (Gn 4.17-24). A impiedade do homem é enfatizada mais uma vez em Gênesis 6 quando Deus declara a intenção de destruir o homem (v. 7). A linhagem sem Deus desaparece no Dilúvio.

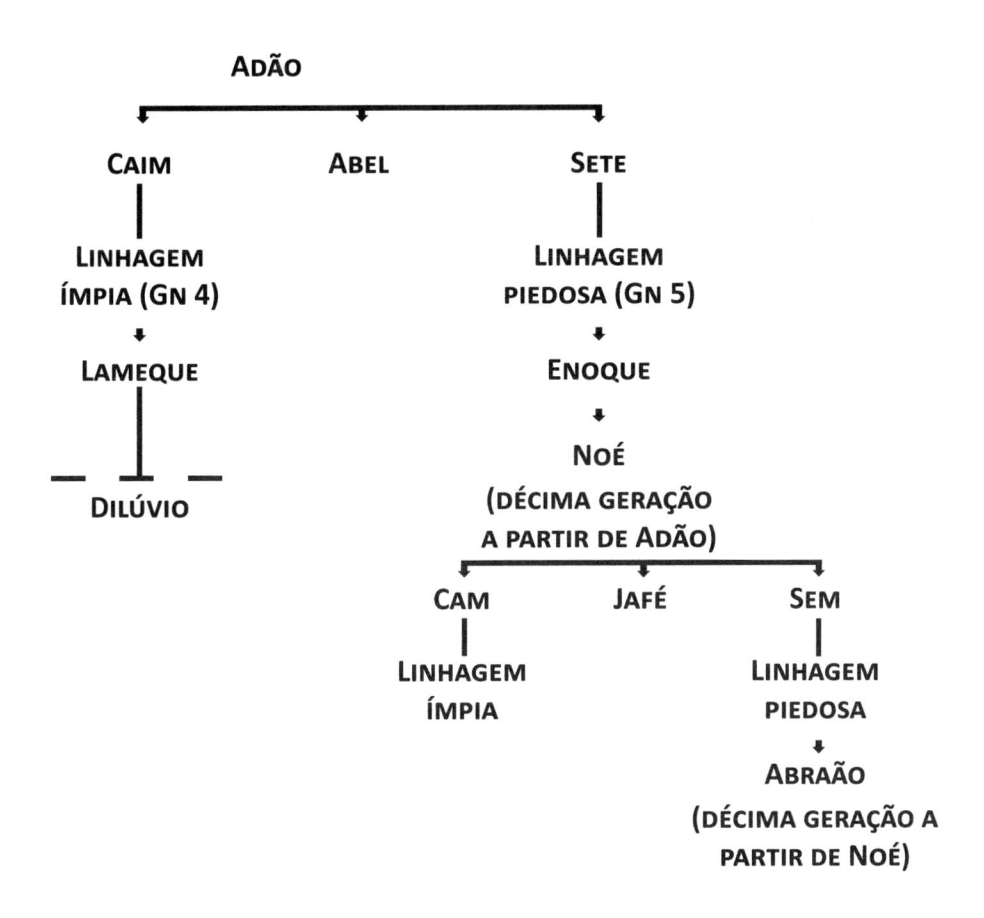

```
                        ADÃO
          ┌──────────────┼──────────────┐
        CAIM            ABEL           SETE
          │                              │
      LINHAGEM                       LINHAGEM
      ÍMPIA (GN 4)                   PIEDOSA (GN 5)
          ↓                              ↓
       LAMEQUE                        ENOQUE
          │                              ↓
          │                             NOÉ
       DILÚVIO                  (DÉCIMA GERAÇÃO
                                A PARTIR DE ADÃO)
                        ┌──────────────┼──────────────┐
                       CAM            JAFÉ           SEM
                        │                              │
                    LINHAGEM                       LINHAGEM
                     ÍMPIA                         PIEDOSA
                                                      ↓
                                                   ABRAÃO
                                             (DÉCIMA GERAÇÃO A
                                              PARTIR DE NOÉ)
```

Figura 6 As duas linhagens do homem

Enquanto isso, a linhagem piedosa tem início com Sete, que toma o lugar do irmão assassinado (Gn 4.25). Os integrantes dessa linhagem são Enoque, que andou com Deus, e Noé, que achou graça aos olhos do Senhor. A salvação de Noé e sua família é um ato da graça divina, conducente ao recomeço.

Mais uma vez, no entanto, acontece uma divisão da humanidade, com Cam como o principal representante dos ímpios. Sem é o pai dos piedosos (Gn 11.10-26). Agora, há uma linhagem piedosa mostrada em uma genealogia de dez gerações de Adão a Noé, e dez gerações de Noé a Abraão. É evidente que esta não é casual. A história se move em direção a um objetivo, e examinaremos o significado de Abraão a fim de descobri-lo.

Por enquanto, pode-se dizer que os fundamentos da redenção foram colocados. O homem, rebelde, morto em seus pecados e transgressões (Ef 2.1), é o objeto da promessa e graça divinas. A graça de Deus é mostrada no livramento de Noé e na continuação da linhagem piedosa. Já há evidências da relação que Deus deseja manter com a nova raça de homens, e há sinais de que o Reino de Deus entrará no mundo caído como demonstração da graça redentora. O homem pode ousar esperar que, mais uma vez, verá o Reino caracterizado pelo povo de Deus, no lugar de Deus, sob o domínio de Deus.

CAPÍTULO 7

O Reino revelado na história de Israel

Vimos como o padrão do Reino de Deus é estabelecido no Éden. Neste capítulo, delinearemos a estrutura da história de Israel desde Abraão até o Exílio babilônico, um período de mais de mil anos. Não nos preocupamos em resumir os fatos históricos (eles podem ser encontrados em qualquer manual ou dicionário bíblico), mas sim em descobrir a estrutura de toda a gama da história — observar o relacionamento proposital em toda a sequência de acontecimentos. Como cristãos, reconhecemos que a história de Israel não é casual, nem uma série de incidentes aleatórios, mas, como *toda* a história, ela é governada pelo propósito divino. A característica exclusiva da história de Israel é que seu propósito envolvia a revelação da salvação e do caminho da salvação. Sendo Deus o Senhor, e a salvação objetiva conduzir pecadores ao Reino de Deus, esse mesmo Reino será refletido na história, que é a "história da salvação".

Abraão e os patriarcas — O Reino prometido

O mais importante na história de Abraão é a promessa da aliança divina. Toda a narrativa (Gn 12-24) é dominada pelas promessas, que transmitem três elementos principais:

a) Os descendentes de Abraão se tornarão uma grande nação (Gn 12.2; 13.16; 15.5; 16.10; 18.18);
b) Eles possuirão a terra prometida (Gn 12.7; 13.14-15; 15.18-21; 17.8);
c) Eles serão o povo de Deus (Gn 17.2,7,8; 18.19).

Deve-se observar também o quarto elemento que aponta para essa graciosa promessa divina, estendida a quem não descende em sentido físico de Abraão (v. Gn 12.3; 17.4-6, cp. Rm 4.16-18).[10]

O que é essa promessa da aliança se não a promessa do Reino de Deus? Sem dúvida é feita em termos localizados e ligados à terra. Deus, de fato, promete a Abraão que seus descendentes seriam o povo de Deus, no lugar de Deus, sob o governo de Deus, e todas as histórias de Abraão devem ser vistas sob essa luz. Um elemento importante na história é como a tensão se desenvolve porque Abraão possui a promessa, mas não sua substância. Ele deve acreditar em Deus por causa da palavra dele, por meio da fé, ao passo que todos os acontecimentos naturais parecem trabalhar contra a realização da promessa. Mesmo para Abraão, o Reino de Deus deve, em primeiro lugar, ser recebido pela fé (Gn 15.6).[11]

Tendo recebido promessas a respeito de descendentes e de uma terra, Abraão observa seu sobrinho ganancioso, Ló, ocupar o melhor pasto (Gn 13.8-11). Mas veja como Deus, em seguida, sustenta Abraão com sua promessa (v. 14-17)![12] Quanto à promessa de descendentes, é difícil para duas pessoas muito idosas aceitarem (Gn 15.1-5) e a narrativa de Hagar e Ismael mostra o estresse em que Abraão e Sara se encontravam. Isaque, filho seu e de Sara, é designado o herdeiro (Gn 15.4,17,19,21; 18.10). Quando Isaque nasceu, o alívio deve ter sido enorme; ele é de fato o filho da promessa. Então, por que a ordem para sacrificar o menino (Gn 22.1,2)? Esse acontecimento mostra que Abraão não é apenas obediente a Deus de

---

[10] A multidão de nações tem referência dupla, pois Abraão era o pai de nações não israelitas que não tiveram participação na aliança, por exemplo, descendentes de Ismael e os de Esaú (Edom). No entanto, a referência vai além da inclusão dos gentios nas bênçãos, como Paulo indica em Rm 4.16-18.

[11] Por isso Paulo usa Gênesis 15.6 como base da exposição da verdade elementar do evangelho: somos justificados pela fé (Rm 4).

[12] A narrativa difícil do cap. 14 não se encaixa com facilidade no restante da seção por não expressar, de forma nítida, a mesma ênfase principal. No entanto, o misterioso encontro com o sacerdote e rei Melquisedeque e a entrega de dízimos a ele mostra que Abraão está contente por renunciar à oportunidade de enriquecer na terra até que ela lhe pertença.

maneira geral; ele acredita nas promessas divinas específicas, apesar do aparente desafio à sua realização — acarretado pelo sacrifício. Mais uma vez, ele é tranquilizado pela promessa quando sua fé se manteve firme (v. 15-18). Quando Sara morre, Abraão é forçado a regatear o preço da sepultura dela que ele teve de comprar mesmo integrando sua herança (Gn 23)!

Esaú e Jacó, filhos de Isaque, são objetos da escolha soberana de Deus, pois o mais jovem (mais uma vez a opção não natural) é escolhido no lugar do mais velho para a linha de aliança (Gn 25.19-23). Jacó não é uma boa pessoa — ao contrário. Sua eleição não está fundamentada nos seus méritos previstos por Deus (cp. Rm 9.10-13). No entanto, Jacó é convertido pela graça divina e se torna pai do povo da aliança. Assim, o Reino de Deus será demonstrado por meio dos filhos de Jacó.

O resto da história patriarcal[13] nos leva com José e seus irmãos ao Egito, onde será definido o palco do próximo capítulo da história da redenção. O próprio fato de os descendentes de Abraão serem forçados a ir ao Egito para seu bem-estar também deve ser visto à luz das promessas da aliança, pois mesmo quando parece (para o desespero do rei do Egito) que eles estão se tornando uma poderosa nação, a terra da promessa está longe e inacessível.

Moisés e o Êxodo — a ativação das promessas
O Êxodo

"Então subiu ao trono do Egito um novo rei, que nada sabia sobre José" (Êx 1.8). De repente, os então favorecidos filhos de Israel (Jacó) não são mais bem-vindos no fértil delta do Nilo. A permanência temporária se torna cativeiro e o privilégio é transformado em escravidão. As promessas da aliança são removidas mais adiante, pois o povo não só vive longe da terra prometida, mas agora é prisioneiro de um monarca cruel. Mais uma vez, a experiência dos destinatários das promessas parece contradizê-las. Contudo, a partir de um ângulo mais positivo, podemos começar a montar algumas

---

[13] Os patriarcas são os "pais", i.e. Abraão, Isaque e Jacó e seus doze filhos.

peças do quebra-cabeça. Por que Deus não cumpriu as promessas? Uma coisa é falar sobre a fé, mas ela não deve ser confundida com uma ilusão ou o sonho da realização da própria vontade. As promessas devem se basear na realidade que será alcançada, pois elas não são uma brincadeira cruel.

Nesta fase, só podemos observar que Deus deve ter um motivo para a criação dessa tensão. Com que objetivo são canalizadas as promessas apor meio dessa extraordinária experiência no Egito? O livro do Êxodo nos dá a resposta a essa pergunta. O Êxodo começa com a história do nascimento de Moisés, a garantia de sua integridade física e o preparo para sua missão. Esses fatos não são apenas alguns dos temas favoritos no ensino da Bíblia para crianças, mas também são muitas vezes maltratados. A história de Moisés nos juncos se relaciona com a declaração do propósito de Deus em Êxodo 2.23-25 — que nos mostra Moisés como mediador dos atos divinos no cumprimento das promessas da aliança feitas aos patriarcas. Observe a ênfase dada à identificação do Deus que envia Moisés para ser o líder de Israel. Ele é o Deus de Abraão, Isaque e Jacó (Êx 2.24; 3.6,13,15, 16; 4.5; 6.2-5).

O Deus de Israel é fiel à aliança com Abraão — fato agora associado ao nome pessoal de Deus.[14] Na maioria das versões em português da Bíblia, o santo nome é substituído por SENHOR. Onde quer que você leia SENHOR (com letras maiúsculas) no AT, como nome de Deus, lembre-se de que se trata no original hebraico do seu nome pessoal, especial, e não apenas de um título — ele expressa o caráter divino, revelado por meio de seus atos para resgatar seu povo. O ato e o conhecimento do nome não raro estão relacionados: "Eu os farei meu povo [...] e [...] vocês saberão que eu sou o SENHOR, o Deus de vocês" (Êx 6.7; cp. 7.5).

---

[14] Êx 6.2-5 destaca a relação entre o nome divino e seu caráter como mantenedor da aliança. O título SENHOR é usado para verter o nome próprio hebraico YHWH, do qual procede o aportuguesamento Iavé. Os israelitas, em algum ponto da história, deixaram de pronunciar o nome divino por causa de sua santidade e passaram a substituí-lo por *Adonay* (= meu Senhor). Desse costume surge o nosso uso do título SENHOR.

O povo de Israel se encontra escravizado no Egito, sem ter praticado qualquer falta, e longe de Canaã. Agora Deus age com base na aliança para libertar os filhos de Jacó, mas o Faraó é um tirano cruel e se recusa a deixar o povo ir. Deus, por intermédio de Moisés, seu servo, produz uma série de sinais e se pergunta como fazer Faraó libertar seu povo. Cada praga infligida é uma demonstração do poder superior de Iavé sobre o Egito e seus deuses. A última praga é associada a uma imagem redentora que Israel jamais esquecerá. Quando Deus sentencia a morte de todos os primogênitos no Egito, provê um meio de escape para os israelitas crentes. O sacrifício de um cordeiro e a aspersão de seu sangue nos umbrais das portas impediria a entrada do anjo da morte na casa, passando ao largo de cada família obediente. A Páscoa — o resgate dos primogênitos israelitas —, é associada à fuga do Egito, de modo que a imagem da redenção se estende à inclusão da totalidade de Israel. O efeito da décima praga no Faraó o fez, por fim, deixar o povo ir. Nesse ponto, seu coração é endurecido e ele volta atrás e persegue os fugitivos até o mar Vermelho.[15]

O caminho de saída do Egito seria naturalmente pelo delta, através da faixa costeira para Canaã. Deus, no entanto, não os conduziu dessa forma (Êx 13.17), mas através do deserto até as margens do mar. Isso equivale a correr em um beco sem saída com paredes em todos os lados. Mas, o propósito divino ainda será revelado; ele já superou a barreira do coração duro de Faraó e agora vai superar a barreira do mar. Israel não sairá do Egito pelo caminho fácil, mas pela mão forte de Deus — a redenção é um milagre que só Deus pode realizar (Êx 6.6*b*; 13.9-16). Até mesmo os magos do Egito reconheceram a mão divina em operação (Êx 8.19).

Agora se pode responder à pergunta feita antes: Por que Deus não cumpriu as promessas? Israel foi levado ao Egito e os patriarcas jamais possuíram a terra porque Deus queria revelar o caminho de seu Reino. É um caminho que envolve o resgate milagroso da escra-

---

[15] Há controvérsias a respeito de onde Israel de fato cruzou as águas, mas isso não afeta na prática o significado milagroso da travessia.

vidão que nos prende. Só um milagre divino pode nos trazer de volta ao Reino. O Êxodo permanecerá o modelo para a compreensão da redenção da vida de Israel, e o povo de Deus deverá relembrar dele como a base da resposta ao Deus que salva (cf. Êx 20.2; Dt 6.20-25; 26.5-10; Js 24.6-13; Ne 9.6-12; Sl 78; 105; 106; 114; 135; 136).

A aliança do Sinai

Os israelitas recém-saídos do Egito foram ao Sinai, onde o próximo grande aspecto do ministério de Moisés aconteceria — a entrega da lei. Tanta confusão surgiu nesse momento que devemos nos esforçar para compreender com clareza o propósito da lei. Parte da confusão ocorre por causa de um mal-entendido da atitude em relação à lei. No NT, Paulo diz aos cristãos: "Vocês não estão debaixo da lei, mas da graça" (Rm 6.14), e ele salienta que a justificação significa a justiça que é "além da lei" (Rm 3.21). Por isso, é muito fácil supor o caráter ultrapassado da lei no evangelho, e até como algo não mais válido. Não é injusto, creio eu, dizer que alguns cristãos têm um entendimento mais ou menos assim: Deus deu a lei a Israel no Sinai como um programa de obras cujo objetivo é a salvação. A história de Israel mostra quão completa foi a incapacidade de Israel de atingir o padrão exigido. Deus, portanto, em uma espécie de desespero, desfez o plano A (a salvação por meio das obras da lei) e instituiu o plano B emergencial (o evangelho). Em essência, o AT se torna assim o registro da falha do plano A. Sua relação com o NT é quase totalmente negativa.

A fim de obter a perspectiva correta sobre a lei do Sinai, deve-se ter mais cuidado ao examinar seu tratamento no AT e no NT. É preciso observar as declarações positivas sobre a lei no NT e também entender a razão para as muitas declarações negativas. Se a depreciação da lei no NT parece não se aplicar à lei em si, mas ao uso pervertido da lei em Israel, a compreensão adequada e utilização da lei também serão vistas no AT. Para começar, reconhecemos que dois grandes acontecimentos são anteriores ao Sinai. O primeiro é o Êxodo e o outro é a aliança com Abraão. O Êxodo significa a libertação da escravidão. Portanto, é evidente que a lei não poderia originar, no Sinai, outra forma de escravidão. A continuidade do propósito declarado de Deus nos obriga a colocar o Sinai no contexto dos objetivos divinos de estabelecer um povo para si mesmo, com base na graça. O chamado e a aliança com Abraão eram atos da graça. O Reino foi prometido pela graça aos descendentes de Abraão. Os poderosos atos divinos no Egito foram realizados por causa da promessa feita a Abraão (Êx 2.23-25). O Êxodo se torna um modelo de salvação pela graça, e seu objetivo é o cumprimento das promessas feitas a Abraão na terra prometida. É absolutamente inconcebível que Deus deva interromper seu programa de salvação pela graça no meio do caminho (entre o Egito e Canaã) e, apesar de suas promessas feitas a Abraão, selar seu povo com um frustrante programa de salvação pelas obras! A narrativa do Êxodo não permite esse tipo de violência à sua continuidade teológica. A única avaliação razoável da lei no Sinai nesse contexto é que ela faz parte do programa da graça pelo qual Deus trabalha para cumprir as promessas feitas a Abraão. Este não é o "plano A", descartável mais tarde, mas parte do plano divino único e abrangente desde o começo.

O cerne da lei são os Dez Mandamentos (Êx 20), precedidos pela frase significativa: "Eu sou o SENHOR, teu Deus, que te tirou do Egito, da terra da escravidão". Essas palavras devem reger nossa compreensão da lei do Sinai. Vê-se aqui que Deus declara ser o Deus desse povo, já salvo por ele. O que se segue não pode ser um programa destinado a alcançar a salvação por meio das obras uma vez que o povo já a recebeu pela graça. A lei é dada ao povo de Deus depois de ele ter se tornado povo divino pela graça. O Sinai depende da aliança com Abraão, e é uma exposição da mesma. No Sinai, Deus explicita aos israelitas o significado de ser o povo de Deus. Eles não podem saber viver de forma coerente com sua vocação na vida como povo de Iavé a menos que ele lhes diga. O que ele lhes diz reflete, de várias maneiras, seu próprio caráter. É a fiel resposta de cada um deles ao caráter divino a demonstração de que são seus filhos. A lei explicita o conhecimento do caráter de Deus, já revelado na forma que ele tratou seus pais e por meio de seus atos no Egito (Êx 6.6-8).[16]

Diante desse entendimento da aliança do Sinai, as prescrições morais são bastante fáceis de entender. Mas e os detalhes rituais e as muitas leis relativas à pureza e impureza (em especial no que diz respeito aos alimentos)? É útil saber algo da gama de prescrições dadas em Êxodo e Levítico, mas os preceitos não devem ser observados fora do contexto de toda a aliança. O resumo total da aliança do Sinai é igual ao resumo da grande aliança: "Serei o seu Deus, e vocês serão o meu povo".[17] Ele explica em detalhes as exigências do caráter divino: "Sejam santos, porque eu, o Senhor, o Deus de vocês, sou santo" (Lv 19.2). O fato de muitos regulamentos não tocarem de forma direta no caráter moral de Deus decorre da natureza dessa revelação preliminar do Reino. Algumas leis precisam lidar com a vida nacional de Israel, porque é onde o povo se encontra. Outras são requisitos rituais que dependem de cumprimento posterior para tornar conhecido seu significado pleno. Um grupo de leis alimentares que não aparenta fazer sentido se torna significativo no contexto da aliança do Sinai.[18] Elas instruem o povo em um aspecto da relação

---

[16] Essa interpretação é apoiada por estudos recentes de formulações de tratados do Oriente Médio Antigo. Já se demonstrou com um grau razoável de certeza que a forma de decálogo, ou seja, a forma dos Dez Mandamentos, e, possivelmente, mesmo o livro de Deuteronômio, foi composto no estilo convencional dos tratados de aliança impostos pelos reis conquistadores aos conquistados. Esses tratados estabeleciam as regras que governavam a vida dos vassalos como membros do grande reino. Se a analogia da "forma" é válida, a utilização dessa forma ao Decálogo seria apropriada apenas se houvesse a intenção de que a lei do Sinai se tornasse a aliança estipuladora das condições impostas ao povo sujeito ao Deus da aliança.

[17] Esta súmula particular ocorre pela primeira vez em Lv 26.12, mas também está contida na forma parcial de Gn 17.7*ss.* e Êx 6.7. O significado da declaração é destacado pelo uso repetido ao longo da Bíblia: p. ex., Êx 29.45; Jr 24.7, 31.33; 32.38; Ez 11.20, 34.24, 37.23; Zc 8.8; 2Co 6.16; Ap 21.3. O relacionamento expresso é o mesmo encontrado no conceito do Reino de Deus.

[18] Não posso aceitar a ideia de que a lógica subjacente às leis alimentares — o que é puro para consumo, e o impuro e, portanto, proibido — sejam apenas considerações higiênicas. Mesmo que alguns aspectos da higiene possam ser detectados, eles não podem constituir o principal propósito. O "falecimento" das leis alimentares (p. ex., Cl 2.16*ss.*) resulta da vinda de Cristo, não da invenção do refrigerador!

única que possuem como povo santo, separado de toda outra forma de fidelidade e separado para Iavé.

Os detalhes da construção do tabernáculo (Êx 25—31) devem ser considerados à luz do seu objetivo geral, e não ser interpretados por si mesmos. O aspecto secundário de todos os detalhes é a expressão clara do fato de que Israel não pode projetar coisas sem a revelação divina. O que poderíamos chamar "apoio simbólico à adoração" deve estar de acordo com determinado padrão, caso contrário, o coração do homem criará outra coisa que não reflete o caráter de Deus, mas só as más inclinações do coração humano. Por isso mesmo, Israel é proibido de utilizar todas as formas de auxílios visuais para adorar, e quadros ou imagens de Deus. O homem é incapaz de retratar Deus sem cair na idolatria. O objetivo do tabernáculo é ser a morada de Deus (Êx 29.45), o que significa ser o símbolo da presença divina entre o povo. Por outro lado, no entanto, as barreiras de acesso ao "Lugar Santíssimo" significa que o povo pecador tem acesso apenas indireto — pela mediação dos sacerdotes, e isso com base do sacrifício substitutivo pelos seus pecados.

Quebrar a lei carrega pesadas sanções, das quais a mais grave são a morte e a excomunhão. Israel, enquanto nação, deve ser fiel à lei e também aproveitar as bênçãos divinas. É esse fato (p. ex., Dt 28) que pode ser interpretado de forma errada — como se significasse que as bênçãos da salvação recompensam as obras da lei. Devemos observar, porém, que o NT traz exatamente as mesmas condições. E nenhum ensinamento do NT destrói o princípio da salvação pela graça (p. ex., 1Co 6.9,10, 10.6-12; Ef 4.1; Hb 12.12-17; Tg 1.26-27; 1Jo 3.14,15). Tanto no AT quanto no NT, o princípio operante é que o povo de Deus deve apresentar santidade consistente com seu chamado. O desrespeito deliberado desse princípio demonstra com clareza quem não é membro do povo de Deus.[19] Nos dois Testa-

---

[19] É claro que no AT e no NT, percebe-se a distinção entre a causa, ou base, de algo e a causa instrumental. Assim, não se pode ser salvo sem fé; por outro lado, não somos salvos por causa da fé. A fé é o instrumento, mas a base da salvação é a justiça de Cristo. Da mesma forma, não se pode ser salvo sem o novo nascimento, mas o novo nascimento não é a causa ou base da salvação; se fosse, Jesus não

mentos, a exigência para ser santo é derivada da atividade anterior da salvação provida por Deus. Muito mais poderia ser dito sobre a aliança do Sinai, mas estamos satisfeitos aqui com esses poucos comentários sobre seu significado e propósito.

A ENTRADA E O ESTABELECIMENTO

O livro de Números relata os incidentes entre o Sinai e a entrada na terra. Ao fazê-lo, apresenta uma imagem bastante sombria. Israel, vivendo a salvação da escravidão do Egito e a experiência de ser constituído povo de Deus sob a aliança do Sinai, mostra-se rebelde e ingrato. A murmuração da nação se torna um padrão de imediato (p. ex., Êx 16—18). Depois do encontro do Sinai, a nação afirma sua independência de Deus recusando a oportunidade para tomar posse da terra prometida (Nm 13; 14). Os quarenta anos vagando no deserto destruíram a geração de adultos que saiu do Egito, cabendo a seus filhos entrar e possuir a terra.

Antes da entrada, Moisés relaciona a aliança à posse antecipada da terra e, em seguida, transmite a liderança para Josué. Esta "segunda lei", como demonstra o significado do nome Deuteronômio, mais uma vez enfatiza a graciosa provisão de Deus para seu povo quando ele cumpre as promessas feitas a Abraão. A graça é contrastada fortemente com a rebeldia de Israel no deserto.

Pode-se muito bem perguntar por que Deus permanece bondoso e amoroso para com Israel, apesar da sua falta de resposta. Claro que isso não é diferente do motivo pelo qual Deus mostra graça para com a humanidade na Queda ou para nós hoje! A rebeldia de Israel é um tema recorrente do AT, mas também o é o amor da aliança divina, quando ele salva o remanescente fiel em meio ao povo. Na verdade, o remanescente é um tema importante que nos leva de volta ao início

---

precisaria ter morrido. O NT e o AT indicam que não podemos ser salvos com base em boas obras.

da história da redenção.[20] Em meio a toda essa rebelião, o fato que não se deve ser esquecido é que Deus sempre salva o remanescente fiel.

Deuteronômio é um livro importante, pois enfatiza a relação da lei e da graça. Os primeiros quatro capítulos contam a história da salvação, desde o tempo passado no Sinai até o ponto de preparação para a entrada em Canaã. A história da salvação é interpretada à luz da falta de fé de Israel e da bondade contínua de Deus. Em nenhum outro lugar a lei e o evangelho estão relacionados de forma mais clara que em Deuteronômio 6.20 a 25. O filho pergunta: "O que a lei significa? O que é isso tudo?", e a resposta é dada nos termos do "evangelho", isto é, em termos dos atos de Deus na história para salvar seu povo.[21] Deus age assim porque Israel merece? Deuteronômio responde com um sonoro "não". Deus "ama por ter decidido amar" é a lógica de Deuteronômio 7.7, 8. Israel está autorizado a desapropriar Canaã, não por sua dignidade e mérito, mas porque Canaã merece o juízo (Dt 9.4-6). Sempre, por trás disso, está a promessa divina a Abraão: Deus permanece fiel apesar da rebeldia de Israel (Dt 7.8; 9.5).

O livro de Josué retoma a narrativa da história de Deuteronômio quando Josué, sucessor de Moisés, prepara-se para liderar Israel na terra. Não se pode escapar à ênfase existente aqui de que Deus está

---

[20] A separação da linhagem piedosa dos incrédulos em Gn 4—11 é o início do processo. À medida que o padrão se desenvolve, vê-se que o próprio remanescente se torna objeto da separação de um novo remanescente e assim por diante. Portanto, a linhagem de Deus vem da humanidade caída. Daí surgem a família de Noé, de Noé a família de Sem, de Sem a família de Abraão. Em seguida, a família de Isaque e Jacó. Na família de Israel que se vê, agora, a diferenciação entre a resposta fiel à aliança e a rebelde. Em outras palavras, a adesão do povo da aliança como base de nascimento não garante as bênçãos da aliança de forma automática.

[21] Nunca é demais ressaltar que a expressão bíblica do evangelho é um acontecimento histórico de como Deus age a favor da salvação do povo. O evangelho é a história sagrada manifestada na vida e morte de Cristo. O evangelho *não* é a resposta humana a esse acontecimento, nem é a obra de Deus em nós agora, enquanto ele regenera e santifica o crente. Assim, no AT, o "evangelho" é a declaração do que Deus fez em um lugar e tempo fixos na história (no passado).

prestes a agir a favor de Israel. Os grandes atos de Deus a favor de Israel, no Êxodo, continuam, pois a salvação não está completa até que o povo seja levado à herança. Mais uma vez, o milagre permitirá que as pessoas passem pelas águas a pés enxutos (Js 3.7-13). Elas não precisarão mais se deslocar em alguma área remota; seguirão adiante e cruzarão a grande cidade-fortaleza de Jericó (Js 3.16). Deus lutará a favor do povo, não só na destruição de Jericó e Ai, mas no ato de subjugar toda a terra. E esses acontecimentos, que depois comporão a história de Israel, passaram a fazer parte do "evangelho dos atos poderosos de Deus", junto com a travessia do mar Vermelho (Js 4.21-23).

Assim, o livro de Josué descreve Israel desapossando os vários grupos cananeus dessas terras. Apesar da permanência de alguns focos de resistência e de problemas assolarem os israelitas dentro e fora da terra, a avaliação do autor pode ser aceita: "Assim o SENHOR deu aos israelitas toda a terra que tinha prometido sob juramento aos seus antepassados, e eles tomaram posse dela e se estabeleceram ali. O SENHOR lhes concedeu descanso de todos os lados, como tinha jurado aos seus antepassados. Nenhum dos seus inimigos pôde resistir-lhes, pois o SENHOR entregou a todos eles em suas mãos. De todas as boas promessas do SENHOR à nação de Israel, nenhuma delas falhou; todas se cumpriram" (Js 21.43-45). Mais uma vez, nota-se que o cumprimento da graciosa promessa em atos salvadores da parte de Deus não deve ser divorciado das demandas da aliança com Israel. Josué insta o povo a se lembrar das graves consequências da transgressão da aliança (Js 23.14-16). O livro termina com um relato comovente da cerimônia de renovação da aliança que, mais uma vez, sublinha a boa notícia do que Deus fez a favor do seu povo (Js 24.2-13), e descreve a necessidade de o povo responder com obediência (v. 14-27).

O PROGRESSO RUMO À MONARQUIA — O PERÍODO DOS JUÍZES

Devemos ser breves ao descrever esta detalhada área da narrativa histórica de Israel. O período abrange mais de dois séculos dos mais importantes desenvolvimentos da vida nacional de Israel. O livro de Juízes registra certa instabilidade que pode, à primeira vista, contradizer os termos elogiosos utilizados em Josué 21.43-45. No entanto, Juízes não nega que Deus concedeu toda a terra a Israel, mas sublinha o fato de que as tribos de Israel foram displicentes em seguir as instruções e expulsar os habitantes. Ao tolerar pequenos grupos inimigos na terra, eles enfraqueceram sua posição e se abriu o caminho para os tempos difíceis que viriam.

A teologia do livro de Juízes está resumida no Capítulo 2. O contato com o inimigo era sempre perigoso, não só pela ameaça à segurança nacional, mas principalmente ao pôr em perigo a integridade da fé de Israel. Ambas as situações prejudicavam a aliança. Mais uma vez se torna claro que todo o processo de cumprimento da aliança é realizado ao nível da existência nacional de forma que não consegue trazer toda a amplitude da existência humana para o Reino. Ou seja, as experiências de Israel mostram como Deus age e como é o Reino, mas como povo, os israelitas permanecem pecaminosos e rebeldes. Não vemos toda a nação se submetendo com perfeição, e de boa vontade, ao governo de Deus. Esse fato moldará nosso entendimento sobre até que ponto o reino de Israel exibe a verdade do Reino de Deus.

Assim, em Juízes 2.11-23, encontra-se a interpretação teológica dos fatos de todo o livro. As histórias dos feitos heroicos de Eúde, Gideão, Sansão e outros juízes são histórias de "minissalvações". O mesmo ciclo se repete em cada caso — o pecado, o julgamento de Israel na mão do inimigo, o arrependimento da nação e o pedido de socorro, e o juiz salvador que resgata Israel do inimigo. Cada vitória sob a liderança de um desses juízes é um ato salvador de Deus pelo qual ele estabelece o povo em sua herança. Sob nossa perspectiva, esses repetidos atos de salvação podem parecer quebrar a harmonia dos acontecimentos históricos ao revelar a salvação e o Reino. Mas se deve reconhecer que a bondade amorosa de Deus trabalha nas gerações seguintes à saída do Egito, mostrando repetidas vezes sua misericórdia salvadora. Esse período não se torna muito complicado desde que mantenhamos a perspectiva sobre os principais acontecimentos e sua importância teológica na revelação do Reino. O relato desse período turbulento chega ao fim com a significativa declaração: "Naquela época não havia rei em Israel; cada um fazia o que lhe parecia certo" (Jz 21.25). Se isso indica que o autor olha para esses acontecimentos a partir do tempo da monarquia, também indica que ele percebe a necessidade da monarquia para fornecer estabilidade e ordem a Israel.

SAMUEL E SAUL

A partir da fragmentação da vida nacional e da atividade localizada dos juízes, desenvolve-se um movimento para uma situação mais coerente e estruturada. Samuel, o profeta-juiz, aparece com destaque nessa tendência. Ele é aceito como profeta, a primeira figura profética nacional desde Moisés, de Dã até Berseba (1Sm 3.19,20).[22] Os filisteus agora são o inimigo. A liderança de Samuel durante essa ameaça extrema o coloca no caminho de um novo desenvolvimento político. Os israelitas percebem a vantagem do governo estável e, seguindo o exemplo dos estados vizinhos, exigem um rei para os governar e liderá-los nas batalhas (1Sm 8.19,20).

Pela natureza das expectativas dos israelitas, pode-se ver que seus motivos para a petição do rei estão todos errados — políticos e militares, e não verdadeiramente religiosos (v. 20). O pedido é visto como a rejeição do governo de Deus (1Sm 8.7). No entanto, isso não indica que o reinado não estava nos propósitos de Deus, nem significa que a realeza é concedida apenas como uma corda para as pessoas se enforcarem. Deve-se distinguir o tipo de realeza pedida e a encontrada nos propósitos divinos. Se o povo se enforca, é por meio de Saul. Ele é a resposta divina para os motivos errados dos israelitas, mas, ao mesmo tempo, permanece a oportunidade de Saul provar seu valor e obter sucesso como ungido de Deus.

---

[22] Essas duas cidades representam de forma respectiva o extremo norte e o extremo sul da terra, e, portanto, expressam a verdadeira natureza nacional da influência de Samuel, e não apenas local.

A própria realeza era uma possibilidade nas palavras de Moisés. Em Deuteronômio 17.14-20, temos o padrão da verdadeira realeza — totalmente compatível com os ideais teocráticos do Sinai. Em essência, o rei exemplifica a lei com sua vida e não se sente superior aos irmãos (v. 20). Ele é contrastado com o monarca despótico oriental que usa a posição para o engrandecimento pessoal e exerce o poder absoluto — incompatível com a teocracia (v. 16,17). Parece que Samuel tem essa receita de Deuteronômio para a realeza em mente quando adverte as pessoas da loucura do desejo de serem governadas por um déspota (1Sm 8.10-18). Ele entende muito bem que a estabilidade política pode ser comprada a um preço muito alto; a bandeira da "lei e da ordem" tem conquistado multidões para ditadores em todos os tempos.

O padrão de comportamento de Saul pode ser discernido com facilidade no início de seu reinado. Ele aparece com todo o carisma dos heróis guerreiros que conhecemos como juízes (1Sm 10.23,24; 11.5-15), mas também com todas as sementes da corrupção e rejeição de sua posição teocrática como ungido do Senhor (1Sm 13.13,14; 15.10-31). Samuel, como profeta, permanece o porta-voz do Senhor e traz a palavra de juízo contra o desobediente Saul. Essa relação entre o profeta e o rei persistirá ao longo da monarquia em Israel, pois o profeta é sempre o guardião da aliança do Sinai — referência pela qual a vida de todos os israelitas é avaliada.

Então, de forma positiva, Saul é apenas um elo na cadeia de figuras históricas que representam o propósito divino de administrar a salvação por um mediador humano. A importância de Saul como "ungido do SENHOR" se torna primordial para Davi, pois, mesmo quando Saul procura matá-lo, ele não retaliará. No entanto, mesmo de maneira imperfeita, Saul traz certa coerência à regência em Israel, algo inexistente desde os dias de deserto. Não devemos deixar as características negativas de Saul prejudicarem o significado positivo do seu reinado. É uma característica das pessoas e acontecimentos do AT que, apesar de suas imperfeições, elas prenunciam o perfeito que há de vir (1Co 13.10). Na verdade, deve ser assim, pois se os precursores fossem perfeitos, eles deixariam de ser mera projeção do que deveriam ser e se tornariam a realidade concreta. Saul, junto com os juízes antes dele, e os reis depois dele, faz parte do fundamento histórico colocado no AT para a revelação do rei humano perfeito, Jesus de Nazaré, o mediador do governo de Deus.

DAVI

É difícil determinar a duração do reinado de Saul, e a narrativa não se demora nele mais do que para indicar suas características. No entanto, a rejeição de Saul pelo profeta Samuel (1Sm 13.14; 15.26-28) serve não tanto como precursora da morte de Saul, mas como apresentação do sucessor de Saul, Davi. "O Senhor arrependeu-se de ter estabelecido Saul como rei de Israel" (1Sm 15.35) é o prefácio dos acontecimentos do capítulo 16.

Pela segunda vez, Samuel é chamado a designar o ungido do Senhor. Agora, no entanto, a narrativa descreve com grande efeito dramático a escolha do filho mais novo de Jessé como o homem segundo o coração de Deus (1Sm 13.14). Uma vez que isso ocorre muito antes da morte de Saul, a história registra a longa rivalidade entre os dois, que só termina com o suicídio de Saul na batalha de Gilboa. No período entre a unção de Davi e a morte de Saul, a narrativa não se concentra em Saul, mas em Davi como o governante seguinte.

O primeiro grande acontecimento registrado na experiência de Davi como ungido é a vitória sobre Golias (1Sm 17). Vê-se aqui outra parte da transição do juiz-salvador para o rei-salvador. Davi, o ungido, desafia o inimigo do povo de Deus e mata o gigante com o mesmo resultado que as vitórias dos juízes. É um acontecimento de salvação em que o mediador escolhido tem a vitória, enquanto as pessoas comuns permanecem até que possam partilhar os frutos da vitória do Salvador. Há uma preparação para o evangelho em que o Cristo de Deus (o Ungido) vence o pecado e a morte a favor do povo.

Até a morte de Saul, a crescente tensão entre ele e Davi mostra o ciúme terrível de Saul do único escolhido para sucedê-lo. Davi, ao contrário, é completamente subjugado pelo respeito em relação ao ofício de Saul, o rei ungido. Embora perseguido por Saul e forçado a percorrer o deserto com um bando, Davi se recusa com firmeza a se antecipar à soberania de Deus e tirar a vida do ungido do Senhor (1Sm 24.4-6; 26.8-11). O infeliz amalequita, que procura agradar Davi alegando ter matado seu perseguidor, aprende de modo difícil a força das convicções de Davi sobre o assunto (2Sm 1.14-16). Pode-se mais uma vez distinguir parte do aspecto-padrão desses acontecimentos na rejeição e no sofrimento do rei designado antes de ser inocentado e conduzido ao trono para governar em glória.

O reinado de Davi continua a exibir a mescla de ideal teocrático e pecaminosidade humana que tem caracterizado a história da salvação. Na verdade, se não fosse pela avaliação profética feita após sua morte, em que os ideais de governo de Deus por meio da realeza humana estão enfatizados, poderíamos perguntar se Davi teria sido muito melhor que Saul. Com certeza seu governo vê o crescimento da prosperidade e a estabilização política, econômica e militar. No entanto, mesmo esse aspecto, como bem se sabe pelo ministério de Samuel, está cheio de potencial para o mal. Além disso, a imagem de Davi como adúltero e assassino não melhora o ideal teocrático!

A fim de manter a perspectiva adequada sobre Davi, deve-se preservar o quadro da aliança e a história da salvação. A estabilidade e a prosperidade alcançadas por Davi ao remover por fim a ameaça de incursão filisteia na terra prometida, e também em extirpar os últimos bolsões de influência cananeia, representam o cumprimento das promessas da aliança. Agora alguma substância é dada ao resumo da aliança: "Serei o seu Deus, e vocês serão o meu povo".

Neste ponto se ouve uma nova palavra profética, dando uma perspectiva importante sobre o significado de Davi. Agora que as andanças de Israel cessaram e as pessoas possuem a terra como foi prometido a Abraão, o símbolo óbvio da habitação de Deus seria o templo permanente, e não mais a tenda portátil. Esse templo é erigido mais tarde por Salomão, mas neste momento uma pista importante é apresentada sobre como o simbolismo da tenda-templo atingirá o verdadeiro cumprimento no Reino de Deus. A profecia de Natã a Davi (2Sm 7) é, em certo sentido, uma palavra fora de tempo, pois antecipa a perspectiva profética que não emerge por completo até o último profeta, começando com Amós e Oseias.

Os seguintes pontos principais surgem da profecia de Natã em 2Samuel 7:

a) Davi se propõe a construir uma habitação para Deus, mesmo que isso nunca tenha sido ordenado por ele (v. 5-7).
b) Deus declara que ele vai construir uma casa para Davi enquanto concede descanso a seu povo (v. 8-11).
c) Essa casa é uma dinastia de descendentes de Davi, e seu filho construirá a habitação de Deus (v. 12,13).[23]
d) O filho de Davi será a personificação do povo de Deus e é declarado filho de Deus (v. 14).[24]

Muito mais poderia ser dito sobre o reinado de Davi, mas precisamos nos contentar com esses poucos aspectos teológicos e focar na importância de Salomão como filho de Davi.

SALOMÃO

O primeiro e óbvio ponto a salientar acerca de Salomão é que, como filho de Davi, ele cumpre em sentido imediato a previsão de Natã: a casa de Deus seria construída por esse filho. Mas Salomão deve ser lembrado por mais que sua atividade de construção do templo. Na verdade, ele é um enigma, pois foi o consumador da glória de Israel e o arquiteto de sua destruição.

A forma da narrativa do reinado de Salomão em 1Reis é instrutiva. Assim que o problema da sucessão do trono é resolvido a favor de Salomão, o narrador lida de uma só vez com dois aspectos

---

[23] Há um jogo aqui com palavra hebraica *bayit*. Ela significa "casa" no sentido de "morada", e também "dinastia".
[24] É razoável sugerir que "eu serei seu pai, e ele será meu filho" é uma individualização da declaração de aliança "vocês serão o meu povo, e eu serei o seu Deus". Portanto, a linhagem de Davi, declaradamente, representa o povo de Deus, ou, colocando de outra maneira, o filho de Davi é o verdadeiro Israel.

aparentemente contraditórios do comportamento de Salomão. Primeiro, somos informados da aliança de casamento com a filha do rei do Egito (1Rs 3.1), que se torna uma causa de tropeço na medida em que se trata da primeira fase da apostasia descrita no capítulo 11 (v. 1-13). Em segundo lugar, somos informados do desejo de Salomão de ter a mente sábia — pedido que recebe elogio de Deus.

A sabedoria de Salomão e a glória do seu reino andam de mãos dadas, e ambas são vistas como base da prosperidade e segurança nacional: "Durante a vida de Salomão, Judá e Israel viveram em segurança, cada homem debaixo da sua videira e da sua figueira, desde Dã até Berseba" (1Rs 4.25). Assim, o escritor resume a situação de modo a sugerir que a prosperidade do reinado de Salomão indique o cumprimento das promessas feitas a Abraão. O povo se encontra na terra, está seguro, e a terra dá seus frutos como no Éden. "Deus deu a Salomão sabedoria, discernimento extraordinário e uma abrangência de conhecimento tão imensurável quanto a areia do mar. A sabedoria de Salomão era maior do que a de todos os homens do oriente, bem como de toda a sabedoria do Egito" (1Rs 4.29,30). Sem dúvida, a sabedoria de Salomão era do tipo comparável à dos pagãos. A narrativa descreve que os "sábios" de outras terras próximas vinham ouvir Salomão (4.34), bem como a adulação do rei fenício Hiram (5.7), e da rainha de Sabá, que veio testar a sabedoria de Salomão (10.1-5).

Sabe-se a partir do livro de Provérbios que a "sabedoria" era relacionada com as complexidades da vida diária e com o mundo real da experiência humana. Como tal, seria, naturalmente, uma preocupação de todos os homens, israelitas e pagãos. Talvez tenha sido o mundanismo da sabedoria de Salomão (cf. 1Rs 4.32,33) que tornou possível o homem sábio se deslocar da sabedoria guardada pela estrutura do "temor do SENHOR" (Pv 1.7) à sabedoria que falou sobre as mesmas coisas, mas que se esqueceu da vontade revelada de Deus.

Então, Salomão, que embelezou Israel com o templo (1Rs 7; 8), torna-se o apóstata de quem o reinado é removido com uma palavra que lembra a rejeição a Saul: "Certamente lhe tirarei o reino e o darei a um dos seus servos" (1Rs 11.11). A história que se segue é longa e leva, em primeiro lugar, à divisão do reino com a revolta das tribos do norte contra Roboão, e depois ao declínio e queda do Norte e do Sul.

Devemos nos satisfazer, aqui, em apontar apenas o fato mais relevante da história do reino dividido. O Reino de Israel e o Reino de Judá se movem ganhando impulso em direção ao juízo cataclísmico divino pela rejeição pecaminosa da aliança. O resultado da apostasia de Salomão é a obliteração da existência natural de Israel. Todas as promessas da aliança de Abraão, sob Salomão, foram cumpridas e perdidas. Dizer isso significa afirmar que a realização das promessas deve ser qualificada por todas as deficiências decorrentes da pecaminosidade humana. De modo independente do sentido, o Reino de Deus se cumpre no reinado de Salomão, mas algo sempre falta. O padrão da existência do Reino se encontra lá, mas não sua perfeição. Se o reino cumpre as promessas da aliança, ele o faz apenas como uma sombra. Então, se Deus é fiel, a substância sólida do cumprimento ainda está por vir. Essa é a mensagem dos profetas.

CAPÍTULO 8

O Reino revelado nas profecias

PROFETAS DA "VELHA ORDEM"

Para facilitar nossa apreciação, podemos dividir os profetas de Israel em dois grupos principais. O primeiro grupo compreende os profetas que viveram no período histórico do reino (como a descrição do Capítulo 7), e cuja mensagem é orientada principalmente para a época da revelação. O segundo grupo é composto pelos que viveram no período após a divisão de Judá e Israel, quando a história de Israel deixa de contribuir de modo positivo para a revelação do Reino.

Note-se que o primeiro grupo contém os profetas "não escritores", enquanto o segundo contém os "profetas escritores".[25] É razoável perguntar por que os últimos profetas, de Amós diante, tinham os oráculos preservados em livros, enquanto os anteriores eram conhecidos apenas no contexto de narrativas históricas mais amplas. A resposta pode estar, em parte, no fato de os profetas escritores pertenciam a uma nova época da revelação do Reino de Deus e, como consequência, havia maior necessidade de preservar a nova revelação de maneira formal.

Os profetas da "velha ordem" pertenciam ao Reino de Deus quando ele foi revelado na história de Israel. O maior profeta desse período é Moisés (Dt 18.15-22; 34.10-12; Nm 12.6-8). No AT, várias

---

[25] Essa terminologia não é precisa, por não deixar de todo claro como grande parte da literatura profética foi escrita de fato pelos profetas. Em essência, o oráculo profético era a palavra falada e seu compromisso com o registro era um acontecimento posterior.

atividades são descritas como proféticas, de modo que devemos evitar o excesso de simplismo na descrição do ministério profético. No entanto, é justo dizer que o profeta era em essência chamado para comunicar uma revelação divina aos homens. Esse é o aspecto que vamos considerar agora.

Na época da revelação do Reino na história de Israel, Moisés fez a mediação (ou seja, a comunicação) do propósito de Deus de salvar Israel do Egito, e foi instrumento divino na realização desse objetivo. Mais tarde, Moisés recebeu a lei da aliança do Sinai por meio da qual as pessoas são constituídas povo do Reino de Deus. Toda a história do cumprimento das promessas de Deus a Abraão, no desenvolvimento de Moisés a Salomão, é regulada pelo Reino ideal contido na aliança do Sinai. A história de Israel na terra prometida recebe significado no contexto da promessa feita a Abraão, a libertação do Egito, e a aliança do Sinai.

Todos os profetas depois de Moisés se apresentaram como cães de guarda da sociedade do povo de Deus, trabalhando sempre no quadro da aliança do Sinai. Os profetas mantiveram a lei como um espelho para que os indivíduos e toda a nação pudessem enxergar como transgrediram. Eles chamaram as pessoas de volta a observar com fidelidade a aliança e, quando necessário, denunciaram a incredulidade e a desobediência de seu tempo.

O ofício profético estava intimamente relacionado com as condições previstas para o gozo das bênçãos da aliança. Embora a salvação de Israel tenha como base os atos graciosos de Deus para salvar o povo do Egito, há uma ligação estreita entre o prazer do resultado final da salvação e a obediência de Israel. À primeira vista, isso parece significar que a salvação de Israel é obtida por meio da obediência à lei, mas não é assim. A graça vem em primeiro lugar nos atos salvadores de Deus; então, a lei vincula as pessoas salvas a Deus como seu povo. Se essas pessoas se recusam a aceitar a responsabilidade de viver como povo de Deus, elas devem ser removidas da terra da bênção.²⁶ A natureza condicional da bênção é definida com nitidez em muitas partes da aliança do Sinai, e não menos nos Dez Mandamentos (Êx 20.5-7, 12) e em Deuteronômio (p. ex., 11.26-32, 28.1-68, 30.15-20).

Samuel, Natã, Gade, Aías e Semaías estão entre os profetas da era das profecias que se estende de Moisés até Elias e Eliseu. Todos esses homens foram orientados pela aliança do Sinai e a manutenção do Reino de Deus — como se esperava na história de Israel. Mesmo quando o reino de Israel foi dividido e começou a se encaminhar para a destruição, os ministérios sobrepostos de Elias e Eliseu foram combinados no esforço de trazer o povo de Deus de volta a obedecer a aliança. De acordo com a preocupação imediata dos profetas, descobrimos que suas palavras de juízo e graça foram trabalhadas no contexto do reino na época.

PROFETAS PRÉ-EXÍLICOS

Com o ministério de Amós, entramos em um novo período de profecia que mantém certas características da velha ordem e apresenta algumas características novas e significativas. Devemos ter cuidado para não simplificar demais a mensagem profética, e é possível discernir uma crescente ênfase na visão profética escatológica — ou do final dos tempos.

Transgressão da lei

Havia três ingredientes essenciais nos oráculos dos últimos profetas. Primeiro, a aliança do Sinai permanecia a regra de fé e comportamento. Essa lei, outorgada por Deus, nunca foi considerada algo temporário. Ela figurava como expressão do caráter imutável de Deus, e como tal, era o ponto de referência quando os profetas

---

[26] A relação entre boas obras e salvação é, essencialmente, a mesma tanto no AT quanto no NT. Em ambos, a salvação é pela graça, mas a graça nunca está sozinha, sem boas obras. De outra forma, podemos dizer que ninguém (no AT ou NT) é salvo por causa de boas obras, mas ninguém é salvo sem boas obras. Este é um aspecto da unidade dos dois na utilização de Paulo da situação de êxodo em 1Co 10.1-12.

interpretavam acontecimentos como a relação de Deus com Israel. Quando contrastada com essa lei, a conduta do povo da aliança era vista como deficiente e uma terrível provocação em relação a Deus. Independentemente do aspecto específico da transgressão em que os profetas individuais se concentravam, as implicações subjacentes eram sempre as mesmas — Israel (ou Judá) rompeu a aliança com o misericordioso Deus que salvou o povo para si mesmo.

Amós, por exemplo, enfatiza as injustiças sociais em 1.6-8, 4.1-3, 5.10-13 e 8.4-6. Os capítulos iniciais de Isaías detalham o formalismo da adoração de Israel, bem como a idolatria e apostasia desmedidas. Ezequiel salienta a apostasia em Judá antes da destruição de Jerusalém em 586 a.C. Na verdade, os profetas não diferenciam os pecados sociais dos religiosos, de acordo com a aliança do Sinai. Todo pecado é transgressão da aliança.

Juízo

Em segundo lugar, os profetas são os mediadores conscienciosos da mensagem de juízo. A particularização de quebras de aliança nas acusações contra várias formas de maldade é a base do pronunciamento do juízo iminente. Ainda que esses profetas objetivassem determinado período do Reino, existe um elemento condicional relativo à mensagem — uma indicação de que o arrependimento e a obediência poderiam, ainda, evitar o juízo. No entanto, os profetas apresentam cada vez mais um quadro do juízo terrível e final. Esse aspecto reflete, em parte, a realidade da situação em que a história não deu motivos para otimismo. Dado o padrão de rebelião que pode ser discernido a partir do momento em que Israel é salvo do cativeiro egípcio (Êx 15.22-24, 16.1-3; cp. Sl 9.8-11), há pouca base para confiar no resultado, a não ser que essa inclinação pecaminosa do caráter humano seja cuidada. Como consequência, nota-se um crescente sentimento do curso inevitável da história em direção à autodestruição do povo da aliança. Mesmo os mais concentrados esforços de reforma são impotentes para corrigir a situação (cf. 2Rs 23.4-27).

A forma do juízo por vir é descrita de várias maneiras, mas duas se destacam. Uma delas retrata *o juízo bastante imediato e local* de Deus e, em sentido retrospectivo, aponta para *acontecimentos passados* como avisos do juízo (Am 4.6-11). No Reino do Norte de Israel, a destruição que se aproxima é apontada de modo principal pela invasão assíria que, mais tarde, provocará o fim da nação em 722 a.C. (Os 9.1-6, 10.5-10, 11.5). Em Judá, o destino de Israel é citado como um aviso e exemplo (Is 10.10,11; Ez 16.51, 23.1-11) e se prevê destino semelhante nas mãos de Babilônia (Is 39; Jr 1.13-16, 20.4-6, 22.24-27). A outra maneira que se destaca retrata o juízo como algo de proporções universais ou cósmicas (Jr 4.23-26; Is 2.2-22, 13.5-10, 24.1,23; Na 1.4-6; Hc 3.3-12; Sf 1.2,3,18, 3.8; Ez 38.19-23).

Essas ênfases não podem ser separadas dos oráculos de juízo como se os profetas tivessem distinguido com clareza o julgamento contra Israel e Judá do julgamento universal. Do nosso ponto de vista, veem-se acontecimentos históricos separados — a destruição de Samaria em 722 a.C. e a destruição de Jerusalém em 586 a.C. — e podemos antecipar um futuro juízo final. Mas não se deve pensar que o fracasso da profecia em distinguir com nitidez esses dois aspectos se deve apenas à falta de visão histórica. Em sentido teológico, todas essas manifestações de juízo se encontram inextricavelmente ligadas. O julgamento de Deus do pecado no povo da aliança não é, em princípio, diferente do juízo do pecado de toda a humanidade.

Salvação

O terceiro elemento importante na pregação profética é a declaração da fidelidade divina à aliança, e, com base nela, ele salvará o remanescente do povo para constituir sua possessão própria e verdadeira. Como os oráculos de juízo, os oráculos de salvação descrevem dois aspectos relacionados com a economia da restauração. Deus restaurará o povo da aliança como sua herança, e ele também restaurará todo o universo para a glória perdida desde a expulsão do ser humano do Éden. Reservaremos uma discussão detalhada sobre os oráculos de salvação mais adiante neste capítulo, quando virmos o padrão do Reino nas profecias.

As nações

Há outra característica proeminente na pregação profética que exige um comentário. Embora exista pouca evidência, fora do livro de Jonas, de que os profetas tenham pregado aos gentios, há muitos oráculos registrados contra as nações, embora tenham sido anunciados a Israel ou Judá. Na verdade, esses oráculos recebiam tal importância que foram reunidos e apresentados como um grupo nos livros proféticos (Am 1; 2; Is 13—23; Jr 46—51; Ez 25—32).

O juízo contra as nações é parte do juízo final contra o pecado — indicado antes. No entanto, também se deve observar a relação entre juízo e salvação. Ao julgar as nações, Deus acaba com toda a rebelião contra si mesmo. Essa atividade é parte do estabelecimento do Reino de Deus. Assim, o juízo das nações é visto não só como parte do julgamento geral, mas também como a sequência da salvação do povo de Deus. O Senhor é o guerreiro que luta por seu povo e o resgata do cativeiro e da opressão (Êx 14.14, 15.3-6; Dt 9.3-5; Sl 68). Ele julgará as nações por terem dirigido sua impiedade contra o povo de Deus (Jl 3.1,21; Hc 3.6-13; Sf 2.5-15; Ag 2.21-23; Jr 46.27,28, 50.29-34, 51.24).

OS PROFETAS EXÍLICOS E PÓS-EXÍLICOS

Os profetas exílicos, Ezequiel e Daniel,[27] são os que ministraram aos exilados na Babilônia. Os profetas pós-exílicos Ageu, Zacarias e Malaquias, ministraram à comunidade restaurada após o retorno da Babilônia. Nós os citamos aqui apenas para salientar que, com a catástrofe babilônica — realidade presente ou acontecimento passado —, esses profetas colocaram mais ênfase nos atos universais e finais de Deus, tanto na salvação quanto no julgamento. Durante esse período uma nova forma de expressão das expectativas futuras foi desenvolvida no formato apocalíptico.

Na verdade, a maioria dos escritos apocalípticos judaicos apareceram no período entre os dois Testamentos, mas alguns elementos

---

[27] Incluímos Daniel entre os profetas, embora no AT hebraico esse livro não se encontre entre os outros livros proféticos. (V. tb o Capítulo 3, nota 1).

apocalípticos podem ser discernidos em Daniel e Zacarias.[28] Nas visões de Daniel, capítulos 7 e 8, e Zacarias, capítulos 1 a 6, muitas características apocalípticas são vistas, incluindo-se simbolismos e imagens bizarras. O mais importante nessa discussão é o senso altamente desenvolvido de que a era presente terminará e se apresentará uma nova era de estabelecimento do Reino de Deus. O Reino é visto como a nova criação divina, que não pode ser efetivado por meio de uma reforma, apenas pela transformação radical de toda a ordem criada.

Como os profetas pré-exílicos precisaram interpretar a falha do reino de Salomão e projetar a esperança dos crentes no Reino de Deus futuro, aos profetas pós-exílicos foi dada a tarefa de interpretar o fracasso manifesto do retorno do exílio para produzir o Reino. Mais uma vez, a causa humana é identificada como pecado, e o remédio será a intervenção final e decisiva de Deus no futuro.

O padrão do Reino nas profecias

Retornamos agora ao padrão de esperança futura à qual todos os profetas escritores contribuirão. Ele pode ser resumido assim: a forma da história futura será a repetição do passado histórico, mas com uma diferença significativa. Toda a esperança futura é expressa em termos do retorno às estruturas do Reino reveladas na história de Israel, do Êxodo a Salomão. A grande diferença é que nenhuma das fraquezas do passado estará presente. Em suma, o pecado e seus efeitos serão erradicados.

Os profetas representam a continuidade do passado no futuro, bem como sua distinção. Tudo o que Deus revelou a respeito de seu Reino ao longo da história de Israel permanece válido, mas é modificado à medida que a nova visão do Reino não deixa lugar para mais um rompimento e declínio. O Reino será restaurado no contexto do novo céu e da nova terra, e toda a nova criação divina será permanente, perfeita e gloriosa.

---

[28] Uma avaliação das características do Apocalipse pode ser encontrada em Leon Morris, *Apocalyptic* (London: IVP, 1972), ou artigos em qualquer dicionário bíblico.

A maneira mais simples de demonstrar essa característica da esperança profética é listar os componentes da história de Israel que se somam ao padrão do Reino de Deus e, então, mostrar como eles se repetem no futurismo profético. No capítulo anterior, vimos as seguintes características:

i. O Cativeiro como a contradição ao Reino.
ii. Os acontecimentos do Êxodo como poderoso ato de salvação de Deus com base na aliança abraâmica.
iii. A aliança do Sinai ligando Israel a Deus como seu povo.
iv. A entrada e posse de Canaã.
v. O foco no governo de Deus por meio do templo, do reinado de Davi e da cidade de Jerusalém.

Por que Deus move todas as coisas para salvar uma nação rebelde? Do ponto de vista do AT, pelo fato de ele permanecer fiel à aliança estabelecida com Abraão — a aliança eterna (Gn 17.7). Deus quer demonstrar benignidade, ou sua aliança de amor para com o povo escolhido (Is 54.7,8, 55.3; Jr 33.10,11; Mq 7.18-20).[29]

Agora, na base dessa aliança de amor, Deus realiza uma nova obra, e cada um dos recursos da revelação do Reino histórico será renovado nos últimos dias, quando Deus agirá, por fim, objetivando a salvação.

1. *O novo cativeiro.* As previsões dos profetas pré-exílicos de que Judá será devastada e o povo levado a Babilônia fornece uma analogia óbvia com o cativeiro egípcio, que não é esquecido. Há um novo desenvolvimento. A razão desse cativeiro é, em dúvida, o pecado ou a transgressão da aliança.

---

[29] A palavra hebraica *hesed* é comumente traduzida por *misericórdia* ou *benignidade*. É um termo técnico que expressa a ideia de fidelidade a uma união de aliança. Por conseguinte, é uma das palavras favoritas na evocação de louvor e gratidão dos fiéis quando eles contemplam a fidelidade à aliança divina. Veja-se, por exemplo, o salmo 136, em que cada versículo contém o refrão "pois sua *hesed* [misericórdia, benignidade ou amor] dura para sempre".

2. *O novo êxodo.* O padrão da saída do Egito é lembrado em muitos oráculos do retorno da Babilônia (Jr 16.14,15, 23.7,8; Is 43.5-21). Várias passagens, em Isaías, fazem alusão à saída do Egito ao descrever o surgimento do êxodo da Babilônia (Is 40.3,4, 41.17-20, 42.7, 43.1,2,16-20, 48.20,21, 49.24-26, 51.9-11, 52.3,4,11,12, 61.1).
3. *A nova aliança.* De certo ponto de vista, é exato dizer que os profetas anteveem a renovação de várias alianças — com Noé (Is 54.8-10), Abraão (Is 49.5-9; Jr 33.25,26), Moisés (Jr 31.31-36) e Davi (Jr 33.19-26). Mas é fácil ver, em Jeremias 33.19-26, que os pactos com Abraão e Davi estão inter-relacionados. Há, de fato, uma unidade essencial entre todas as alianças. Jeremias mostra a unidade entre a aliança mosaica e a nova aliança (31.31-34), pois a nova aliança não é uma algo novo que substitui o antigo, mas a aliança antiga, renovada e aplicada de tal maneira que será mantida com perfeição.
4. *A nova nação.* Os profetas preveem o retorno de um povo renovado, o remanescente fiel. Esse é o povo cujo coração foi transformado e para quem foi dado um novo espírito — a fim de que a lei seja cumprida em seu interior (Is 10.20-22, 46.3,4, 51.11; Jr 23.3, 31.7; Ez 36.25-28). Então, Deus estabelecerá a nação na terra e Sião será reconstruída (Is 44.24-28, 46.13, 49.14-21, 51.3, 60.3-14). O novo templo de Sião será glorioso (Ez 40—47) e uma obra do Espírito de Deus (Zc 4.6-9). De acordo com a aliança com Davi (2Sm 7), o novo Davi reinará como rei-pastor de Deus sobre seu povo (Is 11.1; Jr 23.5-8, 33.14-26; Ez 34.11-13,23-25, 37.24-28). Quando toda a glória da nova Sião for revelada, as nações também receberão uma bênção segundo a promessa feita a Abraão (Gn 12.3; cf. Is 2.2-4; Mq 4.1-4; Zc 8.20-23).
5. *A nova criação.* Já percebemos a existência da continuidade entre o Reino de Deus revelado no Éden e o Reino de Deus revelado na história de Israel. Portanto, não surpreende que os profetas às vezes se refiram ao reino edênico como o padrão para o Reino vindouro, e até mesmo misturem elementos do Éden e de Canaã. Isaías fala da redenção de Israel no quadro da nova criação, do novo céu e da nova terra (Is 65.17-21). No contexto da recriação

cósmica da nova Jerusalém se encontra o novo Éden — a harmonia da natureza é restaurada nele (cf. Is 11.1-9). Todas as referências a desertos que se tornam férteis fazem recordar as expectativas de que Canaã seria a terra que mana leite e mel — um imaginário tomado de emprétimo do Éden (cf. Is 41.18-20). Deus fará com que o deserto de Sião seja como o Éden (Is 51.3; Ez 36.33-36).

POST-SCRIPTUM

Quando Judá foi restaurada, após o domínio persa (em 538 a.C.), a situação se estabeleceu segundo todos os intentos e propósitos previstos para o grande dia da salvação, predito pelos profetas. Na verdade, esse cumprimento da profecia — como acontece — é apenas uma pálida sombra do que se espera. Os livros de Esdras e Neemias, junto com Ageu, Zacarias e Malaquias, oferecem uma imagem bastante clara da reconstrução. Todos os componentes das promessas do Reino estão lá, mas, longe de exceder a antiga glória, eles nem mesmo chegam perto. Daí a necessidade de os profetas pós-exílicos explicarem por que este não é o dia esperado, e de projetar a esperança para o futuro, mais uma vez. A esperança, com frequência, é como a chama de uma vela ao vento, que ano após ano vê mudanças, mas nunca a verdadeira liberação da dominação opressora dos estrangeiros. Após o encerramento da época do AT, durante a ascensão persa, os judeus passaram por muitas provações. Mais de uma vez, a fé na aliança foi ameaçada com seriedade pelas filosofias e estilos de vida pagãos. O templo foi profanado por helenistas, e muitos mártires tiveram o sangue derramado.[30]

A fé judaica desenvolveu diferentes expressões por meio de várias seitas — fariseus, saduceus, zelotes, essênios — enquanto o poder no Oriente Médio mudava de mãos, dos persas aos gregos e, por fim, para o Império Romano. Em meio a tudo isso, o remanescente fiel esperava a consolação de Israel.

---

[30] Alexandre, o Grande, levou o poder e a cultura dos gregos ao mundo bíblico, no final do séc. IV a.C. Após sua morte, em 323, houve incessante contenda e rivalidade pelo poder, até o advento dos romanos. O conflito do helenismo com a fé judaica é bem ilustrado nos livros apócrifos de 1 e 2Macabeus.

CAPÍTULO 9

O Reino revelado em Jesus Cristo

A maioria dos cristãos tem alguma ideia da ligação entre o AT e o NT. Para muitos deles, isso significa pouco mais que a crença no cumprimento de algumas profecias messiânicas pela vinda de Jesus. No Capítulo 2, vimos que qualquer reconhecimento da unidade do todo da Escritura exige a busca para saber que tipo de unidade existe a fim de sermos capazes de relacionar o AT com o NT. No Capítulo 3, vimos que ser cristão implica determinado método de abordagem da unidade da Bíblia. Ser cristão é reconhecer em Jesus Cristo o objetivo de todas as coisas, incluindo-se o alvo da história da redenção. Como Jesus Cristo é a imagem perfeita de Deus (Cl 1.15-20; 2.9,10; Hb 1.3), nós o vemos como a finalidade para a qual toda a revelação anterior de Deus se dirige, e em quem ela se cumpre e recebe significado.

Que o AT antecipa o NT e se cumpre nele está sublinhado por muitas declarações gerais do NT:

"Havendo Deus antigamente falado muitas vezes, e de muitas maneiras, aos pais, pelos profetas, a nós falou-nos nestes últimos dias pelo Filho, a quem constituiu herdeiro de tudo" (Hb 1.1,2).

"Porque todas quantas promessas há de Deus, são nele sim, e por ele o Amém, para glória de Deus por nós" (2Co 1.20).

"E nós vos anunciamos que a promessa que foi feita aos pais, Deus a cumpriu a nós, seus filhos, ressuscitando a Jesus" (At 13.32,33).

"E, começando por Moisés, e por todos os profetas, explicava-lhes o que dele se achava em todas as Escrituras" (Lc 24.27).

É importante entender com muita clareza que o AT no NT não significa apenas o convite para entender Jesus Cristo como o fim do processo. É também a exigência de que toda a Bíblia seja entendida à luz do evangelho. Isso significa que Jesus Cristo é a chave para a interpretação de toda a Escritura, e a tarefa diante de nós é discernir *como* ele interpreta a Bíblia. Deve-se entender desde o início que, quando falamos de Jesus Cristo como a chave interpretativa, devemos falar de Jesus Cristo como ele é revelado — o Messias do evangelho. Isso não é suficiente para salientar a ética do homem Jesus de Nazaré fora do contexto dos atos salvadores de Deus (como muitos liberais fazem), nem para salientar a presença sobrenatural do Cristo com o crente fora do contexto do significado da humanidade histórica de Deus, que veio em carne (como muitos evangélicos fazem). Obviamente, precisamos ser claros sobre o próprio evangelho se quisermos entender sobre o significado de Cristo para a Bíblia.

O EVANGELHO

O que é o evangelho? Escolha dez cristãos quaisquer e lhes faça esta pergunta e você provavelmente obterá dez respostas diferentes. Talvez nenhuma delas esteja totalmente errada, mas a diferença sugerirá alguma confusão. Tome dois extremos para ilustrar. O cristão liberal costuma destacar a *humanidade* de Jesus. Jesus era um homem bom, de fato, o único homem verdadeiramente bom. O evangelho do homem bom deve ser reduzido a algum tipo de exemplo a ser seguido, uma apresentação que nos convida a tentar agir da mesma forma. Há, obviamente, alguma verdade nesse ponto de vista. Já o evangélico, muitas vezes, enfatiza a divindade de Jesus. Cristo é o Filho de Deus sobrenatural que está vivo hoje no coração dos crentes.

O evangelho do Cristo divino tende a ser o evangelho da vida transformada de modo sobrenatural. E, claro, há alguma verdade nisso.

Sejamos transparentes a respeito dessa questão. Sugerir que esses dois pontos de vista são extremos que contêm alguma verdade não está, de forma alguma, propondo a necessidade de equilíbrio ou do meio-termo que reconheça um pouco de cada extremo. Antes, é um convite para nos aprofundarmos na perspectiva bíblica.

Em essência, o evangelho é a declaração do que Deus fez *por* nós em Jesus Cristo, e não (como muitas vezes fica implícito) do que Deus faz no crente, embora não devamos separar as duas coisas. Esses são os fatos históricos objetivos sobre a vinda de Jesus em carne e a interpretação dada por Deus a esses fatos. Quando Pedro pregou o evangelho no dia de Pentecoste, ele foi rápido ao desviar a atenção do que Deus havia feito nos apóstolos mediante a concessão do Espírito Santo, e se concentrar nos fatos relativos a Jesus de Nazaré (At 2.14-36).

Os fatos dizem respeito à encarnação, à vida perfeita de Jesus de Nazaré, e à sua morte e ressurreição. A interpretação dos fatos é que eles ocorreram "para nós, homens e pela nossa salvação". Nessas duas declarações simples de fatos e interpretações resumimos a amplitude e profundidade da revelação bíblica.

Ao nos referirmos ao nascimento de Jesus como *encarnação*, tomamos a sério a afirmação bíblica de que ele não era um homem comum, nem mesmo um homem com algumas qualidades divinas. O bebê na manjedoura era, ao mesmo tempo e na mesma pessoa, o Filho de Deus e o Filho do homem — totalmente divino e plenamente humano; Deus e homem. Sem o reconhecimento de que Jesus Cristo era de fato Deus e homem de verdade, não se pode manter o evangelho como a boa-notícia nem como o poder de Deus para salvar. Por isso a crença na encarnação não é apenas uma questão teórica. O evangelho diz que o homem não pode fazer nada a fim de ser aceito por Deus; o próprio Deus fez o necessário por nós, na pessoa de Jesus Cristo. Para sermos aceitáveis a Deus, devemos apresentar a ele uma vida de perfeita e incessante obediência à sua vontade.

O evangelho declara que Jesus fez isso por nós. Para Deus ser justo, ele precisa lidar com nosso pecado. Isso também ele fez por nós em Jesus. A santa lei de Deus foi vivida de modo perfeito por Cristo, a nosso favor, e sua penalidade foi paga de modo total por Jesus, em nosso lugar. A vida e a morte de Jesus por nós, e apenas isso, é a base de nossa aceitação por Deus.

Só o Deus-homem Jesus Cristo poderia viver a verdadeira vida humana sem pecado e se levantar, vitorioso, sobre a morte depois de ter pago a penalidade pelo pecado do homem. Os apóstolos não conseguiam compreender isso, mas mesmo assim foram levados a aceitar o fato como parte do evangelho. Adiante diremos mais a respeito disso.

Em suma: o evangelho é o que Deus fez por nós em Cristo a fim de nos salvar. E como as duas naturezas deste Cristo devem ser distinguidas, também devemos separar o que Deus faz por nós do que Deus faz em nós. Como não podemos separar as duas naturezas de Cristo, não devemos separar o evangelho do seu fruto. Nascemos de novo por meio do evangelho (1Pe 1.23-25); ele evoca a verdadeira fé (Rm 10.17), e produz a vida santificada, ou repleta do Espírito (Cl 1.56).[31] De alguma forma, tudo isso está relacionado com o AT, e devemos tentar entender como.

O EVANGELHO DO REINO

O evangelho, às vezes, é chamado "o evangelho do Reino" (Mt 4.23; 9.35; 24.14). Marcos nos informa que Jesus pregou o evangelho de Deus, declarando: "o Reino de Deus está próximo"

---

[31] Será visto, a partir disso, que o mistério da encarnação é da mesma ordem que o mistério da santíssima Trindade — três Pessoas, um Deus. Isso deve ser esperado se Jesus é a revelação suprema do Deus Uno e Trino. Além disso, assim como temos de distinguir, mas não separar, as duas naturezas de Cristo, também devemos distinguir, mas não separar, as três Pessoas da Divindade. Distingui-las com correção significa expressar a unidade das três Pessoas sem as confundir. Assim, não se deve confundir o Filho com o Espírito, nem a obra do Filho com a obra do Espírito. Por isso, a necessidade de ser claro sobre as distinções entre a obra de Deus para nós no Filho, e a atuação de Deus em nós por meio do Espírito.

(Mc 1.14,15). O tema do evangelho tem relação com o Reino, e esse conceito do Reino não é algo completamente novo — "é chegado" porque "o tempo se cumpriu". Além disso, a expressão "Reino de Deus" deve ter significado alguma coisa para quem ouvia Jesus, embora não seja por si só uma expressão do AT.[32]

A conclusão inevitável a partir de evidências do NT é que o evangelho cumpre a esperança do AT a respeito da vinda do Reino de Deus. Mas nós devemos ser mais específicos sobre o que isso significa e como se cumpre no próprio NT. Observamos o que o conceito do Reino no AT expressa em três épocas ou estratos distintos, mas inter-relacionados: no Éden, na história de Israel e no futuro profético. Se o evangelho cumpre as expectativas do Reino, devemos ser capazes de discernir como isso acontece ao observar as evidências do NT. Além disso, vamos agora esclarecer um aspecto da interpretação bíblica. O fato de várias etapas da revelação do Reino na Bíblia definirem a natureza progressiva da revelação nos faz lembrar da diversidade da expressão na unidade global. Cada expressão do Reino — no Éden, em Israel, no Reino Profético e agora no evangelho — representa a mesma realidade, mas cada etapa expressa essa realidade de maneiras diferentes (ainda que relacionadas entre si).

Relacionadas — ainda que diferentes! Cada expressão do Reino difere das precedentes. No entanto, muitos cristãos não compreendem as implicações desse fato. Isso porque o NT diz que a realidade está no evangelho — no próprio Cristo. Por isso que ele deve interpretar toda a Escritura. Alguns cristãos veem as implicações de seu conceito sobre a inspiração e a autoridade das Escrituras como algo que exige o que eles chamam interpretação literal das Escrituras. Mas não é assim se entendermos por literal que o cumprimento deve estar nos termos precisos da promessa, e que a realidade é apenas uma futura repetição do prenúncio.

O NT não sabe nada sobre esse tipo de literalidade. Ele afirma repetidas vezes que Jesus é o cumprimento desses termos, dessas ima-

---

[32] O tema do Reino de Deus como elemento unificador da Bíblia é discutido por John Bright em *The Kingdom of God* (New York: Abingdon Press, 1955).

gens, dessas promessas e desses prenúncios do AT — apresentados de forma diferente do seu cumprimento. Para o NT, a interpretação do AT não é "literal", e sim "cristológica". Isso quer dizer que a vinda de Cristo transforma todos os termos a respeito do Reino no AT na realidade encontrada dos evangelhos.[33] Vamos examinar esse processo de transformação com mais detalhes.

O POVO DO REINO

O primeiro elemento do Reino de Deus no AT é o povo de Deus. No Éden, o povo de Deus é Adão e Eva.[34] Na história de Israel, o povo de Deus é em essência os descendentes de Abraão por meio de Isaque e Jacó. Na esperança profética, o povo de Deus é o fiel remanescente de Israel. No evangelho, o povo de Deus é Jesus Cristo.

Em primeiro lugar, Jesus é descrito como *o verdadeiro Adão* (ou último Adão). Considere o seguinte:

Jesus é descendente de Adão (Lc 3.23-38).

Jesus vence a tentação no ponto em que Adão falhou (Mc 1.12, 13).

O batismo de Jesus o identifica com a raça de Adão (Lc 3.21,22).

Jesus é o último Adão (Rm 5.18-21; 1Co 15.20-22,45-49).

Jesus é o Filho do homem (termo que significa "ser humano" e assim, membro da raça de Adão).[35]

---

[33] Nem tudo está mudado e, obviamente, a literalidade permanece aplicável a alguns aspectos do cumprimento profético, embora as profecias messiânicas em relação ao nascimento de uma criança e o lugar de Belém sejam cumpridas de modo literal. Essa literalidade existe em função do fato de que, a fim de redimir os pecadores, Deus entra no mundo caído dos pecadores. O ponto central da encarnação é que Deus entra em uma relação íntima com nosso mundo por meio de Jesus Cristo.

[34] Isso não é má gramática! "Povo", em hebraico, é um coletivo singular que se refere à nação ou raça como entidade única, significando, portanto, a solidariedade. Na linguagem moderna, muitas vezes, o uso de "povo" tem sido enfraquecido como plural de pessoa ou indivíduo.

[35] Há várias referências no evangelho a Jesus como Filho do homem. É certo que muitas delas ligam Jesus a Adão por meio da visão de Dn 7, em que a figura não é apenas humana, mas também celestial.

Em segundo lugar, Jesus é *a semente de Abraão*. À primeira leitura, Paulo usa táticas injustas ao argumentar nesse ponto de Gálatas 3.16.[36] Mas o argumento de Paulo provém do conhecimento do AT, e, nele, a solidariedade da raça deve ser discernida. Paulo estabelece que a descendência de Abraão, Israel, tem significado apenas em Cristo. Só ele é o verdadeiro Israel. O mesmo ponto é observado nos Evangelhos. A genealogia de Mateus estabelece Jesus como filho de Abraão por meio de Davi (Mt 1.1). Em terceiro lugar, Jesus é o verdadeiro Israel. Este é apenas um dos desenvolvimentos do último ponto, pois Israel é a semente de Abraão. Mateus embasa essa afirmação quando aplica a referência de Oseias a respeito do Êxodo — "Do Egito chamei o meu filho" — ao retorno a Israel de Jesus, Maria e José, após a morte de Herodes (Mt 2.15). Qualquer que seja o significado da passagem, a aplicação de uma referência histórica a respeito de Israel a um acontecimento semelhante na vida de Jesus deve implicar algum tipo de identidade para justificar a descrição do "cumprimento". Ressaltamos também o relato da tentação de Jesus no deserto (Mt 4.1-11; Lc 4.1-13). Cada uma das passagens bíblicas citadas por Jesus para combater as tentações procede dos primeiros capítulos de Deuteronômio — que trata das tentações de Israel no deserto do Sinai. A implicação é que onde o antigo Israel foi tentado e falhou, Jesus (o verdadeiro Israel) vence.

Em quarto lugar, Jesus é o Filho de Davi. A promessa de Deus feita aos descendentes de Abraão era resumida pela grande fórmula da aliança: "Serei o seu Deus, e vocês serão o meu povo". Em 2Samuel 7.14, o filho de Davi tem essa promessa aplicada a ele de modo particular: "Eu serei seu pai, e ele será meu filho". A solidariedade entre o líder e os membros é expressa mais uma vez. O rei personifica todo o povo e é seu representante. Essas várias identidades de Jesus estabelecem uma questão clara. Jesus Cristo é o líder da nova

---

[36] "Ora, as promessas foram feitas a Abraão e à sua descendência. Ela não diz 'e para a descendência' referindo-se a muitos; mas referindo-se a um, 'e para a sua descendência', que é Cristo".

raça. Todos os que estão unidos a ele são membros dessa raça, mas apenas porque ele *é* a raça. Assim, quem está "em Cristo" é nova criatura (2Co 5.17), ou seja, ele pertence à nova ordem em que Cristo é o cabeça.

A LOCALIZAÇÃO DO REINO

O segundo elemento do Reino no AT é chamado "o lugar de Deus". Pode ser uma maneira menos que satisfatória de descrever o conceito do Reino no NT, que não se limita a um local espacial específico como um jardim (Éden) ou uma terra (Israel) — embora continue a empregar termos do AT, de tempos em tempos. Não obstante, precisamos encontrar uma maneira de transmitir a sensação de um "lugar" no NT.

No primeiro nível da revelação, o lugar do Reino era o *Éden,* e no segundo, a terra de Canaã. Uma vez que ambos são apresentados como parte da terra criada, há uma região previsível de continuidade entre eles, apesar do fato de que um pertence ao período anterior à Queda, e o outro ao período posterior. O terceiro nível, o Reino futuro dos profetas, adapta-se ao modelo de Canaã de localização Reino, mas "o glorifica". Como já vimos, surge, em algumas previsões proféticas, uma clara mistura de elementos pertencentes a ambos os estratos, Éden e Canaã de Israel.

No AT, a salvação inclui a restauração do povo de Deus ao ambiente que se adapta melhor ao relacionamento restaurado com Deus. Enquanto o Éden representa a perfeição da Criação primeira, o processo de redenção implica a reconstrução do Éden-paraíso. Esse progresso de imagens pode ser resumido como o jardim do paraíso no início, a terra "onde mana leite e mel", da história de Israel e os novos céus e a nova terra no novo paraíso, na visão profética.

O NT continua essa progressão. Jesus declara que seu Reino não é deste mundo (Jo 18.36), ainda que, ao mesmo tempo, as imagens terrenas do AT sejam repetidas, mas com maior clareza. Pedro repete a profecia de Isaías a respeito de novos céus e nova terra, mas diz que ela representa a ruptura completa com tais coisas como elas são, agora que a presente ordem deve passar (2Pe 3.10-13). O AT desenvolve o nível "Israel" ao focalizar Jerusalém (Sião) como o centro da terra de Deus. Assim, os profetas, muitas vezes, retratam a restauração de Sião como a manifestação do Reino divino. O remanescente fiel retorna a Sião, e da mesma forma é a Sião que vêm os gentios que estão sendo atraídos para o Reino.

Agora, se a esperança de Israel era de que o povo voltaria a Sião (p. ex., Is 35.10), devemos perguntar ao NT onde se encontra Sião. Hebreus 12.22 indica que um judeu vem a Sião para ser convertido a Cristo. Sião é *onde Jesus reina agora* à direita de Deus e é aonde chegamos pela fé no evangelho.

Outra passagem importante é Hebreus 11.8-16. Aqui, o tema é a herança do povo de Deus; neste caso, Abraão e os patriarcas. A partir do ponto de vista da interpretação do evangelho, o escritor descreve a esperança de Abraão em termos evangélicos — ele olhou adiante para a cidade que tem fundamentos, da qual o arquiteto e edificador é Deus (v. 10). A respeito da esperança dos patriarcas, ele sustenta que desejavam uma nação melhor, isto é, a celestial (v. 16). É o evangelho que permite ao escritor transformar a imagem do AT, ligada à velha ordem, a um aspecto da nova ordem. Outro importante ponto focal na localidade do Reino de Deus é o templo. O templo representava a morada de Deus entre seu povo. Isso demonstrava que a terra prometida não era apenas um espaço para o povo viver, mas o cenário da relação entre Deus e o homem. O templo era, portanto, parte da existência do Reino de Deus, e por meio dele o Reino poderia ser identificado.

A utilização do tema templo no NT é vital para a compreensão do relacionamento entre o AT e o NT. Uma coisa é clara: o NT declara que o novo templo já veio à existência, pois não é outro senão Jesus Cristo. João descreve a encarnação assim: "Aquele que é a Palavra tornou-se carne e viveu entre nós" (Jo 1.14). A tradução literal do grego é "[...] e *tabernaculou* entre nós". Em outras palavras, João via Jesus como parecido com a tenda no deserto. Por que Jesus é o templo? Pelo fato de ele ser a habitação de Deus entre nós.

Contudo, a ideia é ainda mais desenvolvida: Jesus é Deus e homem em estreita união. O próprio ser de Jesus é o mais perfeito relacionamento entre Deus e o homem. Assim, quando Jesus discute com os judeus sobre a purificação do templo (Jo 2.13-22), ele propõe como sinal de sua autoridade: "Destruam este templo, e eu o levantarei em três dias" (v. 19). Seus adversários estavam obcecados pela antiga ordem e só podiam pensar nos tijolos e na argamassa do templo de Herodes. No entanto, João nos diz que Jesus se referia ao próprio corpo como templo, de modo que a ressurreição dentre os mortos concedeu aos discípulos a chave para o entendimento do que ele disse (v. 22).

Essas imagens de localização — jardim, terra, cidade, templo — alcançam cumprimento no evangelho. No NT, a localização do Reino é o próprio Jesus Cristo. E, para que não sejamos enganados por uma ênfase equivocada e antibíblica, Jesus Cristo é mostrado após a ressurreição, sentado à direita de Deus nos lugares celestiais.[37]

O GOVERNO DO REINO

O terceiro elemento no nosso padrão do Reino no AT é o governo de Deus sobre o povo por meio da palavra. As diferentes alianças da Bíblia testificam isso em seus próprios contextos. Podemos discernir dois aspectos importantes desse governo da aliança divina — as próprias alianças e o mediador da aliança.

Já vimos como Deus governou no Éden por meio da palavra que define a liberdade de Adão. Quanto a Abraão, Deus não apenas o chama, dirige-o, e lhe faz promessas; o objetivo de tudo isso foi a relação expressa no grande resumo da aliança: "Serei o seu Deus, e vocês serão o meu povo". Mais tarde, quando Israel se viu como o povo de Deus, isso foi registrado na aliança do Sinai que definiu o papel do povo de Deus em termos de vida diária. Mais tarde ainda,

---

[37] É necessário salientar esse fato por causa da ênfase frequente na pregação popular e na fé em Cristo entronizado no coração dos crentes. Essa maneira de falar tem apoio bíblico (Gl 2.20; Ef 3.17; Cl 1.27), mas deve ser entendida à luz da ênfase bíblica no Cristo ressuscitado que chega a nós por meio do Espírito Santo.

a esperança profética não viu uma aliança diferente a governar o povo restaurado, mas a aliança aplicada de maneira nova — escrita no coração dos homens — de modo que haveria perfeita submissão ao caráter e à vontade de Deus (Jr 31.31-34).

As referências às alianças são bastante raras no NT, mas há muito para mostrar que o evangelho é o cumprimento da esperança da nova aliança. O cântico de Maria é um exemplo de interpretação da vinda de Jesus como a concretização da esperança do AT (Lc 1.46-55). Da mesma forma, os cânticos de Zacarias e Simeão interpretam a encarnação nos termos da aliança do AT (Lc 1.68-79; 2.29-32). Na Última Ceia, Jesus declara, segurando o cálice: "Isto é o meu sangue da aliança" (Mt 26.28; Mc 14.24), o que indica que sua morte estabelece a realidade da nova aliança, da mesma forma que a antiga aliança foi selada por Moisés com o sangue do sacrifício (1Co 11.25; cf. Êx 24.8).

A exposição mais detalhada do evangelho como a nova aliança é apresentada em Hebreus 8 e 9. Ao dizer, como o escritor faz, que a nova aliança é muito melhor que a antiga, que se havia tornado obsoleta, ele de modo algum afirma a desconexão entre a aliança antiga e a nova. Na verdade, há o estabelecimento da nova ao mostrar que ela cumpre com perfeição o que a antiga só poderia prenunciar. Quem enxerga a descontinuidade radical entre as duas alianças, não raro sustenta sua opinião com afirmações como: "Vocês não estão debaixo da Lei, mas debaixo da graça" (Rm 6.14). Nós temos tratado a lei como um pacto — um fato estabelecido por Jeremias 31.31-34 — portanto, as referências do NT ao lugar da lei são importantes. O contexto dessas passagens que mostra as diferenças também comprova sua unidade. Jesus não veio para destruir a lei, mas para cumpri-la (Mt 5.17-20). A lei permanece o padrão da justiça de Deus (Rm 2.13), e a fé não anula a lei; ao contrário, ela a confirma (Rm 3.31). Assim, foi para cumprir as exigências e a penalidade da lei que Jesus viveu e morreu por nós. O fato de não podermos fazê-lo por nós mesmos não remove essas exigências; e se cremos que Cristo o fez por nós, é preciso defender as exigências.

Outro tema importante relativo ao governo de Deus é o conceito de realeza. Os juízes, em Israel, são precursores do rei em alguns aspectos, mas é com Davi que o significado da mediação do governo divino emerge. O padrão da realeza é apresentado em Deuteronômio 17.14-20; nessa passagem se vê o rei como o mediador da aliança. Em 2Samuel 7, o governo do rei está relacionado ao templo para que o trono e o templo tenham significado quase iguais.

Assim, de que modo o NT espera restabelecer o governo de Davi no Reino de Deus? Em primeiro lugar, ao mostrar que Jesus é o Filho de Davi — e por implicação o governante para sempre do Reino de Deus. Em segundo lugar, ao demonstrar que o cumprimento das profecias sobre a restauração da regência de Davi ocorreu na ressurreição: "Mas ele era profeta e sabia que Deus lhe prometera sob juramento que colocaria um dos seus descendentes em seu trono. Prevendo isso, falou da ressurreição do Cristo" (At 2.30,31*a*). "O fato de que Deus o ressuscitou dos mortos, para que nunca entrasse em decomposição, é declarado nestas palavras: 'Eu lhes dou as santas e fiéis bênçãos prometidas a Davi' " (At 13.34).

Já mencionamos o templo em relação ao lugar do Reino de Deus. Agora, salientamos que o uso do tema do "templo" no NT indica que o evangelho do Reino de Deus se cumpriu. Ele serviu como sinal de que Deus habitava em meio ao povo para o governar, que o Lugar Santíssimo, na tenda do encontro, continha a arca da aliança em seu interior, que era a lei escrita (Êx 25.21,22). O templo de Salomão prefigurou o cumprimento das promessas feitas a Davi sobre o governo do seu descendente, apresentadas em 2Samuel 7. Ezequiel se concentrou no novo templo como sinal do governo divino e de sua presença vivificante no Reino (Ez 47.1-12). Zacarias viu o novo templo construído por Zorobabel, descendente de Davi, por meio do Espírito (Zc 4.6). Para João, o verdadeiro templo é a presença física de Jesus, o "Logos" ou Palavra (Jo 1.14, 2.21). Estêvão compreendeu a necessidade de abandonar o templo construído pelo homem e mudar para o cumprimento do evangelho. Permanecer no antigo significa resistir ao Espírito Santo (At 7.46-51). Para Paulo, o templo se cumpre na ressurreição de Cristo (At 13.34; cp. Ef 2.6) e na presença de Jesus por meio do Espírito Santo (Ef 2.18-22; 1Co 3.16; 2Co 6.16). Pedro também enxerga o templo celestial (At 2.30,31) e a criação terrena do Espírito (1Pe 2.4-8). O ponto culminante ocorre nos capítulos 21 e 22 de Apocalipse; neles se vê a realidade celeste como ponto final de referência. Aqui o próprio Deus é o templo; assim não há necessidade de estruturas simbólicas (Ap 21.22). Também se vê o trono de Deus, no lugar do templo da visão de Ezequiel (Ez 47), a partir do qual corre o rio da vida (Ap 22.1-5). A teologia do templo se cumpre por meio do evangelho, e seu objetivo é estabelecido de forma adequada pela voz celestial: "Agora o tabernáculo de Deus está com os homens, com os quais ele viverá. Eles serão os seus povos; o próprio Deus estará com eles e será o seu Deus" (Ap 21.3).

O REINO: AGORA E AINDA NÃO

Pode-se dizer que toda a esperança profética do AT se cumpre no evangelho, se o evangelho está ancorado em acontecimentos históricos que ocorreram dois mil anos atrás? Não se pode apenas ignorar a segunda vinda de Cristo e sua promessa da transformação gloriosa para os crentes. E o que dizer sobre o "fim do mundo" e os acontecimentos antes e depois dele? Ou seja: como relacionamos para o crente a presente realidade da salvação com a revelação final do Reino de Deus em toda a sua glória? Muitas pessoas consideram que a segunda vinda de Cristo envolverá uma nova obra de Deus. Essa conclusão é natural para eles pelo fato de não aceitarem que a totalidade da promessa se cumpre no evangelho. Assim, apesar da evidência bíblica (citada acima) contrária, eles enxergam o retorno de Israel, a reconstrução do Templo, a restauração da realeza davídica fatos sem relacionamento com o evangelho que exigem cumprimentos separados em alguma ocasião futura.

Sendo válido o argumento deste livro, deve-se concluir de outra forma. O NT retrata a vinda de Cristo, ocorrida há dois mil anos, como uma obra divina encerrada e perfeita para a salvação de todo o seu povo — judeus e gentios. O evangelho — a primeira vinda de

Cristo — obtém para os crentes todas as riquezas da glória. O fato de os crentes serem aceitos por Deus acontece exatamente no momento em que eles passam a crer, porque Cristo e sua obra são perfeitos. O estado do crente nunca pode ser melhorado — ele possui todas as riquezas em Cristo. Não há nada que o crente virá a possuir na glória que ele não usufrua agora em Cristo. Tudo isso ele possui *pela fé*, mas o fato de decorrer da fé não torna nada menos real.

O cristão vive, assim, na tensão entre o *agora* vivido "por fé" e o *ainda não* no tocante a conhecer a plena realidade do Reino "pelo que vemos" (2Co 5.7).[38]

Uma implicação do que estamos dizendo é que o livro do Apocalipse consiste, para muitos, em um objeto de perplexidade, e, para outros, em um estímulo à especulação sobre o futuro. No entanto, ele deve ser interpretado pelo evangelho. Também se deve dizer que a primeira vinda de Cristo interpreta a segunda vinda. Para o crente, a segunda vinda de Jesus será a manifestação da sua glória e da glória do seu Reino — glória que já temos pela fé. Para o incrédulo, a segunda vinda será a manifestação do juízo, que repousa sobre todos os pecadores, embora eles não reconheçam.[39]

---

[38] "O evangelho deve determinar nossa visão da escatologia. A razão é esta: o evangelho é o relato da 'obra consumada de Cristo'. E se 'a obra consumada de Cristo' é uma realidade e não um *slogan* vazio, isso significa que as últimas coisas são apenas o desvelamento do que já foi feito". R. D. Brinsmead, "Eschatology in the light of the Gospel" (Present Truth, vol. 3, number 4, Sept. 1974, p. 4).

[39] Veremos que essa discussão implica a discordância radical de alguns ensinos populares sobre o tema da profecia. Ainda que a polêmica não seja o objetivo deste livro, muitos leitores, há muito tempo, reconheceram que o sistema conhecido como dispensacionalismo, representado pela *Bíblia de Referência Scofield* e seus derivados modernos (como *A agonia do grande planeta terra,* de Hal Lindsey), apresentou um entendimento muito diferente de cumprimento profético. Só peço a quem discorda de mim que dê a meu caso uma avaliação justa, à luz das Escrituras, e não o rejeite apenas por colocar de lado algumas crenças queridas. Considero muito curioso o fato de Hal Lindsey ignorar na prática o material do NT que lida com o cumprimento das profecias a respeito de Israel no evangelho em *A agonia do grande planeta terra.*

CRISTO, O REINO

Quando começamos a juntar todas as peças para que possamos ver como o padrão global da revelação do AT é tratado no NT, emerge uma verdade muitas vezes negligenciada. A fim de enxergar o Reino de Deus é preciso olhar para Jesus Cristo. Não se trata de mero clichê religioso, mas de algumas implicações importantes para a maneira como lidamos com a Bíblia.

	Povo de Deus	Lugar de Deus	Governo de Deus
Éden	ADÃO E EVA	O JARDIM	PALAVRA DE DEUS
Israel	Abraão Israel sob Moisés Israel sob monarquia	Canaã Terra Prometida Terra, Jerusalém, Templo	Aliança Aliança do Sinai Aliança do Sinai
Profecia	Remanescente fiel de Israel	Terra, Jerusalém e templo restaurados	Nova aliança escrita no coração
	↓ Jesus Cristo ↓		
Novo Testamento	Nova Israel — aqueles "em Cristo"	Novo templo — onde Cristo habita	Nova aliança — o governo de Cristo

Figura 7 O Reino de Deus e o evangelho

Nós definimos o Reino de Deus como o povo de Deus, no lugar de Deus, sob o governo de Deus. Agora descobrimos que o NT considera a pessoa de Jesus Cristo o principal ponto de referência de cada um desses aspectos. Ele é o verdadeiro povo de Deus, a verdadeira esfera régia e o verdadeiro governo de Deus.

Isso nos leva de volta ao ponto de partida da teologia bíblica referido no Capítulo 4. Como cristãos, reconhecemos que Jesus é o caminho para Deus e cremos que o evangelho é o poder de Deus para salvar. Consideradas à luz da unidade da Escritura, estas frases bem-elaboradas adquirem uma profundidade de significado que nos pode ter escapado antes. A teologia bíblica nos mostra o processo de revelação na Bíblia, que conduz ao cumprimento de todas as esperanças em Jesus Cristo. Uma vez que ele é a meta para a qual toda a revelação aponta, o próprio Jesus, mediante sua pessoa e seus atos, é a chave para a interpretação de todas as Escrituras.

Concluímos esta parte da discussão ao formular a última questão. Jesus Cristo (como já vimos) contém em si mesmo o Reino de Deus. O evangelho consiste nas boas-novas do homem restaurado para manter relacionamentos adequados em Cristo. Essas relações envolvem toda a realidade: Deus, o homem e a ordem criada. Como o Éden e a terra de Canaã estão em Cristo, o mundo perfeito de Deus também se encontra nele. Essa verdade conta com uma implicação vital, muitas vezes esquecida pelos evangélicos, mas que o AT reforça por meio de sua historicidade. O evangelho não significa apenas "perdão de pecados" e "ir para o céu após a morte". O evangelho é a restauração das relações entre Deus, o homem e o mundo. A tipologia da Bíblia e a transformação das imagens do AT pelo evangelho não devem ser utilizadas para nos levar por completo para fora do mundo criado. O evangelho nos envolve não só com Deus, mas com nossos semelhantes e com o mundo. Como esse fato deve afetar o ponto de vista do cristão a respeito do mundo, da política, da cultura, da ecologia e ciência e das artes deve ser nossa preocupação constante.

CAPÍTULO 10

Princípios de interpretação

No Capítulo 4, a hermenêutica ou interpretação foi descrita como o processo de determinar a relevância geral dos textos bíblicos antigos aqui e agora. Mais exatamente, a hermenêutica visa mostrar o significado do texto à luz do evangelho. Para interpretar um texto do AT, estabelecemos sua relação com a revelação divina em Jesus Cristo. Baseamo-nos no conhecimento da estrutura da revelação aberta para nós pela teologia bíblica.

O estudo do conceito de Reino de Deus mostrou que cada camada da revelação do Reino tem os mesmos ingredientes essenciais relativos aos atos salvadores divinos e à meta a que ela conduz. Cada camada prefigura as realidades do evangelho. Cada passo significa não só um movimento na sequência cronológica de revelação, mas um movimento no processo de tornar mais clara a natureza do Reino de Deus até a revelação plena da luz do evangelho.

Esses relacionamentos são apresentados na figura da página 114 que representa a unidade de toda a Bíblia e as distinções entre as várias camadas. No diagrama, as fronteiras entre as épocas são indicadas por expressões da aliança relativas ao Reino. O Reino é prometido a Abraão e prefigurado (cumprido em sentido tipológico) em Davi. Os profetas renovam a promessa do Reino — cumprida com a vinda de Cristo. Na segunda vinda de Cristo, o Reino será revelado de maneira plena e consumado.

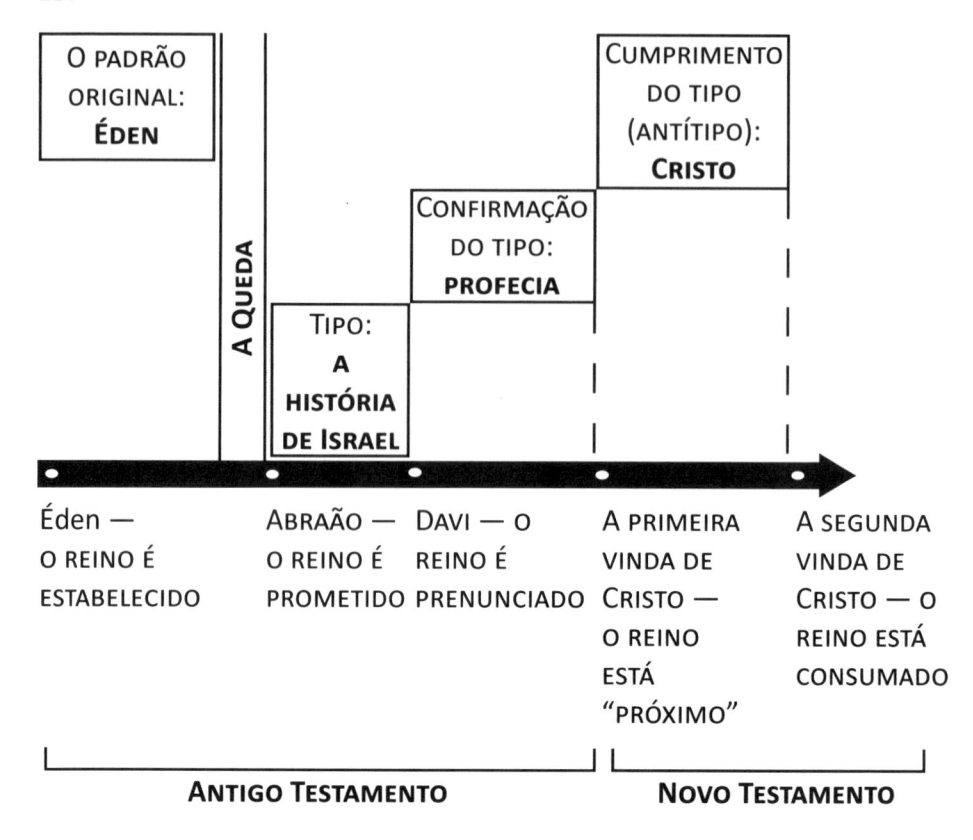

```
                                    ┌─────────────┐
                                    │ CUMPRIMENTO │
┌─────────────┐                     │   DO TIPO   │
│  O PADRÃO   │                     │  (ANTÍTIPO):│
│  ORIGINAL:  │                     │    CRISTO   │
│    ÉDEN     │      ┌─────────────┐│             │
│             │      │ CONFIRMAÇÃO ││             │
│             │      │   DO TIPO:  ││             │
│             │ A    │   PROFECIA  ││             │
│             │ Q ┌──┴─────────────┤│             │
│             │ U │    TIPO:       ││             │
│             │ E │      A         ││             │
│             │ D │   HISTÓRIA     ││             │
│             │ A │   DE ISRAEL    ││             │
└─────────────┘   └────────────────┘└─────────────┘
```

Figura 8 Revelação do Reino de Deus

- Éden — O REINO É ESTABELECIDO
- ABRAÃO — O REINO É PROMETIDO
- DAVI — O REINO É PRENUNCIADO
- A PRIMEIRA VINDA DE CRISTO — O REINO ESTÁ "PRÓXIMO"
- A SEGUNDA VINDA DE CRISTO — O REINO ESTÁ CONSUMADO

ANTIGO TESTAMENTO | **NOVO TESTAMENTO**

Nenhum diagrama pode contar toda a história, mas essa representação pelo menos proporciona uma base para a interpretação de qualquer texto do AT. Todo o nosso estudo de revelação progressiva vai mostrar o evangelho como a realidade determinante de tudo o que acontece antes e depois dele.

Podemos encarar esse fato de outra maneira. Do ponto de vista do homem, vemos as Escrituras desdobrarem um processo passo a passo até alcançar o evangelho (como objetivo). Do ponto de vista de Deus, no entanto, sabemos que a vinda de Cristo para viver e para morrer pelos pecadores foi pré-determinada antes mesmo de Deus criar o mundo.[40] Não devemos pensar em Deus tentando primeiro um plano e, em seguida, outro até surgir a forma perfeita da salva-

---
[40] Mt 25.34; Ef 1.4; 1Pe 1.20; Ap 13.8, 17.8.

ção. O evangelho foi pré-ordenado para que, no momento exato e perfeito, Deus enviasse seu Filho ao mundo.

Nesse meio tempo, até que "a plenitude do tempo" perfeito fosse alcançada, Deus forneceu de modo gracioso a revelação progressiva de Cristo. Essas prefigurações do evangelho tinham dois propósitos. Em primeiro lugar, a revelação progressiva levou o homem com gentileza à plena luz da verdade. Em segundo lugar, ela proveu os meios pelos quais os crentes do AT abraçaram o evangelho antes de sua revelação plena. Os crentes do AT que acreditavam nas promessas divinas a respeito da prefiguração foram, dessa forma, habilitados a compreender a realidade. Eles foram salvos por meio de Cristo, pois tal é a unidade das etapas sucessivas de revelação que, ao receber a sombra, os crentes abraçaram a realidade.

Só assim podemos explicar as "expressões de unidade" do NT que falam dos crentes do AT ouvindo o evangelho, vendo Cristo, ou esperando pelo Reino celestial.[41] Então, como podemos fazer essa estrutura da revelação trabalhar para nós? Em termos gerais, é possível fazê-lo ao mostrar com qual aspecto da revelação do evangelho o texto do AT mantém a unidade essencial. Já vimos como podemos expressar cada nível da revelação nos termos das dimensões do Reino de Deus. Cada texto do AT relaciona de alguma forma a estrutura básica da revelação do Reino e é, portanto, capaz de se relacionar com o NT no ponto correspondente. Assim, um acontecimento relativo à salvação no AT se refere a um grande acontecimento salvador do evangelho; um mediador sacerdotal do acontecimento salvador no AT se refere ao grande mediador sacerdotal da salvação no evangelho, e assim por diante.

---

[41] P. ex., Jo 8.56: "Abraão, pai de vocês, regozijou-se porque veria o meu dia". 1Co 10.4: "e beberam da mesma bebida espiritual; pois bebiam da rocha espiritual que os acompanhava, e essa rocha era Cristo". Gl 3.8: "anunciou primeiro as boas novas a Abraão". Hb 11.16: "esperavam eles uma pátria melhor, isto é, a pátria celestial".

O MÉTODO NA PRÁTICA

Podemos resumir o processo da seguinte forma:

1. Identifique a maneira como o texto funciona no contexto mais amplo do nível do Reino em que ele ocorre.
2. Vá para o mesmo ponto em cada nível consecutivo até atingir a realidade final no evangelho.
3. Mostre como a realidade do evangelho interpreta o significado do texto, ao mesmo tempo em que mostra a forma como a realidade do evangelho é iluminada pelo texto.

Antes de oferecer alguns exemplos, são necessárias certas advertências. Devemos lembrar de que a análise estrutural apresentada nos capítulos anteriores é bastante elementar. Não se pode ignorar a complexidade do AT — que exige cuidado e precisão. Uma característica dessa complexidade é a repetição de certos aspectos da estrutura em determinada camada. Assim, enquanto o êxodo é o acontecimento salvador definitivo, toda a libertação efetuada por um juiz, rei ou qualquer outro meio é um acontecimento salvador. Outro aspecto que nosso diagrama não representa é o significado da história de Israel após o auge do Reino unido. Também não dissemos nada sobre as expressões de fé de Israel que não se relacionam com mais facilidade à sua história ou às profecias. A literatura de sabedoria há muito é um problema para os estudiosos neste ponto.

A segunda palavra de advertência diz respeito ao uso da palavra "texto". Espero que fique evidente que esse termo não significa apenas um único versículo da Bíblia. Não é possível estabelecer regras sobre quanto do texto constitui uma unidade interpretável. A lição da teologia bíblica é que nenhum texto está sozinho, e toda a Escritura é o contexto final. Assim, deve-se ter cuidado ao tomar cada porção de um tamanho conveniente para a leitura diária (seja ela qual for) e forçá-la a se render a alguma verdade cristã autossuficiente. Em nossos esforços para tornar cada trecho da Escritura revelador e edificante, podemos, de fato, destruir a mensagem que se apresenta para nós no contexto mais amplo.

Apesar das dificuldades mencionadas, o evangelho e todo o testemunho do NT deveriam nos inspirar com a confiança de que a tarefa pode ser feita. Ela requer trabalho árduo e aplicação, mas nossos esforços serão recompensados quando alcançarmos a compreensão mais clara da riqueza do evangelho.

CAPÍTULO 11

Aquele gigante de novo!

Chegou o momento de colocar nossos princípios em prática. Neste capítulo, vamos olhar para algumas passagens do AT e considerar a aplicação de métodos de interpretação cristológica. Pelo fato de não consideramos esses princípios uma espécie de chave mágica para todas as dificuldades, preparemo-nos para trabalhar duro no entendimento de textos, e termos a capacidade de nos mover na direção certa.

Davi e Golias: 1Samuel 17

No Capítulo 2, analisamos alguns pontos sobre essa famosa história no contexto da vida de Davi. Nada seria melhor que ouvir Martinho Lutero sobre o relato:

> Quando Davi venceu o grande Golias, espalhou-se entre o povo judeu sua boa fama e a notícia encorajadora de que seu terrível inimigo havia sido derrubado e de que eles haviam sido resgatados, recebendo, então, alegria e paz; e eles cantaram e dançaram e ficaram felizes (1Sm 18.6). Assim, o evangelho de Deus ou o Novo Testamento é uma boa história e relato, que ressoou por todo o mundo levada pelos apóstolos, que fala a respeito do verdadeiro Davi que lutou contra o pecado, a morte e o Diabo, e os venceu, salvando, assim, todos os que estavam no cativeiro do pecado, aflitos com a morte, e dominados pelo Diabo.[42]

---
[42] *Word and Sacrament* (Philadelphia: Muhlenberg Press, 1960), Luther's Works (American Edition, vol. 35, p. 358).

O ponto importante a se notar é que Lutero fez a ligação entre os atos salvadores de Deus por meio de Davi aos atos salvadores de Deus por intermédio de Jesus. Uma vez percebida essa conexão, é impossível usar Davi como mero modelo para a vida cristã pelo fato de sua vitória ter sido vicária e os israelitas podiam se alegrar com o que foi conquistado *para* eles. Nos termos dos nossos princípios interpretativos, vemos a vitória de Davi como um ato de salvação em que a existência do povo de Deus na terra prometida estava em jogo. O evangelho interpreta essa ocorrência como prefiguração do verdadeiro ato salvador de Jesus. Mas, a experiência de Davi também coloca o acontecimento salvador em uma situação histórica que nos ajuda a apreciar a terminologia do NT concernente aos acontecimentos do evangelho.

Deve-se ter cuidado para não valorizar demais os detalhes incidentais pertencentes à condição de vida imediata descrita no texto. O fato de Davi levar alimentos para seus irmãos, no exército, não exige interpretação mais aprofundada que as dimensões da armadura de Golias. Mas algumas áreas da narrativa esclarecem os pontos significativos em termos teológicos (p. ex., v. 45-47). Outros detalhes formam um padrão no contexto que mais uma vez surge no evangelho. Davi é declarado rei aos olhos de Deus (1Sm 16), mas é desprezado e rejeitado. Ele vence quando parece estar prestes a sofrer uma derrota total, e seu povo continua a luta contra o inimigo já derrotado.

Todas as passagens do AT que tratam das batalhas do Senhor contra os inimigos de Israel devem ser avaliadas à luz da obra salvadora de Deus *por* nós.

O cordão vermelho de Raabe: Josué 2.15-21, 6.22-25

Uma linha de interpretação com muitos adeptos incide sobre a cor vermelha do cordão de Raabe como um tipo do sangue de Cristo. Isto é difícil de manter se a ênfase for apenas na cor. Mas, no desejo de sermos puros em sentido hermenêutico, não devemos reagir além do necessário. A conquista de Jericó é parte dos atos salvadores de Deus para com Israel e de seu julgamento sobre os cananeus ímpios. Que Raabe encontrou segurança em relação a esse julgamento e foi salva pela obediência à instrução de exibir um sinal de identificação existem aí muitos paralelos reais com a Páscoa no Egito. Nesse sentido, colocar um cordão colorido bem visível da janela teve um significado salvador para Raabe, além do fato de ela ter sido incorporada ao povo de Deus (Js 6.25) — um tipo da salvação. Pode parecer uma pequena diferença, mas não é a cor vermelha que estabelece a tipologia, mas o significado salvador do acontecimento.

A passagem sobre Raabe tem outra mensagem importante, pois junto com outras passagens demonstra o propósito de Deus em relação aos gentios, como foi prometido a Abraão em Gênesis 12.3. Como exemplos de gentios convertidos temos Jetro, de Midiã, e sua filha, com quem Moisés se casou, Raabe, a cananeia, e Rute, a moabita.

A FONTE POLUÍDA: 2REIS 2.19-22

A purificação da fonte poluída em Jericó pelo último dos profetas da ordem antiga pode estimular pensamentos sobre a necessidade da purificação do coração humano. A questão da poluição moral do ser humano se encontra, por natureza, ligada de forma íntima com a salvação — na verdade, é inseparável dela. Mas, nunca percamos de vista o fato de Deus não nos salvar ao erradicar nossas impurezas. Não somos salvos por causa das mudanças em nossa vida. A mudança de vida é o resultado prático da salvação e não sua base. A causa da salvação é a perfeição na vida e morte de Jesus, apresentado em nosso lugar.

A nascente de água na terra prometida está relacionada com a salvação de Israel. Jericó jazia sob maldição desde sua destruição por Josué (Js 6.17,26). O local da cidade deixou de ter o mesmo significado como herança de Israel — a terra fértil que manava leite e mel. Essa não é uma passagem fácil, mas parece que a sanção para que ela voltasse a ser habitada foi concedida pelo ato do profeta. O sustento físico do povo na terra prometida é parte de todo o processo de salvação.

O uso ritual do sal não é muito claro, mas, ao que parece, ele indica limpeza ou a ruptura com o passado.[43] Pode-se interpretar o ato de Eliseu envolvendo a redenção da fonte potencialmente doadora da continuidade da maldição. Uma vez mais, vemos isso como um ato de salvação divina em relação a seu povo em vez de um ato de purificação do crente. Beber da fonte purificada significava participar da vida concedida por Deus ao povo. Beber da água da vida equivale a ter a própria vida. A fonte purificada é Cristo, não o coração do crente. Deus oferece de modo gracioso a água pura da vida no lugar da maldição. Devemos interpretar essa passagem à luz de Cristo como o mantenedor do lugar em que Deus guarda seu povo na vida eterna. Canaã e toda a sua fecundidade se encontram em Jesus.

ABENÇOANDO QUEM MATA OS FILHOS: SALMO 137

Este salmo contém uma das passagens imprecatórias difíceis que lançam terríveis maldições contra o inimigo —prática de aparência totalmente imoral. O texto de Salmos 109.6-20 é uma imprecação mais prolongada que algumas pessoas procuram desculpar por entendê-lo como palavras dos ímpios (v. 2) contra o salmista. Mas há outros casos claros, o que mantém o problema (p. ex., Jr 15.15; 18.19-23; Sl 69.22-28).

O contexto do salmo 137 pode ser discernido com facilidade. Ele brota da agonia do Exílio babilônico, quando os judeus piedosos foram arrancados da terra prometida e transportados ao país estrangeiro para serem atormentados com as lembranças da destruição de Jerusalém e do templo. Todo o relacionamento de aliança com Deus e a salvação do povo foram postos em xeque.

O contexto teológico dos versículos polêmicos (7-9) é a esperança de retribuição aos inimigos do povo de Deus. Independentemente da forma e do conteúdo das expressões, as imprecações são gritos que rogam a vinda do Reino de Deus. Por mais que possamos admitir que a cultura e os tempos condicionaram a oração, ela é em essência o desejo do dia da vingança, em que o Reino vindouro

---
[43] Cf. Lv 2.13; Nm 18.19; Jz 9.45; Ez 43.24.

trará o juízo terrível sobre todos os seus opositores. O salmista não estava condicionado por noções irreais a respeito da inocência das crianças, mas pelo senso de solidariedade de todos os grupos etários da humanidade pecadora. No entanto, por mais cruel que nos pareça a destruição da geração seguinte de soldados babilônicos, ela era considerada essencial para a derrota final dos inimigos de Deus na vinda de seu Reino.

À medida que avançamos em direção ao NT, é verdade que podemos esperar por uma perspectiva mais clara. O verdadeiro inimigo não é carne e sangue, mas "poderes e autoridades" (Ef 6.12). Além disso, o NT é bastante claro sobre o fato de que o inimigo humano que devemos amar também estará sob juízo no "grande e terrível Dia do Senhor". Orar "Venha o teu Reino" é uma coisa solene de fato.

Não dissemos tudo o que se pode dizer sobre o problema moral da morte das crianças. Embora estejamos dispostos a interpretar as referências bíblicas à luz da civilização "primitiva" do antigo Israel (um conceito dúbio), a perspectiva teológica deve prevalecer. Nos é desagradável que Israel tenha eliminado populações civis inteiras durante a Conquista. Mas esses fatos históricos, como as imprecações do salmista, não podem ser interpretados de forma separada de certos aspectos destacados da revelação bíblica. Em primeiro lugar, o próprio fracasso moral de Israel não o desqualifica como agente da justiça divina, da mesma forma que as nações sem Deus se tornaram agentes dele contra Israel. Em segundo lugar, a eliminação desses povos e a retribuição exercida por Israel por ordem divina foram realmente merecidas (cf. Dt 9.4,5). Em terceiro lugar, enquanto o juízo no AT assume a forma de eliminação da vida — que o ser humano percebe de forma natural como o castigo final —, o NT retrata um destino muito mais terrível para os ímpios. A morte pela espada, no AT, é apenas uma pálida sombra do juízo eterno sobre os ímpios no NT.

NEEMIAS RECONSTRÓI JERUSALÉM: NEEMIAS 2.17—4.23

Alguns anos atrás, um programa bíblico de rádio popular transmitiu um sermão sobre essa passagem de Neemias em que o apresentador utilizou um método bastante conhecido, mas nada desculpável. Para fazer essa parte da história pós-exílica aplicável aos cristãos, ele usou alguns termos de destaque: os nomes dos portões restaurados de Jerusalém, e um tipo de associação de ideias para nos levar a algo útil, mas pouco relacionado à verdade do NT. Assim, a porta dos Cavalos nos levou de cavalos a soldados e daí para a armadura, e por fim, à colocação de toda a armadura de Deus de Efésios 6. A porta das Ovelhas, sob reparos, serviu como o trampolim do qual o apresentador saltou sem desculpas até o Bom Pastor de João 10.

Efésios 6 e João 10 contêm lições importantes para nós, e elas podem muito bem se sobrepor ao significado da passagem originária do AT. O que se questiona aqui é o método utilizado.

Quais pontos devem ser observados nessa passagem de Neemias? Em primeiro lugar, ele pertence à época da reconstrução pós-exílica — que não é um dos nossos principais níveis na estrutura da revelação bíblica. O retorno da Babilônia não anunciou o cumprimento esperado da profecia, mas produziu uma sombra do seu cumprimento em que todos os ingredientes do Reino estavam presentes, embora de maneira muito imperfeita. Assim se pode tratar desse período como uma espécie de cumprimento interino em que a natureza do Reino de Deus é perceptível. No entanto, durante sua vigência, os problemas da imperfeição e do não cumprimento da esperança profética deveriam ser tratados.

Em segundo lugar, a reconstrução de Jerusalém deve apontar para a esperança profética da futura glorificação da cidade de Sião, o ponto focal do Reino de Deus. Ao mesmo tempo, sua imperfeição diz algo a respeito do "ainda não" como uma dimensão da existência do povo de Deus. Em terceiro lugar, o acontecimento todo interpreta os detalhes, e não o contrário. Devemos estar preparados para renunciar à cristianização dos detalhes a menos que seu significado teológico possa ser estabelecido com algum grau de certeza. Caso exista um caminho até Efésios 6 a partir desta passagem, ele não passa pela porta dos Cavalos! Ao contrário, a resistência oferecida dos inimigos à obra de Neemias destaca o conflito em curso com a impiedade referida por Paulo em Efésios 6.10-20.

Conclusão

Essa discussão correu certo risco pelo simples fato de desejar se manter em proporções modestas. O leitor sentirá de forma inevitável — e com razão —, que muitos problemas não foram abordados. O objetivo era estabelecer apenas os princípios básicos de interpretação. Subjacente a esse exame das Escrituras está a convicção de que os cristãos evangélicos do presente século experimentam a perda radical de direção para lidar com o AT. Uma das causas principais é o rompimento do evangelicalismo com as perspectivas históricas da fé. Isso introduz um círculo vicioso, pois a dedicação ao estudo do AT é um importante meio de preservar a historicidade do evangelho. Os evangélicos perderam de vista não só a história bíblica, mas o patrimônio histórico na Reforma. Ao reverter a qualquer tipo de interpretação alegórica, ou literalismo profético, alguns evangélicos jogaram fora os ganhos hermenêuticos dos reformadores pela abordagem medieval da Bíblia.

Outro grande fator que contribui para a má utilização do AT é uma geração de maus hábitos na leitura da Bíblia. Os evangélicos têm a reputação de levar a Bíblia muito a sério. No entanto, eles mesmos têm tradicionalmente propagado a ideia da leitura devocional curta a partir da qual se pode auferir uma "bênção do Senhor". De modo geral, a incapacidade de obter essa bênção indefinida é considerada o resultado do estado espiritual do leitor — em vez de estar ligada à natureza do próprio texto. Essa mentalidade é quase paralisada por fenômenos como as genealogias bíblicas. Como consequência, é improvável encontrar textos de genealogia incluídos nos devocionais diários! As dificuldades de lidar de modo adequado com o AT, quando essa mentalidade prevalece, foram discutidas em amplo sentido nas páginas anteriores.

O ponto crucial do pensamento evangélico que exige atenção é a mudança a partir da ênfase protestante nos fatos objetivos do evangelho na história para a ênfase medieval na vida interior. O evangélico que considera a obra interior e transformadora do Espírito o elemento principal do cristianismo em breve perderá o contato com a fé e o evangelho históricos. Ao mesmo tempo, ele negligenciará os atos históricos de Deus no AT. O Cristo entronizado no coração humano perde a humanidade encarnada, e a humanidade da história do AT será logo descartada para que os significados "espirituais interiores" sejam aplicados à vida espiritual interior do cristão.

A crise do AT, hoje, é apenas mais um aspecto da crise da fé protestante. A cristandade voltada para o interior, que reduz o evangelho ao nível de todas as outras religiões do homem interior, pode muito bem usar um texto dos apócrifos para servir como epitáfio para os reformadores:

> Outros não deixaram nenhuma lembrança e desapareceram como se não tivessem existido (*Eclesiástico* 44.9, Bíblia de Jerusalém).

No entanto, nós devemos pensar sobre esses pais da fé da maneira indicada pelo escritor de Hebreus:

"Embora estejam mortos, por meio da fé, ainda falam" (11.4).

Apêndice A

LEITURAS

Estas são algumas leituras sugeridas do AT para apresentar ao leitor alguns dos principais acontecimentos e temas. As passagens devem ser lidas com o esboço da história do AT em mente, e à luz da teologia bíblica discutida neste livro.

Lista básica

Gênesis 1 a 3 e 12 a 24
Êxodo 19 a 24
Levítico 1 a 7,16,23 e26
Josué 23 a 24
Juízes 1 a 5
1 e 2Samuel
1Reis 4 e 8 a 12
2Reis 16 a 25
Esdras 1 e 7
Neemias 1 a 6 e 8
Amós
Jeremias 1 a 9, 26 a 44
Lamentações
Ezequiel 34 a 48
Ageu
Malaquias
Salmos 68, 105, 106, 136 e 137
Provérbios 8 e 9
Jó 1 e 2
Daniel

Lista avançada

Gênesis 37 a 50
Êxodo 1a 15 e 25 a 35
Deuteronômio 1 a 12 e 26 a 30
Josué 1 a 12
Juízes 6 a 12
1Reis 16 a 22
2Reis 1 a 12
2Crônicas 24 a 36
Oseias
Isaías 1 a 39
Miqueias
Provérbios 1 a 7 e 10 a 15
Jó 1 a 14, 32 e 33 e 38 a 42
Salmos 1 a 41
Ezequiel 1 a 11
Eclesiastes
Zacarias
Ester
Salmos 107 a 150

Apêndice B

QUESTÕES PARA ESTUDO EM GRUPO

A fim de facilitar a utilização deste livro em estudos em grupo (ou individuais), as seguintes questões podem ser empregadas como base para debate. Os membros do grupo devem ler com atenção os respectivos capítulos antes do estudo.

Capítulo Um

1. Quais as suas maiores dificuldades na leitura do AT? Por que você tem essas dificuldades?

2. Por que é importante estudar o AT com o NT em mente?

3. Considere as implicações de Lucas 24.25-27,44-47 para o estudo do AT.

Capítulo Dois

1. O livro de Atos é normativo para nós, hoje? Se não, por quê?

2. Qual o espaço para o estudo de personagens?

3. Como o conteúdo e as imagens de Apocalipse 21.1-4 e 22.1-4 nos ajudam a compreender a natureza da unidade da Bíblia?

Capítulo Três

1. Como o estudo dos tipos literários auxilia o entendimento da Bíblia?

2. A ocorrência real ou não dos acontecimentos registrados nas narrativas históricas do AT tem importância?

3. O que queremos dizer com a afirmação de que a história bíblica conta com um propósito teológico? Pode-se enxergar isso em Atos 2.22-36?

Capítulo Quatro

1. O que queremos dizer com teologia bíblica? Como ela difere da teologia dogmática ou do credo?

2. Qual o significado da revelação progressiva?

3. Como a história da redenção figura em Atos 7.1-53?

Capítulo Cinco

1. Que é o Reino de Deus?

2. O que você entende por salvação?

3. Como o tema do Reino de Deus se relaciona com as expressões da aliança de Gênesis 12 e 2Samuel 7?

Capítulo Seis

1. Como o Reino de Deus é visto no Éden?

2. O que a história do Éden e suas sequelas nos dizem sobre o significado da graça?

3. Como Paulo relaciona a história de Adão com Jesus em Romanos 5 e 1Coríntios 15.20-26?

Capítulo Sete

1. Como a ocorrência do Êxodo se relaciona com as promessas feitas a Abraão em Gênesis?

2. Em que sentido o evangelho é prefigurado na história de Israel?

3. Como a revelação do Reino de Deus evoluiu de Abraão a Salomão?

Capítulo Oito

1. Qual a principal diferença entre a mensagem dos profetas da antiga ordem e a mensagem dos profetas da nova ordem?

2. Como a visão profética do Reino futuro difere do antigo reino histórico em Israel?

3. Como os profetas usam a história do passado para descrever o futuro?

Capítulo Nove

1. O que é o evangelho?

2. Como o NT lida com a relação entre o evangelho e o cumprimento da profecia?

3. Qual a relação entre a segunda vinda de Cristo e o cumprimento profético?

Capítulo Dez

1. Qual a diferença entre a tipologia legítima e a interpretação alegórica?

2. O que se quer dizer com a afirmação de que as profecias devem ser interpretadas em sentido cristológico?

3. Por que o NT é a fonte definitiva dos princípios de interpretação do AT?

Apêndice C

ALGUMAS PASSAGENS PARA INTERPRETAÇÃO

Prepare esboços de estudos bíblicos ou lições da escola dominical sobre as passagens a seguir. Lembre-se das três perguntas básicas que devem ser feitas na leitura de qualquer texto:

1. O que o texto significou para escritor originário?
2. O que o texto significa à luz do evangelho?
3. Qual seu significado específico para mim e para quem me ouve agora?

(Não se refira aos comentários nas páginas seguintes até que você obtenha respostas próprias.)

1. Deuteronômio 6.20-25
2. 1Samuel 26
3. 1Reis 18.17-40
4. Isaías 21-4
5. Salmo 114
6. Amós 5.18-20

Algumas passagens mais difíceis para os aventureiros:

7. Provérbios 3.1-42
8. 2Samuel 23.1-7
9. Ezequiel 1
10. Malaquias 4

Notas e comentários sobre passagens para interpretação

1. Deuteronômio 6.20-25

A exegese deve levar em conta o contexto da entrega da lei bem como as consequências do Êxodo. Observe as relações importantes que estão envolvidas: a lei e a graça (ou evangelho), ou as obras e a salvação. Nos versículos 20 a 23, a lei está relacionada com os acontecimentos salvadores anteriores, enquanto nos versículos 24 e 25, o fazer da lei está relacionado aos acontecimentos salvadores futuros. O versículo 25 deve ser tratado no contexto do 21. Lembre-se de que o NT também fala de recompensas para as boas obras e nega o lugar no Reino a quem não as pratica (Rm 2.6-10; 1Co 3.8,1; 1Co 5.10; Gl 5.21; 1Co 6.9,10).

2. 1Samuel 26

Tenha o cuidado de relacionar as personagens principais da estrutura teológica. Não se apresse em procurar exemplos para si mesmo até que as funções reais das personagens e dos acontecimentos sejam trabalhados. Observe como Davi é guiado pela compreensão teológica e Abisai é guiado pelas circunstâncias. Considere as implicações cristológicas da humilhação contínua de Davi antes da ascensão ao trono.

3. 1Reis 18.17-40

Os antecedentes históricos da apostasia são importantes. Observe com cuidado que a parte de Elias não é apenas superar a tentativa dos profetas de Baal no milagre, mas restabelecer a prescrição da lei sobre o sacrifício pelos pecados (cf. v. 30-32,36,37). Há bom material aqui para um sermão.

4. Isaías 2.1-4

Tente fazer ao texto as perguntas: Quando? Onde? O quê? Por quê? A hermenêutica repousa na determinação das contrapartes do NT para as respostas. Provavelmente, o ponto mais disputado será se o cumprimento ocorre desde o início do evangelho ou apenas no final. Podemos resolver isso estabelecendo de forma clara quando começam os últimos dias, e quando o NT vê a restauração de Sião e do templo.

5. Salmo 114

Deve haver pouca dificuldade em encaixar este salmo em seus contextos histórico e teológico. Depois disso, é uma questão de determinar o tom do salmo como uma expressão do homem de fé que recorda os atos salvadores de Deus.

6. Amós 5.18-20

Embora seja provavelmente a mais antiga referência nas Escrituras ao dia do Senhor, o termo tem, obviamente, um reconhecido significado no tempo de Amós. Seria uma boa ideia pesquisar seu significado com o auxílio de uma concordância. Para Amós, há um significado duplo para esse grande acontecimento futuro, pois ele era previsto como um dia de luz, mas para alguns, de escuridão. Isso deve ser interpretado no contexto do ensinamento bíblico do juízo.

7. Provérbios 3.1-72

O principal obstáculo nesse tipo de passagem é entender o teor da literatura de sabedoria. Trata-se de uma passagem de instrução relativamente simples que pertence às expressões de fé no curso da vida do povo de Deus. Em essência, a sabedoria fala da compreensão das relações entre os seres humanos, com o mundo e com Deus. Ela o faz com maior ênfase na liberdade do homem responder ao mundo que em atos salvadores revelados por Deus. Provérbios 1.7 nos lembra de que essa liberdade é verdadeira liberdade apenas quando exercida nos limites estabelecidos pela revelação divina. A passagem lida de forma direta com a sabedoria no contexto teológico, mas não se deve permitir que a postura da sabedoria, que está por trás do material proverbial, seja obscurecida, como em Provérbios 10 e seguintes.

8. 2Samuel 23.1-7

Esta passagem semelhante a um salmo, junto com o capítulo 22, foi colocada no final das narrativas de Davi com um propósito. Ela destaca o fato de o material da narrativa não ser apenas biográfico ou histórico, mas moldado por um propósito teológico. As últimas palavras de Davi resumem o significado teológico da aliança de 2Samuel 7 e, de fato, de todo o reinado de Davi. A aliança e reinado de Davi são os elementos principais da esperança messiânica em desenvolvimento no AT. O homem e seu trabalho são idealizados aqui sem a qualificação dos defeitos históricos. Assim, eles formam um elo importante na cadeia de referências cristológicas da Bíblia.

9. Ezequiel 1

O contexto histórico não é problema. A forma literária pode ser influenciada pela emergência do Apocalipse. A visão da "locomotiva celestial" não exige necessariamente a interpretação de cada detalhe, em especial quando isto é visto como fundo para o elemento essencial: a glória do Senhor. A passagem não se limita a si mesma, e o afastamento progressivo da glória do Senhor nos capítulos 1 a 11 fornece a chave real.

10. Malaquias 4

Salvação e juízo são os temas paralelos nos versículos 1 a 3. São os versículos 4 a 6 que, provavelmente, apresentarão mais problemas. Podemos ser em parte guiados pela afirmação, em Mateus 17.10-13, de que João Batista é o Elias de que se fala aqui. Elias fez o que o profeta faz (no v. 4) — chamou as pessoas à fidelidade à aliança. Moisés e Elias, assim, tornaram-se símbolos da justiça divina, enquanto ele defende a própria lei na salvação. A relação entre lei e evangelho, de novo, surge como um ponto a ser considerado (Rm 3.21-3, em especial v. 31).

O evangelho no Apocalipse

Dedicado a todos os que sofrem perseguição por amor a Cristo e, em especial, aos cristãos da antiga Estônia ocupada pelos soviéticos.

*Ja nemad on tema
võitnud Talle vere tõttu
ja oma tunnistuse sõna tõttu*

*Ilmutuse 12.11
(Ap 12.11)*

Sumário

Prefácio 143
Introdução: princípios de interpretação 145
1. Depois vi um Cordeiro, que parecia ter estado morto, em pé
   O evangelho como chave do Apocalipse 155
2. No sofrimento, no Reino
   O evangelho e os sofrimentos atuais 165
3. Lavaram as suas vestes e as branquearam no sangue do Cordeiro
   A justificação pela fé no Apocalipse 175
4. O grande dia do Deus todo-poderoso
   Perspectivas bíblicas sobre o fim do mundo 193
5. Ao vencedor
   As cartas às sete igrejas 209
6. Vi uma besta que saía do mar
   Passagens apocalípticas e proféticas 221
7. Digno é o Cordeiro que foi morto
   Passagens hínicas 233
8. Houve então uma guerra no céu
   Conflito e Armagedom 245
9. Então vi um novo céu e uma nova terra
   A separação final 263
10. Vem, Senhor Jesus!
    Viver esperançoso pelo futuro 279
Apêndice
   Qual é a marca da besta? 285

Prefácio

Este livro não é um comentário bíblico e não se destina a competir com a já grande quantidade de comentários sobre o texto do livro do Apocalipse, de fácil acesso. Ele é, em grande parte, o resultado das minhas tentativas de expor a mensagem essencial, contemporânea do Apocalipse, em três grupos de estudo bíblico e em uma série de palestras públicas em uma faculdade bíblica. Estas exposições ocorreram em um período de cerca de nove ou dez anos e cada uma durou cerca de três ou quatro meses. Nesse período, solicitaram-me periodicamente para refletir sobre o plano geral e os objetivos do Apocalipse em relação ao padrão global da revelação bíblica. Exposições em grupos informais permitiram o diálogo muito útil com os outros cristãos sobre como o Apocalipse falou com nossas situações da vida real. Talvez, também, tenha sido inevitável que o meu interesse no significado cristão do Antigo Testamento (AT) tenha me levado àquele livro que não só contém mais citações do AT que qualquer outro livro do Novo Testamento (NT), como também preserva as expressões literárias do AT e os padrões de pensamento de uma forma sem paralelo no NT. Agradeço aos colegas e amigos que leram o manuscrito em vários estágios, fizeram sugestões úteis e me incentivaram. Estou especialmente em débito com a sra. Ellenor Neave por digitar o manuscrito.

Graeme Goldsworthy
St. Stephen's Anglican Church [Igreja Anglicana de Santo Estêvão]
Coorparoo, Brisbane (Austrália)

Introdução: Princípios de interpretação

A chave para entender o Apocalipse

O livro do Apocalipse parece ocupar posições opostas no afeto da maioria das pessoas. Ele é quase totalmente negligenciado ou elevado à proeminência sem igual com qualquer outro livro bíblico. As razões para a primeira posição não são difíceis de imaginar. Além das cartas às sete igrejas nos capítulos 2 e 3, o livro está quase inteiramente registrado em formas literárias exóticas e floreadas. As visões estranhas junto com o uso constante de imagens e ideias do AT colocam o livro na categoria "muito difícil" para vários leitores comuns. Poucos cristãos, hoje, estão acostumados a refletir sobre sua existência e significado em termos de animais de sete cabeças e cavaleiros apocalípticos. Uma vez que as expressões idiomáticas do Apocalipse são tão estranhas para nós, tendemos a nos concentrar nas partes do NT que chegam a nós em narrativas diretas na forma de cartas.

Rejeição ao Apocalipse está também, paradoxalmente, relacionada ao fato de haver quem parecem lhe dê excessiva proeminência. Após os profetas modernos e gurus futuristas terminarem a explicação extraordinária de cada detalhe visionário, e mapearem a mais complexa cadeia de eventos que poderia começar a qualquer momento, o leitor comum passou a temê-lo bastante. O medo não é causado tanto pelos terríveis eventos iminentes, mas pela necessidade de especialização necessária para interpretar os meandros deste livro incomum e desconhecido. Melhor deixar para os especialistas! E, claro, ele funciona para o outro lado também. Ao desobrigar os pastores da arena interpretativa, professores e seus rebanhos deixaram um vácuo que parece muito convidativo para quem deseja o manto do profeta. Ser especialista "no que em breve há de acontecer" é o caminho certo para a fama (e, às vezes, para a fortuna).

Certos hábitos de leitura bíblica também são arriscados neste caso. O hábito louvável da leitura diária da Bíblia pode facilmente ficar engessado por um conjunto de regras sobre como lidar com o texto. A prática da meditação em passagens curtas, muitas vezes, é produtiva, mas sempre aberta a perigos. De modo geral, as passagens curtas são isoladas, soltas do contexto mais amplo. Isso pode causar mal-entendidos quanto ao significado da passagem mesmo quando ele parece claro e benéfico. Pode, também, causar perplexidade. Como meditar na descrição de um monstro apocalíptico? Que pensamento encorajador para o dia a destruição de um terço dos rios do mundo pode oferecer? Qual é a mensagem do Senhor para mim no catálogo de pedras preciosas que adornam os fundamentos da cidade celestial? Melhor deixar de lado! Deixemos os especialistas lidarem com o Apocalipse, enquanto meditamos sobre as passagens mais claras do NT.

Certa vez, eu estava sentado muito tranquilamente em casa, quando uma pessoa ligou e me explicou de forma detalhada como todos os acontecimentos da história mundial contemporânea eram um sinal inequívoco da proximidade da segunda vinda de Cristo. A exposição foi engenhosa, e deu à mensagem do Apocalipse uma nota de urgência. Mas havia nela um problema que ainda não consigo evitar. A urgência pertencia totalmente a *agora*, a última parte do século XXI. Por que, então, João se expressou com tanta urgência 1900 anos antes? Qual era o significado *contemporâneo* dessa revelação que fez do autor do livro um mensageiro de Deus movido de urgência, que escreveu para uma pequena e perseguida minoria de cristãos no mundo pagão hostil? Se ele escreveu da agonia do próprio exílio na ilha de Patmos, dirigindo-se a igrejas específicas da Ásia Menor por nome, qual a relevância caso elas se encontrem ligadas a eventos distantes pertencentes, de acordo com nossos profetas modernos, à era da tecnologia nuclear?

É claro que o NT tem muito a dizer sobre certos acontecimentos futuros. O retorno de Cristo, a ressurreição dos mortos e a consumação do Reino de Deus são todos eventos futuros. Além disso, alguns comentaristas defenderiam que o Apocalipse fala desses eventos. À medida que João se refere a esses eventos e os torna relevantes para seu tempo, ele aponta para o fato de que a urgência não decorre de *quando* eles acontecerão, mas *do que* acontecerá. Esses eventos, muitos deles futuros, não receberam significado contemporâneo de João e outro autores bíblicos uma vez que não tiveram a data fixada. Os escritores do NT, provavelmente, tinham ideias diferentes sobre quando a aparição de Cristo em majestade ocorreria. Mas todos concordaram em um ponto: a primeira vinda de Cristo colocou o tempo e a história em crise. Podemos ver isso na maneira que todos interpretam o tempo que segue a vida, morte e ressurreição de Jesus como o *final dos tempos*. Sobre isso, falarei mais adiante. Basta dizer que, de acordo com o NT, o acontecimento do evangelho Jesus Cristo lança toda a história subsequente sob uma nova luz. Se os homens reconhecem esse fato ou não, a vinda de Cristo para viver, morrer e ressuscitar é o objetivo de toda a história. Deus não só criou todas as coisas por Cristo e para Cristo (Cl 1.16), mas foi o seu plano eterno levar todas as coisas à plenitude em Cristo (Ef 1.9), e essa na plenitude do tempo (Gl 4.4).

Princípios de interpretação

Ao falar sobre princípios de interpretação, não quero dar a impressão de que há alguma chave *secreta* que desbloqueia tudo. Existe uma chave, mas não é um segredo. Nem quero sugerir a existência de uma questão tão técnica que coloque a interpretação fora do alcance das pessoas simples e teologicamente inexperientes. Todas as disciplinas e especializações de interesse têm alguns termos técnicos. Uma dona de casa me diz ser uma pessoa simples e não muito capaz de lidar com aspectos técnicos teológicos, mas, sem qualquer dificuldade, opera o último modelo de máquina de costura ou interpreta sem erro um padrão de tricô que faz hieróglifos egípcios se tornarem insignificantes. Um homem me diz ser ignorante e incapaz de entender nada além do "evangelho simples", e então começa a ajustar o motor de um carro com o auxílio de alguns aparelhos eletrônicos muito sofisticados. Na maioria das vezes, o desconhecimento nos barra, e não dificuldades inerentes. Se estivermos motivados, grande parte de nós pode enfrentar termos técnicos e ideias abstratas.

Existem dois grandes princípios de interpretação procedentes da natureza da própria Bíblia. Eles têm relação com as características literárias do texto e com as estruturas teológicas de toda a Bíblia.

1. A linguagem literária[1]

O assunto muitas vezes ditará os tipos de expressão literária usados na escrita. No entanto, há também uma gama de opções em aberto para qualquer escritor empregar em seu material. O relato de algum evento histórico significativo é provavelmente mais bem tratado dentro da narrativa histórica. Mas também é possível registrá-lo na forma de poema épico ou mesmo envolvê-lo em linguagem simbólica. Cada linguagem pode transmitir a verdade, mas o fará com tons distintos de significado e ênfases. É tarefa do escritor se esforçar para comunicar o que vê como verdade sobre o assunto na linguagem que acredita mais adequada para o propósito. A tarefa do leitor é penetrar no significado do escritor. A simples descrição em prosa geralmente apresenta menos problemas, pois é a que mais se aproxima da linguagem da fala do dia a dia usada por todos nós. No século XXI, a poesia geralmente é o meio em que apenas alguns se sentem à vontade. Se um pregador proferir o sermão em forma de poesia ele poderá muito bem ser considerado obscuro e deixado de lado. Mas os profetas de Israel, ao que parece, faziam exatamente isso (e com regularidade), pois a maioria de seus sermões registrados é poesia.

---

[1] Linguagem significa o uso do idioma de maneira característica de determinada pessoa ou grupo. Também pode significar, como acontece aqui, a maneira aceitável, dentre uma série, em que as palavras são usadas para transmitir uma ideia.

Só se pode presumir que o israelita comum estava muito mais acostumado a lidar com a poesia como meio de comunicação do que nós.

Assim, quando lemos a Bíblia, ou qualquer outra literatura antiga, somos propensos a achar que há um considerável hiato entre os nossos métodos literários modernos e os dos autores antigos. Não podemos ignorar essa lacuna e fingir que ela não está lá. Entretanto, não nos deixemos desencorajar. Basta apenas sermos sensíveis ao leque de opções aberto para qualquer autor. Às vezes, precisamos cavar um pouco mais fundo a respeito de alguma expressão literária especial a fim de descobrir como ela foi usada e com que intenção. O livro do Apocalipse contém várias formas literárias diferentes, cada uma com características e funções próprias. As mais óbvias são as seguintes.

    a. Cartas
    b. Oráculos proféticos
    c. Hinos de louvor
    d. Visões apocalípticas[2]

O princípio de interpretação emergente é que devemos permitir que o autor utilize as convenções literárias existentes em sua época e cultura, e as use de modo a atender seus propósitos. A maior parte do tempo, as distintas expressões bíblicas são tão conhecidas por nós que nos acomodamos a elas sem a segunda reflexão. Muitas vezes, as expressões idiomáticas se tornarão conhecidas pelo contexto bíblico, como parte da literatura bíblica, mas desconhecidas para nós no ambiente cultural de origem. Por exemplo, a maioria dos cristãos não encontrará nenhuma dificuldade com as palavras de Jesus "Eu sou o bom pastor" ou "Eu sou a porta das ovelhas" (Jo 10). Já as ouvimos muitas vezes e parecemos compreendê-las. Mas, certo dia, ouvimos uma exposição de João 10 em que se descreve o *pano de*

---

[2] A maioria dos leitores se acostumará com o Apocalipse e com as muitas visões apresentas. Entretanto, se você não tem certeza do que se entende pelo termo "visão apocalíptica", sugiro que leia, p. ex., Dn 7 e Ap 13.

fundo cultural e histórico dos métodos de pastoreio de ovelhas. De repente, os detalhes da passagem assumem uma profundidade de significado que nunca havíamos percebido estar ali.

A doutrina da inspiração da Bíblia é muito importante, mas não devemos nos equivocar. Quando João escreveu sob a inspiração do Espírito Santo, ele ainda era João. Ele continuou a pensar e a se expressar de acordo com as formas de pensamento e os padrões de linguagem caracteristicamente seus. A inspiração não anulou a personalidade humana, apenas trabalhou por meio dela. Assim, quando João escolheu, sob a inspiração do Espírito, escrever usando formas literárias comuns da época, ele compôs de acordo com as regras e convenções de um judeu do século I. Nossa tarefa de interpretação é aprender a reconhecer as diferentes formas usadas por um judeu do século I e como os diferentes tipos de escrita funcionam. O fato de os judeus desenvolverem um estilo popular de escrita religiosa usando um padrão de relato de visões relativamente normal não diminui as visões de João, nem coloca em questão a verdade de suas alegações de ter tido tais visões.

Outra coisa que precisa ser dita aqui. Algumas formas de expressões literárias são menos conhecidas para nós do que outras. A mente do século XXI lida mais facilmente com cartas e narrativas lineares que com visões apocalípticas. Os estudiosos bíblicos têm dado bastante atenção aos materiais apocalípticos.[3] Mas ainda são muito místicos para a pessoa comum. Adicione-se a isso o fato de que visões apocalípticas, embora muitas vezes empreguem recursos simbólicos usados muitas vezes e reconhecíveis com facilidade por pessoas que os conhecem, no entanto, podem conter simbologias deliberadamente ambíguas ou obscurecidas pela distância entre eles e nós. Quando nos deparamos com essas dificuldades no material bíblico, em especial quando nenhuma informação de *pano de fundo*

---

[3] Comentários sobre o Apocalipse de Henry B. Swete e Robert H. Charles foram publicados no início do século XX. Eles podem ser considerados obras monumentais no idioma Inglês. Mais recentemente tem surgido uma série de livros sobre o tema literatura apocalíptica em geral; por exemplo. David S. Russell, *Apocalyptic: Ancient and Modern* (Philadelphia: Fortress Press, 1978); Leon Morris, *Apocalyptic* (London: IVF, 1972).

consegue oferecer um significado claro, há um princípio simples a aplicar. Devemos permitir que os textos mais claros prevaleçam sobre os mais obscuros. Na prática, não podemos permitir que um ponto de doutrina seja estabelecido por uma visão apocalíptica contra declarações claras que o contradigam no material epistolar do NT (ou seja, nas Cartas).

2. A centralidade do evangelho

Nosso segundo princípio de interpretação é, muitas vezes, o mais negligenciado e, no entanto, absolutamente fundamental para a compreensão adequada. Colocando de uma forma simples, eis o princípio: o evangelho de Jesus Cristo é a chave para a interpretação de toda a Bíblia.[4] Isto é, Jesus Cristo, em sua pessoa e obra, dá significado a toda a Bíblia. O NT apresenta este princípio de várias formas diferentes e o aplica com constância. Por exemplo, quando Paulo diz que o evangelho é o poder de Deus para salvação de todo o que crê (Rm 1.16), ele se refere à totalidade da salvação, não apenas à nossa apresentação a ela mediante a conversão inicial. Salvação, para Paulo, é a salvação da pessoa toda e significa a plenitude da salvação. Parte do ser salvo pelo evangelho é a mente, o entendimento. "Transformem-se pela renovação da sua mente" (Rm 12.2). Como o evangelho "salva" a mente? Primeiro, ele o faz colocando-nos no mesmo lado que Deus, assim queremos ter os pensamentos dele. Queremos conhecer sua vontade e entender a sua Palavra. Em segundo lugar, o conteúdo real do evento evangelho nos mostra o objetivo de todos os propósitos divinos revelados. Portanto, a Bíblia apresenta a unidade da ação de Deus para nossa salvação, primeiro nas sombras da história do AT e na palavra profética, e, em seguida, com a realidade sólida em Jesus Cristo. Um dos principais objetivos deste livro é examinar como o evangelho interpreta o livro do Apocalipse.

Aplicamos esse princípio no livro do Apocalipse não só porque o evangelho é evidente nele. É vital para o Apocalipse, como acontece

---

[4] Este assunto foi tratado com mais detalhes em *O Evangelho e o Reino*, veja a primeira parte deste livro.

com todos os livros da Bíblia, não ser tratado de forma isolada. As visões do Apocalipse devem ser lidas à luz da mensagem unificada da Bíblia, que alcança o objetivo em Jesus Cristo. Há uma determinada linha interpretativa que não segue este princípio. Ela considera o Apocalipse a resposta a muitas profecias do AT, mas de tal forma que nem essas profecias, nem o Apocalipse integram o evangelho. O evangelho não é totalmente dissociado dessas partes da Bíblia, mas é, no entanto, considerado uma intromissão no processo do cumprimento profético de tal forma que suspende o processo. Só depois de o evangelho seguir seu curso no mundo, o processo de cumprimento profético será retomado. Essa visão parece ignorar o próprio testemunho do NT de que o evangelho não é uma digressão do cumprimento profético e sim sua essência.

E SOBRE O MILÊNIO?

De imediato eu gostaria de manifestar minha crença: o milênio não é o tema central do Apocalipse. As referências explícitas ao reinado de mil anos de Cristo estão confinadas a uma passagem em toda a Bíblia: Apocalipse 20.1-10. Infelizmente, a interpretação específica da passagem tem sido considerada muitas vezes um teste de ortodoxia. Tentei lidar com o assunto de forma que não lhe dê o destaque injustificado nem o descarte como indigno de séria consideração.[5] Vejo o milênio como um dos muitos pedaços de imagens que contribuem para o padrão geral da revelação de João. Meu objetivo tem sido lidar com ele de maneira coerente com a interpretação de princípios que acabo de esboçar.

Talvez um aspecto significativo do debate em curso sobre o milênio seja que ele serve para destacar diferentes abordagens interpretativas. Assim, o assunto pode ser uma área fértil para o estudo

---

[5] Há vasta literatura sobre o assunto para quem desejar lê-la, como Lorraine Boettner, *The Millennium* (Philadelphia: The Presbyterian and Reformed Publishing Company, 1964); Robert G. Clouse, *The Meaning of the Millennium* (Downers Grove: InterVarsity Press, 1977; William J. Grier, *The Momentous Event* (London: Banner of Truth, 1970).

da hermenêutica ou de métodos de interpretação. O que não se deve desejar ver, em minha opinião, é este brilhante retrato do fim do conflito entre Cristo e Satanás como uma batalha perpétua e causa de conflito entre cristãos.

Os leigos podem ficar bastante irritados com distinções entre as posições pré-milenarista, pós-milenarista e amilenarista.[6] Se assim for, eles provavelmente vão se identificar com um comentário jocoso de um amigo que diz ser pan-milenarista, pois tem certeza de que "tudo se encaminha para ser arrasado no final"! Porém, é importante perceber que a maioria dos comentários sobre o Apocalipse acontece sobre uma ou outra posição no debate milenar apenas porque determinado ponto de vista parece estar de acordo com a interpretação global do livro do autor. Por exemplo, um dos melhores comentários introdutórios, em minha opinião, é *I Saw Heaven Opened* [*Vi o céu aberto*], *de* Michael Wilcock.[7] Não há dúvida quanto à posição amilenarista de Wilcock, mas seu trabalho não deve ser julgado exclusivamente nessa base. O leitor, sem dúvida, discernirá com facilidade minha posição geral sobre o milênio, mas espero que estas poucas observações incentivem a perseverança de quem discordar do meu ponto de vista, e de quem tem pouco interesse por esse tipo de debate. É minha esperança que *O evangelho em Apocalipse* lance as bases para o estudo mais detalhado com a ajuda de um bom comentário.

---

[6] O pré-milenarismo antecipa o retorno de Cristo antes do reinado literal de mil anos na terra. O pós-milenarismo interpreta o milênio como símbolo do período em que o mundo se torna em grande parte cristianizado, e depois dele Cristo retorna. O amilenarismo é semelhante ao pós-milenarismo no fato de Cristo retornar depois do milênio. O milênio é símbolo do período atual em que o evangelho é pregado. Ao contrário do pós-milenarismo, o amilenarismo não procura uma idade de ouro a ascendência do evangelho como pré-requisito do retorno de Cristo. Ao contrário do pré-milenarismo, ele não postula um Reino literal de Cristo na terra durante de mil anos. (A Figura 1, na p. 154, ilustra os três pontos de vista).

[7] London: Inter-Varsity Press, 1975, um tratamento amilenarista. O leitor também vai considerar o seguinte útil. Leon Morris, *Revelation*, Tyndale New Testament Commentaries (London: Tyndale Press, 1969).

PRÉ-MILENARISMO

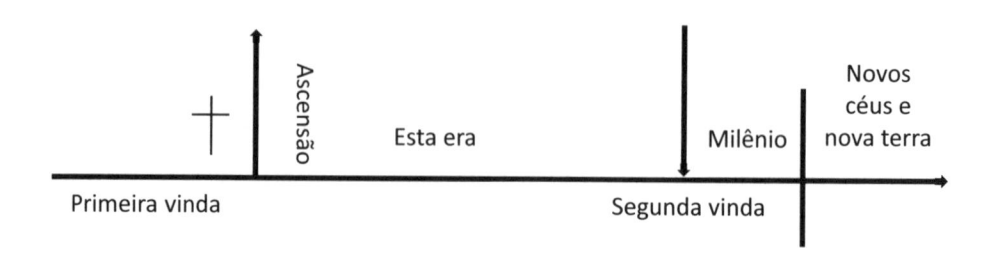

PÓS-MILENARISMO

AMILENARISMO

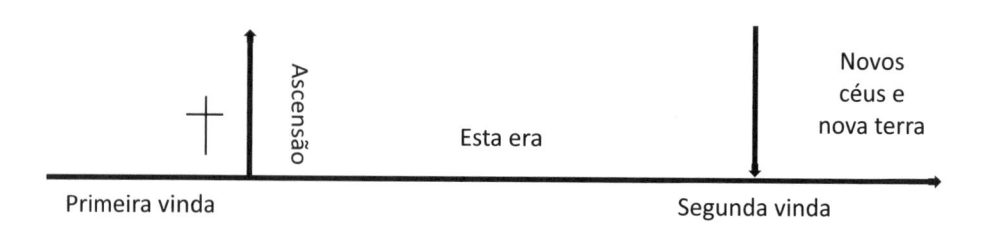

Figura 1 Três visões sobre o milênio

CAPÍTULO 1

"Depois vi um Cordeiro, que parecia ter estado morto, em pé"
O evangelho como chave do Apocalipse

Então vi na mão direita daquele que está assentado no trono um livro em forma de rolo, escrito de ambos os lados e selado com sete selos. Vi um anjo poderoso, proclamando em alta voz: "Quem é digno de romper os selos e de abrir o livro?". Mas não havia ninguém, nem no céu nem na terra nem debaixo da terra, que pudesse abrir o livro, ou sequer olhar para ele. Eu chorava muito, porque não se encontrou ninguém que fosse digno de abrir o livro e de olhar para ele. Então um dos anciãos me disse: "Não chore! Eis que o Leão da tribo de Judá, a Raiz de Davi, venceu para abrir o livro e os seus sete selos". Depois vi um Cordeiro, que parecia ter estado morto, em pé, no centro do trono, cercado pelos quatro seres viventes e pelos anciãos. Ele tinha sete chifres e sete olhos, que são os sete espíritos de Deus enviados a toda a terra. [...] e eles cantavam um cântico novo: "Tu és digno de receber o livro e de abrir os seus selos, pois foste morto, e com teu sangue compraste para Deus gente de toda tribo, língua, povo e nação" (Ap 5.1-6,9).

O Cordeiro e o Leão

A forma apocalíptica era um estilo de escrito religioso que se tornou muito popular entre os judeus do século II a.C. Uma de suas características é a do visionário que relatou como recebeu uma revelação de Deus (Apocalipse vem da palavra grega para revelação), e, então, lhe foi dito que escrevesse um livro e o selasse até o tempo da chegada da revelação. A publicação do livro significaria que havia chegado a hora e os segredos seriam revelados! João lembra essa característica em Apocalipse 5. O livro contém a mensagem de Deus, a verdade sobre seu Reino. Mas quem é capaz de revelá-la? João chora porque não se encontrou ninguém digno de revelar a verdade sobre Deus e seu Reino e, por isso, ao que parece, ela deve permanecer selada no livro. Então ele recebe boas notícias. Existe um que triunfou e é, portanto, capaz de abrir o selo. Trata-se do Leão da tribo de Judá, o Messias da linhagem real de Davi. Nessa breve descrição, João capta o senso de majestade feroz e a força irresistível. Aqui o rei-guerreiro é representado recém-saído da batalha, com o sangue do inimigo na espada. Ele é invencível e glorioso em suas conquistas. Encheu de terror os que lhe quiseram resistir e os fez bater em debandada. Devido ao poder e à força que o levaram ao triunfo, o Leão é capaz de abrir a todos os homens os mistérios do Reino de Deus.

Mas quando João se vira para ver o Leão, não observa essa figura de glória e poder majestoso. Ao contrário, ele vê um Cordeiro em pé, "que parecia ter estado morto". Mesmo o enigma verbal, tão típico do Apocalipse, apenas aumenta o efeito de quebrar a imagem do Senhor dos animais. Um Cordeiro que parecia ter estado morto! Essa é a vitória que sobrepuja e coloca a verdade do Reino de Deus a nosso alcance. Pelo uso habilidoso de imagens apocalípticas, João ilumina o paradoxo central do evangelho. A vitória de Deus era a humilhação e morte de seu Filho. O Leão assume a mansidão do Cordeiro e morre, para vencer. Agora, o livro pode ser aberto e a voz é ouvida em louvor:

> "Tu és digno de receber o livro e de abrir os seus selos, porque foste morto..."

Mediante seu sofrimento e morte, o Cordeiro é o revelador de Deus. O livro é intitulado de modo adequado "Revelação de Jesus Cristo". Aqui se vê que a chave para a verdade, toda a verdade, sobre o Reino de Deus está em Jesus Cristo: sua vida, morte e ressurreição. João teceu esse fato na linguagem apocalíptica, descrevendo o Cordeiro morto como o único digno para desvendar a verdade. Desse modo, João nos lembra da centralidade do evangelho em seu livro. Se quisermos desvendar o significado de Apocalipse, isso deverá decorrer do fato de que Jesus Cristo, no ministério terreno de redenção, é a verdadeira e reveladora Palavra de Deus. O Apocalipse, como qualquer outro livro do NT, é uma exposição do evangelho. Ele pode destacar certas implicações do evangelho, mas versa sobre o próprio evangelho. Como Michael Wilcock diz do autor:

> E agora ele estava para receber de novo a Palavra e a Testemunha, a genuína mensagem de Deus, que, no devido tempo, deveria ser lida em alta voz nas reuniões da igreja, como outra Escritura inspirada. Não seria, de certa forma, nada de novo; apenas a recapitulação da fé cristã que ele já possuía. Mas seria a última vez que Deus repetiria os padrões da verdade, e o faria com poder devastador e inesquecível esplendor.[8]

O QUE É O EVANGELHO?

Sejamos claros em relação ao que queremos dizer com a centralidade do evangelho. Primeiro, o que é o evangelho? O evangelho é a mensagem sobre Jesus Cristo — sua vida, morte e ressurreição por nós e para nossa salvação. É de interesse histórico que Jesus nos resgatou com o que ele era e o fez há quase dois mil anos, na Palestina. Enquanto os efeitos dos acontecimentos referentes ao evangelho se entendam no tempo para trás e para frente, eles mesmos não são o evangelho em que cremos para a salvação. É importante distinguir os efeitos, ou frutos do evangelho, do próprio evangelho. A regeneração, fé e santificação do cristão são frutos do evangelho. Mas não se obtém a salvação pela fé na fé, ou na regeneração, ou na outorga do Espírito Santo. Apenas pela fé em Cristo, na sua vida e morte como o Homem que me substitui, recebo o dom da salvação. Mesmo a segunda vinda de Cristo não é o evangelho, mas um fruto do evangelho. Nós não somos salvos por acreditar que ele *virá*, mas por acreditar que ele *veio* em carne por nós.

---
[8] *I Saw Heaven Opened*. London: Inter-Varsity Press, 1975, p. 31.

Assim, o evangelho é de forma distinta a obra de Jesus Cristo de forma que não é distinta da obra de Deus, o Pai, ou do Espírito Santo. É uma obra perfeita e completa que teve lugar na própria pessoa de Jesus de Nazaré e, portanto, não em nós. Ela, e só ela, é a causa de Deus nos aceitar. Nos escritos de Paulo, este último fato é muitas vezes citado como justificação. Justificar é declarar alguém justo ou reto. Por causa dos méritos de Cristo, nosso substituto, Deus é capaz de creditar ao pecador crente os mesmos méritos. Ele justifica o pecador apenas em função de haver alguém que se coloca como justo no lugar do pecador. O pecador que crê é o pecador que confia no Cristo histórico como seu substituto diante de Deus. O Cristo histórico está vivo agora à direita de Deus. Mas ele está lá agora como nosso substituto só por ter sido o substituto histórico para nós em sua vida e morte.

Quando mencionamos a centralidade do evangelho, nos referimos ao fato de que todos os aspectos da salvação se derivam do evangelho. Queremos dizer que o evangelho é, de verdade, o poder de Deus para salvar, pois é por meio do evangelho que somos chamados, regenerados, convertidos, santificados e por fim glorificados. Queremos dizer que Jesus Cristo — Deus veio em carne — viveu, morreu e ressuscitou, deu sentido a toda a história e existência humana. Queremos dizer que o evangelho é o único meio existente de iniciar, continuar e perseverar na vida cristã.

O erro que se deve repudiar com ênfase é o conceito adotado com frequência de que o evangelho é o poder de Deus só para nos converter. Certa vez, ouvi o relatório de um orador missionário sobre como um pastor no campo missionário escreveu para a sede sobre seu rebanho. "Todos sabemos o evangelho aqui, e agora devemos passar para algo mais sólido". A ideia é que o evangelho simbolize a porta de entrada para a experiência cristã e, dessa forma, para a vida eterna; mas tão logo entremos por esse portal, passamos para outra realidade mais sólida, pela qual progrediremos. A santificação, tornar-se santo, ou crescer na fé cristã, é muitas vezes descrita como a nova etapa após a conversão. O caminho para isso é apresentado de maneiras variadas. Para alguns, é por um ato de "compromisso total", ou de "autoesvaziamento" ou de "matar a velha natureza". Para outros, é a experiência de uma crise distinta vinda do Espírito Santo. A literatura e a pregação cristãs estão cheias de "passos para a vida mais profunda" ou chaves "para a vida abundante e vitoriosa". Não estou tergiversando sobre jargões e terminologia religiosos. O ponto em questão é apenas este. Quando abordamos a santificação como algo atingível por qualquer outro meio que não o evangelho de Cristo — o mesmo evangelho pelo qual somos convertidos — já nos afastamos dos ensinamentos do NT.

A CENTRALIDADE DO EVANGELHO

A centralidade do evangelho pode ser expressa em relação a qualquer aspecto do ensino bíblico da salvação. Significa que o que Deus alcançou em Cristo é a meta de todos os propósitos divinos como estão expressos no AT e no NT. Nisso reside o significado de Cristo como Alfa e Ômega.

1. Cristo é o propósito da criação

Não compreendemos totalmente o ensino bíblico sobre a criação até lidarmos com as passagens que falam de Cristo na criação. João 1.1, 2 nos lembra de que a Palavra que se fez carne como Jesus de Nazaré foi o agente da criação. Paulo leva o assunto um passo adiante em Colossenses 1.15-20. Nele, Cristo é mencionado como aquele em quem, por meio de quem e para quem as coisas foram criadas. Estejamos satisfeitos, no momento, em notar que Paulo diz que Jesus trouxe a paz pelo sangue da sua cruz (Cl 1.20): é o agente, o propósito e o objetivo da criação. Alguns podem crer que o evangelho seja uma espécie de reflexão tardia de Deus ao perceber que o pecado arruinou a criação. Mas aqui se vê que o evangelho foi uma antecipação divina em relação à criação. Deus criou os céus e a terra com o plano expresso e propósito de trazer todas as coisas a seu objetivo final mediante o sofrimento e a morte de Cristo.

2. Cristo é o propósito das alianças e da Lei do AT

O AT mostra com detalhes o fato de que foi da vontade de Deus se relacionar com o povo de maneira específica. No processo de redenção, Deus se relaciona com o homem por meio da aliança. A aliança é a constituição que define a natureza da relação entre Deus e Israel, seu povo escolhido. A lei de Moisés é a expressão mais abrangente da relação de aliança, estabelecida mediante a obra redentora da graça de Deus. O NT aborda o tema aliança e fala de Jesus Cristo como seu cumpridor. O nascimento dele ocasiona a fruição de todas as promessas da aliança do AT (v. Lc 1.46-55,68-79; 2.29-32). Dizer que Jesus cumpriu a lei (Mt 5.17) significa que ele viveu como perfeito parceiro da aliança com Deus. Em outras palavras, ele era impecável. Seu batismo pelas mãos de João Batista foi a expressão perfeita da escolha humana de viver para Deus e não contra ele. No batismo, Jesus foi declarado Filho verdadeiro e amado de Deus. Lucas usa a genealogia nesse ponto (Lc 3.22-38) e mostra que a declaração "Tu és meu Filho" denota a aceitação de Jesus diante de Deus como verdadeiro israelita e verdadeiro homem (Adão é filho de Deus, v. 38).

3. Cristo é o propósito da profecia

Falando sobre a lei e os profetas, Jesus disse: "Não pensem que vim abolir a Lei ou os Profetas; não vim abolir, mas cumprir" (Mt 5.17). É um erro ver nesta referência aos Profetas o significado de que Jesus cumpriu certas previsões messiânicas espalhadas por todos os escritos proféticos. A afirmação é completamente inclusiva e significa que tudo o que os profetas falaram se cumpre em Cristo. A palavra profética do juízo contra o pecado cumpre na morte de Jesus na Cruz. As promessas da nova aliança, do novo povo restaurado de Deus, da nova morada de Deus entre os homens são todas cumpridas em Cristo. Mais ainda, elas são cumpridas no evento do evangelho. Voltarei a abordar o assunto em capítulos posteriores, pois é um ponto controverso que desejo discutir com mais amplidão. Vamos, agora, observar a convicção de Paulo de que as promessas proféticas encontram o "sim" em Cristo (2Co 1.20). Paulo expressou isso no sermão em Antioquia, quando disse: "Nós lhes anunciamos as boas novas: o que Deus prometeu a nossos antepassados ele cumpriu para nós, seus filhos, ressuscitando Jesus" (At 13.32,33a).

4 . Cristo é o propósito da existência cristã

"Porque para mim o viver é Cristo", disse Paulo (Fp 1.21). O Cristo a que ele se refere é o Jesus descrito em Filipenses 2, ou seja, o que sofreu na carne e foi exaltado ao lugar de honra com Deus (Fp 2.6-11). É o Cristo do evangelho, que é Senhor. Para Paulo, Jesus dá à vida o único significado possível. Cristo faz isso ao revelar e restabelecer, por meio do seu ato redentor, a verdadeira relação entre Deus e o homem, o homem e o homem, o homem e a criação. Ele o faz em seu próprio ser, e de tal maneira que o pecador que crê, de acordo com a Palavra de Deus, que o ato redentor é para ele, e lhe é dado, como dom gratuito, o mesmo *status* que Cristo possui em virtude de sua obediência livre de pecado. Não podemos dizer isso melhor do que as palavras de Paulo: "Cristo, que é a sua vida" (Cl 3.4). Paulo está dizendo que, como consequência da sua vida perfeita e da morte, tudo o que Cristo é diante de Deus, ele é PARA NÓS. Ele é o Filho sem pecado PARA NÓS. Ele é o parceiro de aliança verdadeira PARA NÓS. Ele é o amado PARA NÓS. Ele é o justo e santo, o pecador julgado, a nova vida, o homem cheio do Espírito Santo, o perfeito adorador de Deus — tudo PARA NÓS.

A partir do fato da existência do evangelho de Cristo PARA NÓS, e a partir deste fato por si só, surgem o propósito e o poder da existência cristã. Todos os frutos do evangelho são apenas isso: frutos *do evangelho*. A regeneração, fé, santificação e perseverança final são todos frutos do evangelho. Eles não podem crescer em nenhuma outra árvore. Exigências legalistas, adulação e intimidação para "um compromisso mais profundo" e "entrega total", quando afastados da graça do evangelho são ervas daninhas miseráveis que produzem apenas desânimo, desilusão e rebeldia.

5. Cristo é o propósito da segunda vinda

A primeira vinda de Cristo, o evento–evangelho, estabelece o significado de sua segunda vinda. Talvez uma das maiores razões para a incompreensão do livro do Apocalipse seja a incapacidade de perceber a relação entre a primeira e a segunda vindas de Cristo. Sejamos muito claros sobre este ponto. Jesus não voltará para fazer algum trabalho novo ou diferente. Seu retorno em glória será para consumar a obra completa de sua vida, morte e ressurreição. Na sua vinda, ele será revelado em toda a sua glória a todos os principados e potestades. O que o crente agora agarra pela fé será aberto a todos os olhos. O que o crente possui agora pela fé e que está em Cristo, seu substituto, será aperfeiçoado como a realidade em si mesma. O *status* atual em Cristo se tornará o *status* que temos em nós mesmos.

É esta relação entre a primeira e a segunda vindas que fornece a estrutura do pensamento de João no livro do Apocalipse. É a relação entre o Cristo sofredor e o Cristo que se manifesta em glória. É o relacionamento entre o Cordeiro e o Leão. O Leão é o símbolo da majestade do glorioso Messias–Rei de Israel, que é revelada na glória do Reino de Deus. O Cordeiro simboliza o sofrimento de Jesus de Nazaré. João nos mostra que quem deseja ver o Leão deve encontrá-lo, na primeira vez, no Cordeiro. O Reino messiânico de Israel se torna real só por meio da obra redentora de Cristo, que morreu e ressuscitou. Embora o Cordeiro seja sempre Cordeiro, pois o Cristo glorificado é exaltado por conta dos seus sofrimentos, a majestade do Leão brilhará a partir do Cordeiro na segunda vinda.

Viver pela fé significa viver pelo evangelho

No presente, a glória do Leão é velada. Só a fé pode percebê-lo mediante do evangelho. O testemunho do NT sobre Jesus como o Cristo reinante pode apenas ser crido ou rejeitado, pois não há prova objetiva desse fato. Podemos tentar avaliar os registros dos quatro Evangelhos em relação aos acontecimentos históricos da vida, morte e ressurreição de Jesus. Mas, no final, não podemos perceber que nossa salvação está nesses eventos em que se acredita porque Deus nos assegura assim. Nos Evangelhos, lemos como as pessoas reagem a Jesus de diferentes maneiras. Alguns o rejeitaram como falso profeta. Outros ficaram entusiasmados por ele apenas enquanto pensavam que ele os libertaria dos romanos ou supriria suas necessidades materiais. Poucos estavam habilitados para perceber nele a resposta às verdadeiras esperanças espirituais de Israel. Mesmo seus amigos mais próximos nem sempre compreendiam tudo o que ele lhes dizia. Na verdade, vemos que somente quando o Espírito Santo foi concedido no Pentecoste os seguidores de Jesus, por fim, entendem o que ele dizia.

Paulo descreve a presente existência do crente como a de um nômade, que vive em uma tenda:

> Pois, enquanto estamos nesta casa, gememos e nos angustiamos, porque não queremos ser despidos, mas revestidos da nossa habitação celestial, para que aquilo que é mortal seja absorvido pela vida. Foi Deus que nos preparou para esse propósito, dando-nos o Espírito como garantia do que está por vir. Portanto, temos sempre confiança e sabemos que, enquanto estamos no corpo, estamos longe do Senhor. Porque vivemos por fé, e não pelo que vemos. (2Co 5.4-7)

Há um sentido real de nossa incompletude em estarmos longe do Senhor. Assim, vivemos pela fé, não pela vista. A fé nunca é algo definido vagamente por Paulo. É sempre definida pelo objeto: Jesus Cristo. Fé significa implícita confiança no Cristo do evangelho para nos salvar e sustentar. Viver pela fé significa viver pelo evangelho. Paulo está dizendo que o Espírito Santo nos é dado para garantir a participação definitiva do crente no Reino — onde ele não mais estará longe do Senhor. Como o Espírito Santo nos dá essa garantia? Capacitando-nos a viver pela fé. O Espírito estabelece nossa fé e confiança na vida e morte de Jesus por nós. A obra do Espírito é energizar nossa fé; não na própria fé, nem no próprio Espírito, mas em Cristo apenas. Enquanto o Senhor está ausente de nós, devemos conhecê-lo como o Jesus histórico de Nazaré, que operou salvação para nós. Pela fé, sabemos que o Salvador é agora o Leão que conquistou, o governante Senhor de toda a criação. Mas podemos conhecê-lo assim só por causa de sua conquista como Cordeiro sofredor.

As verdades da nossa salvação e seu efeito sobre nossa existência atual são o lugar-comum do NT. João as tomou mais uma vez e lhes deu uma nova roupagem com formas e imagens que são a moeda do AT. Ao fazê-lo, cumpre um propósito que será de grande valor para nós. Trata-se, como descreveu Austin Farrer,[9] de um renascimento de imagens, das imagens de uma cultura e de pessoas antigas, com as quais João nos surpreende no vislumbre refrescante da grandeza do plano divino. Assim, ele poupa o cristão comum, que luta, da visão trivial de si mesmo e de seu significado. Ele nos permite ver que a tribulação do Cordeiro dignifica as tribulações, pequenas e grandes, de cada crente com um significado que nunca poderá ser engolido no caos da falta de sentido.

Resumo

O Leão é a imagem do Cristo glorificado e reinante. Só ele pode nos abrir o Reino de Deus e tornar sua realidade conhecida. Mas, como João, só podemos ver o Leão quando ele chega até nós na forma do Cordeiro morto. João aponta para o evento-evangelho: a vida, a morte e o nascimento de Jesus Cristo como a chave para a revelação do Reino. Portanto, ele também é a chave do livro do Apocalipse. Mediante a utilização dessa figura, ele aponta para o sentido de toda a existência de acordo com a revelação no evangelho. Para o cristão, há uma tensão entre a vinda do Reino por meio do evangelho e a continuação da presente ordem. Viver pela fé significa viver pelo evangelho. Seu significado é o tema do livro de João.

Tese

A tensão Cordeiro-Leão mostra que o evangelho é a única chave para a compreensão do livro do Apocalipse.

---

[9] *A Rebirth of Images* (London: A. & C. Black, 1949).

CAPÍTULO 2

"No sofrimento, no Reino"
O evangelho e os sofrimentos atuais

Eu, João, irmão e companheiro de vocês no sofrimento, no Reino e na perseverança em Jesus, estava na ilha de Patmos, por causa da palavra de Deus e do testemunho de Jesus. No dia do Senhor achei-me no Espírito e ouvi por trás de mim uma voz forte, como de trombeta, que dizia: "Escreva num livro o que você vê e envie a estas sete igrejas" (Ap 1.9-11).

A OCASIÃO DO LIVRO

Um dos aspectos negligenciados em muitas interpretações modernas do Apocalipse é a ocasião de sua composição. Nunca devemos perder de vista as circunstâncias históricas em que este extraordinário livro surgiu. Não é importante determinar se o autor do livro é o apóstolo João ou outra pessoa. Nem a data exata importa de verdade. João descreveu as circunstâncias do pano de fundo de modo suficiente a nos permitir apreciar o propósito do livro. O autor está exilado na pequena ilha de Patmos, no mar Egeu, por seu testemunho cristão ativo. Ele escreveu uma carta circular para um grupo de igrejas do continente da Ásia Menor (hoje na parte oriental da Turquia). Nela, ele expressou solidariedade para com os cristãos que também passavam por dificuldades derivadas de perseguições. Ele conforta, anima, repreende e os exorta no evangelho. Ele lhes lembra do significado dos sofrimentos de Cristo e da sua glória, para que fiquem firmes no conhecimento de que seus sofrimentos são totalmente coerentes com a realidade divina no tempo presente. No período em que muitos cristãos estavam literalmente correndo para salvar a própria vida, ele não os detêm com um tratado teológico. Ao contrário, ele se vale do imaginário conhecido e fértil da apocalíptica judaica a fim de pintar imagens vívidas da realidade do Reino de Deus. Imagens que ficarão na mente e ajudarão a recordar as verdades básicas do evangelho. São imagens que usam pinceladas ousadas e cores brilhantes para representar a vitória do Reino de Deus sobre os poderes das trevas. No limite do sofrimento, quando os detalhes da exposição paulina da justificação pela fé pode ser difícil de lembrar, o cristão simples e iletrado teria mais facilidade em se recordar do que lhe fora lido na assembleia sobre o glorioso Cordeiro entronizado, e que havia sido morto.

Quando João escreveu essas palavras, ele, junto com muitos dos companheiros cristãos, estava experimentando a dura realidade das palavras de Jesus aos discípulos: "Neste mundo vocês terão aflições" (Jo 16.33). As aflições incluíam o martírio de muitos cristãos nos séculos I e II. No entanto, mesmo em tempos de relativa calma, a vida do crente estava repleta de pressões, conflitos e circunstâncias desconcertantes. Quando a igreja ficou sob pressão gigantesca do mundo pagão e encontrou uma oposição feroz, muitos crentes pagaram pela fidelidade com a vida. Em seguida, a igreja bradou como o salmista do AT: "Até quando, ó Soberano?" (Ap 6.10; Sl 79.5).

João não exorta os companheiros cristãos a buscar um meio de escapar da tribulação, pois ele entendeu muito bem que o discipulado significa sofrimento. Ao contrário, exortou-os a perseverar até o fim e, assim, receber as bênçãos preparadas para eles. Paciência, resistência, perseverança e superação não são ideais impossíveis que João usa na vã e desesperada tentativa de preservar a minoria perseguida da desilusão. Elas são realidades do Reino de Deus quando ele invade nossa história e reúne os membros para a grande consumação. Elas nascem da verdade em Jesus. "Neste mundo vocês terão aflições; contudo, tenham ânimo! Eu venci o mundo" (Jo 16.33).

Quando olhamos para o propósito de João dessa forma, podemos expressar a verdade permanente e aplicação do livro do Apocalipse a nós mesmos no século XXI. O paradoxo do Cordeiro e do Leão é traduzido à existência cristã quando João fala: "Eu, João, irmão e companheiro de vocês no sofrimento, no Reino e na perseverança em Jesus" (Ap 1.9). Estas são as duas dimensões da luta presente. A existência cristã é vivida entre as duas realidades do sofrimento e do Reino. Ela reflete o sofrimento do Cordeiro e antecipa a consumação do Reino decorrente da conquista do Leão.

A CAUSA DE TODO O SOFRIMENTO

O sofrimento é a experiência permanente dos cristãos. Isso pode parecer bastante banal quando provém do contexto rico da sociedade ocidental e da liberdade de expressão religiosa. No mundo não comunista, estamos cada vez mais conscientes da perseguição dos cristãos na extinta União Soviética e nos antigos países do bloco oriental. Ouvimos, ao longo do tempo, sobre os mártires modernos que realmente chegam ao teste final das testemunhas fiéis de Cristo. Contra os sofrimentos, as dificuldades enfrentadas no dia a dia tornam-se quase nada. E ainda assim, as pessoas sofrem em meio à liberdade política e da riqueza. Suicídios, divórcios, doenças mentais, distúrbios raciais e abandono de crianças são alguns dos problemas mais comuns na sociedade ocidental. Os cristãos não estão imunes a nenhum deles.

As referências bíblicas ao sofrimento cristão inclui tudo isso e muito mais. O sofrimento resulta diretamente da queda do homem. Ele advém do deslocamento das verdadeiras relações para as quais Deus nos criou. As sementes de todos os desastres naturais (como terremotos, inundações e fome) ocorrem pelo fato de Deus ter amaldiçoado a terra por causa do homem: "Maldita é a terra por sua causa; com sofrimento você se alimentará dela todos os dias da sua vida. Ela lhe dará espinhos e ervas daninhas, e você terá que alimentar-se das plantas do campo" (Gn 3.17,18).

A ligação entre a queda do homem e desastres naturais pode parecer fantasiosa para alguns leitores. Mas ela foi estabelecida não só pela passagem da Escritura que acabamos de citar, mas também na afirmação de Paulo: "Ela [a criação] foi submetida à futilidade", e que "a própria natureza criada será libertada da escravidão da decadência em que se encontra para a gloriosa liberdade dos filhos de Deus" (Rm 8.20,21).

Não só o homem se encontra em desarmonia com a criação, mas também consigo mesmo. As relações humanas estão em ruínas devido ao pecado: o egoísmo substituiu a preocupação com os outros. Se o homem reconhecesse sua verdadeira condição de criatura diante de Deus, ele não poderia se exaltar em relação a seu irmão. O principal dano do pecado se encontra na relação entre Deus e o homem. O pecado significa a rejeição de Deus como Senhor, e o desejo de ser senhor da própria vida. Todos os outros relacionamentos dependem do relacionamento com Deus. Quando um é arruinado, todos estão destruídos.

Todos os problemas da sociedade contemporânea nada mais são que reflexos do deslocamento da base da relação entre o homem e Deus. Como Deus nos definiu na criação em relação a si mesmo, somos menos que seres humanos verdadeiros quando estamos fora dessa relação. O ponto central dessa relação era o "sim" do homem ao Criador. Quando Adão se recusou a afirmar a relação; quando disse "não" em vez de "sim", Deus não confirmou o homem e o julgou.

Hoje, esse juízo é visível nos desastres naturais, nas convulsões políticas, nas tragédias pessoais, bem como na solidão das pessoas nas grandes cidades. Ele é percebido nas gananciosas corporações multinacionais, nos negócios desonestos, no sindicalismo sedento de poder e em quem dirige embriagado. O julgamento é visto no câncer e nos defeitos congênitos, na negligência em relação às minorias e na rejeição aos idosos; nos conflitos familiares e na perturbação social; na devastação dos recursos da Terra, na sujeira do ar, da água e dos alimentos; na decadência e na morte. Por tudo isso, nós e toda a humanidade somos coletivamente culpados, porque todos pecaram.

O SOFRIMENTO CRISTÃO

Quando um filho de Adão é renovado por meio do evangelho e feito membro da nova humanidade da qual Cristo é cabeça, muitas coisas mudam. O pecador crente é o pecador arrependido que busca abandonar o antigo "não" dirigido a Deus. Ele acredita na palavra divina sobre o pecado e o perdão advindo de Cristo. Ouve a palavra de Deus que garante a todo crente a filiação — concedida livremente em razão da filiação perfeita de Jesus Cristo. Como consequência, ele quer viver como filho de Deus e começa a lutar contra o mundo, a carne e o Diabo. Anseia pelo retorno de Cristo que significará o próprio aperfeiçoamento e a entrada na glória final do Reino de Deus.

Mas enquanto houver mudanças radicais e imediatas que têm lugar para o pecador no momento em que ele crê no evangelho e confia em Cristo para a salvação, também há muitas coisas que permanecem idênticas. O crente não se torna perfeito nesta vida. Ele permanece pecador, embora perdoado. Continua pecador, embora procure se livrar dos pecados. A conversão não nos tira do mundo, mas nos coloca em conflito com ele. A salvação não é instantânea, e a razão não é difícil de encontrar. Aprouve a Deus trazer seu Reino por meio do evangelho que deve ser pregado em todo o mundo. Veremos mais tarde que esta é uma perspectiva diferente da do NT e que modifica drasticamente a perspectiva do AT sobre a vinda do Reino.

Assim, o crente se torna filho de Deus, mas continua pecador. Ele se torna herdeiro nos novos tempos, mas permanece residente no tempo antigo. Recebe a vida eterna, mas — a menos que Cristo venha antes — ele sofrerá com doenças e passará pela morte antes de ser ressuscitado para a vida. O cristão não só não escapa das desgraças do mundo pecaminoso, como também deve se contentar em perder o favor do mundo pela falta de conformidade a seus padrões. Sofrer, então, é a norma da experiência cristã. Longe de remover o sofrimento de nós, ao nos tornarmos cristãos, o incorporamos. Por isso andamos pela fé e não de acordo com o que vemos. Isso significa viver de acordo com o que sabemos pela fé — que somos filhos de

Deus e que nossa salvação é infalível. Significa que não vivemos de acordo com nossas experiências. A realidade não pode ser medida pelo que sentimos ou pelas circunstâncias da vida. O que possuímos agora pela fé está em Cristo no Céu: "agora a sua vida está escondida com Cristo em Deus" (Cl 3.3). É por isso que João diz: "Agora somos filhos de Deus, e ainda não se manifestou o que havemos de ser, mas sabemos que, quando ele se manifestar, seremos semelhantes a ele, pois o veremos como ele é" (1Jo 3.2).

A visão de Paulo sobre a questão é instrutiva. O sofrimento é uma realidade, pois nós compartilhamos os sofrimentos de Cristo. É claro que a igreja não pode sofrer como Jesus, pois ele foi o único sem pecado a sofrer por pecados alheios. Mas, os sofrimentos de Cristo estabelecem a natureza do serviço ou ministério no mundo. Mesmo sendo únicos, não repetíveis e infinitos os sofrimentos de Jesus por nós, acredita-se que Cristo deve continuar sofrendo no mundo para o bem do mundo. Esses sofrimentos ele sofre em seu corpo, a igreja. Paulo se referiu a seus sofrimentos assim: "Agora me alegro em meus sofrimentos por vocês, e completo no meu corpo o que resta das aflições de Cristo, em favor do seu corpo, que é a igreja" (Cl 1.24). Mais uma vez, ele disse: "Pois assim como os sofrimentos de Cristo transbordam sobre nós, também por meio de Cristo transborda a nossa consolação" (2Co 1.5). Pedro disse: "Mas alegrem-se à medida que participam dos sofrimentos de Cristo, para que também, quando a sua glória for revelada, vocês exultem com grande alegria [...] Contudo, se sofre como cristão, não se envergonhe, mas glorifique a Deus por meio desse nome" (1Pe 4.13,16).

Paulo tem muito a dizer sobre o assunto também na carta aos Romanos: "Também nos gloriamos nas tribulações, porque sabemos que a tribulação produz perseverança; a perseverança, um caráter aprovado; e o caráter aprovado, esperança. E a esperança não nos decepciona, porque Deus derramou seu amor em nossos corações, por meio do Espírito Santo que ele nos concedeu" (Rm 5.3-5). O sofrimento também é a marca da verdadeira filiação: "Pois vocês não receberam um espírito que os escravize para novamente temer, mas receberam o Espírito que os adota como filhos, por meio do qual clamamos: 'Aba, Pai'. O próprio Espírito testemunha ao nosso espírito que somos filhos de Deus. Se somos filhos, então somos herdeiros; herdeiros de Deus e coerdeiros com Cristo, se de fato participamos dos seus sofrimentos, para que também participemos da sua glória. Considero que os nossos sofrimentos atuais não podem ser comparados com a glória que em nós será revelada" (Rm 8.15-18).

Estas passagens são coerentes no que nos ensinam. A igreja — como corpo de Cristo — e, portanto, os indivíduos dentro dela, sofre no mundo. O sofrimento não é sinal de que Deus nos abandonou; ao contrário, é uma das marcas da verdadeira filiação. O sofrimento caracteriza nosso ministério que flui do ministério sofredor de Jesus. Mas o sofrimento não é sem benefício, nem sem fim. O fim do sofrimento de Jesus, mediante sua ressurreição e glorificação, aponta ao cristão seu destino de glorificação. À luz do destino que Cristo nos garantiu e revelou em seu ministério terreno, nossos sofrimentos atuais empalidecem. Seria errado dizer que eles são insignificantes, pois são reais e, muitas vezes, muito difíceis de suportar. Além disso, Deus usa os mesmos sofrimentos para nos moldar o caráter e encher-nos de esperança pela verdadeira glória ainda a ser experimentada. Mesmo quando os sofrimentos são condenáveis e autoinfligidos pela dureza do nosso coração, Deus os usa com graça para nosso bem supremo. Assim, "sabemos que Deus age em todas as coisas para o bem daqueles que o amam, dos que foram chamados de acordo com o seu propósito" (Rm 8.28).

Devemos rejeitar qualquer noção de que se tornar cristão garante uma vida sem dificuldades. Não minimizamos os recursos do cristão para lidar com a vida. Há uma grande diferença entre lidar com dificuldades da vida e perder a coragem diante delas. Com a sabedoria divina, o cristão é capaz, em circunstâncias "normais", de evitar coisas que destroem o corpo, atacam a mente e seduzem a alma. Mas ser cristão não livra ninguém, necessariamente, de tremer em uma noite de inverno durante a falta de energia, ou dos perigos naturais, desastres e do excesso de velocidade do motorista bêbado que cruza o sinal vermelho. Acima de tudo, ser cristão significa tomar partido na batalha final entre a luz e as trevas. Se a vontade de Deus é trazer seu Reino por meio da pregação do evangelho, então, todos nós que temos o evangelho estamos na frente da linha de batalha. E nunca devemos subestimar o inimigo.

O que João faz por nós no livro do Apocalipse é ressaltar não só o sofrimento na vida cristã, mas também sua fonte real no conflito entre o Reino de Deus e o reino de Satanás.

A VITÓRIA DE CRISTO

A segunda dimensão da existência cristã é estabelecida por Jesus Cristo. Jesus disse: "Neste mundo vocês terão aflições; contudo, tenham ânimo! Eu venci o mundo". A resposta para a tribulação não era remover o crente dela, mas lhe garantir que o mundo foi vencido por Cristo. Para o cético — que quer uma prova científica — isso parece uma afirmação muito pretensiosa. Olhe para os fatos. O líder era popular por um tempo, mas foi abandonado e levado à morte. Seus seguidores se espalharam por todo o mundo, mas nos momentos que pareciam mais poderosos, faltaram mais claramente a eles as características do amor e serviço pregados pelo líder. Hoje, os seguidores continuam afirmando crer na igreja una e santa. Na verdade, para o observador externo, a igreja não é nenhuma dessas coisas.

O erro do cético não é a percepção da fraqueza e pecaminosidade da igreja, mas que ele testa a veracidade do evangelho por essas marcas. Os hipnotizados por uma demonstração temporária de força e grandeza na igreja estão também em perigo de perder a verdade. O erro de alguns contemporâneos de Jesus foi interpretar mal as implicações da vinda do Reino. A aparente contradição entre as previsões proféticas do Israel glorioso governado pelo príncipe descendente de Davi — diante de quem todas as nações se curvariam — e as do Servo Sofredor — desprezado e rejeitado para tirar os pecados de muitos — era demais para eles aceitarem. Esses judeus se esqueceram do Servo Sofredor e olhavam só para o príncipe conquistador. A mensagem do Messias crucificado se tornou um tipo de obstáculo, uma pedra de tropeço que ofendia. Mas a figura ofensiva é, de acordo com Paulo, "o poder de Deus, e sabedoria de Deus" (1Co 1.24).

A vitória de Cristo é a vitória de sua morte e ressurreição. Ao dizer isso, não separamos esses acontecimentos do restante da vida de Jesus. Eles são denominados com frequência a obediência ativa de Cristo, sua perfeita obediência à lei de Deus em vida, o que se junta à obediência passiva, seu sofrimento e morte. Em vida, Jesus exibiu muitos sinais de sua vitória — como na ocasião em que exerceu poder sobre as tentações de Satanás, sobre os demônios, sobre as forças naturais, sobre os objetos materiais, sobre a vontade das pessoas, sobre a doença e a morte. Os milagres de Jesus eram todos sinais da chegada do Reino — anunciada pelos profetas de Israel.

A obediência de Cristo culminou com sua morte na cruz. Isso, na maneira de pensar do mundo, consistiu na derrota de um sonho patético. Mas Deus a declarou a vitória decisiva sobre Satanás, o pecado e a morte. A hostilidade do pecado foi vencida e a rebelião da humanidade superada. "Pois foi do agrado de Deus que nele habitasse toda a plenitude, e por meio dele reconciliasse consigo todas as coisas, tanto as que estão na terra quanto as que estão no céu, estabelecendo a paz pelo seu sangue derramado na cruz" (Cl 1.19,20). "E, tendo despojado os poderes e as autoridades, fez deles um espetáculo público, triunfando sobre eles na cruz" (Cl 2.15).

Resumo

As duas dimensões da vida cristã, como João mostra, são o sofrimento e o Reino. A fim de compreendermos a nós mesmos e a natureza da existência cristã, é preciso entender essas duas dimensões e como elas se relacionam. O sofrimento é o destino comum da humanidade e não é muito difícil descrevê-lo. Os cristãos, no entanto, não raro precisam aprender que sua participação no Reino de Deus não os torna imunes às doenças e ao sofrimento na vida. Há uma tendência para esse erro em alguns círculos que enfatizam os fenômenos miraculosos, em especial curas. Ele decorre de uma percepção equivocada da vinda do Reino. Em um sentido real, é a pergunta que o Apocalipse faz a si mesmo. A vitória de Cristo é real, pois ele venceu o mundo. Até que ele venha, no entanto, a igreja no mundo deve sofrer.

Tese

O tema do Cordeiro e do Leão aponta para o paradoxo dos sofrimentos normais dos cristãos e da vitória de Cristo.

CAPÍTULO 3

"LAVARAM AS SUAS VESTES E AS BRANQUEARAM NO SANGUE DO CORDEIRO"

A justificação pela fé no Apocalipse

"Então um dos anciãos me perguntou: 'Quem são estes que estão vestidos de branco, e de onde vieram?' Respondi: 'Senhor, tu o sabes'. E ele disse: 'Estes são os que vieram da grande tribulação e lavaram as suas vestes e as branquearam no sangue do Cordeiro' " (Ap 7.13,14).

O sofrimento do cristão não é para sempre. Pensar de outra forma faria do evangelho e da esperança de glória uma chacota. A tribulação pertence a esta época em que há o verdadeiro sentimento de "não ter". Mas, é uma preparação transitória para o momento em que toda a glória será revelada. Por causa da confiança na realidade da vida perfeita além da ressurreição, o sofrimento recebe uma dimensão positiva. Paulo nos diz que, por causa do evangelho, o sofrimento produz resistência, paciência e esperança (Rm 5.3-5).

A visão cristã da vida e da vida futura é definida pela pessoa e obra de Cristo. Infelizmente, a relevância em curso do evangelho sobre como enxergamos a vida é muitas vezes esquecida. Quantos cristãos podem falar de modo convincente sobre como podemos obter a aceitação divina? Pouquíssimos. E um número ainda menor parece ter ideia de como a aceitação diante de Deus tem relação com a vida piedosa diária. Além disso, o que se descreve como cristianismo morno incentiva a ideia de que o cerne da mensagem cristã diz respeito a ser capaz de viver de forma serena. Esse enfoque obscurece a verdadeira questão apresentada pelo evangelho: "Como o pecador pode ser aceito pelo Deus justo?".

A fim de responder a pergunta de forma bíblica, deve-se aceitar a resposta da Escritura. É preciso estar preparado para chegar ao acordo com o tipo de distinções feitas pela Bíblia ao estabelecer a obra de Deus a favor da nossa salvação. No capítulo 1 vimos que o evangelho é o ponto central de todo o ensino bíblico. É o coração da mensagem cristã e permeia toda a verdade cristã. Vale a pena repetir que os impacientes com a distinção vital entre o evangelho como obra de Deus PARA NÓS, em Jesus Cristo, e o fruto do evangelho (santificação) como a obra de Deus EM NÓS, por seu Espírito, nunca entenderão que o evangelho é o fato central, e do qual tudo depende.

A SOBERANIA DE DEUS NA SALVAÇÃO

Apocalipse 7 registra a visão de João: ele contempla os agentes angelicais da ira divina. Outros anjos os comandam para que retenham a tribulação do juízo até que os servos de Deus sejam marcados com um selo protetor. Então, João diz que ouviu o número dos selados: 12 mil de cada uma das tribos de Israel. Em seguida ele tem outra visão de uma multidão inumerável de todas as nações, tribos, línguas, em pé, diante do trono do Cordeiro, louvando-o por sua salvação. Um ancião identifica a multidão como os que lavaram as suas vestes e as branquearam no sangue do Cordeiro.

Não entenda mal João. Ele não está sugerindo que o evangelho nos liberta de pronto da tribulação. Virá o tempo em que todo o nosso sofrimento será removido para sempre. Essa visão da libertação final se destina a nos consolar dos sofrimentos atuais, mostrando que nenhuma tribulação pode nos oprimir e distanciar do nosso lugar no Reino. Além disso, o último grande juízo divino contra todo o pecado e rebelião contrários a seu Reino, não vai tocar nos seus. Há uma tribulação que o crente jamais experimentará — a visitação final da ira divina e da morte eterna.

Também se observa neste capítulo do Apocalipse que João usa duas figuras de linguagem distintas para exemplificar o que ele quer dizer. Na primeira, ele retrata a selagem do número perfeito do povo de Israel. Não é sua intenção se referir literalmente à nação de Israel. Ele, com muita frequência, seguiu outros escritores do NT na aplicação da antiga terminologia israelita ao verdadeiro povo de Deus, o novo Israel em Cristo, ao reapresentar o particularismo judaico. Também não é intenção de João afirmar que exatamente 144 mil homens, nem mais nem menos, herdarão o Reino. Ele se vale do uso apocalíptico de números simbólicos e não faria sentido o literalismo absoluto em relação a tudo. Não, João diz que as nuvens do juízo ultrapassarão a ordem criada. O presente sofrimento dos santos não deve ser interpretado mal, como evidência de que Deus pode se esquecer dos que são dele. A terrível tribulação vindoura não ameaçará um único membro do Reino de Deus. Todos os filhos de Abraão pela fé em Jesus Cristo (v. Gl 3.9) estão a salvo da ira futura.

É reconfortante saber que o número de eleitos de Deus é perfeito. No Reino de Deus não faltará um membro que pertença à sua perfeição. Os lugares que Cristo foi preparar (Jo 14.2,3) serão ocupados. O propósito de Deus ao estabelecer seu Reino perfeito não pode ser frustrado pelos homens nem pelo Diabo. Deus estabeleceu o número dos eleitos e o nome deles foi escrito no livro da vida desde a fundação do mundo (Ef 1.4; Ap 13.8). Este número perfeito — o quadrado de doze pelo cubo de dez — anuncia com eloquência a segurança do crente. Apresso-me a acrescentar que a doutrina da segurança do crente, ou, como às vezes é conhecida, a perseverança dos santos, significa a segurança do *crente*. Isso não equivale a "uma vez salvo, salvo para sempre", uma expressão que permite ignorar a piedade e pecar livremente com base na alegada experiência de conversão. A perseverança significa perseverar na fé e na prática do bem. O livro do Apocalipse estimula a perseverança como a vida contínua da fé.

Alguns podem objetar que mencionar a eleição ou predestinação significa limitar o Reino de Deus a uns poucos. Essas doutrinas não fazem de Deus um tirano caprichoso? Devemos responder que essa objeção geralmente resulta da recusa em aceitar que somos confrontados aqui com um mistério que não podemos resolver. Há também um equívoco fundamental que afirma que a soberania divina na eleição elimina a responsabilidade humana. Isso não é verdade. Não sabemos como a soberania divina e a responsabilidade humana trabalham em conjunto, mas a Bíblia deixa claro que isso acontece.

Lembremo-nos de que Jesus limitou o número dos salvos e os separou: "Entrem pela porta estreita, pois larga é a porta e amplo o caminho que leva à perdição, e são muitos que entram por ela. Como é estreita a porta, e apertado o caminho que leva à vida! São poucos os que a encontram" (Mt 7.13,14). Isso concorda com os ensinamentos do AT: apenas o remanescente fiel de Israel seria salvo. A ideia do pequeno remanescente deve ser vista no contexto da história de Israel, mas isso não quer dizer que o Reino será pouco povoado. A eleição não deve ser interpretada como a atividade do Deus caprichoso que quer barrar a entrada das massas no céu. Na verdade, ela funciona de outra maneira. Essa é a natureza do homem pecador, pois, sem a eleição soberana de Deus, o céu estaria vazio. Esse é o meio pelo qual Deus infalivelmente traz ao Reino o número perfeito dentre a massa da humanidade. Não fosse assim ninguém seria salvo.

João apresenta a segunda imagem que complementa a primeira. Agora ele não vê o número perfeito de Israel, mas os santos de todas as nações da terra. A igreja de Deus é verdadeiramente católica (universal), pois apesar de a salvação proceder de um homem, de uma tribo e de uma nação, o reino será composto por pessoas de todas as nações. Isso não contradiz os "poucos" de Jesus, nem a ideia do remanescente do AT. Ambos os conceitos apontam para o exclusivo ofício de Cristo, de modo que ninguém se dirige ao Pai senão por meio dele (Jo 14.6). Por tudo isso, o remanescente eleito de Deus será uma multidão impressionante de pessoas.

Agora, observe a descrição feita pelo ancião dessas pessoas vistas por João. Eles lavaram suas vestes no sangue do Cordeiro.

A imagem é transparente. A limpeza da sujeira do pecado é um conceito bíblico bem elaborado. A lei de Moisés continha muitas prescrições sobre a lavagem ritual e real como símbolo da limpeza do pecado.[10] O sangue também era utilizado em rituais de purificação.[11] Isso mostra a clara ligação entre as disposições da lei do sacrifício e da ideia de limpeza da sujeira. Isso foi registrado repetidas vezes no AT: nos Profetas e Salmos.[12] O imaginário de limpeza também passou por algumas variações, por exemplo, na visão de Zacarias 3. Nele, o sumo sacerdote, representando Israel, está vestido com vestes imundas que simbolizam a sujeira da nação durante o exílio babilônico. O sumo sacerdote é, então, vestido de vestes puras como sinal da limpeza de Israel. Relacionada a essa parábola está a pronunciada por Jesus sobre uma festa de casamento em que um convidado é encontrado sem a roupa adequada (Mt 22.1-14). Seja qual for a razão para o estado do homem, ele é julgado indigno e expulso: sua roupa era inadequada para a festa. O próprio João tratou do tema em Apocalipse 19, e vamos examiná-lo com mais detalhes mais adiante.

A mensagem comum a todas as imagens de purificação é que a sujeira do pecado deve ser limpa antes da entrada no santo Reino de Deus. O NT aplica a morte de Cristo a essa necessidade.

O sangue de Jesus, seu Filho, nos purifica de todo pecado (1Jo 1.7).

Portanto, irmãos, temos plena confiança para entrar no Santo dos Santos pelo sangue de Jesus, por um novo e vivo caminho que ele nos abriu por meio do véu, isto é, do seu corpo. Temos, pois, um grande sacerdote sobre a casa de Deus (Hb 10.19,22).

João nos mostra na visão da multidão de salvos que o sangue do sacrifício expiatório do Cordeiro remove a sujeira do pecado (Ap 7.14).

Sujeira e culpa estão intimamente relacionadas. A Bíblia não representa o pecador como alguém que se sujou de forma acidental

---

[10] P. ex., Êx 30.19, 40.31; Lv 8.6, 14.8, 15.5-10, 19-27, 16.24; Nm 19.19.
[11] P. ex., Lv 8.14-30, 14.6-8.
[12] P. ex., Sl 26.6, 51.1-19; Is 1.16-20; Jr 2.22, 4.14; Ag 2.10-19.

pelo contato involuntário com a imundície. Ele é, de fato, totalmente censurável pela contaminação, culpado e condenado. Para ser justificado diante de Deus, deve ter a impurezas purgadas e perdoadas. Dito isso, devemos ter o cuidado de observar que a forma de perdoar decorre da justiça perfeita de Cristo e de sua morte expiatória. Em outras palavras, para o pecador ser justo, ele deve, antes de qualquer outra coisa, ser declarado justo pela fé. A grande operação da justificação com base nos méritos de Cristo é a maneira de Deus nos salvar. O pecador justificado é o que Deus declara "inocente". Ele o faz com base na justiça de Cristo imputada ou creditada ao pecador que crê no evangelho. O pecador justificado recebeu pela fé o dom da justiça de Jesus para vesti-lo ante os olhos do Deus santo. Ele possui, pela fé, tudo que pertence a Cristo, como verdadeiro homem de Deus, e se torna tão aceitável a Deus como Jesus quando Deus o chamou de "Filho amado" (Mt 3.17).

A imputação da justiça alheia ao pecador não consiste em uma ficção legal. É uma transação justa porque a dívida do pecador foi totalmente quitada e a justiça de Deus foi satisfeita. Também é uma transação amorosa porque o destinatário jamais mereceria tanta bondade. João diz em Apocalipse 7, que a selagem divina dos santos e a lavagem de suas túnicas no sangue do Cordeiro significam a mesma coisa. O resultado é infalível e, assim, o crente recebe a base da completa certeza da salvação.

A JUSTIFICAÇÃO NO APOCALIPSE

A justificação não é um tema fortuito no Apocalipse. É, na verdade, a própria trama do livro. A estrutura e a mensagem do Apocalipse não estão baseadas em alguns acontecimentos espetaculares imediatamente anteriores à segunda vinda de Cristo, mas sim nos fatos históricos do evangelho, na pessoa e obra de Jesus Cristo. Isso não é tão evidente à primeira vista porque grande parte do livro descreve vários juízos que apontam para a consumação do Reino. Seria tolice negar que o Apocalipse trata de escatologia,[13] isto é, com as coisas

---

[13] Do grego: *eschatos* — últimos. Escatologia é o estudo das últimas coisas.

relativas ao fim. Há muito de escatologia no Apocalipse. Importante, no entanto, é compreender o ponto de vista dessa escatologia e sua relação com nossa existência atual. Acima de tudo, precisamos reconhecer que a escatologia é formatada e deriva seu significado pelos acontecimentos históricos do evangelho.

Quando falamos da justificação usamos uma forma ou modo de fazer referência ao evangelho e seu significado. Por meio da vida e morte de Jesus, o crente é contabilizado por Deus como livre da culpa do pecado e é, assim, aceito por Deus como seu filho. Esta mensagem permeia tudo o que João nos diz no Apocalipse. Observamos que a pregação desse evangelho ocasionou a composição do Apocalipse. Assim, desde o início, os acontecimentos históricos do evangelho estão no centro da mensagem. Ela é a revelação de Jesus Cristo que se tornou conhecida por João, que deu testemunho da Palavra de Deus e do testemunho de Jesus (Ap 1—2). Na saudação inicial aos destinatários da mensagem, João identifica a fonte da salvação em Jesus Cristo, a testemunha fiel, o primogênito dentre os mortos e o soberano dos reis da terra. Aqui, ele se refere à vida, morte, ressurreição e presente senhorio de Cristo.

João, então, passa a falar dos efeitos da morte de Jesus usando uma ideia conhecida no AT:

> Ele nos ama e nos libertou dos nossos pecados por meio do seu sangue, e nos constituiu reino e sacerdotes para servir a seu Deus e Pai. A ele sejam glória e poder para todo o sempre! Amém (Ap 1.5*b*,6).

Isso faz lembrar as palavras de Deus a Moisés no monte Sinai ao falar sobre a redenção de Israel da escravidão no Egito:

> Vocês viram o que fiz ao Egito e como os transportei sobre asas de águias e os trouxe para junto de mim. Agora, se me obedecerem fielmente e guardarem a minha aliança, vocês serão o meu tesouro pessoal dentre todas as nações. Embora toda a terra seja minha, vocês serão para mim um reino de sacerdotes e uma nação santa. Essas são as palavras que você dirá aos israelitas (Êx 19.4-6).

Israel recebeu esta posição privilegiada mediante a aliança porque o Deus de todo o universo se comprometeu com uma nação pequena e pouco significativa.

O uso do modelo político do reino para descrever Israel prenunciava o momento em que a nação seria governada pela dinastia de Davi. Mas a política modelo também falou, por sua vez, do Reino de Deus, do qual o reino de Davi era só uma sombra. O Reino de Deus foi estabelecido por meio do evangelho de Jesus Cristo. A redenção do Egito que, em seu tempo, não menciona com clareza da redenção do pecado, não obstante, apontou para o evangelho. O padrão de redenção visto na história do êxodo de Israel do Egito encontrou cumprimento em Cristo. O reino de sacerdotes é composto pelos resgatados do pecado pelo sangue de Cristo. Os sacerdotes eram intermediários. Eles iam a Deus em nome da nação, e à nação em nome de Deus. João descreve todos os cristãos como sacerdotes porque eles têm acesso a Deus mediante o sangue de Cristo.

Observe como João atribui glória e poder àquele que sofreu (Ap 1.6). Eis a base do tema do livro todo. Eis o Cordeiro e o Leão. O Cristo que sofreu é agora o Senhor regente. Todas as coisas serão submetidas a ele; portanto, sua segunda vinda em glória é inevitável. Até o momento, ele conquista e governa mediante a mensagem do seu sofrimento. O ateu não sabe que sua rebelião presente contra Cristo será transformada em glória para o Senhor por causa do sofrimento dele. O Cordeiro revelará suas qualidades leoninas quando vier para julgar o mundo. Em seguida, os rebelados, que traspassaram o Cordeiro, serão frustrados (Ap 1.7).

Devo salientar outra vez a rápida relação que João estabeleceu entre a primeira e segunda vindas de Cristo. A segunda vinda é o descerramento do Cordeiro para revelar o Leão. Os dois são um, e existe um sentido básico segundo o qual as duas vindas de Cristo são apenas uma. Só Deus sabe quantos anos separam os dois grandes eventos, mas, apesar da passagem de um longo período, devemos manter as duas juntas. A separação do significado dos dois acontecimentos levou a muitas interpretações primitivas do Apocalipse por especialistas proféticos.

A mesma perspectiva deve ser encontrada na visão do Cristo glorificado em Apocalipse 1.12-16. João está prostrado pela majestade da figura, cuja descrição desafia qualquer reprodução visual compatível. Quando diz: "Caí aos seus pés como morto" (v. 17), podemos apenas supor que João estava tomado pela percepção do enorme abismo que o separava, um ser pecador, da santa glória do Cristo que reina. Como Isaías, ele foi levado por uma visão da glória divina a exclamar um "ai" desesperado por causa da própria pecaminosidade (Is 6.5). à semelhança de Jó, percebeu sua indignidade diante do Senhor do Universo (Jó 42.1-6). Como Pedro, por meio de uma pescaria, vislumbrou o poder de Cristo e, em pânico, gritou: "Afasta-te de mim, Senhor, porque sou um homem pecador!" (Lc 5.1-8).

Mas João é confortado e restaurado com a mensagem de que a esplêndida visão não é outra senão da morte e ressurreição do Salvador (v. 18). João pode estar diante do Leão por ter sido justificado pelo Cordeiro!

As cartas às igrejas são instrutivas a esse respeito (Ap 2—3). A visão de João da existência cristã definida nessas cartas não difere da de Pedro. Todos os problemas, as heresias e os desvios do verdadeiro curso da vida cristã, que ocuparam os escritores das epístolas do NT, derivam-se do mesmo problema básico: a incapacidade de levar o evangelho para este ou aquele aspecto da vida. Como consequência, há apenas um remédio prescritível e ele é o evangelho. Esta afirmação pode surpreender a muitos, pois a vida cristã ou a questão geral da santificação (santidade) é tratada com muita frequência, no ensino cristão e nas pregações, como se o evangelho fosse apenas o meio de começar a vida cristã e não o meio de sua continuação. O NT, no entanto, ensina que a vida, morte e ressurreição de Jesus Cristo constituem o significado, a motivação e o poder da vida cristã.[14]

---

[14] Herman Ridderbos afirmou: "As epístolas de Paulo fazem o primeiro anúncio do evangelho, mas apresentam sua maior exposição e aplicação. Isso não diminui o fato de que o evangelho é o tema único e constante de suas epístolas também; e que, portanto, se alguém tem deve caracterizar o conteúdo geral não só como querigma, mas também como doutrina e parênese, esta doutrina, também, não tem outro objeto e advertência em nenhum outro ponto de partida e apoio além

Assim, descobrimos que as sete cartas do Apocalipse contêm a mesma perspectiva, mesmo que sejam usados nele mais símbolos e imagens do AT que Paulo ou Pedro. Podemos resumir os diagnósticos assim:

1. Os efésios abandonaram o primeiro amor. O evangelho não os atrai e motiva como costumava fazer (Ap 2.4).
2. Os habitantes de Esmirna são elogiados pela fidelidade e exortados a perseverar (Ap 2.9,10).
3. A igreja de Pérgamo permitiu que o falso ensino entrasse nela. O evangelho está comprometido e os responsáveis receberão retribuição (Ap 2.14-16).
4. A igreja de Tiatira está em uma posição semelhante por causa da falsa profetisa no meio deles (Ap 2.20).
5. Na igreja de Sardes, o amor ao evangelho esfriou. A convocação é "lembrem do que aprenderam e ouviram". Felizmente, alguns conservaram limpas as roupas. Estes continuam na fé do Filho de Deus, em cujo sangue são purificados (Ap 3.3,4).
6. A igreja de Filadélfia recebe a recomendação de ser fiel na adversidade (Ap 3.8,10).
7. Os membros da igreja de Laodiceia perderam de vista o evangelho e, assim, perderam a comunhão com Cristo. Este mesmo Jesus aguarda ser readmitido: "Se alguém ouvir a minha voz e abrir a porta, entrarei e cearei com ele, e ele comigo" (Ap 3.17,20). A voz de Cristo é a palavra do evangelho e por isso, só por ela a comunhão com Cristo é restabelecida.

Em Apocalipse 4 e 5, chegamos à visão do Leão que é o Cordeiro imolado. Já demonstrei como ela aponta para a morte redentora de Cristo como a chave para abrir os pergaminhos que contêm a verdade sobre a vinda do Reino de Deus. A abertura de cada selo, por sua vez, leva às revelações do juízo. Mas o quinto selo (Ap 6.9-11) resulta

---

da atividade gratificante e redentora de Deus no advento de Cristo" (*Paul: An Outline of His Theology*. Grand Rapids: Wm B. Eerdmans, 1975, London, S.P.C.K., 1977, p. 47*ss*).

em uma visão dos mártires clamando por vingança: "Até quando, ó Soberano santo e verdadeiro, esperarás para julgar os habitantes da terra e vingar o nosso sangue?". O propósito da visão não é nos dizer que os mártires esperam pela resposta, mas servir de conforto para a vida. Os que morreram por causa da fé (e os que ainda vão morrer) não sofreram em vão. Eles estão seguros por contarem com o manto da justiça de Cristo.

Quando nos voltamos para Apocalipse 11.15-19 há uma grande afirmação: "O reino do mundo tornou-se o reino de nosso Senhor e do seu Cristo, e ele reinará para todo o sempre". Pode-se argumentar, a partir da exegese do texto, que ele se refere principalmente à consumação da segunda vinda de Cristo. No entanto, é interessante também olhar para o contexto de Apocalipse 11. A aclamação do Reino surge quando o sétimo anjo sopra a trombeta. Entre a sexta (Ap 9.13-21) e a sétima trombetas (Ap 11.15-19) há uma passagem que utiliza uma série de conceitos e eventos do AT para descrever o conflito entre o mundo e agentes do Reino de Deus. O mundo não se arrepende mesmo em face da profecia e da operação de sinais e maravilhas. Em vez disso, a besta das guerras os ataca e mata. Mas Deus os levanta e leva para o céu, enquanto uma grande destruição sobrevém à terra.

O sétimo anjo toca a trombeta e o Reino de Cristo é anunciado. Os mais velhos respondem com ação de graças: o Senhor Deus tomou o seu grande poder e começou a reinar. O templo de Deus no céu é aberto e a arca da aliança vista. A conjunção dessas duas coisas não é insignificante. A arca da aliança pode ser vista porque o véu do templo foi removido. O Reino de Deus está, portanto, ligado à morte expiatória de Cristo. O templo sem véu no céu lembra o rasgamento do véu do templo em Jerusalém no momento em que Jesus morreu. O caminho está aberto para todos os pecadores justificados a fim de que entrem na presença de Deus mediante o sangue de Cristo.

A primeira pergunta, então, não é "quando" o reino do mundo torna-se o reino de Cristo, mas "como". A passagem mostra o ministério dos profetas do AT prenunciando o conflito entre Cristo e

Satanás e o conflito entre a igreja e os poderes das trevas. A ressurreição e o caminho de acesso à arca da aliança falam da vitória de Cristo por meio do evento do evangelho. Uma vez que entendemos isso, podemos resolver o "quando". Claramente, há um sentido em que a vitória de Cristo é retrospectiva. O ministério profético do AT era, na verdade, um ministério evangélico. Moisés transformou o Nilo em sangue, Elias parou a chuva, e cada sinal profético aponta para sua realização na vitória de Cristo. Os milagres de Jesus são os elos que mostram o ministério de Jesus cumprindo o ministério profético ao trazer o Reino. A ressurreição dos mártires e o templo aberto são eloquentes sobre a justificação do pecador.

Apocalipse 12 retrata a guerra no céu entre o arcanjo Miguel e o dragão, que é Satanás. O dragão é jogado para baixo. Então, João ouve uma voz dizendo:

> Então ouvi uma forte voz do céu que dizia: "Agora veio a salvação, o poder e o Reino do nosso Deus, e a autoridade do seu Cristo, pois foi lançado fora o acusador dos nossos irmãos, que os acusa diante do nosso Deus, dia e noite. Eles o venceram pelo sangue do Cordeiro e pela palavra do testemunho que deram; diante da morte, não amaram a própria vida" (Ap 12.10,11).

Neste ponto devemos observar que a queda de Satanás é vista como o evento que sinaliza duas coisas: a vinda da autoridade e do poder de Cristo e do Reino de Deus, e a salvação do povo de Deus, que por meio daqueles, vence. Satanás é aqui designado o "acusador" dos irmãos. O nome Satanás é aplicado ao Diabo no NT, porque ele funciona como adversário e acusador. A palavra hebraica *satan* significa adversário e é usada no capítulo 1 de Jó para descrever quem acusa Jó perante Deus.

Mais uma vez, o modelo apocalíptico precisa ser compreendido. João não está tão preocupado com a sequência de eventos, e sim com as dimensões da salvação. As sequências espacial e temporal da figura de linguagem não devem ser interpretadas como descrição literal da vinda do Reino. Assim, a guerra é descrita pela primeira vez sendo travada entre Miguel e Satanás. O resultado, no entanto, é que os irmãos vencem Satanás pelo sangue do Cordeiro. João descreve o evento evangelho. O fato de o acusador ser silenciado significa que o pecador é declarado "inocente" pelo juiz. Ele está justificado.

Os irmãos vencem pela palavra de seu testemunho, pois diz João: "Diante da morte, não amaram a própria vida". Testemunho no NT significa a apresentação da pessoa e obra de Cristo, ou seja, do evangelho. A referência frequente aos mártires (ou "testemunhas") em Apocalipse não tem como função excluir os não mártires. João usa o martírio para descrever quem de fato morre pela fé, e também os que "não amaram a própria vida", e, portanto, perseveraram até o fim a serviço do evangelho. O que se deve reconhecer é que o NT não usa a palavra para descrever o tipo de autopromoção que alguns cristãos praticam desfilando como milagres ambulantes. O testemunho é a respeito do Cristo do evangelho e do que ele fez por nós em sua vida e morte.

Até o momento, é evidente que o evangelho histórico é representado de várias maneiras e por várias imagens no livro do Apocalipse. Minha única razão para tratar do assunto com uma pesquisa do Apocalipse, capítulo por capítulo, decorre do fato de eu pensar que tantas vezes, essa dimensão é esquecida. Não defendo a presença de referências no Apocalipse ao evangelho histórico. Duvido que alguém discorde disso. Ao contrário, defendo que o livro do Apocalipse versa sobre o evangelho. O evangelho é seu tema central. Acima de tudo isso, ele fala da vinda do Reino de Deus mediante a vitória de Cristo no Calvário. O Reino de Deus significa que o povo de Deus se encontra limpo e aceito. Ele é justificado pela graça, como um presente.

Talvez nenhuma imagem esteja tão impregnada com o tema justificação do pecador como a de Cristo "o Cordeiro". O Cordeiro é o Cordeiro por ter sido morto. Este título é usado em Apocalipse 28 vezes. Apenas para completar nossa pesquisa, podemos observar as referências ao Cordeiro no restante do livro. Apocalipse 14.1-5 mostra o Cordeiro no monte Sião com os 144 mil que cantam uma nova canção. Eles são descritos como um grupo de seguidores do

Cordeiro. Em Apocalipse 15.2-4, João descreve os que venceram a besta cantando "o cântico de Moisés e o cântico do Cordeiro". A "nova música" é uma canção de redenção (v. Sl 96.1; 98.1; 144.9*ss.*) e o cântico de Moisés é uma canção da vitória do Senhor quando redime Israel do Egito (v. Êx 15). As duas passagens são muito semelhantes: os redimidos louvam a Deus pelas obras maravilhosas que os salvam. O cântico de Moisés é a canção do Cordeiro. O êxodo do Egito é uma sombra do evangelho.

Alguns dos textos mais controversos relativos ao Cordeiro ocorrem em Apocalipse 20. Vou adiar a discussão até eu ter lançado as bases para a compreensão desse capítulo. Não obstante essa omissão, neste momento, sustento que foi dito o suficiente para mostrar que o evangelho é, pelo menos, um dos principais temas de Apocalipse. À medida que avançamos, o evangelho surgirá como o tema principal do livro.

A ESTRUTURA LITERÁRIA DO APOCALIPSE

(V. figura 2, p. 189)

Agora é o momento de observar algo da estrutura literária básica do Apocalipse. Não é difícil perceber que o livro é mais que uma coleção de visões desconexas e outros materiais. O modo como os conteúdos estão organicamente relacionados será discutido em um capítulo posterior. Por enquanto, vou sugerir apenas a descrição geral da relação das peças. Mesmo o olhar superficial na forma como diferentes comentaristas lidam com a estrutura do Apocalipse revela consideráveis diferenças de opinião. A análise é apresentada como uma possibilidade. Não é essencial para a compreensão do livro, mas proposta como ajuda para a percepção da unidade global que se delineia.

O livro do Apocalipse é composto por seis grupos, principalmente de visões apocalípticas, precedidos por um grupo de cartas e seguidos pela visão culminante do Reino consumado. Austin Farrer sugere que a estrutura é sabática.[15] Ou seja, há seis grupos de sete

---

[15] Op. cit.

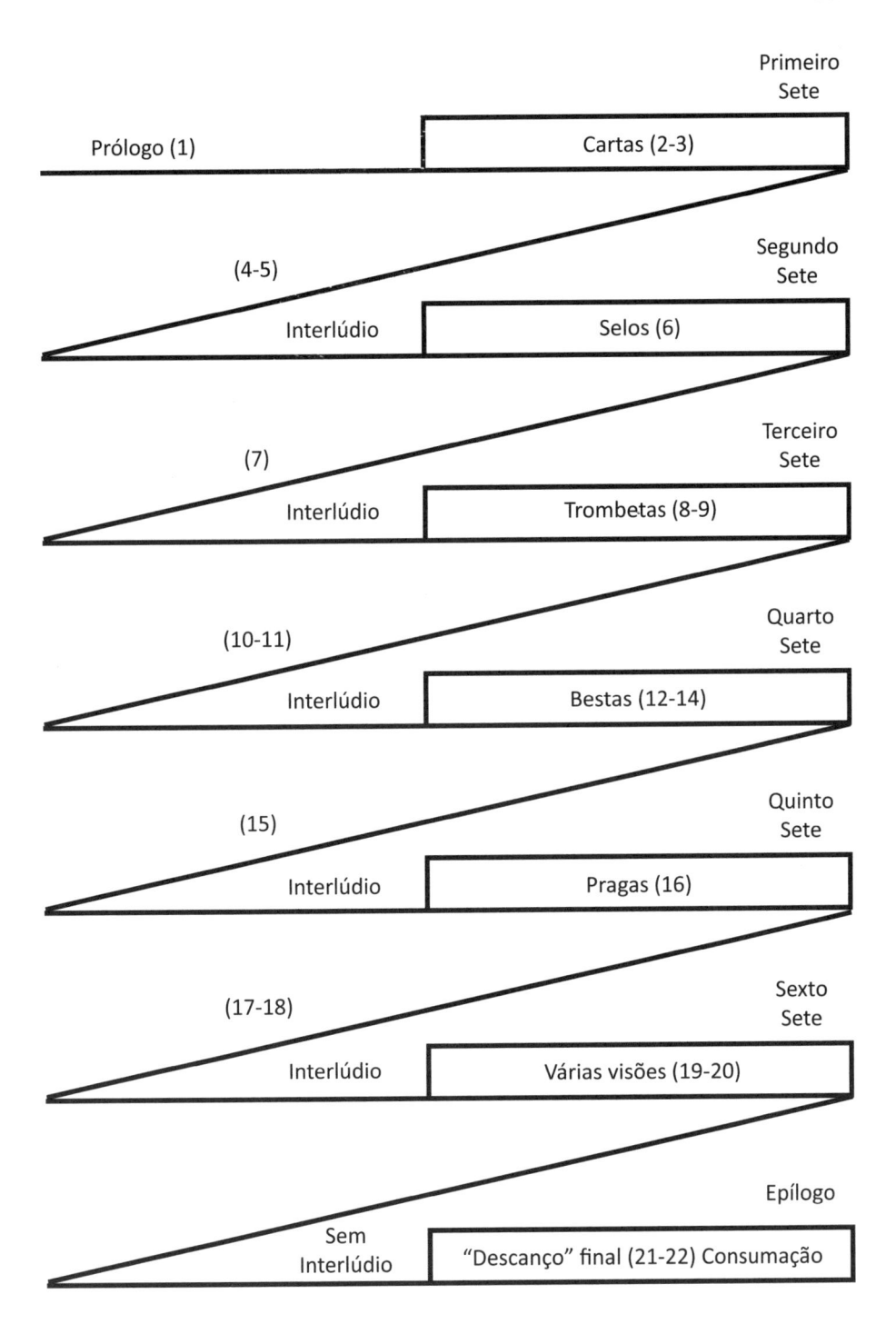

Figura 2. Estrutura do livro do Apocalipse

seguidos pelo final sabático. Isso é atraente em sentido teológico, pois a Nova Jerusalém de Apocalipse 21—22 corresponde ao "descanso sabático do povo de Deus" (Hb 4.9-11). Outros comentaristas não consideram alguns dos grupos de visões tão facilmente divisíveis por sete, o que deve pedir cautela contra a extrema velocidade para chegar a uma análise limpa e organizada. No entanto, é difícil negar a existência desses grupos e que, na sua maioria, são intercalados com seções que não raro descrevem a resposta em hinos a respeito do material das visões. Estas seções agem como intervalos conectivos entre os grupos consecutivos.

Outra característica da ligação dos grupos é que o segundo, terceiro e quarto deles atrasam a sétima parte da ação até depois do intervalo. A sétima visão do grupo torna-se, então, o novo grupo de sete. Assim, por exemplo, a série de sete selos (Ap 6), na verdade, vai tão longe quanto o sexto selo. Há um interlúdio (Ap 7) depois da abertura do sétimo (Ap 8). O que se segue não é mais um ato de juízo, como os emitidos a partir do rompimento dos primeiros seis selos. Em vez disso, João vê um novo sete, desta vez, os sete anjos com trombetas. Depois de uma breve visão introdutória, os anjos tocam trombetas (Ap 8—9). Mais uma vez, somos levados apenas para a sexta trombeta antes que ocorra o interlúdio (Ap 10—11). Quando a sétima trombeta é tocada, segue-se um novo grupo de visões (Ap 12—14). Há uma diferença de opinião acadêmica sobre o significado exato da estrutura, mas não se pode duvidar de que ela estabelece a unidade estrutural no livro. O padrão global pode ser representado como na figura 2. Outras questões de relacionamento, por exemplo, como se os grupos têm a intenção de ser paralelos ou consecutivos, deve permanecer até que tenhamos examinado mais longamente a intenção do livro e o método de sua realização.

Resumo

O evangelho é a narrativa dos acontecimentos históricos da vida, morte e ressurreição de Jesus Cristo por nós. Justificação é o termo formal ou doutrinário usado para se referir ao principal significado do evangelho para o pecador crente. No Apocalipse, João usa várias formas para apresentar o evangelho da nossa justificação como a alma e o coração da mensagem cristã. No contexto dos sofrimentos dos cristãos a quem ele escreve, João apresenta uma mensagem tão relevante hoje como ela foi então. O conforto do cristão na adversidade, a correção no erro, o motivo para a santidade é o evangelho e só o evangelho.

TESE

A doutrina da justificação é fundamental para a mensagem de Apocalipse e é tecida ao longo do livro.

CAPÍTULO 4

"O grande dia do Deus todo-poderoso"

Perspectivas bíblicas sobre o fim do mundo

Então vi saírem da boca do dragão, da boca da besta e da boca do falso profeta três espíritos imundos semelhantes a rãs. São espíritos de demônios que realizam sinais miraculosos; eles vão aos reis de todo o mundo, a fim de reuni-los para a batalha do grande dia do Deus todo-poderoso (Ap 16.13,14).

O dia do Senhor no AT

Seria surpreendente, na verdade, se um autor tão dependente do AT, como João, não apresentasse, em algum momento, o conceito do dia do Senhor para descrever o ápice da guerra de Deus contra o mal. João faz menção específica do dia de Deus várias vezes.[16] A ênfase pode diferir, mas a relação com a ação salvadora de Deus pode, com segurança, ser confirmada. O AT estabelece a variedade de ênfases e o significado final do uso do *dia*.

O dia do Senhor é o dia da sua vitória. É o dia em que a salvação divina é revela e realizada para todo o povo de Deus. É também o dia de ira para todos os que mantêm oposição rebelde ao Reino de Deus. A expressão "o dia do Senhor", às vezes, é alterada ou encurtada para "aquele dia", "próximos dias", ou "naqueles dias". As ocorrências que nos dão a indicação mais clara do significado estão

---

[16] P. ex., Ap 1.10, o dia do Senhor; 6.17, o grande dia da sua ira; 16.14; 18.8, em um dia.

nos profetas.[17] A referência mais antiga é provavelmente de Amós, que profetizou no Reino do Norte de Israel em meados de século VIII a.C.

> Ai de vocês que anseiam pelo dia do Senhor! O que pensam vocês do dia do Senhor? Será dia de trevas, não de luz (Am 5.18).

Parece que a expressão "dia do Senhor" era conhecida dos contemporâneos de Amós, e isso significava a expectativa de um grande benefício advindo da mão do Senhor. Este oráculo (Am 5.18-27) rejeita o otimismo porque a adoração formal de Deus pelos israelitas era apenas um disfarce para a idolatria. Podiam, portanto, prever só ira:

> Por isso eu os mandarei para o exílio, para além de Damasco", diz o Senhor, o Deus dos Exércitos é o seu nome (Am 5.27).

Sofonias, que profetizou no século VII a.C., utilizou o "dia do Senhor" da mesma forma. Ele deveria ser o dia da ira divina sobre quem quebrara a aliança com Deus (Sf 1.7-18). Sofonias recorre ao imaginário da guerra e traz seu oráculo a um crescendo de destruição universal:

> Nem a sua prata nem o seu ouro poderão livrá-los no dia da ira do Senhor. No fogo do seu zelo o mundo inteiro será consumido, pois ele dará fim repentino a todos os que vivem na terra" (Sf 1.18).

Isaías, o profeta do século VIII, também está familiarizado com a ira do "dia do Senhor":

> O Senhor dos Exércitos tem um dia reservado para todos os orgulhosos e altivos, para tudo o que é exaltado para que eles sejam humilhados; [...] Somente o Senhor será exaltado naquele dia, e os ídolos desaparecerão por completo. Os homens fugirão para as cavernas das rochas e para os buracos da terra, por causa

---

[17] Is 2.12, 13.6,9, 22.5, 34.8; Jr 46.10; Ez 7.10, 13.5, 30.3; Jl 1.15, 2.1,11,31, 3.14; Am 5.18-20; Sf 1.7-8,14-18; Zc 14.1. O significado do dia do Senhor nos profetas é discutido em Gerhard von Rad, *Old Testament Theology* (Edinburgh: Oliver and Boyd, 1965) Vol. II, p. 119-25.

do terror que vem do Senhor e do esplendor da sua majestade, quando ele se levantar para sacudir a terra (Is 2.12,17b-19).

Pois o Senhor terá seu dia de vingança, um ano de retribuição, para defender a causa de Sião (Is 34.8).

Vejam! O dia do Senhor está perto, dia cruel, de ira e grande furor, para devastar a terra e destruir os seus pecadores. As estrelas do céu e as suas constelações não mostrarão a sua luz. O sol nascente escurecerá, e a lua não fará brilhar a sua luz (Is 13.9,10).

Nesta última passagem, pode-se facilmente ver as imagens que são usadas também por Joel:

Mostrarei maravilhas no céu e na terra, sangue, fogo e nuvens de fumaça. O sol se tornará em trevas, e a lua em sangue; antes que venha o grande e terrível dia do Senhor (Jl 2.30,31).

O dia do Senhor, então, é o dia da sua ira contra seus inimigos, o dia do juízo. Mas é também o dia da salvação do seu povo. É por isso que israelitas, povo adorador de rituais, mas hipócrita, o antecipava com otimismo, e por isso Amós teve de lhes despertar a mente com o aviso do juízo. Para quem esperar por Deus de verdade há motivo real para o otimismo. A profecia de Joel, embora semelhante à de Isaías, não está preocupada com a ira. Os sinais no céu são acompanhados de bênção e salvação. O espírito de Deus será derramado sobre o povo (Jl 2.28) e quem invocar o nome do Senhor será salvo (v. 32).

Gerhard von Rad propôs que o conceito do dia do Senhor surgiu a partir da experiência histórica de Israel no êxodo do Egito e da conquista de Canaã.[18] É o dia da intervenção do Senhor como guerreiro divino:

O Senhor é guerreiro, o seu nome é Senhor. Ele lançou ao mar os carros de guerra e o exército do faraó. Os seus melhores oficiais afogaram-se no mar Vermelho (Êx 15.3,4).

A derrota dos inimigos do Reino de Deus é a ocasião da salvação dos fiéis:

---
[18] Op. cit.

O Senhor é a minha força e o meu cântico; Ele se tornou a minha salvação. Ele é o meu Deus, e eu o louvarei (Êx 15.2).

Isso significa que o Reino de Deus chegou, os inimigos são destruídos e seu povo redimido:

Tu o farás entrar e o plantarás no monte da tua herança, no lugar, ó Senhor, que fizeste para a tua habitação, no santuário, ó Senhor, que as tuas mãos estabeleceram. O Senhor reinará eternamente (Êx 15.17,18).

O dia do Senhor significa a vinda do Reino de Deus, que traz juízo aos inimigos e salvação divina ao povo. O êxodo foi certamente um marco na história de Israel, que estabeleceu o conceito de ato redentor divino. Ele dizia respeito à libertação dos israelitas do cativeiro maligno que negou tudo o que as promessas da aliança haviam feito a respeito do povo escolhido. Tratou-se do evento milagroso mediante o qual o povo cativo foi libertado para servir ao Deus vivo, marcando o ponto em que se tornou possível aos descendentes de Abraão entrar na terra da sua herança.

Quando essa experiência histórica de Israel, que modelou a salvação, atingiu o ápice nos reinos de Davi e Salomão, a corrupção também se apresentou. Como a força e a fidelidade de Israel diminuíram, e toda a trama que pré-figurava no Reino de Deus se desintegrou, a verdade do Reino foi dada à palavra profética da revelação. Os oráculos que consideramos sobre o dia do Senhor pertencem a esse período de declínio. Os profetas continuaram o processo de revelação sobre o Reino de Deus injetando, no declínio real da glória de Israel, a palavra de julgamento e de esperança. Eles apontavam para o ato devastador da ira divina sobre todos os que quebraram o pacto com Deus, junto com todas as nações ímpias, e eles representaram, além da tragédia, a renovada nação de Israel ressuscitada em glória.

Os profetas usaram muitas e variadas imagens para descrever a nova era, além do ato divino final de julgar e salvar. No entanto, todas as palavras proféticas de esperança estão construídas sobre a história de Israel. O modelo da monarquia israelita centrado no príncipe Davi governando no templo de Jerusalém torna-se o conceito essencial glorificado e aperfeiçoado na projeção futurista do Reino de Deus.[19] A história de Israel e a visão profética do Reino testemunham a inseparabilidade entre os elementos do juízo e da salvação. A salvação do povo de Deus não pode ser alcançada sem o juízo de todos os poderes das trevas resistentes ao Reino de Deus. Mas a visitação de ira sobre esses poderes espirituais inevitavelmente inclui todos os seres humanos que se encontram do lado da escuridão pela oposição obstinada contra Deus. Os profetas precisavam deixar claro que muitos indivíduos do povo da aliança se haviam postado nessa categoria, sendo reprovados pelos maus caminhos da quebra da aliança.

Uma característica da expressão profética é importante para esta discussão. Os profetas não eram obrigados, como nós do século XXI muitas vezes o somos, a dar estrita atenção à cronologia e sequência dos fatos. Sejamos claros sobre isso. Os profetas não aderiam ao conceito moderno de história. Eles estavam imersos no tempo e na história. Mas não viam o tempo e a história da mesma maneira que um historiador científico da atualidade.

Em que jaz a diferença entre o relato profético e a abordagem moderna do tempo e da história? Bem, em um ponto: os profetas estavam convencidos de que toda a história estava nas mãos de Deus. Sequências cronológicas e considerações de causa e efeito foram todos agrupados sob a soberana vontade de Deus. E isso não era uma visão fatalista da divindade. Pelo contrário, era uma visão de aliança. Iavé, o Deus de Israel, revelou-se Criador e Senhor da história, e também o Redentor de Israel. O tempo e a história tomaram significado desses fatos. Nada na história tem significando além de Deus e de seus atos autorreveladores e redentores. A qualidade redentora do

---

[19] As profecias de restauração que retratam a vinda do Reino nos termos da recapitulação glorificada da velha monarquia israelita incluem Is 2.1-4; 4.2-6; 9.6,7; 52.1-12, 60.1-22, 61.1-7, 65.17-25; Jr 23,1-8, 31.1-40; Ez 34—48.

tempo, em vez da quantidade de tempo que mais lhes interessava.[20] Nisto os profetas lançaram as bases para a visão histórica do NT, que também a tratavam com muita seriedade, mas sujeitavam o aspecto quantitativo ao qualitativo. O NT faz isso ao interpretar a história à luz do evangelho.

Nos profetas do AT percebe-se a atenção concentrada nas características redentoras dos acontecimentos históricos (passados ou futuros). Assim, o "dia do Senhor" surgiu a partir da história da guerra do Senhor contra seus inimigos no êxodo do Egito e na conquista de Canaã. Os profetas, quando falam da futura manifestação da ira divina, descrevem-na em sentido local (por exemplo, uma iminente catástrofe histórica específica, como Israel ser exilado, universal (a destruição total de todos os inimigos de Deus), ou cósmica (o desmantelamento total da ordem criada). Todas essas manifestações podem ser consideradas pertencentes ao "dia do Senhor". O profeta pode descrever seu ponto de vista sobre a salvação como o retorno real e previsto de exilados judeus à terra depois de um período (p. ex., a previsão de Jeremias de que em 70 anos ocorreria o retorno da Babilônia), ou como um evento futuro não especificado, quando todos os membros verdadeiros da aliança seriam restaurados a partir de qualquer terra em que se tivessem dispersado, ou como renovação cósmica de toda a criação. Mais uma vez, todas estas possibilidades se encaixam na categoria "dia do Senhor".

Deve-se observar o seguinte: embora os profetas tenham expressado as diferentes dimensões do juízo e da salvação, eles não se preocupavam de fato com as diferenças entre eles, nem com a forma de seu relacionamento com o tempo real e histórico. Era suficiente que o dia do Senhor estivesse por vir. A realidade da ira divina e do amor redentor havia sido vista em outros tempos e seria vista mais uma vez no futuro. Como os profetas olhavam para o futuro, de seu

---

[20] De maneira nenhuma podemos permitir que essas características do pensamento profético apoiem os pontos de vista completamente antibíblicos que consideram os fatos históricos irrelevantes. Os profetas não eram indiferentes à história. No entanto, eles não eram governados pela visão histórica do século XXI.

ponto de vista, em meio ao fracasso histórico de Israel como povo remido de Deus, eles consideravam o dia do Senhor o ato final. Além do que não poderia haver nenhuma falha como no passado, mas só a glória eterna do Reino de Deus. As várias dimensões da vinda do Reino (local, em todo o mundo e cósmica), todos pertenciam, sem diferenciação, ao grande dia do Senhor que estava por vir. (V. figura 3 na p. 201.)

A visão apocalíptica do dia do Senhor tem uma diferença evidente em relação ao conceito profético. Como não é realista separar as visões proféticas e apocalípticas do futuro (elas se sobrepõem em muitos aspectos), devemos dizer que a distinção é nas ênfases, bem como na linguagem literária. Aceita-se, no geral, que a linguagem ofereça definições mais acuradas da transição entre o tempo antigo e o novo tempo do Reino de Deus. Acabou-se o apelo profético ao arrependimento que evitaria o juízo iminente. Também chegou ao fim a ênfase nacional à diferenciação israelita. Em vez disso, os apocalípticos tendem a retratar o progresso inevitável dos tempos maus até o ponto em que Deus diz: "Basta!". Então, em uma intervenção divina catastrófica, o antigo é destruído e a nova era surge. O que acontece não é tanto a salvação de Israel, mas a transformação de toda a criação.

Quando permitimos as diferenças de ênfase nos textos proféticos e apocalípticos, ainda ficamos com uma característica comum importante, que marca a visão de história do AT e do final dos tempos. Apesar do fato de que os profetas reconhecem a respectiva natureza dos atos redentores e do juízo (p. ex., na história do êxodo de Israel e a conquista da terra, no exílio e retorno da Babilônia, e no dia final do Senhor), o futuro dia do Senhor é tratado de maneira não muito preocupada como os elementos locais, universais e cósmicos estão relacionados no tempo. O efeito é uma visão indiferenciada do final. O dia do Senhor significa a salvação do povo de Deus e o julgamento dos inimigos.

A ênfase apocalíptica, então, não serviu para deslocar ou mesmo qualificar drasticamente a visão profética do dia do Senhor. Só serviu para aguçar certos aspectos já presentes na pregação profética. Juntas, as visões profética e apocalíptica pintaram uma imagem da sucessão linear das duas eras. A era atual chega ao fim no ponto onde os atos redentores e o juízo divino alcançam o ápice e a expressão final no dia do Senhor. Nesse ponto, e sem mais delongas, a nova era do Reino de Deus é revelada. Muitas coisas acontecem nesse "dia". Não só os inimigos de Deus são por fim vencidos, mas Israel — o verdadeiro Israel crente — é restaurado à terra prometida. Jerusalém e o templo são reconstruídos e o governo de Davi reinaugurado. Em seguida, os gentios, que devem ser incluídos, vêm correndo, procurando ser aceitos porque viram a glória divina revelada na redenção de Israel (Is 2.1-4; Zc 8.20-23). Esse dia é o dia em que o Espírito de Deus é derramado sobre as pessoas. É o dia em que a salvação ainda pode chegar a todos os que invocam o nome do Senhor (Jl 2.28-32). Quantitativamente, é difícil definir o dia de hoje, mas qualitativamente, é o dia da salvação.

O dia do Senhor no NT

Reflita sobre o fato de que a história do AT terminou sem que o previsto dia do Senhor tivesse vindo. Então, por quase 400 anos, o povo judeu passou por dominações sucessivas de suas terras e ameaças à sua religião e cultura. Por último, após os Impérios Persa e Grego terem vindo e ido, a terra dos Judeus tornou-se uma pequena província oprimida do Império Romano. Em meio a essa experiência pouco promissora, aconteceu um grande evento. Uma criança, Jesus, nasceu e cresceu, para ser reconhecido mais tarde por um pequeno grupo de pessoas como o Messias prometido que traria "o Reino de Deus".

Por meio de sinais e prodígios, por palavras e obras, começou a impressionar seus seguidores de modo que eles criam ser esse o verdadeiro Messias de Deus. Mas, para a maioria deles, isso poderia significar apenas uma coisa: o dia do Senhor estava prestes a acontecer. A ira de Deus viria sobre os que quebravam a aliança, os ímpios, e em particular, sobre o poder cruel e arrogante de Roma. Então, de

ÊNFASE PROFÉTICA

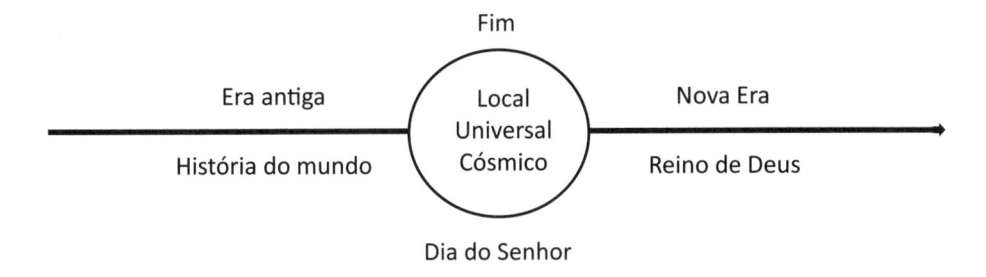

```
                        Fim
        Era antiga    ┌───────┐    Nova Era
    ────────────────  │ Local │  ────────────────▶
                      │Universal│
       História do mundo │Cósmico│   Reino de Deus
                      └───────┘
                     Dia do Senhor
```

ÊNFASE APOCALÍPICA

```
                        Fim
                         │
        Era antiga       │        Nova Era
    ────────────────────┼────────────────────▶
       História do mundo │       Reino de Deus
                         │
                      Cósmico
                    Dia do Senhor
```

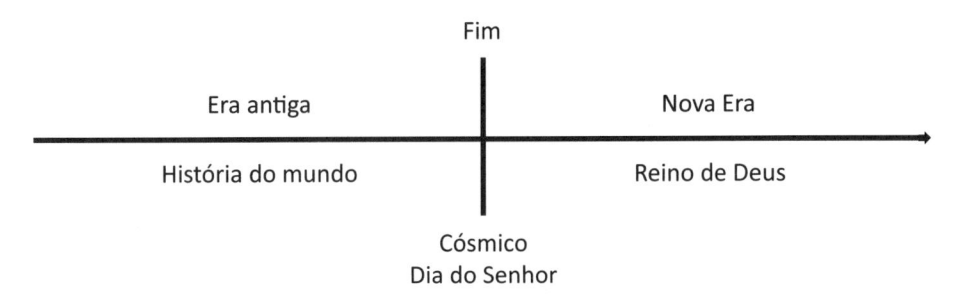

Figura 3. As duas eras do AT

repente, Jesus começou a dizer-lhes que ele estava indo a Jerusalém para morrer. "Nunca, Senhor!", disse Pedro, que então recebeu a dura repreensão: "Para trás de mim, Satanás". Inexoravelmente, os acontecimentos rumaram ao ponto culminante e o príncipe messiânico de Davi, em vez de subir ao trono de ouro, foi pregado à cruz. As esperanças dos discípulos foram frustradas; afinal não aconteceu o dia do Senhor! O corpo do líder foi apressadamente retirado, antes que do início do sábado, e seus seguidores retiraram-se.

Na manhã do domingo seguinte, o incompreensível aconteceu. O Mestre crucificado ressuscitou dos mortos e mostrou-se vivo aos amigos. De repente, suas esperanças reviveram. Talvez o Reino de Deus aparecesse nesse momento, afinal. Eles começam a antecipar a gloriosa transição de uma pequena nação oprimida no do vasto Império Romano para ver a glória de Deus brilhando, o centro da terra e a inveja de todas as nações. Desapareceria o corrupto e cruel reinado edomita dos herodianos, e em seu lugar haveria a glória do reinado do príncipe davídico. Justiça e paz fluiriam da nova Sião e a terra se tornaria uma vez mais como o jardim do Éden.

Quando o Jesus ressuscitado esteve com os discípulos por alguns dias sem o aparecimento do Reino, houve, compreensivelmente, alguma discussão entre eles sobre isso. Por fim, certo dia, quando estavam com Jesus, a questão foi colocada: "Senhor, é neste tempo que vais restaurar o reino a Israel?" (At 1.6). O que acontecera com aquele "dia do Senhor" de que o AT falava de forma tão imagética? Então, eles ainda não entendiam o que ouviam e sua mente era obtusa! No dia em que ele se levantou, Jesus repreendeu dois deles por não acreditarem na outra mensagem menos palatável dos profetas — que o Cristo teve que sofrer antes de entrar em sua glória (Lc 24.26). Mas agora eles aceitavam o aspecto do sofrimento, pois tinha sido marcado em suas mentes pelos acontecimentos da sexta-feira santa. Eles poderiam não esperar para ver Jesus entronizado como o Príncipe da Paz sobre o trono de Davi? "Senhor, é neste tempo que vais restaurar o reino a Israel?"

A resposta de Jesus é decisiva: "Não lhes compete saber os tempos ou as datas que o Pai estabeleceu pela sua própria autoridade. Mas receberão poder quando o Espírito Santo descer sobre vocês, e serão minhas testemunhas em Jerusalém, em toda a Judeia e Samaria, e até os confins da terra" (At 1.7,8). Alguns argumentam que, porque Jesus disse: "Não lhes compete saber os tempos", ele deu a entender que a expectativa dos discípulos quanto à natureza do Reino e sua vinda estava correta. Apenas o desejo impaciente de saber "quando" era inadequado. Desse ponto de vista, a promessa do Espírito não era parte da resposta à questão. Devemos, então, esperar que o futuro ensinamento dos apóstolos fosse claramente distinguir as duas coisas — a vinda do Reino nos termos dos profetas do AT (se isso fosse possível) e a pregação do evangelho repleta do Espírito como uma espécie de atividade interina a vinda do Reino. Na verdade, não é isso o que aconteceu.

Em primeiro lugar, nota-se que uma vez que o Espírito foi dado no dia de Pentecoste, a questão do Reino deixou de ter relevância, pois a resposta era conhecida. Os apóstolos pregaram o evangelho aos judeus como o cumprimento de todas as esperanças de Israel, todas as promessas dos profetas. Cristo havia, de fato, entrado na glória mediante sua ressurreição e ascensão. Não é de admirar que os cristãos passassem a se referir ao dia de ressurreição, o primeiro dia da semana, como o dia do Senhor.

Em segundo lugar, quando o Espírito foi dado, Pedro declarou que isso ocorreu para cumprir a profecia de Joel sobre o dia do Senhor (At 2.15-21). Ele não se ocupou do fato de que Joel também se referiu aos sinais, como o escurecimento do sol e avermelhamento da lua. Ele aponta para a bela garantia de Joel: "todo aquele que invocar o nome do Senhor será salvo". Então, sem mais delongas, ele prega o evangelho de Cristo, e convida seus ouvintes a se arrependerem e serem batizados. Verdadeiramente este é o dia do Senhor e o Príncipe davídico reina com glória em Sião:

> Mas ele era profeta e sabia que Deus lhe prometera sob juramento que colocaria um dos seus descendentes em seu trono. Prevendo isso, falou da ressurreição do Cristo, que não foi abandonado no sepulcro e cujo corpo não sofreu decomposição (At 2.30,31).

Compare estas palavras com Paulo em seu primeiro sermão em Antioquia:

> Nós lhes anunciamos as boas novas: o que Deus prometeu a nossos antepassados ele cumpriu para nós, seus filhos, ressuscitando Jesus, como está escrito no Salmo segundo: "Tu és meu filho; eu hoje te gerei" (At 13.32,33).

Não encontramos nenhum desvio dessa convicção no resto do NT. A uma só voz, os autores proclamam a morte e ressurreição de Jesus como o ponto em que todas as promessas divinas alcançam cumprimento. Este é de fato o dia do Senhor.

Em terceiro lugar, nota-se que, junto com a pregação do evangelho, há uma garantia de que Cristo não só reina agora, mas que ele voltará a manifestar sua realeza para todos os principados e potestades. É a dádiva do Espírito acoplada com a ascensão de Jesus que estruturam o cumprimento do dia do Senhor no NT. A tarefa do Espírito é iluminar os fiéis com a verdade do evangelho, para que possam pregá-lo através do tempo. O Espírito torna real para a humanidade o significado do evangelho como o meio que Deus usa para estabelecer o Reino. Visto que Cristo subiu antes de manifestar a glória do Reino, o Espírito Santo vem para permitir que a igreja pregue o evangelho. É só por esse meio que o Reino vem do mundo, mas pelo evangelho o Reino *efetivamente* vem. Por fim, "assim também Cristo foi oferecido em sacrifício uma única vez, para tirar os pecados de muitos; e aparecerá segunda vez, não para tirar o pecado, mas para trazer salvação aos que o aguardam" (Hb 9.28).

Nessa breve descrição, vemos que o Espírito Santo aplica o evangelho à mente dos apóstolos, de tal forma a exigir a qualificação da perspectiva do AT. As sementes da qualificação já estavam lá no AT, não apenas no tema do Servo Sofredor, do qual Jesus lembrou os dois discípulos (Lc 24.26), mas na própria estrutura da verdade revelada. Israel já havia recebido uma pista no fato de que salvação era algo que eles haviam experimentado (Páscoa e Êxodo), a salvação era a realidade em curso na vida cotidiana e a expectativa do futuro (dia do Senhor). Foi, em parte, obtusidade deles, e em parte a abordagem literal e sem rodeios das promessas que lhes fizeram reduzir o dia do Senhor a um acontecimento futuro puramente uniforme.

Qual, então, era o efeito do evangelho como o Santo Espírito deixou claro para a mente dos apóstolos? O principal ajuste foi a percepção de que o dia do Senhor cobria o passado, o presente e o futuro. No passado, o dia do Senhor foi o acontecimento histórico decisivo da vida, morte e ressurreição de Jesus. Ele encarnou na sua pessoa a perfeição de todas as relações da aliança entre Deus e o homem. Nesse sentido, ele era o Reino de Deus que veio PARA NÓS. O dia do Senhor veio quando a ira divina foi derramada sobre nosso substituto quando ele estava pendurado na cruz. O dia do Senhor veio quando o povo de Deus se ergueu do túmulo na pessoa de seu substituto e subiu para se sentar com ele à mão direita de Deus (Rm 6.1-10; Ef 2.4-6; Cl 3.1-3). (V. figura 4 na p. 206.)

O Espírito é concedido por causa da obra decisiva de Deus em Cristo para nossa justificação. A vinda do Espírito Santo, contínua desde o Pentecoste, é a vinda do dia do Senhor. O Espírito vem por causa dos méritos de Cristo a nosso favor (At 2.33). Mediante a pregação do evangelho, o Espírito Santo faz com que o Reino se torne real para todos que creem. O definitivo final dos tempos no Jesus Cristo histórico é, então, aplicado ao crente que, pela fé, é feito participante dele *em Cristo*. Mas ao fazê-lo, o Espírito traz o dia do Senhor para o presente. A santificação é o fim da era a ser aplicado à nossa existência.

Por último, o final será manifesto. Ele deixará de ser algo que só os crentes reconhecem pela fé. Será a experiência irresistível e inegável vivida por todos. Enquanto Cristo é conhecido por meio da pregação do evangelho como o Cordeiro que foi morto, o dom do Espírito para o eleito despertará a fé na realidade que o Cordeiro tem agora, neste exato momento, a glória do Leão à direita de Deus. Mas, quando Cristo voltar em glória para julgar, embora ele será para sempre o Cordeiro revelado na glória do Leão para julgar e para consumar nossa salvação.

O evangelho do NT reestrutura, assim, a vinda do Reino de forma vital para nosso entendimento. Há, com efeito, a sobreposição das duas eras, da primeira e da segunda vindas de Cristo. Isto cria a tensão Cordeiro-Leão, característica da existência cristã no período entre as duas vindas. A tensão entre estar no mundo (experiência tão empírica quanto possível) e não ser do mesmo. A tensão entre ser do Reino, mas não estar nele (experiência também tão empírica quanto possível). Como o Cordeiro sofreu até que a glória do Reino ocorresse na ressurreição e ascensão, também o corpo de Cristo deve sofrer até que sejamos (na verdade, em nós mesmos) levantados e transformados à glória da imagem de Cristo.

Perspectiva do Antigo Testamento

Uma manifestação do fim

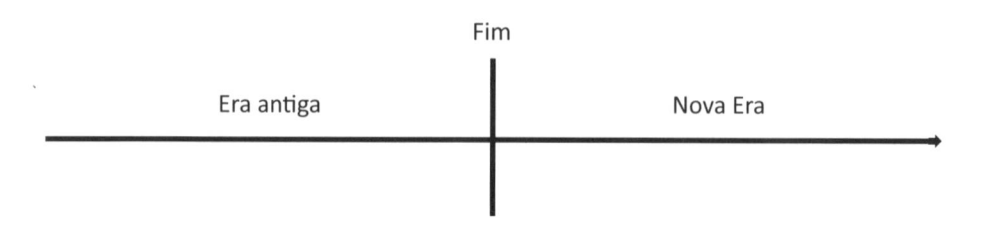

```
                        Fim
                         |
       Era antiga        |        Nova Era
───────────────────────── ─────────────────────────►
                         |
                         |
```

Perspectiva do Novo Testamento

Três manifestação do fim

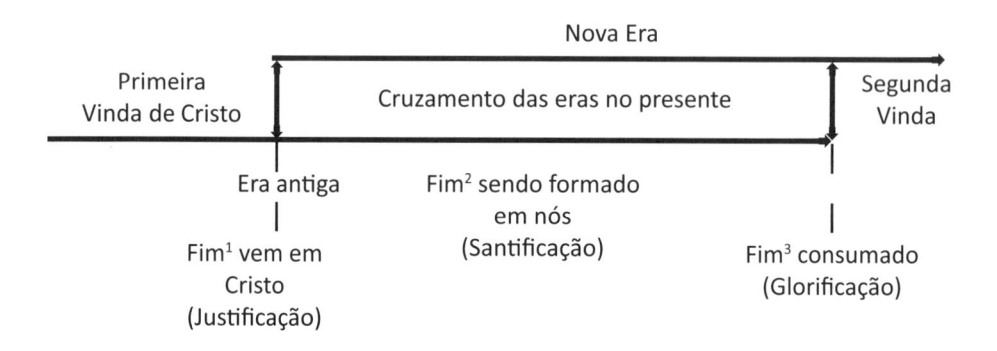

```
                          Nova Era
        ┌──────────────────────────────────────────┐
 Primeira ↑                                        ↑ Segunda
 Vinda de Cristo    Cruzamento das eras no presente  Vinda
─────────┼──────────────────────────────────────────┼──────►
         |                                          |
       Era antiga    Fim² sendo formado             |
         |              em nós                      |
      Fim¹ vem em    (Santificação)            Fim³ consumado
       Cristo                                   (Glorificação)
     (Justificação)
```

Figura 4. Duas perspectivas sobre o fim

Este diagrama é baseado no livro de Geerhardus Vos, The Pauline Escatology (Grand Rapids: Eerdmans Publishing Company, 1972), p. 38.

É uma tese deste livro que João, no Apocalipse, usou de maneira considerável o material profético e apocalíptico que mantém a perspectiva típica e tradicional do dia do Senhor. A perspectiva do NT é fornecida pela natureza do evangelho que, como se viu, em todos os lugares, permeia o livro. Assim, a menos que estejamos conscientes da necessária qualificação da perspectiva do AT pelo evangelho, estaremos propensos a interpretar mal a natureza das visões do Apocalipse. Creio que o erro básico de não permitir que João use as formas do AT — oráculos proféticos e visões apocalípticas — sem modificação é causa do excesso de especulação profética sobre o livro do Apocalipse hoje. É verdade que grande parte da literatura e da pregação cristãs perdeu o ingrediente essencial — o sólido método de interpretação. Isso permite que o evangelho seja rebaixado a algo menos que o evento mais proeminente e central que interpreta todo o significado da Bíblia. Devo me esforçar para aplicar a interpretação centrada no evangelho ao livro do Apocalipse.

Resumo

A ideia do AT sobre o dia do Senhor é fundamental para o conceito do fim do mundo estabelecido nos escritos proféticos e apocalípticos. A era antiga passou e o terrível dia de Deus introduz a nova era da glória de Israel. Relacionado a esse conceito está o tema de Deus, o guerreiro divino, que luta por seu povo, julgando os inimigos e trazendo salvação aos escolhidos. O NT proclama que o dia do Senhor vem com Jesus Cristo, que cumpre todas as promessas proféticas. A ressurreição e ascensão de Jesus, junto com o Pentecoste, mostram que o evangelho modifica a perspectiva do AT — os antigos e os novos tempos se sobrepõem durante um período. João usa formas literárias do AT, em particular, a visão apocalíptica, em grande parte sem modificações. O Apocalipse contém, assim, muitas partes que falam do dia do Senhor nos termos do AT.

Tese

A perspectiva do AT sobre o dia do Senhor, presente nas visões apocalípticas de João, é modificada pelo evangelho. A sucessão linear dos tempos torna-se uma sobreposição de eras entre a primeira e a segunda vindas de Cristo.

CAPÍTULO 5

"AO VENCEDOR"

As cartas às sete igrejas

Contra você, porém, tenho isto: você abandonou o seu primeiro amor.

Lembre-se de onde caiu! Arrependa-se e pratique as obras que praticava no princípio. Se não se arrepender, virei a você e tirarei o seu candelabro do seu lugar. Mas há uma coisa a seu favor: você odeia as práticas dos nicolaítas, como eu também as odeio. Aquele que tem ouvidos ouça o que o Espírito diz às igrejas. Ao vencedor darei o direito de comer da árvore da vida, que está no paraíso de Deus (Ap 2.4-7).

A FUNÇÃO DAS SETE CARTAS

As cartas às sete igrejas em Apocalipse 2 e 3 correm o perigo de serem separadas do resto do livro. A razão não é difícil de entender. De todas as diversas partes do Apocalipse, as sete cartas curtas proporcionam menor número de dificuldades e podem ser entendidas por si mesmas. O fato de estarem escritas como cartas e lidarem com problemas pastorais de congregações reais do povo cristão as coloca na mesma categoria geral, como todas as outras epístolas do NT. Apesar de algumas características distintas que as diferenciam das outras epístolas, elas empregam uma técnica familiar de exortação. Há uma série de questões periféricas de interesse que prefiro deixar para os muitos comentaristas do Apocalipse porque não creio que as respostas afetem muito a compreensão do livro. Por exemplo:

Qual é a fonte de informação de João sobre as igrejas e qual é seu relacionamento com elas a ponto de ele se sentir capacitado para escrever desse jeito?

É possível que o endereçamento de João às sete igrejas em Apocalipse 1.4 — "João às sete igrejas da província da Ásia" — seja um prefácio para a seção que termina com a carta a Laodiceia. No entanto, não creio que seja esse o caso. Isso perturbaria a unidade do livro e obscureceria a relação entre as sete cartas e o restante do livro. É bem possível, tendo em conta o uso repetido do número sete, que as sete igrejas representem o número total de igrejas no oeste da Ásia Menor. Nesse caso, o Apocalipse é uma espécie de carta geral a todos os perseguidos e grupos de cristãos que lutam com o que João poderia tão facilmente identificar no próprio sofrimento e exílio.

Ao considerar a função das sete cartas, não devemos esquecer a seção preliminar no capítulo 1.4-20, pois ela se dirige às sete igrejas. No Capítulo 3 lidei com o conteúdo do evangelho presente nesta seção. Bastaria, por conseguinte, a observação de que Apocalipse 1.4-20 é uma expressão do evangelho bem construída e vividamente apresentada e relacionada de modo pessoal com João e as igrejas de maneira geral. As frequentes referências a passagens significativas na apresentação da história da salvação no AT cria uma riqueza nas nuanças teológicas de tirar o fôlego. No espaço de cinco versículos curtos (v. 4-8), João resumiu a doutrina de Deus, a doutrina da pessoa de Cristo, a doutrina da salvação e a doutrina das coisas finais. Por mais assustador que pareça, achamos que é a pessoa de Jesus Cristo que mantém todos juntos em perfeita unidade. Cristo é quem traz a graça de Deus, e ele dá testemunho da verdade, levanta-se dos mortos para governar os reis da terra. Cristo nos ama e nos salvou para nos tornar filhos do Reino e sacerdotes para Deus. E Cristo, este Cristo que morre e ressuscita, aparecerá mais uma vez em majestade.

Este resumo do evangelho em ação leva à afirmação de João: Jesus é o Senhor. Da mesma maneira que Pedro no sermão de Pentecoste (At 2), ou Paulo (Fp 2), João descreve a exaltação de Cristo como consequência da servidão sofredora de Jesus de Nazaré (Ap 1.9-20). A única referência de João ao "dia do Senhor", no versículo 10, geralmente é interpretada com o significado de que era domingo quando ele recebeu essas visões. Mesmo que se possa sustentar que o termo é utilizado para designar o primeiro dia da semana no tempo de João, ainda não diminuiria a possibilidade de ele estar se referindo ao dia por suas implicações teológicas em vez de passar a diante a informação trivial sobre que dia da semana seria. Em outras palavras, João poderia estar se referindo ao fato de que era domingo porque o assunto central é o dia da salvação e julgamento que chegou em Jesus Cristo, e de que o domingo, como o dia da ressurreição, é agora o memorial perpétuo.

Quando João está prostrado pela visão da glória de Cristo, ele é suavemente confortado com as palavras "Não temas" (v. 17). A semelhança entre esta passagem e a "garantia da salvação", pronunciada às vezes pelos profetas do AT, é impressionante, por exemplo:

"Não tema, pois eu o resgatei;
eu o chamei pelo nome; você é meu" (Is 43.1).

A força da certeza da salvação estava na lembrança do que Deus havia feito para salvar seu povo. Isto foi colocado de forma simples e poderosa para João com as palavras: "Estive morto mas agora estou vivo para todo o sempre!" (v. 18). Assim, o evangelho é resumido na morte e ressurreição do Cristo que reina agora.

Devemos observar que as palavras de Jesus a João começam no versículo 17 e conduzem às sete cartas. Não há pausa. A visão de Cristo em glória e a certeza da salvação são o preâmbulo das sete mensagens. Elas não são apresentadas como palavras de João às igrejas, mas como mensagens textuais de Cristo, entregues a João, para que ele repasse às igrejas. Elas são as epístolas de Jesus Cristo, que detém as igrejas na mão (Ap 1.16,20; 2.1). Cada uma das sete mensagens inicia-se com uma referência ao Cristo retratado na visão precedente.[21] Mais ainda, cada referência conta com uma contra-

---

[21] Em 2.1 a partir de 1.13,16; 2.8 a partir de 1.17,18; 2.12 a partir de 1.16; 2.18 a partir de 1.14,15; 3.1 a partir de 1.4,16; 3.7 é o inverso de 1.18; 3.14 a partir de 1.5.

partida na consumação do Reino descrita em Apocalipse 21 e 22. O que João recebe como revelação pertence a toda a igreja mediante a revelação de Deus em Jesus Cristo. O Cristo na glória continua a ser conhecido como o Cristo sofredor no evangelho. Mas as coisas pertencentes à glória presente são os tesouros do céu que o evangelho adquire para nós e os assegura a todos os crentes. O que sabemos agora pela fé será a experiência dos nossos sentidos na consumação.

As sete mensagens, então, servem para nos lembrar de que o drama da redenção tem seus efeitos contínuos no mundo. O fato de Cristo ter vencido, e seu desejo de estender a conquista à vida dos seres humanos por meio da pregação do evangelho, coloca a igreja na guerra apocalíptica. Além disso, essa guerra não é apenas externa, pois, dentro de cada indivíduo, a antiga natureza luta contra a nova, a carne contra o espírito. Seria uma perspectiva muito distorcida se víssemos a guerra espiritual como algo que só ocorre fora de nós. As sete mensagens traduzem a batalha cósmica e espiritual para a existência humana do povo de Deus. A luta é dura e o sofrimento grande. Mas sempre a visão do Cristo em glória está sobre toda a consideração da condição humana. No evento do evangelho ele venceu de forma decisiva. Como sustenta Oscar Cullmann, a vitória final do Calvário e a ressurreição determinaram o êxito de uma vez.[22] A luta para a santificação da igreja pode ser comparada a operações de limpeza. Sem as sete mensagens, o livro do Apocalipse perderia esse ponto valioso de contato com a experiência humana atual. Elas pareceriam distantes e separadas da nossa luta. Enquanto a apocalíptica judaica parecia correr o risco de perder a vanguarda da exortação profética ao arrependimento e fidelidade à aliança, João restaura essa ênfase antes de abordar as visões da realidade celeste.

Ao olharmos para a estrutura das sete mensagens, percebemos a existência de destacada uniformidade. Podemos resumi-las assim:[23]

---

[22] *Christ and Time* (London: S.C.M. Press, 1951).
[23] Existem algumas pequenas variações, em especial nos avisos e nas exortações.

1. Discurso ao anjo da igreja.
2. Descrição do autor, Cristo.
3. Referência a obras seguidas de elogios ou críticas.
4. Aviso das consequências da falta de fé.
5. Exortação à perseverança.
6. Promessa a todos os que vencerem.

O que podemos aprender com essas ênfases claras nas cartas?

Em primeiro lugar, o Jesus que se dirige às igrejas é seu ressurreto Senhor e Salvador que os detém em suas mãos. Ele obtêve a favor de todo o seu povo os prêmios dados aos que perseveram. Ele não é, portanto, um Senhor tirano, mas um Senhor amoroso que planeja partilhar seu Reino com as pessoas às quais ele deu a própria vida mediante sua humilhação e servidão. A soberania de Cristo é tal que não se pode enfraquecê-la. A ênfase do Apocalipse é que ninguém pode frustrar os propósitos de Deus, nem resistir à sua vontade. Há muitos mistérios associados à vontade soberana de Deus, e em nossas vaidosas tentativas de resolvê-los, muitas vezes, caímos no terrível erro de transformar a soberania divina em uma falsificação grotesca. O perigo surge, em particular, quando queremos apelar à responsabilidade humana na vida cristã. Ouvem-se pregadores e professores falando sobre Deus como se ele fosse totalmente dependente de nós para o sucesso do plano da redenção. Dizem que Deus é incapaz de realizar seus propósitos a menos que primeiro façamos alguma coisa. Ele não pode nos usar até que nos livremos de todos os pecados conhecidos, não pode nos enviar o dom do Espírito até que nos comprometamos totalmente com ele. E assim por diante, Deus é efetivamente reduzido a quem teve uma boa ideia, mas se encontra impotente para realizá-la sem a nossa ajuda!

Jesus não apresenta nada disso na revelação a João. Os três primeiros capítulos do Apocalipse mostram o aparente paradoxo da soberania do Senhor da igreja e a responsabilidade humana de seu povo. Isto é um problema para os cristãos. Como Deus pode ser soberano ao mesmo tempo em que o homem é responsável? Sem dúvida, uma coisa anula a outra. As tentativas de resolver o paradoxo ao diluir a soberania de Deus ou reduzir a responsabilidade do homem surgem da mente pecaminosa do homem para descrever a verdade divina com base na razão humana. A mente cristã é formada e renovada pelo evangelho, embora até mesmo os cristãos continuem trazendo formas não cristãs de pensamento para as questões da Bíblia. A verdade da questão, como sempre, está no evangelho. A questão da soberania e da responsabilidade é o problema de como o Deus soberano de verdade pode permanecer soberano de fato enquanto se relaciona com homens verdadeiramente responsáveis. O evangelho não soluciona o problema em termos de entendimento humano. Em vez disso, ele nos mostra que o mistério é uma característica do próprio Deus, pois o incompreensível aconteceu: o Deus soberano e o homem responsável se uniram na pessoa de Jesus Cristo. Na história da igreja primitiva, podemos ver como os cristãos lutaram com esse mistério. Mas, toda vez que eles foram tentados a resolvê-lo, mediante a redução da divindade de Cristo para combinar, de forma lógica, com sua humanidade, ou vice-versa, o resultado foi a destruição do próprio evangelho. O cristianismo ortodoxo aprendeu a viver com o mistério e, de fato, a gloriar-se nele. Jesus Cristo era o verdadeiro Deus em união com o verdadeiro homem, de tal forma que uma natureza não era diminuída pela outra nem confundida com ela.[24]

O evangelho aponta e confirma essa perspectiva que se encontra em todo o NT. Aqui, no Apocalipse, João retrata as glórias do Cristo reinante, que detém as igrejas em suas mãos. Sua soberania é uma realidade agora. Mas, como sempre, o Senhor soberano expressa sua soberania não ignorando nossa mente e vontade, mas atuando por meio delas. Para a mente não formada pelo evangelho, isso é uma contradição. Muitos cristãos mostram que o evangelho não lhes permeia o pensamento quando rejeitam, por exemplo, a predestinação

---

[24] No Concílio de Calcedônia, em 451 d.C., a igreja elaborou uma fórmula para descrever esse mistério. Em Cristo, verdadeiro Deus e verdadeiro homem, existe a união das duas naturezas, mas sem fusão. Há uma distinção entre elas, mas não separação. A igreja também percebeu que ao usar a fórmula "unidade-distinção" a respeito de Cristo, ela apontava também para a natureza do próprio Deus como três pessoas e uma só divindade.

soberana de Deus por julgá-la incompatível com a responsabilidade humana. A união de Deus e do homem em Jesus Cristo mostra que não é assim. Na verdade, longe de serem incompatíveis, soberania e responsabilidade são as melhores amigas. Jesus Cristo foi a expressão mais perfeita da humanidade. Ele era a personalidade perfeitamente integrada, exibindo todas as virtudes da humanidade sem nenhuma mancha do pecado. Ele pode não ter sido convencional, e algumas vezes ofendeu seus inimigos, às vezes até seus amigos. Mas era o padrão perfeito de Deus relativo à humanidade, a interpretação viva da doutrina da criação e da natureza do homem à imagem divina. Era, e é, o verdadeiro Deus soberano e o verdadeiro homem responsável.

Em segundo lugar, quando trazemos essa perspectiva para dar apoio às sete mensagens de Apocalipse 2 e 3, vemos o Senhor soberano lidando com igrejas compostas por pessoas responsáveis e, assim, responsáveis pelas próprias ações. As cartas mostram com clareza que o esforço humano e as boas obras, e a responsabilização por elas, não são incompatíveis com a soberania divina. Além disso, estão em perfeita harmonia com a doutrina do evangelho da justificação pela fé com base nos méritos exclusivos de Cristo. As boas obras e recompensas são parte dos ensinamentos do NT e elas não devem ser consideradas algo que contradiga a justificação como dom gratuito. A contribuição distintiva das sete mensagens em Apocalipse mostra que as boas obras do povo de Deus são parte da luta apocalíptica entre o Cristo regente e os poderes das trevas. A responsabilidade dos cristãos é, portanto, destacada. Praticar boas obras ultrapassa a mera simpatia para com os vizinhos e a ajuda na causa missionária. As lutas das igrejas locais para viver o evangelho, resistir ao impacto de valores e conceitos não cristãos e manter-se fiel à revelação divina em Jesus Cristo, são parte da conquista do mundo mediante o evangelho. Nos bastidores, a mesma conquista está sendo realizada no reinado de Cristo no céu. No mundo, a igreja deve se contentar em seguir o exemplo do Cordeiro em seus sofrimentos, mas ele lhe assegura que os sofrimentos do Cordeiro são a chave da conquista do Leão.

A QUESTÃO DAS RECOMPENSAS

As recompensas, no NT, na primeira aparição, parecem contradizer o ensinamento de que os cristãos são justificados pela fé. A justificação significa que Deus nos aceita pelo que Cristo fez em nosso lugar. Pelo fato de ele ter feito o mesmo para todos os crentes, podemos supor que todos os crentes receberão a mesma herança no Reino de Deus. Então, onde as recompensas se encaixam? Haverá mansões *classe A* e *classe B* no céu? De fato, o problema é menos pronunciado nas sete cartas que em outras partes do NT, como veremos mais adiante. Mas, primeiro, vamos considerar o assunto de modo geral.[25]

Para começar, podemos constatar o argumento de Calvino de que todas as boas obras devem ser consideradas dons divinos e, portanto, não podem ser razões de mérito. A graça de Deus produz boas obras em nós. Elas são o fruto dos méritos de Cristo. Isto não contrária a referência a elas como fruto do Espírito, pois os méritos de Cristo conquistaram o dom do Espírito para todo o povo de Deus. Agora, o resultado disso é a glorificação final do crente e sua plena herança da "recompensa", o Reino de Deus. Todo o processo de salvação, começando com a eleição e o chamado divinos, envolve a nossa justificação em função dos méritos de Cristo, nossa santificação mediante o Espírito (também com base nos méritos de Cristo), e nossa herança final de glória.

A santificação do cristão é, portanto, em certo sentido, automática. Não se pode tomar posse de Cristo pela fé para a justificação sem o Espírito Santo. O mesmo Espírito Santo permite que o pecador creia no evangelho e também opera seu fruto da santificação. Em outro sentido, a santificação não é automática, pois o Espírito atua por meio de nossa mente e vontade. Todas as admoestações

---

[25] O tema das obras e dos seus benefícios em relação à justificação é tratado com maestria por João Calvino, *A instituição da religião cristã*, III.XIV-XVIII. Os escritos de Calvino são considerados adequados apenas para leitores experientes; no entanto, seus livros são surpreendentemente simples e fáceis de ler. Um excelente texto básico sobre o assunto foi escrito por Robert Horn, *Go Free!* (Downers Grove: Inter-Varsity Press, 1976).

e exortações na Bíblia são maneiras de Deus nos envolver na obra santificadora do Espírito. O ser humano é ser responsável. Ser humano, de modo cristão, significa responder com a mente e a vontade ao evangelho por meio de boas obras.

A magnífica descrição de Cristo, feita por Paulo, o Servo Sofredor, tornando-se o Senhor regente (Fp 2.6-11) é seguida de pronto por esta exortação, que aponta para a implicação do fato de que "Jesus Cristo é Senhor":

> Assim, meus amados, como sempre vocês obedeceram, não apenas em minha presença, porém muito mais agora na minha ausência, ponham em ação a salvação de vocês com temor e tremor, pois é Deus quem efetua em vocês tanto o querer quanto o realizar, de acordo com a boa vontade dele (Fp 2.12,13).

Aqui, veem-se a soberania e a responsabilidade unidas de tal forma que o desenrolar do dia a dia da salvação as boas obras — resultado de forma imediata do esforço humano, mas em última análise, procede da obra de Deus em nós.

Ouça Calvino:

> Qual é, pois, a razão de estarmos justificados pela fé? Simplesmente porque por ela obtemos a justiça de Cristo, por meio da qual somos reconciliados com Deus. Mas não podemos alcançar essa justiça sem com ela alcançarmos também a santificação. Porque "ele se tornou para nós, da parte de Deus, sabedoria, justiça, santificação e libertação" (1Co 1.30). Portanto, Cristo não justifica a ninguém sem que ao mesmo tempo o santifique. Pois essas graças vão sempre unidas, e não se podem separar nem dividir, de tal maneira que redime aqueles a quem ele ilumina com sua sabedoria; justifica aqueles que redime; e santifica aqueles que justifica. Mas como nossa discussão diz respeito somente à justificação e à santificação, detenhamo-nos nelas. E, embora façamos distinção entre as duas, Cristo, entretanto, contém em si a ambas, indivisivelmente (*As instituições da religião cristã*, III.XVI.1).[26]

---

[26] Tomo II, Livros III e IV. São Paulo: Editora UNESP, 2009, p. 259-60.

Calvino continua indicando que a referência às recompensas não implica que as obras sejam a causa da salvação. No entanto, por causa da íntima conexão entre elas e do fato de as boas obras se seguirem à justificação e também precedem a glorificação final, a herança dos santos pode ser chamada recompensa. Em última análise, não há distinção entre a herança, um dom da graça e a recompensa. Mas já que é o propósito de Deus trazer nossa herança por meio das boas obras, o termo recompensa enfatiza adequadamente a responsabilidade humana na corrida. Mais uma vez Calvino comenta:

> ... o Senhor remunera as obras de seus fiéis com os mesmos bens que lhes dera muito antes de sequer pensarem em obras, quando o Senhor não tinha outro motivo para lhes fazer o bem que não sua misericórdia (*As instituições da religião cristã*, III.XVIII.2).[27]

SUPERAÇÃO PELA FÉ

Cada uma das sete cartas de Apocalipse começa com uma atribuição a Cristo como o autor e, em seguida, inicia: "Conheço suas obras". No caso de Esmirna é "Conheço as suas aflições e pobreza", e Pérgamo, "Sei onde você vive". Cada igreja recebe um elogio, menos Laodiceia, mas cada elogio, exceto no caso de Esmirna, é qualificado por uma expressão semelhante a "Tenho contra você". Cada uma é exortada de acordo com o arrependimento, a resistência ou a perseverança. Cada carta termina com a promessa "Ao que vencer". Embora o desempenho dessas igrejas seja, principalmente, referido como obras, a relação das obras com a fé em Cristo, ou a fidelidade à palavra do evangelho, é aparente em toda parte. Além disso, a fé produtora de boas obras em face da tribulação e dos ataques dos falsos mestres e profetas do mundo é uma conquista, quando exercida até o fim. A pessoa que exerce a fé conquistadora é a ouvinte do que o Espírito diz às igrejas, isto é, a palavra do evangelho.

O resultado da conquista pela fé e perseverança é a recompensa, embora as cartas não a chamem especificamente de recompensa.

---

[27] *Op. cit.*, p. 284.

Cada recompensa descrita é um aspecto da herança redigida em termos apropriados ao estilo literário do Apocalipse, valendo-se de imagens do AT: a árvore da vida, a libertação da morte, o maná escondido, o novo nome, o governo das nações, o livro da vida, o templo de Deus e o trono. Conquistar significa perseverar na fé e perseverar na fé implica na realização de boas obras como resposta ao amor divino mostrado a nós no evangelho.

Para resumir a função das sete cartas, vemos que elas ligam a existência diária de cada filho de Deus — nunca isoladamente, mas sempre no contexto da congregação local — à luta cósmica entre Cristo e Satanás. Essa luta, em vista da vitória decisiva de Cristo por meio de sua vida, morte e ressurreição, só pode ter um resultado. No entanto, a luta continua até a consumação na volta de Cristo. Uma vez que a era da batalha dura desde a ascensão de Cristo até seu retorno, os problemas específicos das sete igrejas servem como exemplos representativos das lutas diárias de todos os cristãos de todos os tempos. Podemos, é claro, nos aproveitar dessas mensagens como avisos para procurar viver com mais fidelidade no mundo. Mas, como foi mencionado antes, a unidade das sete cartas com as visões apocalípticas, e, portanto, com a guerra final e a vitória do Reino de Deus, comporta o significado das duas guerras juntas. É impossível considerar as sete cartas como algo que apenas preceda as visitações apocalípticas no tempo. Fazer isso equivale a banalizar a luta de cada filho de Deus. Em vez disso, vemos que há um grande mistério aqui. A campanha de Cristo contra Satanás é, na verdade, maravilhosa de se relatar, sendo travada nas trincheiras da linha de frente do evangelismo da igreja local, pastoral, ensinando e pregando. Está sendo travada no lar cristão quando as crianças são instruídas nos privilégios da aliança e ensinadas sobre o significado da fé na vida e morte de Cristo. Deus está de fato usando o que é tolice aos olhos do mundo para envergonhar os sábios, e o que é fraco aos olhos do mundo para confundir as fortes (1Co 1.27). Quem ama o tipo de poder que o mundo respeita, que procuram estabelecer diante dos homens uma imagem triunfal da igreja e da existência cristã, rejeita a vitória do Cordeiro na vida diária e se declara ofendidos pelo sofrimento dele — como os judeus que não puderam tolerar o rei-messias que morresse. O padrão do evangelho na existência cristã diária é a luta confiante. Quando o Espírito de Deus escreve no coração e na mente de cristãos comuns a verdade de que a vitória de Deus, sua glória e sua majestade, estão todas vestidas com o sofrimento do Cordeiro, ele dignifica a nossa luta com um significado que ofusca todos os feitos notáveis aos quais o mundo atribui fama e importância.

Resumo

As sete cartas às igrejas servem para apresentar os principais temas de Apocalipse ao lidar com eles no início, no contexto terreno da vida diária das congregações locais. O drama da redenção é, assim, mostrado com efeitos em curso no mundo da existência humana. Os cristãos não são espectadores, enquanto o conflito cósmico se trava em Reinos espirituais: eles são participantes. As cartas evitam que as descrições apocalípticas da luta espiritual sejam separadas da luta diária. O Cristo ressuscitado e glorificado convida suas igrejas a serem fiéis ao evangelho e a perseverarem em fazer o bem. Nesse período de sobreposição dos tempos, o senhorio de Cristo no mundo se expressa mediante a igreja, composta por seres humanos responsáveis. As boas obras exigidas são parte da luta apocalíptica contra os poderes das trevas. Pelo fato de a herança final dos cristãos seguir-se à vida caracterizada por boas obras, pode-se referir a elas como recompensa, embora sua base não esteja nas obras, mas nos méritos de Cristo.

Tese

As sete mensagens para as igrejas estruturam a existência cristã na sobreposição das eras como uma tensão criativa entre a soberania divina e a responsabilidade humana.

CAPÍTULO 6

"VI UMA BESTA QUE SAÍa DO MAR"

Passagens apocalípticas e proféticas

Vi uma besta que saía do mar. Tinha dez chifres e sete cabeças, com dez coroas, uma sobre cada chifre, e em cada cabeça um nome de blasfêmia. A besta que vi era semelhante a um leopardo, mas tinha pés como os de urso e boca como a de leão. O dragão deu à besta o seu poder, o seu trono e grande autoridade. Uma das cabeças da besta parecia ter sofrido um ferimento mortal, mas o ferimento mortal foi curado. Todo o mundo ficou maravilhado e seguiu a besta. [...]

Todos os habitantes da terra adorarão a besta, a saber, todos aqueles que não tiveram seus nomes escritos no livro da vida do Cordeiro que foi morto desde a criação do mundo (Ap 13.1-3,8).

Em um livro de formas literárias tão diversas como o Apocalipse, é adequado, pelo menos, perguntar por que o autor muda de um estilo para outro. Por que João começa com uma introdução pesada, com alusões ao AT e imagens apocalípticas? Por que ele, em seguida, muda para um estilo epistolar (carta) nas mensagens às igrejas, e depois, reverte para visões celestiais? Por que há seções de visões apocalípticas intercaladas com seções que, embora visionárias, não contêm a riqueza do simbolismo apocalíptico? Podemos detectar alguma razão especial que torne o estilo apocalíptico particularmente apropriado ao propósito do livro?

No Capítulo 4, discutimos como o Apocalipse retrata o dia do Senhor ou o dia da vinda do Reino. Vimos que os materiais apocalíptico e profético partilhavam a mesma perspectiva geral. Ambos descrevem a presente era chegando ao fim e a nova era tendo início imediato com a revelação da glória do Reino eterno de Deus. As diferenças entre o estilo profético e as visões apocalípticas do fim encontram-se na respectiva ênfase sobre a extensão da ação e nos detalhes. Ambos têm em essência a mesma perspectiva no que diz respeito à relação da presente época com a nova era. As diferenças nos estilos literários são, na maior parte, fáceis de ver, apesar de alguns oráculos proféticos terem características apocalípticas. Como os escritos proféticos e apocalípticos diferem principalmente em estilo, forma e ênfase, é possível misturar os dois, ou misturar seções de cada um, sem perturbar a perspectiva geral. O importante para nossa compreensão do funcionamento das expressões idiomáticas apocalípticas e proféticas no Apocalipse é que sua perspectiva segue a progressão linear da era antiga para a nova. Devo manter preservada essa perspectiva nas seções apocalíptico-proféticas do livro.

Quais são as seções apocalípticas e como elas estão conectadas?

A VISÃO DE CRISTO (CAPÍTULO 1.12-20)

João começa o livro com as palavras: "Revelação de Jesus Cristo". Então, ele nos diz testemunhar tudo o que viu, ou seja, a palavra de Deus e o testemunho de Jesus Cristo. Na saudação às sete igrejas, ele identifica Jesus e lhe dá glória como fonte da bênção. Mas, então, quando descreve o que lhe foi ordenado escrever e enviar às sete igrejas, a linguagem muda de forma drástica. Aquele que discursa é identificado como Jesus Cristo apenas por inferência e por causa da seção introdutória anterior. Somos informados de que João vê alguém "semelhante a um filho de homem". Claro que estamos acostumados com o título, uma vez que é dado a Jesus nos Evangelhos. A origem do título e seu significado devem ser procurados no *pano de fundo* do AT em relação ao ministério de Jesus.[28] As referências ao filho do

---

[28] O debate sobre o fato de Jesus ter usado de verdade esse título para se referir a si mesmo, como os Evangelhos afirmam, e o que ele quis dizer com isso não é

homem "que vem com as nuvens" mostram a ligação entre o Jesus Cristo descrito em Apocalipse 1.7 e 1.13:

> Eis que ele vem com as nuvens, e todo olho o verá, até mesmo aqueles que o traspassaram (Ap 1.7).

> ...e entre os candelabros alguém "semelhante a um filho de homem" (Ap 1.13).

Comparamos com eles uma passagem típica dos Evangelhos:

> "Então se verá o Filho do homem vindo nas nuvens com grande poder e glória (Mc 13.26).

A hipótese mais razoável é que essas referências usem um conceito baseado na visão apocalíptica de Daniel 7. Daniel, um dos exilados judeus na Babilônia no século VI a.C., teve uma visão:[29]

> Quatro grandes animais, cada um diferente dos outros, subiram do mar. O primeiro parecia um leão, e tinha as asas de águia. Eu o observei até que as suas asas foram arrancadas, e ele foi erguido do chão de modo que levantou-se sobre dois pés como um homem, e recebeu coração de homem (Dn 7.3,4).

Daniel, então, descreve mais duas bestas, uma como um urso, a outra como um leopardo, e em seguida aparece a quarta, a fera mais temível. Ela tem dez chifres e o décimo primeiro aparece com olhos de um homem e uma boca arrogante. Então, Daniel diz:

> Enquanto eu olhava, tronos foram postos no lugar, e um ancião se assentou. Sua veste era branca como a neve; o cabelo

---

realmente nossa preocupação. Preciso concordar com quem aceita que a expressão "filho do homem" significava um participante central no drama da salvação como na história de Israel. É evidente que Apocalipse 1.7 está relacionado a Daniel 7.13.

[29] Muitos estudiosos não aceitam que Daniel tenha sido escrito no séc. VI a.C. (ou em data próxima). De modo geral, ele é considerado uma obra apocalíptica do séc. II a.C., e se vale da figura de Daniel, muito possivelmente uma personagem histórica, como a base para um texto anti-helenístico. Na minha opinião, os argumentos desse ponto de vista não são conclusivos, e criam tantos problemas quanto os que ele procura resolver. No entanto, a questão não é importante para a discussão, pois as evidências sugerem que a apocalíptica judaica começou a se desenvolver no exílio babilônico.

era branco como a lã. Seu trono ardia em fogo, e as rodas do trono estavam todas incandescentes. E saía um rio de fogo, de diante dele. Milhares de milhares o serviam; milhões e milhões estavam diante dele. O tribunal iniciou o julgamento, e os livros foram abertos. Continuei a observar por causa das palavras arrogantes que o chifre falava. Fiquei olhando até que o animal foi morto, e o seu corpo foi destruído e atirado no fogo. E foi tirada a autoridade dos outros animais, mas eles tiveram permissão para viver por um período. Na minha visão à noite, vi alguém semelhante a um filho de um homem, vindo com as nuvens dos céus. Ele se aproximou do ancião e foi conduzido à sua presença. A ele foram dados autoridade, glória e Reino; todos os povos, nações e homens de todas as línguas o adoraram. Seu domínio é um domínio eterno que não acabará, e seu Reino jamais será destruído (Dn 9.11-14).

Em bom estilo apocalíptico, Daniel recebe uma interpretação:

Os quatro grandes animais são quatro Reinos que se levantarão na terra. Mas os santos do Altíssimo receberão o Reino e o possuirão para sempre; sim, para todo o sempre (Dn 7.17-18).

O significado geral da visão de Daniel é esclarecido pelas interpretações dadas (Dn 7.16-27). Os animais são os poderes ímpios das nações da terra. Em contraste com os animais, uma figura humana vem com nuvens do céu e recebe o domínio retirado das bestas. A interpretação ou identificação da figura humana com o povo de Deus, implica que ele recebe o domínio como seu representante. A identificação dos animais com a humanidade sem Deus não é exclusiva dessa visão. Por exemplo, o salmo 22 obviamente se refere a homens maus que perseguiam os justos queixosos:

Cães me rodearam! Um bando de homens maus me cercou! Perfuraram minhas mãos e meus pés. Livra-me da espada, livra a minha vida do ataque dos cães. Salva-me da boca dos leões, e dos chifres dos bois selvagens (Sl 22.16,20,21).

É possível que a abordagem reflita a queda do homem quando, por causa do pecado de Adão, o domínio humano sobre os animais

(Gn 1.26) foi desafiado. Seja como for, a visão de Daniel fala da reversão das estruturas de poder ímpias desta era má. É significativo que uma figura humana esteja envolvida. Recordemos, a esse respeito, que a expressão "filho de homem" em hebraico e em aramaico (a língua de Dn 7) significa "ser humano", e é, aqui, um contraste com os animais.

Quem, então, é o homem que tem relacionamentos nos lugares celestiais para receber o Reino para o povo de Deus? O NT afirma que é Jesus, nosso representante e substituto. A visão de João é sobre alguém como filho de homem que detém todo o poder e que ainda assumiu algo da aparência da visão de Deus de Daniel. Além disso, ele se identifica como "o primeiro e o último", que em Isaías 44.6 é a autodescrição do Deus de Israel, a fim do claro fato de que "além de mim não há Deus". O filho do homem é o homem Cristo Jesus, que também é verdadeiro Deus.

O mesmo vale como pano de fundo da visão aberta de João. Mas há também outra característica notável. A descrição "filho do homem" é completamente baseada nas passagens apocalípticas do AT. Na verdade, esta visão não contém nada que não esteja na linguagem utilizada no AT, exceto, talvez, as referências às igrejas (no plural), no versículo 20. Então, quando nos movemos para as sete mensagens deste filho do homem, o autor continua a ser identificado nos termos apocalípticos da visão prefacial. Mais uma vez, as "igrejas" permanecem a única expressão distintamente cristã nas sete cartas.

A VISÃO DO CÉU (CAPÍTULOS 4 E 5)

O prelúdio aos sete selos começa com a visão do trono de Deus no céu. É reminiscência de Ezequiel 1 em que o profeta vê coisas estranhas, incluindo algo semelhante aos quatro seres viventes de Apocalipse 4.6-8. Eis a mensagem de louvor dos 24 anciãos: Deus é visto como Senhor, porque ele criou todas as coisas. Em seguida, vem o drama dos selos que só o Leão, revelado como o Cordeiro imolado, é digno de abrir. João aqui não se afasta da linguagem apocalíptica, e Cristo, como Leão e Cordeiro, é descrito em imagens do AT.

Os sete selos (capítulo 6)

Na seção, a abertura dos selos é o sinal para uma manifestação da ira de Deus (com uma exceção). Começando com os "quatro cavaleiros do Apocalipse", a série se move para a descrição do catastrófico dia da ira. Os quatro cavaleiros (selos 1 a 4) lembram, com algumas diferenças significativas, as passagens apocalípticas do profeta pós-exílico Zacarias (1.7-17). Mais uma vez, é digno de nota que se a seção fosse removida do contexto no NT, não haveria pista sobre sua origem em um livro cristão. Apenas a última referência à ira do Cordeiro pode deixar o judeu pré-cristão um pouco desnorteado.

A selagem das multidões (capítulo 7)

A primeira parte da visão também não apresenta qualquer relação evidente com a mensagem cristã. O número perfeito das doze tribos de Israel é selado contra a desgraça iminente. O único mistério para o judeu pré-cristão seria a omissão da tribo de Dã e a inclusão de José, junto com a meia-tribo de Manassés.[30] Ele deveria refletir se o escritor era ignorante da história de Israel, mas não discerniria a mão de um cristão.

A segunda parte da visão, em que João vê a grande multidão reunida de todas as nações, tribos e linguagens não é de vocabulário mais abertamente cristão que a primeira parte. Ela contém várias referências ao Cordeiro, mas não usa o nome de Cristo ou consulta seu ministério em termos do NT. A descrição final dos remidos (Ap 7.15-17) é completamente consoante ao AT, tomando emprestadas imagens dos Profetas e Salmos. No entanto, a seção hínica da visão fornece uma perspectiva baseada no evangelho, como veremos no próximo capítulo.

---

[30] A tribo de José foi dividida em duas meias-tribos dos filhos de José, Efraim e Manassés. Levi, por ser a tribo sacerdotal, não recebeu herança territorial na terra prometida (cf. Js 13.33; 14.4).

As sete trombetas (capítulos 8 e 9)

O toque das trombetas desencadeia uma série de juízos ferozes sobre a terra e sobre a humanidade. A seção é tão tipicamente apocalíptica quanto poderia ser. Nos dois capítulos inteiros, não há uma frase que identifique o material como cristão.

A mensagem do anjo (capítulos 10 e 11)

Entre a sexta e a sétima trombetas, esta seção se coloca como um prelúdio para a sétima. O anjo se comunica com o som dos sete trovões e anuncia que não haverá mais demora: "Mas, nos dias em que o sétimo anjo estiver para tocar sua trombeta, vai se cumprir o mistério de Deus, da forma como ele o anunciou aos seus servos, os profetas" (Ap 10.7). Depois, segue-se uma série de alusões a acontecimentos do AT. Diz-se a João para comer o pergaminho em uma experiência semelhante à de Ezequiel (Ez 2.8; 3.3). Então, ele deve medir o templo como o homem da visão de Ezequiel (Ez 40.3). Ele vê castiçais e oliveiras semelhantes aos da visão de Zacarias (Zc 4.11-14). Estes são identificados como as duas testemunhas de Deus que têm poder para realizar os sinais e as maravilhas que Elias e Moisés fizeram. Por último, as testemunhas são mortas pela besta, ressuscitadas e levadas ao céu. Mais uma vez, com exceção da referência à crucificação no versículo 8, a linguagem da seção é tomada do AT. Só quando a sétima trombeta soa, ouvimos uma voz no céu falando do fato de que o reinado de Cristo chegou (Ap 11.15-18).

As visões da besta (capítulos 12 a 14)

Em primeiro lugar, João vê a guerra entre o dragão e a mulher que carrega uma criança. O dragão, Satanás, é jogado para baixo e, em seguida, uma voz declara que o Reino de Deus e a autoridade de Cristo chegaram. Segundo, João vê uma besta saindo do mar. Toda a descrição é muito semelhante à visão do animal de Daniel 7, exceto por haver apenas uma besta. Ela parece prevalecer sobre os santos e ganhar a lealdade de todos aqueles cujos nomes não estão no livro da vida do Cordeiro. A segunda besta aparece para ajudar a primeira na conquista do mundo. Todos os homens trazidos sob o domínio da besta têm sua marca.

Em seguida, João observa o Cordeiro no monte Sião com os 144 mil, marcados com o nome do Pai. Três anjos emergem com severas advertências de juízo. Uma voz anuncia a bem-aventurança dos que morrem no Senhor. O "filho do homem", coroado, assenta-se sobre uma nuvem, com uma foice na sua mão. Chegou o momento da colheita das uvas da ira.

Nesse magnífico cortejo de figuras apocalípticas, João injeta apenas a referência ao Reino de Cristo, mas está completamente imerso na linguagem do AT.

AS SETE TAÇAS DA IRA (CAPÍTULO 16)

O derramamento das sete taças da ira traz terríveis pragas sobre a terra. Elas não são diferentes das visitações da ira já testemunhadas. De acordo com a tendência apocalíptica do Apocalipse, esta seção contém terminologia não distintamente cristã.

O JULGAMENTO DE BABILÔNIA (CAPÍTULOS 17 E 18)

A primeira parte da seção mantém o estilo apocalíptico. A João é mostrada a grande prostituta Babilônia. Ela está embriagada com o sangue dos santos e dos mártires de Jesus (Ap 17.6). Ela se senta sobre uma besta de sete cabeças com dez chifres. O anjo diz a João que os chifres são os reis que fazem guerra contra o Cordeiro, mas são conquistados por ele. A segunda parte da seção é marcada pela mudança no ciclo de oráculos proféticos, anunciando desgraças sobre a Babilônia. O fato de a histórica cidade de Babilônia figurar nessa profecia do AT como a cidade má do cativeiro do povo de Deus faz o estilo desses profetas apropriado a seção. Apenas a referência aos mártires de Jesus interrompe o estilo e o conteúdo do AT.

AS VISÕES FINAIS (CAPÍTULOS 19 A 22)

Só no último grupo de visões há a proeminência de temas do NT. No entanto, mesmo aqui eles são expressos em termos apocalípticos e, portanto, pouco acrescentam da perspectiva evangélica à paisagem do AT. A primeira visão do grupo (Ap 19.11-16) apresenta-nos ainda outro cavaleiro apocalíptico. Desta vez, sua identidade se torna clara a partir da descrição e, sobretudo, a partir do nome pelo qual ele é chamado: a Palavra de Deus. Ele lidera um exército celestial enquanto cavalga adiante para executar o juízo sobre o mundo.

Em seguida, João vê um anjo convocando as aves para o grande banquete a ser realizado com a carne dos homens poderosos de guerra. Então, a besta e os exércitos de homens se preparam para lutar contra o cavaleiro. Mas a besta é capturada junto com o falso profeta e eles são lançados vivos no lago de fogo. Os exércitos humanos são destruídos. A cena muda (Ap 20.1-3). Um anjo prende o dragão, Satanás, e o acorrenta para, em seguida, lançá-lo em um abismo por mil anos. Em seguida, os mártires de Cristo são restaurados à vida e reinam com ele por mil anos. Quando o período chega ao fim, Satanás é solto do abismo. Ele reúne seus exércitos para a batalha contra os santos, mas não há nenhum conflito. Em vez disso, fogo do céu os consome e o Diabo é lançado no lago de fogo para sempre. Mais uma vez a cena muda para um grande trono branco de julgamento (Ap 20.11-15). Os mortos estão diante do trono para serem julgados e aqueles cujos nomes não estão no livro da vida sofrem o mesmo destino que a besta, o falso profeta e o dragão.

Por último, João tem uma visão do novo céu e nova terra. Ele descreve a cidade santa, a nova Jerusalém, como a morada de Deus no meio do povo na nova terra herdada. É um lugar que traz todas as bênçãos previamente descritas como pertencentes ao Éden e à terra prometida. Agora, o conflito terminou e o povo de Deus experimenta apenas a presença eterna de Deus e do Cordeiro.

A FUNÇÃO DAS SEÇÕES APOCALÍPTICAS

O que, então, aprendemos com o resumo das seções apocalípticas? Em primeiro lugar, vimos que a linguagem apocalíptica foi inserida no NT em um quadro de escatologia. Embora ocorram algumas referências ocasionais a Cristo e a seu Reino, elas fazem pouco mais que identificar o assunto que, de outro modo, seria inteiramente do AT, tanto na forma como no contexto. O Reino de Cristo é retratado vindo com o dia da ira do Senhor. O presente século mau é encerrado nesse dia. De início, este ângulo e, em seguida, a partir dele, João pinta imagens vívidas com palavras da terrível desgraça do dia do Senhor. É uma série horrenda de imagens, e todas desafiam reproduções visuais. Não há questões de sequências cronológicas sendo rigorosamente observadas dentro ou entre as várias séries de visões. Nenhuma descrição ou visão apocalíptica pode fazer justiça a toda a abrangente atividade divina quando o Senhor acaba com a rebelião cósmica e salva seu povo. Cada aspecto da ordem criada, dos poderes espirituais ao pó da terra e os planetas inabitados, é envolvido no distúrbio desse dia.

Em segundo lugar, aprendemos que a ameaça de ruína sob o peso do juízo divino não promete terrores para os remidos. Eles são selados e mantidos à parte naquele dia, que não especifica a destruição para eles, mas a ressurreição e glorificação. Nenhum poder no céu ou na terra pode tocar em quem pertence a Deus. Aos olhos de Deus, essas pessoas constituem um número perfeito que não sofrerá infortúnios, obras do acaso, ou ataques do Diabo. O mais significativo é que a ira divina já esteve sobre elas, na pessoa de seu substituto, o Cordeiro que foi morto. Todas elas, unidas ao Cordeiro pela fé, agora vivem nele e recebem a mesma aprovação sem ressalvas do Pai, como ele recebe.

O efeito geral é descrever a tribulação do dia do Senhor, que se tornou um tema proeminente nas profecias e nos temas apocalípticos do AT. Cavaleiros apocalípticos, trombetas que anunciam uma destruição sem precedentes, taças repletas da ira do juízo, bestas e falsos profetas derrubados, os santos selados e seguros embora atormentados por um tempo por perseguições e martírio; tudo isso se torna o cenário do dia do Senhor. De um lado, a batalha continua na igreja; de outro, é apresentada, em termos apocalípticos, como uma luta que transcende a ordem terrena e permanece sendo travada na terra. A besta e o dragão, em uma aliança de maldade espiritual, manifestam seu frenesi de ódio contra o Reino de Deus na história do mundo. O falso profeta e todos os acusadores e perturbadores da igreja sofredora de Cristo reúnem toda a humanidade sem Deus para a luta que é chamada Armagedom. Essas imagens assustadoras poderiam esmagar com facilidade os cristãos tímidos e covardes na luta pela sobrevivência. Mas a ira é colocada em perspectiva pela selagem dos santos. O Armagedom é colocado em perspectiva pelo milênio.

Por fim, vamos supor que alguns dos leitores de João, de então e de agora, devem perguntar: "Quando todas essas coisas acontecerão?". Não há dúvida de que para muitas pessoas as questões candentes sobre o livro do Apocalipse se relacionam ao período da ocorrência da tribulação, quando e onde a batalha do Armagedom é travada, quando o milênio acontecerá. Essas questões, nos lábios de leitores modernos, são muitas vezes expressões da falha em compreender a literatura apocalíptica e como ela funciona. Pelo próprio entendimento da literatura apocalíptica, João respondeu a todas estas perguntas: "Essas coisas vão ocorrer *no final*, são os eventos do dia do Senhor". Só o evangelho, que João incorporou com cuidado ao livro e com o qual ele envolve as seções apocalípticas, irá nos salvar de ficarmos exasperados com essa resposta a nossa pergunta.

Resumo

As seções apocalípticas de Apocalipse mantêm as perspectivas do dia do Senhor, que pertencem aos escritos apocalípticos e proféticos do AT. À medida que seguimos ao longo das visões do Apocalipse, vemos que João não encontrou razão para se afastar do quadro de sucessão linear das duas eras. Além disso, há o mínimo de terminologia distintamente cristã na descrição das visões. Elas mostram que Jesus Cristo é a figura central no grande conflito entre o Reino de Deus e os poderes das trevas que acontece no dia do Senhor. A perspectiva do NT a respeito da sobreposição de todos os tempos não é evidente nas visões apocalípticas. No entanto, a vitória ainda é de Cristo. As visões não apresentam uma sequência cronológica de acontecimentos relacionados com o fim do mundo. Ao contrário, eles mostram uma variedade de aspectos do evento final de tal maneira a indicar as diferentes dimensões —desde as lutas pessoais do cristão à batalha cósmica em que Satanás e todos os seus aliados são destruídos. O livro do Apocalipse também mostra um forte senso de soberania divina na nossa salvação para que cada crente possa permanecer confiante no conhecimento de que ele é selado contra o dia da ira.

Tese

A perspectiva do AT sobre o dia do Senhor é mantida nas seções apocalípticas. Todos os eventos do fim, que no NT são estruturados pela sobreposição das eras, são descritos ocorrendo em um dia uniforme.

CAPÍTULO 7

"Digno é o Cordeiro que foi morto"

Passagens hínicas

Digno é o Cordeiro que foi morto de receber poder, riqueza, sabedoria, força, honra, glória e louvor! Aleluia! Pois reina o Senhor, o nosso Deus, o Todo-poderoso. Regozijemo-nos! Vamos nos alegrar e dar-lhe glória! Pois chegou a hora do casamento do Cordeiro, e a sua noiva já se aprontou (Ap 5.12; 19.6-7).

A VINDA DO FIM

No capítulo anterior tentei, sem entrar em muitos detalhes, mostrar a ênfase das visões apocalípticas e sua perspectiva do fim. Para a pergunta: "Quando sucederão essas coisas?", propus que a resposta de João é: "No fim". Devemos tentar esclarecer agora essa resposta. Nossa dificuldade reside em parte no fato de as expressões idiomáticas do AT empregadas por João retratarem o fim como um único ponto uniforme no tempo, marcando a conclusão da antiga era e o início da nova. Muitos cristãos ainda lutam com a pergunta dos discípulos em Atos 1.6: "Senhor, é neste tempo que vais restaurar o Reino a Israel?". Eles têm dificuldade com esse assunto porque não conseguem perceber que a resposta de Jesus, indicando a vinda do Espírito no dia de Pentecoste, apontava, assim, para a pregação do evangelho como a forma da vinda do Reino no período entre a ascensão de Jesus e sua segunda vinda.

O principal ponto que tenho defendido neste livro é que o evangelho cumpriu as promessas do Reino de Deus. É o evangelho que, assim, reestrutura a perspectiva do AT como vimos no capítulo 4. Creio que a perda da perspectiva do evangelho levou a tanta confusão sobre o Apocalipse. Quando o evangelho é separado da questão do cumprimento das promessas de Israel, deixa um vazio. Jesus Cristo nos mostra a necessidade de interpretar o AT, e todas as suas expressões literárias e formas, à luz do NT. Mas quando o evangelho e a presente era da "igreja" são interpretados como intrusões nas promessas feitas a Israel e seu cumprimento futuro e literal, estamos de fato interpretando o NT pelo AT. O evangelho se torna subserviente ao AT, e não deveria ser assim.

A pergunta dos discípulos sobre a restauração do Reino mostrou duas coisas, uma correta e outra que necessitava de correção. A percepção correta desses homens era que a ressurreição de Jesus restaurou a confiança nele como o redentor prometido, sinalizou que o dia do Senhor havia chegado. Estavam, agora, no *fim*. A percepção incorreta decorria da persistência nas imagens mentais do AT que consideravam o momento único e indiviso da transição de uma era para a próxima. Não devemos ser críticos demais em relação a esse equívoco, pois exigiria os eventos da ascensão de Cristo e a vinda do Espírito Santo para deixar claro para os discípulos como o evangelho, como seu cumprimento, modificou ou qualificou a forma das promessas.

A natureza da qualificação do evangelho sob a perspectiva do AT foi discutida no capítulo 4; o que todos nós precisamos, aqui, é nos lembrar de que o novo entendimento do fim, fornecido pelo evento de Cristo, é extremamente importante. É vital para nossa percepção das realidades da existência cristã, de modo particular por ser caracterizada pela tensão em nós entre a nova era, que já veio em Cristo, e a antiga, que ainda existe em nós e a nosso redor.

O assunto deste capítulo é como João supera as desvantagens atribuídas ao uso que ele fez da linguagem apocalíptica e de outras formas do AT que preservam a simples perspectiva linear das duas eras. Minha sugestão é que o livro do Apocalipse foi provido de um quadro de materiais orientados para o evangelho que o impede de ser uma obra exclusiva da apocalíptica judaica no tocante à percepção do fim. O quadro é composto principalmente pelas seções de hinos ou interlúdios entre as visões do dia do Senhor. Podemos também adicionar a introdução e as últimas visões com sua clara natureza final.

Tudo que defendi nos três primeiros capítulos se relaciona com essa dimensão do Apocalipse. Embora, em quantidade, as visões apocalípticas superem o restante do material, João não nos deixou nenhuma dúvida de que o evangelho é o cerne de tudo o que deseja dizer. Assim, *o fim*, visto por João, é principalmente advindo dos eventos históricos de Jesus de Nazaré. O *fim* chegou para nós na pessoa do nosso substituto, que estava disposto a se tornar o Cordeiro sofredor que foi morto. A grande tribulação, a vitória no Armagedom no Calvário, e a amarração de Satanás foram realizadas por ele. Esse foi o evento que garantiu a herança no Reino de Deus a todos os santos. O padrão da nossa existência é moldado nessa base. O caráter da igreja é modelado no Senhor. O que veio nele e foi alcançado por ele para nós modela o processo de alcançar o fim em nós enquanto o Espírito Santo cria e santifica a igreja.

Mas não é o caso de que apenas a igreja, como reunião dos santos, seja o local em que cada cristão se sustenta na luta pessoal com o objetivo de se assemelhar a Jesus na presente glória. É também, como temos visto, que até que o Cordeiro seja revelado como o Leão, o corpo de Cristo deve se identificar com o cabeça no caráter como Cordeiro. Assim, a igreja sofre. E ainda o Cordeiro é vitorioso. Assim, a igreja, em meio aos sofrimentos, conhece o significado da vitória.

Só seremos glorificados quando Cristo for revelado na glória do Leão. O dia do Senhor permanece velado sob o sofrimento do Cordeiro até esse ponto. Sendo velado, é percebido apenas pela fé que o evangelho cria no povo de Deus. Contudo, é real, como todos os que verdadeiramente creem no evangelho afirmarão. O problema da existência cristã é que facilmente permitimos que a tribulação experimentada na igreja sofredora obscureça a glória que já é nossa pela fé em Cristo. Esse é o problema apresentado pelo Apocalipse para ser corrigido. Se o objeto e a essência do livro fossem mantidos em mente, seríamos poupados de muitas interpretações especulativas. A primeira preocupação de João não é ministrar a profetas de poltrona em algum tempo distante, mas aos guerreiros dos seus dias que lutavam para conciliar seu sofrimento com a vitória de Cristo sobre o pecado, Satanás e a morte. Nessa preocupação ele também é nosso contemporâneo.

O AMBIENTE DO EVANGELHO

A introdução já foi discutida, por isso, precisamos apenas, nesta fase, lembrar-nos do destaque de João ao evangelho histórico em Apocalipse 1 (v. capítulo 3). Nunca devemos perder de vista o primeiro capítulo de João, em especial quando chegamos à sucessão sobre as visões apocalípticas. O elemento tempo é importante no que João diz no início. Observe o seguinte:

O passado:

> Jesus Cristo nos libertou dos nossos pecados por sua morte, e subiu dos mortos (v. 5). Ele fez de nós um reino de sacerdotes para seu Deus (v. 6).

O presente:

> Jesus Cristo é agora o soberano dos reis da terra (v. 5). Também é agora o regente e guardião pastor das igrejas (v. 16,20), pois está vivo e viverá para sempre (v. 18), pois possui as chaves da morte e do inferno (v. 18).

O futuro:

> Jesus Cristo ainda está por vir com as nuvens de modo que cada olho vai vê-lo (v. 7). Sua vinda trará consternação aos povos de toda a terra (v. 7).

A visão de Apocalipse 1.12-20 é a visão do Cristo reinante agora. A existência cristã é uma questão do presente. Claro que não vivemos no presente sem olhar para o passado ou o futuro. Mas devemos viver no presente. João escreve para o presente na luz da passada vitória de Cristo, o presente Cristo que reina e a futura consumação do Reino de Cristo. E, se Cristo governa agora, ele tem que superar seus inimigos de forma decisiva nos acontecimentos passados de sua vida, morte e ressurreição.

É fundamental para o evangelho como a chave para a interpretação bíblica que o evento passado da obra consumada de Cristo determina completamente a natureza do presente e do futuro. Por isso eu disse que não podemos interpretar o NT e, em particular, o livro do Apocalipse, com base na perspectiva do AT. É lógico que pelo fato de o evangelho cumprir e revelar o significado final do AT, devemos permitir que o evangelho determine seu significado. Em termos da estrutura do livro do Apocalipse, observamos que o quadro do evangelho é estabelecido por interlúdios para as seções apocalípticas. A seção introdutória é o prelúdio das sete cartas. A visão celestial dos capítulos 4 e 5 é o prelúdio dos sete selos. No primeiro capítulo, analisamos a visão de Apocalipse 5. O Cordeiro morto é o único digno de revelar a verdade do Reino. A canção dos anciãos ecoa esta verdade e atribui essa dignidade aos atos salvadores de Cristo:

> Tu és digno de receber o livro e de abrir os seus selos, pois foste morto, e com teu sangue compraste para Deus homens de toda tribo, língua, povo e nação.
>
> Tu os constituíste reino e sacerdotes para o nosso Deus, e eles reinarão sobre a terra (Ap 5.9,10).

Em seguida, os anjos, as criaturas e os anciãos cantam:

> Digno é o Cordeiro que foi morto de receber poder, riqueza, sabedoria, força, honra, glória e louvor (Ap 5.12).

Observe a ênfase no evento passado da morte de Cristo como o que cria a realidade atual do Reino de sacerdotes — a igreja. Diz-se que os redimidos "reinarão sobre a terra", mas este tempo futuro não implica apenas o futuro remoto, mas o processo contínuo de reinado a partir do momento da redenção. Eles *já* são um Reino (Ap 1.6; 5.10). Também não exclui o futuro remoto, pois a perspectiva do NT que chamamos céu ou vida eterna é a existência na terra. Ela será, naturalmente, a terra renovada, mas é a terra do mesmo jeito. Alguns conceitos populares a respeito do céu parecem ser mais pagãos que cristãos, pois removem o ambiente terrestre e também a existência física dos redimidos.

O próximo interlúdio ocorre no relato em que as multidões são seladas antes das visões das sete trombetas. Estes são poupados do juízo que acontece na terra, os santos justificados que clamam em alta voz:

> A salvação pertence ao nosso Deus, que se assenta no trono, e ao Cordeiro (Ap 7.10).

Segue-se outro breve hino que atribui glória a Deus (v. 12). O ancião que interpreta os fatos para João lhe diz que a multidão é composta por quem veio da tribulação (João usa o tempo presente aqui). A descrição que se segue deixa claro que os santos remidos não escaparam da tribulação, mas vieram dela. O Cordeiro — que para João é sempre o Cordeiro que foi morto — operou a salvação. A tribulação chega, mas não derrota os santos que lavaram as vestes no sangue do Cordeiro. A relação dessa visão no tempo com os dias de João não é o que importa. O que está sendo descrito aqui são as três etapas da salvação: justificação, santificação (incluindo-se o sofrimento) e glorificação final. Este ponto de vista da segurança dos redimidos não é diferente da visão de Paulo da cadeia inquebrável no processo de salvação:

> E aos que predestinou, também chamou; aos que chamou, também justificou; aos que justificou, também glorificou (Rm 8.30).

Na passagem em análise, João descreve a glorificação dos santos como o resgate final do sofrimento:

> Por isso, eles estão diante do trono de Deus e o servem dia e noite em seu santuário; e aquele que está assentado no trono estenderá sobre eles o seu tabernáculo. Nunca mais terão fome,

nunca mais terão sede. Não cairá sobre eles sol, e nenhum calor abrasador, pois o Cordeiro que está no centro do trono será o seu Pastor; ele os guiará às fontes de água viva. E Deus enxugará dos seus olhos toda lágrima (Ap 7.15-17).

A preocupação desta passagem não é saber se a exaltação deve ser entendida como se estivesse acontecendo agora ou se ocorrerá só depois da ressurreição geral. O objetivo é tranquilizar os santos sofredores de que o evento passado — que levou o Cordeiro ao sofrimento, à morte e ressurreição até o trono — fixou seu destino de estar para sempre com o Cordeiro na glória.

O próximo interlúdio, entre as sete trombetas e a série de visões da besta (Ap 10—11) inclui a descrição das duas testemunhas de Deus, cujas palavras provocam um ataque temível da besta. O som da sétima trombeta (Ap 11.15) nos leva a outra seção de hinos como um prelúdio para a próxima série de visões. Grandes vozes são ouvidas no céu, dizendo:

O reino do mundo se tornou de nosso Senhor e do seu Cristo, e ele reinará para todo o sempre (Ap 11.15).

Então os vinte e quatro anciãos adoram a Deus dizendo:

Graças te damos, Senhor Deus todo-poderoso, que és e que eras, porque assumiste o teu grande poder e começaste a reinar. As nações se iraram; e chegou a tua ira. Chegou o tempo de julgares os mortos e de recompensares os teus servos, os profetas, os teus santos e os que temem o teu nome, tanto pequenos como grandes, e de destruir os que destroem a terra (Ap 11.17,18).

A compreensão mais lógica dos hinos é que eles se referem à glória final do Reino de Cristo e ao juízo final. Este parece ser o caso se os ligarmos à descrição anterior das duas testemunhas. Assim, mais uma vez, João descreve a missão da igreja golpeada, mas vitoriosa. A visão das "duas testemunhas" é, como vimos no capítulo anterior, quase totalmente desprovida de terminologia especificamente cristã. As testemunhas são descritas como profetas do AT. Apenas a referência ao lugar "onde foi crucificado o seu Senhor" (v. 8) as mostra como testemunhas do evangelho. Como seu Senhor, elas são mortas, e como o Senhor, são ressuscitadas e levadas para o céu. Em seguida, o Reino de Cristo é anunciado. As duas testemunhas são uma descrição da igreja de hoje, caracterizada por conflitos e perseguições.

O interesse de João nos mártires nasce da realidade de seu tempo. A morte das testemunhas não significa, assim, a obliteração da igreja em algum momento na história do mundo. João assegura a seus leitores de que mesmo o martírio não pode superar o poder que ressuscitou Jesus. A descrição lembra muito o sofrimento, a morte, ressurreição e ascensão de Cristo para ser acidental. Mais uma vez, comunica-se à igreja que seu caráter e experiência devem refletir o caráter e a experiência do Senhor. O destaque do martírio não remove essa passagem da esfera experimental de cada cristão. Mais uma vez, há uma afinidade com a mensagem de Romanos 8:

> Como está escrito: "Por amor de ti enfrentamos a morte todos os dias; somos considerados como ovelhas destinadas ao matadouro". Mas, em todas estas coisas somos mais que vencedores, por meio daquele que nos amou (Rm 8.36,37).[31]

O prelúdio às sete taças da ira inclui a música dos santos que venceram a besta (Ap 15). Antes do anúncio das últimas pragas, os santos são vistos junto ao mar de vidro misturado com fogo. A próxima referência à sua música como o cântico de Moisés e do Cordeiro talvez sugira que o mar represente as provas pelas quais passaram, como Moisés conduziu Israel através do mar Vermelho. Ali Israel testemunhou os atos salvadores de Deus no juízo dos inimigos. Moisés entoou um cântico de louvor ao triunfo do Senhor, o guerreiro divino. Agora, na visão de João, os santos cantam o cântico de Moisés e do Cordeiro:

---

[31] William Hendriksen representou bem o espírito da mensagem de João no título de sua exposição de Apocalipse — *More than Conquerors* (Grand Rapids: Baker Book House, 1939). Publicado no Brasil com o título *Mais que vencedores* (São Paulo: Cultura Cristã, 1987, 246 p.).

> Grandes e maravilhosas são as tuas obras, Senhor Deus todo-poderoso. Justos e verdadeiros são os teus caminhos, ó Rei das nações. Quem não te temerá, ó Senhor? Quem não glorificará o teu nome? Pois tu somente és santo. Todas as nações virão à tua presença e te adorarão, pois os teus atos de justiça se tornaram manifesto (Ap 15.3,4).

Embora seja chamado cântico de Moisés, o hino tem pouca similaridade vocabular com o cântico de Moisés de Êxodo 15, com exceção, talvez, da frase:

> Quem é semelhante a ti? Majestoso em santidade, terrível em feitos gloriosos, autor de maravilhas (Êx 15.11)?

As principais semelhanças encontram-se na perspectiva da salvação. O cântico de Moisés recorda os atos objetivos de Deus na história da salvação de Israel. Esse acontecimento prenunciou o êxodo verdadeiro e espiritual realizado pelo Cordeiro, o mediador da nova aliança. Os grandes e maravilhosos feitos, sobre os quais os santos da visão de João cantam, são os acontecimentos históricos e objetivos do evangelho. O dia do Senhor veio na pessoa e na obra de Jesus Cristo.

Em seguida, o texto nos diz que os vitoriosos sobre a besta são os cantores dessa música. De acordo com as sete mensagens às igrejas, esta é a vitória da vida de fé e perseverança, possibilitada apenas pela vitória de Cristo. Assim, o dia do Senhor também surge da vida da igreja no mundo, e por meio dela, uma vez que torna o evangelho conhecido. Os santos desta visão terminaram a luta e receberam a recompensa. O fato de sua retratação anteceder as últimas pragas não deve nos preocupar. O padrão apocalíptico e profético não exige uma ordem cronológica estrita. É bastante apropriado que João descreva os santos na glória consumada antes da última tribulação e da ira final. Por um lado, o Apocalipse não se encontra em estrita ordem cronológica: há repetição. Por outro, a natureza do fim, de acordo com o evangelho, torna difícil definir, a partir das passagens apocalípticas, qualquer referência a um, e apenas um, aspecto da vinda do fim. O fato de João se referir às sete últimas pragas não significa que elas ocorram apenas no momento do retorno de Cristo.

Após o derramamento das sete taças da ira, o interlúdio inclui a descrição apocalíptica da Babilônia, a cidade prostituta (Ap 17), e o oráculo profético sobre sua queda (Ap 18). Em seguida, vem o hino da grande multidão no céu:

> Aleluia! A salvação, a glória e o poder pertencem ao nosso Deus, pois verdadeiros e justos são os seus juízos. Ele condenou a grande prostituta que corrompia a terra com a sua prostituição. Ele cobrou dela o sangue dos seus servos (Ap 19,1-3).

Mais tarde, João ouve mais uma vez a voz da grande multidão:

> Aleluia! Pois reina o Senhor, o nosso Deus, o Todo-poderoso. Regozijemo-nos! Vamos nos alegrar e dar-lhe glória! Pois chegou a hora do casamento do Cordeiro, e a sua noiva já se aprontou. Foi-lhe dado para vestir-se linho fino, brilhante e puro (Ap 19.6-8).

Tendo enfatizado muitas vezes que a tribulação dos últimos dias não pode abater os santos, João também fala do fato de que os inimigos do Reino de Deus, os poderes ateus do mundo, estão condenados a sofrer destruição completa. De novo, a perspectiva global está incluída. Babilônia tem perseguido o povo de Deus. A luta apocalíptica caracteriza este dia e tempo da graça. A história da verdadeira igreja está marcada pelo sangue dos mártires. A justiça divina pode parecer um sonho para os espezinhados e perseguidos, mas é real: "'Minha é a vingança; eu retribuirei', diz o Senhor" (Rm 12.19). Quando a vingança, por fim, alcançar os ímpios, a festa das bodas do Cordeiro terá começado. A era do evangelho, inevitavelmente, dá lugar à destruição final da Babilônia que anuncia a consumação do Reino.

Antes do epílogo (Ap 22.6-21), devemos observar alguns pontos distintivos do último grupo de visões. Em muitos aspectos, esse grupo (Ap 19.11—22.05) compartilha as mesmas características de todas as outras visões apocalípticas. Como vimos no Capítulo 6, a forma e o estilo permanecem predominantemente característicos do AT. Jesus, em lugar do Cordeiro, é mencionado de forma específica em relação ao Reino milenar (Ap 20.4-6), mas a perspectiva não se altera. No entanto, quando se chega à visão do grande trono branco (Ap 20.11-15) e à visão da Nova Jerusalém (Ap 21.1—22.5), há um aumento no sentido do objetivo final. O lago de fogo é descrito como a segunda morte, e a morte e o inferno estão associados a ele. Este objetivo foi antecipado no lançamento de Satanás no lago de fogo para sempre (Ap 20.10). Deste ponto em diante, a descrição não é de um final uniforme, mas da consumação. Em muitos aspectos, o objetivo deve ser inferido do fato de que João não dá mais lugar ao sofrimento ou às investidas do Diabo. As promessas e os propósitos de Deus são cumpridos:

> Agora o tabernáculo de Deus está com os homens, com os quais ele viverá. Eles serão os seus povos; o próprio Deus estará com eles e será o seu Deus. Ele enxugará dos seus olhos toda lágrima. Não haverá mais morte, nem tristeza, nem choro, nem dor, pois a antiga ordem já passou (Ap 21.3,4).

A versão final será considerada com detalhes no capítulo 9. Aqui, deve-se observar o seguinte: mesmo que João continue no estilo apocalíptico, como ele claramente faz, podemos esperar um sinal de que a consumação é a realidade de todas as coisas.

Por fim, o epílogo nos traz de volta ao presente. Nada mais de visões apocalípticas, apenas a realidade da experiência cristã. Há o apelo urgente para enfrentar a realidade de que *agora* é o fim. No velho estilo apocalíptico, diz-se ao escritor para selar em um livro o que lhe foi revelado. Ali permanecerá até o tempo do APOCALIPSE, a *revelação*. Os selos serão quebrados e os segredos das visões revelados. Esse será o tempo do fim. Mas o anjo diz a João: "Não sele as palavras da profecia deste livro, pois o tempo está próximo" (Ap 22.10). Não há tempo para selar a mensagem e colocá-la de lado para o futuro. Enquanto João escreve, lhe foi dado ver, naquele momento, o fim que está sobre o mundo. Além disso, enquanto a tribulação do fim pode durar anos, o fim do homem comum espreita ao virar da esquina de sua vida. Pois no momento em que não pensa, o homem mau é pego no meio da sua iniquidade, o homem justo tomado em meio à sua prática de justiça (v. 11). Em seguida, independentemente dos séculos, até mesmo milênios, que passarão antes que o universo se envolva na consumação, cada um descobrirá não haver mais tempo. A vinda de Cristo é tão próxima de nós quanto o momento da própria morte. Felizes os "que lavam as suas vestes, para que tenham direito à árvore da vida" (Ap 22.14).

Resumo

Enquanto as seções apocalípticas falam do fim dessa com a linguagem do AT, João as encaixa em um quadro de passagens que tornam bem clara a perspectiva do evangelho. O fim é o fim como ele se mostrou a nós na pessoa de Jesus Cristo. O fim é o fim uma vez que continua chegando a igreja. E o fim é o fim uma vez que virá na consumação do retorno de Jesus Cristo. Essa perspectiva é apresentada de modo principal pelos interlúdios de hinos entre as visões apocalípticas. Apenas na última seção de visões apocalípticas, a perspectiva do evangelho dos interlúdios é reforçada. Aqui, João resolve explicitamente as ambiguidades existentes nas outras seções. Ou seja, ele deixa bem claro que a sobreposição de todos os tempos não existe mais. O Diabo é por fim removido para sempre e a nova era surge como aquela em que os santos estão finalmente adaptados.

Tese

A perspectiva do AT, que permanece inalterada na maioria das seções apocalípticas, é modificada pelo âmbito do evangelho na introdução, nos interlúdios (seções de hinos) e no epílogo.

CAPÍTULO 8

"Houve então uma guerra no céu"

Conflito e Armagedom

Houve então uma guerra no céu. Miguel e seus anjos lutaram contra o dragão, e o dragão e os seus anjos revidaram. Mas estes não foram suficientemente fortes, e assim perderam o seu lugar no céu. O grande dragão foi lançado fora. Ele é a antiga serpente chamada Diabo ou Satanás, que engana o mundo todo. Ele e os seus anjos foram lançados à terra (Ap 12.7-9).

O CONFLITO É INEVITÁVEL

No capítulo 2, consideramos a realidade do sofrimento a experiência normal dos cristãos no mundo. Vimos o que Jesus disse sobre o assunto e sua relevância para o tema do Apocalipse: "Neste mundo vocês terão aflições; contudo, tenham ânimo! Eu venci o mundo" (Jo 16.33). Agora quero apresentar a visão geral do tema "conflito" no Apocalipse fornecida por João. O conflito e a tribulação estão relacionados muito de perto na imagem bíblica da vinda do Reino de Deus. No AT, as causas diretas do sofrimento e da perturbação costumam ser apontadas sem que haja a análise do quadro total da origem do mal no mundo. Mas, estando preparados para adotar a unidade essencial da Bíblia, podemos conseguir evidências da visão geral da situação. O Apocalipse segue o tipo de dualismo desenvolvido nas situações apocalípticas do AT. Isto é, observa-se o conflito entre a luz e as trevas, o bem e o mal, Deus e Satanás, que pode ocorrer na esfera espiritual ou nos lugares celestiais, mas que também se desenrola nos assuntos dos homens na terra. Uma implicação imediata e emocionante disso é o fato de que os assuntos da igreja no mundo têm efeitos cósmicos. Tendemos a pensar na luta pessoal e da igreja como nada mais que os resíduos da mancha do pecado. No entanto, Paulo, por exemplo, nos lembra de que a luta é contra os poderes espirituais (Ef 6.12).

Não seria verdade dizer que o conflito ocorre apenas porque Deus se recusou a permitir o desafio de Satanás. Os deístas acreditavam na divindade que se retirara do mundo e não se interessava mais por ele. Essa retirada não impediria o conflito, pois a criação só se encontra em harmonia quando se relaciona com Deus. Alguns conflitos, então, são efeitos diretos do pecado, que destroem relacionamentos adequados e harmoniosos dentro de criação. O Deus da Bíblia não é a divindade teísta. Ele não deixou o mundo à própria sorte, e também não permitiu que Satanás roubasse o mundo. Ao contrário, Deus desafiou a pretensão de Satanás, e invadiu o domínio que ele havia usurpado na pessoa de Jesus Cristo. Cada ato de salvação operado por Deus é uma censura direta ao Diabo. *O ato salvador de Deus foi a vida e morte de Jesus Cristo.* Esta experiência do Cordeiro morto foi o conflito definitivo pelo qual a redenção chega a todo o povo de Deus.

Ao entrar no reino humano, na existência humana, mediante a encarnação, Cristo entrou no reino da nossa escravidão a Satanás. Ele deveria conquistá-lo ou se submeter. Em seu próprio ser, ele constituiu o Reino de Deus, pois ele era Deus e homem em uma relação de perfeita harmonia. A submissão de Cristo a Satanás é tão impensável quanto Deus abdicar o trono do céu e permitir que Satanás tome seu lugar como governante do universo. A encarnação de Cristo foi a condição necessária para a salvação. Ela foi o foco da área da atuação divina na existência humana. Este é o lugar onde ela começou. A partir do momento em que o homem foi criado como o pináculo da criação, Satanás atacou o Reino de Deus. Ele decidiu atacar a Deus por meio do homem. A tentação de Eva e o pecado subsequente dos nossos primeiros pais constitui uma aparente vitória de Satanás sobre o Reino de Deus. O pecado e a morte vieram por um homem e também a justiça e a vida devem vir pelo homem:

> Assim como uma só transgressão resultou na condenação de todos os homens, assim também um só ato de justiça resultou na justificação que traz vida a todos os homens (Rm 5.18).

> Visto que a morte veio por meio de um só homem, também a ressurreição dos mortos veio por meio de um só homem (1Co 15.21).

Muitas vezes nos esquecemos de que também a salvação provida por Cristo tem consequências cósmicas (como ocorreu com o pecado de Adão). Toda a criação está envolvida nas duas situações. Em outras palavras, da mesma forma que o pecado do homem gerou a ruptura de todo o universo, a justiça de Cristo gera a restauração do universo todo. E isso não acontece de modo separado de nós. O sofrimento redentor de Cristo ocorre no campo de conflito entre Deus e Satanás. A morte de Cristo na cruz foi, de fato, sua vitória sobre o Diabo. A vitória dele sobre todos os poderes demoníacos nos libertou. Os milagres de Jesus em que ele expulsa os demônios são indícios de que a missão messiânica deveria incluir a vitória sobre essa dimensão da realidade.

O conflito entre Deus e Satanás tem várias dimensões pertencentes à natureza das coisas reveladas pela Bíblia. A analogia de Paulo entre Cristo e Adão é muito importante. Romanos 5 é a principal passagem que expõe essa relação. A maioria das pessoas pode compreender a ideia de que Adão foi o homem que trouxe o pecado à existência humana, e Cristo foi o homem que lidou com o problema. Adão foi tentado e pecou, levando, assim, a humanidade para fora do jardim do paraíso, no deserto. Cristo entrou no deserto, foi tentado e resistiu ao Diabo, abrindo o caminho de volta ao paraíso. O argumento de Paulo, no entanto, vai um pouco além disso. Ele diz que Adão representava toda a humanidade, pois o pecado dele se tornou o nosso pecado. Da mesma forma, Cristo representa toda a nova humanidade, pois sua justiça é a nossa justiça.

Levemos o argumento um passo adiante. Como nós todos, por causa da nossa união com Adão, compartilhamos sua culpa, damos expressão ao pecado original quando vivemos de forma pecaminosa. Da mesma forma, em virtude da nossa união com Cristo, pela fé, somos considerados justos como ele é, passamos a expressar essa justiça em nossa vida. Claro que não a expressamos com perfeição por causa do pecado que permanecerá até que estejamos totalmente redimidos. O ponto é que a vida do homem reflete quem o representa. Sendo de Adão, expressamos a natureza dele. Sendo de Cristo, expressamos a natureza de Cristo. Este estudo enfatizou que o Cordeiro estampa seu caráter nos que estão unidos a ele pela fé. Isto é, a igreja assume o caráter do cabeça. O conflito do Cordeiro com Satanás é também um ato de sofrimento e redentor. Por isso a igreja continuará sofrendo até que o Cordeiro seja revelado em toda a glória do Leão.

Outra implicação disso é que o sofrimento representativo e substitutivo do Cordeiro — *o* conflito com Satanás — permanece refletido no povo. O sofrimento da igreja e o conflito com Satanás refletem a grande batalha que culminou no Calvário. O que aconteceu com nosso representante tem reflexo na nossa vida até a consumação, quando a separação final virá e o mal será repudiado para sempre.

O CONFLITO PARA NOSSA JUSTIFICAÇÃO

O motivo do conflito, como qualquer outro aspecto dos atos divinos salvadores, pertence às três dimensões da salvação: justificação, santificação e glorificação. A esse respeito, o NT mostra que a investida dos poderes demoníacos e sua deposição dependem da primeira dessas dimensões, o evangelho. A vitória de Jesus sobre os demônios, registrada nos Evangelhos, é central para identificar o motivo de conflito. Por exemplo, em Lucas 11.14-23 há o registro da expulsão de um demônio, o que fez com que os opositores de Jesus oferecessem o argumento ilógico de que Jesus mantinha uma aliança com o Diabo: "É somente por Belzebu, o príncipe dos demônios, que ele expulsa demônios". Obviamente, Satanás não se propôs a destruir o próprio domínio. "Mas se é pelo dedo de Deus que eu expulso demônios, então chegou a vocês o Reino de Deus". É provável que Jesus tenha usado essa metáfora incomum a respeito do poder de Deus (mão e braço são mais usados para denotar poder), para recordar quando os magos de Faraó foram forçados a admitir a derrota diante do poder superior do Deus de Israel (v. Êx 8.19).

O motivo do conflito nos Evangelhos se apresenta também com o fato desconfortável de que toda a humanidade está presa na guerra entre Cristo e Satanás. No exorcismo a que nos referimos, Jesus continuou, dizendo: "Aquele que não está comigo é contra mim, e aquele que comigo não ajunta, espalha" (Lc 11.23). As palavras foram sem dúvida direcionadas aos transeuntes que acusaram Jesus de usar poderes demoníacos para expulsar demônios. No relato de Marcos, a acusação está ligada à blasfêmia contra o Espírito Santo (Mc 3.29,30). Em outro local, Jesus diz aos adversários: "Vocês pertencem ao pai de vocês, o Diabo, e querem realizar o desejo dele" (Jo 8.44). A posse demoníaca da humanidade está revelada com clareza na confissão de Pedro em Cesareia de Filipe (Mt 16.13-23). Pedro confessa: "Tu és o Cristo, o Filho do Deus vivo" (v. 16). Respondeu Jesus: "Feliz é você, Simão, filho de Jonas! Porque isto não lhe foi revelado por carne ou sangue, mas por meu Pai que está nos céus" (v. 17). Só Deus poderia dar a um homem pecador olhos que reconheçam o Cristo. Mas o mesmo homem é capaz de manter pensamentos de homem pecador. O Cristo de Deus deve morrer para nos redimir. " 'Nunca, Senhor!', disse Pedro. Jesus virou-se e disse a Pedro: 'Para trás de mim, Satanás! Você é uma pedra de tropeço para mim, e não pensa nas coisas de Deus, mas nas dos homens' " (v. 23). A verdade difícil de encarar é: quando o homem reconhece Cristo, isso ocorre pela graça de Deus. Quando ele pensa como homem, ele é emissário de Satanás.

Assim, o padrão se desenvolve. Jesus traz a redenção e o Reino de Deus. Ele o faz pagando o preço com o próprio sofrimento e morte. Expulsa demônios porque desviou os dardos das tentações de Satanás no deserto, e seguiu o curso de obediência total à vontade do Pai. O mistério da iniquidade é tal que não se pode compreender por que Satanás tanto procura desviar Jesus do sofrimento redentor como também permanece o agente do seu sofrimento (v. At 2.23). Nós sabemos que o conflito foi decidido por esse ato redentor de Cristo: "Tendo despojado os poderes e as autoridades, fez deles um espetáculo público, triunfando sobre eles na cruz" (Cl 2.15). Sobre sua morte que se aproximava, Jesus disse: "Chegou a hora de ser julgado este mundo; agora será expulso o príncipe deste mundo. Mas eu, quando for levantado da terra, atrairei todos a mim" (Jo 12.30-33). O evangelho é o poder de Deus para superar os poderes do mal. Os discípulos receberam uma antecipação disso quando os setenta foram enviados para pregar as boas-novas: "O Reino de Deus está perto de você" (Lc 10.8-18). Quando eles voltaram regozijando-se porque até os demônios haviam se submetido a eles, Jesus disse: "Eu vi Satanás caindo do céu como relâmpago".

O CONFLITO NA NOSSA SANTIFICAÇÃO

Nós estabelecemos que Satanás obteve o domínio sobre o universo mediante sua entrada na arena da existência humana. O ato redentor de Deus, como o bisturi no câncer mortal, deve ocorrer na mesma arena. A obra justificadora de Cristo em sua vida e morte incluiu a vitória sobre o poder de Satanás no mundo. A estrutura de salvação foi adequadamente discutida nos capítulos anteriores, e ela será agora aplicada à área da vitória de Cristo sobre Satanás. O que Cristo fez por nós afeta todos os crentes, como no tocante à santificação. O que já somos em Cristo (vitória sobre Satanás) começa a tomar forma na nossa experiência à medida que o Espírito Santo nos molda cada vez mais para a realidade em Cristo. A luta do cristão é contra o mundo, a carne e o Diabo.

Quando Paulo conclui a carta aos Efésios, indo das questões práticas da vida (Ef 5.1—6.9) para a questão de batalha espiritual (Ef 6.10-18), ele não inicia um novo assunto. As questões práticas do cotidiano no mundo hostil são a guerra espiritual contra os poderes e as autoridades. Exortando-nos a colocar toda a armadura de Deus, Paulo não argumenta a partir da sua perspectiva costumeira — que, por estarmos firmes e apegados à verdade da justificação, vivemos a vida de santificação. O evangelho em ação no crente, na congregação de fiéis, é a demonstração a todos os poderes espirituais do triunfo de Cristo (Ef 3.10-13).

O CONFLITO DA GLORIFICAÇÃO

A questão de saber por que a derrota decisiva de Satanás na cruz não foi também sua destruição final é o mesmo que a questão em Atos 1.6 a respeito de Cristo restaurar o Reino (v. capítulo 7). Aprouve a Deus, em sua sabedoria, trazer muitos filhos à glória mediante a pregação do evangelho na presente era. Para Pedro é a paciência de Deus dando oportunidade para que as pessoas se arrependam. "Mas", diz ele, "o dia do Senhor, porém, virá como ladrão" (2Pe 3.8-13). O dia do Senhor é, no contexto, a consumação do Reino. A consumação da vitória de Cristo será a final e completa abolição e destruição de Satanás. Mas isso só poderá acontecer porque Cristo já obteve a vitória sobre Satanás na cruz. A queda final não é uma nova obra redentora de Deus. É o desenrolar da vitória da cruz em todo o universo quando Deus faz tudo novo. Quando Satanás é lançado no lago de fogo (Ap 20.10), todo conflito, sofrimento e morte cessam para sempre.

O CONFLITO EM APOCALIPSE

Com essa visão geral da guerra espiritual, como devemos entender o motivo do conflito no livro do Apocalipse? Vamos primeiro resumir como o conflito ocorre em todo o Apocalipse.

A igreja no mundo descrita nas sete mensagens (Ap 2—3)

Cada uma das mensagens descreve um aspecto da luta. Não se trata de sofrimento passivo, mas nascido do conflito que se estabelece ao declararmos que somos de Cristo. Perseguição é a obra do Diabo:

> Você permanece fiel ao meu nome e não renunciou à sua fé em mim, nem mesmo quando Antipas, minha fiel testemunha, foi morto nessa cidade, onde Satanás habita (Ap 2.13).

Aos demais que estão em Tiatira, a vocês que não seguem a doutrina dela e não aprenderam, como eles dizem, os profundos segredos de Satanás [...] não porei outra carga sobre vocês; tão somente apeguem-se com firmeza ao que vocês têm, até que eu venha (Ap 2.24,25).

Vejam o que farei com aqueles que são sinagoga de Satanás e que se dizem judeus e não são, mas são mentirosos. Farei que se prostrem aos seus pés e reconheçam que eu amei você (Ap 3.9).

Outros lutam contra o inimigo interno, contra a imoralidade, falsa doutrina e contra a letargia e complacência na igreja. Mas, a todos é dada a promessa de que a bênção final é para quem vencer, que sair vitorioso na guerra incessante contra o mundo, a carne e o Diabo.

Deus em conflito com um mundo pecador (Ap 6—7)

A abertura dos selos conduz a terríveis juízos sobre a ordem criada. Esta é a manifestação final da maldição de Gênesis 3. Mas os santos são selados contra este juízo pela obra redentora de Cristo. Caso contrário, eles seriam destruídos.

O mesmo tipo de conflito é encontrado nas visões das trombetas (Ap 8—9). O horror lançado aqui é para a humanidade que se submeteu à rebelião contra o Criador. O Diabo não planeja ser um governante bondoso, apenas destruir. Há uma ironia divina no fato de os poderes das trevas, na verdade, servirem aos propósitos divinos, a fim de incorrerem na própria ruína.

A besta emerge como adversária da Igreja (Ap 11)

A pregação do evangelho pelas duas testemunhas recebe árdua oposição da besta do abismo. As testemunhas sofrem um golpe fatal e há alegria na terra com a aparente derrota do povo de Deus. Mas a ressurreição das testemunhas é acompanhada por uma terrível vingança sobre seus inimigos. Os coros celestiais cantam louvores a Deus, pois o seu Reino superou os poderes do mundo.

Guerra no céu e na terra (Ap 12—14)

A descrição apocalíptica do dragão perseguindo a mulher com a criança (Ap 12.1-6) mostra a inter-relação dos poderes espirituais nos lugares celestiais e os conflitos terrenos que envolvem o povo de Deus. O que acontece no céu está indissoluvelmente ligado ao que se passa na terra. Depois, há uma guerra no céu entre Miguel e o dragão. Satanás, o dragão, é derrotado e lançado à terra. Que essa queda se deve à obra redentora de Cristo, ao contrário da queda anterior de Satanás em que deixou de ser servo de Deus, está claro a partir da interpretação dada pela voz celestial:

> Então ouvi uma forte voz do céu que dizia: "Agora veio a salvação, o poder e o Reino do nosso Deus, e a autoridade do seu Cristo, pois foi lançado fora o acusador dos nossos irmãos, que os acusa diante do nosso Deus, dia e noite. Eles o venceram pelo sangue do Cordeiro e pela palavra do testemunho que deram; diante da morte, não amaram a própria vida" (Ap 12.10,11).

Assim, a batalha celestial e angelical corresponde à derrota de Satanás pelos santos capacitados pela conquista de Jesus, seu Salvador e substituto.

Em seguida, João tem a visão de duas bestas que representam o dragão e exercem sua autoridade para enganar as pessoas e levá-las a adorar as bestas. Quem não as adora é morto. Todos os seguidores da besta são marcados com um número humano — 666. Mas depois há a visão gloriosa do Cordeiro no monte Sião com todos os que lhe pertencem, marcados com o nome do Pai. Dois anjos voando no meio do céu proclamam sobre os moradores da terra a mensagem da graça e a mensagem de juízo. O terceiro anjo profere um aviso das terríveis consequências da adoração da besta. "Aqui está", diz João, "a perseverança dos santos que obedecem aos mandamentos de Deus e permanecem fiéis a Jesus" (Ap 14.12). Em seguida, a cena muda e não é o Cordeiro, mas o visionário filho do homem de Daniel 7, que começa a colheita das uvas da ira.

As taças da ira (Ap 16)

Mais uma vez, vê-se Deus em conflito com a criação rebelde. A terra tornou-se o domínio da besta, o arqui-inimigo de Deus. Como nas visões anteriores dos selos e das trombetas, a maldição de Deus na criação é estendida nos terríveis atos de juízo que atingem os filhos de Adão que escolheram se tornar os filhos do Diabo. A conexão entre o Diabo e o mundo pecador fica clara a partir da quinta taça derramada no trono da besta, e os homens mordem as suas línguas de dor e amaldiçoam o Deus do céu (Ap 16.10).

Uma vez mais, veem-se os poderes das trevas se precipitando na própria queda. A sexta taça da ira move os espíritos demoníacos para reunir os poderes ímpios do mundo para a batalha do grande dia do Deus Todo-Poderoso. Este é o Armagedom. A taça final da cólera é derramada sobre Babilônia, símbolo de todos os redutos de Satanás entre os homens.

A morte da Babilônia (Ap 17—18)

A sétima taça é o prelúdio da descrição mais detalhada da derrubada da Babilônia. Babilônia é a "grande prostituta" — a imagem bíblica da idolatria e apostasia. Ela está embriagada com o sangue dos santos. As potências mundiais fazem guerra ao Cordeiro, mas são derrotadas por ele. Em seguida, a lógica do mal surge novamente quando a besta guerreia contra a prostituta (Ap 17.16,17). O mal não pode preservar a ordem, apenas consumi-la. É o juízo divino que condena o mal à autodestruição.

O guerreiro divino do dia do Senhor (Ap 19—20)

A visão de João do cavaleiro sobre o cavalo branco é magnífica e terrível. Ele vem ferir as nações com a espada da sua boca e as regerá com vara de ferro. O senhorio universal é revelado no nome Rei dos reis e Senhor dos senhores. Mais uma vez o conflito espiritual atinge a terra. A besta reúne as forças dos reis da terra para a guerra contra o guerreiro divino. Há um terrível massacre e a besta e o falso profeta são lançados no lago de fogo. Agora chegamos à controversa passagem sobre o milênio (Ap 20). João vê um anjo prender Satanás no abismo por mil anos. Os santos martirizados voltarão à vida e reinarão com Cristo por mil anos. Então, Satanás estará livre da cova para reunir suas forças para a batalha contra os santos. Mas não há competição, pois o fogo do céu consome o inimigo. Então, o Diabo é lançado, finalmente e para sempre, no lago de fogo. O conflito terminou. Resta apenas o juízo no grande trono branco que separa os resgatados dos perdidos. Céu e terra passam, o dia eterno amanhece sobre o novo céu e nova terra, a morada de Deus, do Cordeiro e da multidão dos remidos.

O CONFLITO NO APOCALIPSE E NO EVANGELHO

Temos agora de tentar trazer um pouco de ordem a partir desta série de expressões do conflito espiritual. O evangelho deve constituir a chave da nossa compreensão. Não há razão para supor que João tenha uma perspectiva sobre o conflito muito diferente da dos escritores do NT. De fato, observamos como ele percorre o mesmo caminho de pensamento centrado no evangelho. Adotar a perspectiva apocalíptica é crucial neste ponto. Em outras palavras, as grandes lutas apocalípticas que envolvem o dragão, a besta, o falso profeta e os reis da terra contra Cristo e seus santos retratam a vinda do dia do Senhor. Os grupos de visões repetem o mesmo tema várias vezes, focando ora em um aspecto, ora em outro. Devo repetir que a questão relativa a quando tudo isso acontecerá pode ser respondida apenas em relação ao fim. Devemos sempre tentar nos colocar na pele do judeu do AT quando lemos as visões apocalípticas. Para ele, o final era um evento único. Todas as várias facetas do terrível conflito e a vitória espetacular do guerreiro divino pertencem a esse dia.

Além disso, comete-se uma injustiça com a maneira apocalíptica de pensar quando tratamos seu método de cálculo de tempo com uma forma científica moderna. Na discussão sobre o dia do Senhor, observamos que a Bíblia lida com o tempo tanto em termos de quantidade e qualidade.³² Estamos acostumados a contar o tempo em termos de anos e meses. Mas com o viés científico para a exatidão podemos facilmente nos tornar impacientes com a negligência da Bíblia em relação aos detalhes. A constante repetição de números arredondados — quarenta anos no deserto, quarenta dias sendo tentado, setenta anos de exílio, e assim por diante — sugere uma abordagem um pouco diferente da extensão tempo. Mais significativa, no entanto, é a utilização qualitativa de tempo. Não é a quantidade exata de tempo que importa de fato, mas a qualidade dos acontecimentos característicos do tempo. Assim, a vinda de Cristo pode ser atrelada a uma série de eventos históricos e pessoais (Lc 3.1,2) e, portanto, ser relacionada com o tempo quantitativo, ou pode ser descrita como o evento que dá significado ao tempo (Gl 4.4). O aspecto qualitativo pode ser visto também na rejeição de Pedro da relevância do tempo quantitativo no período entre a primeira e segunda vindas (2Pe 3.8-10): "para o Senhor um dia é como mil anos, e mil anos como um dia".

Apocalipse conduz o conceito de tempo qualitativo ao ponto mais alto pelo uso simbólico de números para expressar não quantidades literais de tempo em dias, meses e anos, mas a qualidade do tempo. Ela é determinada pelo significado da ação de Deus em si, quer para salvar ou julgar. Foi um erro permitir que isso desse força aos escarnecedores que afrontaram os primeiros cristãos sobre sua expectativa do retorno iminente de Cristo (2Pe 3.3,4): "O que houve com a promessa da sua vinda?", eles perguntaram. Se Deus prometeu o "dia de Deus" em que todas as palavras proféticas sobre a vinda do Reino acontecerão, como ele ainda não apareceu reinando em glória? (E se esse era o problema na *primeira* geração da igreja, quanto mais agora, no século XXI!) Pedro nos mostra, no contexto, que o *dia* do Senhor não se limita a uma quantidade discernível de dias, anos ou mesmo milênios. Mas ainda é o dia de ação de Deus para trazer o Reino. Sobre a nova era que entrou na antiga pela vinda de Cristo,

---

³² V. p. 63. V. tb. Simon J. De Vries, *Yesteday, Today and Tomorrow* (Grand Rapids: William B. Eerdmans, 1975).

Paulo diz: "Agora é o tempo favorável, agora é o dia da salvação" (2Co 6.2).

A causa do conflito apocalíptico é que a nova era invadiu o reino da antiga. Mas sejamos claros sobre a perspectiva que o evangelho dá a isso. Como vimos, o AT vê as duas eras consecutivamente:

| **Antiga era** | ⟶ | **Dia do Senhor** | ⟶ | **Nova era** |

O NT modifica esse entendimento, mostrando que todos os ingredientes do fim estão no evangelho. O pecado do homem é julgado na pessoa de Cristo na cruz. A nova humanidade é ressuscitada em Cristo e sobe à direita de Deus. Satanás é confundido e expulso. Seu poder é removido pelo dedo de Deus. O conflito decisivo aconteceu e o Reino de Cristo é vitorioso. A era antiga continua, mas ela nunca será a mesma novamente. Toda a história após a morte e ressurreição de Cristo é história no final.

Toda a história "depois de Cristo" (d.C.) está em crise porque o Espírito Santo constantemente reaplica a vitória decisiva do Calvário e do túmulo vazio por meio da palavra pregada do evangelho. Golias é derrotado e agora o povo de Deus, armado com a vitória de seu rei, o grande filho de Davi, invade as cidades dos filisteus com a invencível arma da pregação do evangelho. E não é só o evangelismo que saqueia as fortalezas de Satanás, mas a batalha em curso para trazer cativo todo pensamento à obediência de Cristo (2Co 10.3-6). O conflito está na luta pela santificação precisamente porque esta luta é a nova era se apoderando de nós que éramos, anteriormente, filhos da antiga era.

A consumação significará a remoção dos últimos vestígios da antiga era. Caso ocorra o último grande conflito, ele será o prelúdio da inauguração universal da nova era em toda a sua glória. A consumação significa que o que está de fato em nós mesmos coincidirá, por fim, com o que somos, na pessoa de nosso representante e substituto à direita de Deus.

Assim, o que a linguagem apocalíptica do AT retrata como o acontecimento único do dia do Senhor é descrito nas visões do Apocalipse sob vários ângulos. Nenhuma descrição da imagem seria suficiente para transmitir a totalidade do brilho e escuridão, glória e horror, alegria e desânimo do dia do Senhor. Cada série de visões é construída sobre a outra, até que o efeito desejado seja conseguido. Deixe-me enfatizar mais uma vez que o Apocalipse foi escrito não para os profetas de gabinete com seus gráficos de acontecimentos históricos do século XXI e intrincados diagramas do fim dos tempos, mas para os cristãos perseguidos e assediados do século I da província da Ásia Menor. Ele foi escrito para avisá-los e lhe dar segurança, para incentivá-los na luta e para libertá-los do medo dos inimigos interno e externo. Com um gênio para a composição que está longe de ser superado na literatura bíblica, a mente inspirada de João não deixa pedra sobre pedra, e ainda evita os detalhes desnecessários e obscuros que tantos leitores modernos desejam encontrar em seus escritos. A mensagem vem a nós com uma roupagem desconhecida, mas que não deve ser tida como inacessível de tão complexa.

Para esses cristãos do século I, o conflito era real a ponto de lhes ameaçar a vida. E isso não significa que perseguição e martírio pertenciam apenas a esse século. O curioso ponto de vista de que a maior parte do Apocalipse é relevante apenas para quem vive logo antes da segunda vinda de Cristo torna sem sentido a preocupação de João com seus contemporâneos, e a relevância eterna da mensagem ao longo de toda a era depois de Cristo — em que o povo de Deus luta contra o inimigo e aguarda ansiosamente a vinda do Senhor.

Quando será o Armagedom? Quando ocorrerão os grandes conflitos e juízos das visões de João? Mais uma vez, a resposta é: "no fim". São acontecimentos do dia do Senhor. O dia do Senhor é passado, pois Cristo morreu e ressuscitou. O dia do Senhor está presente, pois Cristo reina sobre a terra mediante a pregação do evangelho. O dia do Senhor é o futuro, pois Cristo virá outra vez. Armagedom é o Calvário, é cada conquista do evangelho — quando brilha neste mundo tenebroso. Armagedom será o fim desta era maligna e de seu mestre enganador. E na medida que contemplamos a possibilidade do horror da Terceira Guerra Mundial, devemos reconhecer que o potencial para a autoaniquilação da nossa civilização é apenas a forma mais drástica da confusão do mal que consome a si mesmo. Essa confusão já teve sua forma definitiva na cruz, onde homens maus foram os instrumentos da queda de Satanás.

O MILÊNIO

O chamado milênio de Apocalipse 20 é parte de como João trata o tema conflito. De início, devo expressar minhas dúvidas sobre a tentativa de aproveitar a passagem simbólica e torná-la a descrição literal da ocorrência futura. Estou mais de acordo com o ponto de vista conhecido como "amilenarismo".[33] É muito improvável, para dizer o mínimo, que algo tão importante como o reinado de mil anos de Cristo na terra antes do fim desta era não seja mencionado em nenhum outro lugar do NT. Os argumentos a seu favor dependem quase inteiramente de aplicações literais de profecias do AT ao evangelho de forma que elas são reinterpretadas pelo AT, em vez do AT ser interpretado pelo evangelho.

Não se pode negar que a passagem do milênio (Ap 20.1-10) consista em uma de uma série de visões apocalípticas. Os expoentes até das interpretações mais literais admitem a existência de material simbólico. A passagem é uma das que clama por interpretação. Ao interpretá-la, deve-se permitir que o simbolismo apocalíptico seja ele mesmo. Além disso, não se pode estabelecer um sistema doutrinário gigantesco a partir de uma única passagem simbólica. Ou seja, é preciso interpretar as passagens mais obscuras das Escrituras à luz das mais claras. Acima de tudo, o evangelho deve constituir a chave interpretativa: a vida, morte e ressurreição de Cristo e tudo o que ela alcança para nós. A posição "literal" da visão pré-milenarista é,

---

[33] V. Introdução p. xx — amilenarismo. Esse ponto de vista é exposto nos comentários do Apocalipse de Leon Morris, William Hendriksen (*Mais que vencedores*) e Michael Wilcock (*I Saw Heaven Opened*). A apresentação de vários pontos de vista diferentes sobre o milênio pode ser encontrada em Robert Clouse (org.), *The Meaning of the Millenium* (Downers Grove: Inter-Varsity Press, 1977).

de fato, em grande parte, regida pela perspectiva da sucessão linear das eras do AT. Devo salientar que existe muito da perspectiva do AT que o pré-milenarismo não percebe e, como resultado, ele mantém a adesão ao impossível princípio da literalidade. Por exemplo, o padrão de promessa e cumprimento no AT nunca é estritamente literal. O cumprimento das promessas sempre ultrapassa os termos da promessa. Não se deve pensar que a perspectiva do NT era inexistente no AT.

O que quer que possamos dizer do reinado de mil anos de Cristo em Apocalipse 20 é preciso manter em mente que é parte do cenário do dia do Senhor. Só ao remover a vitória e a ressurreição de Cristo na cruz é possível estabelecer o programa terreno que os pré-milenaristas postulam para o futuro. A ideia de que os santos ressurretos e Jesus glorificado retornem à terra ainda não glorificada para governar entre as pessoas atadas a corpos não tem apoio em nenhum outro lugar das Escrituras. O milênio terrestre é a tentativa de resolver o problema autoimposto das duas esperanças futuras diferentes. A primeira é o cumprimento literal das profecias do AT com todos os seus termos israelitas, e a segunda é a consumação do evangelho. A tentativa de combinar as duas destrói o próprio princípio que fez este casamento improvável necessário. Isto é, o literalismo não pode sobreviver, porque os profetas não prometem o futuro que envolva a restauração literal de Israel *e* o evangelho.

A solução do milênio literal não é literal nem se trata de um cumprimento. Não é literal no sentido de precisar ajustar as expressões das profecias do AT, dadas a Israel, para incluir o evangelho. A restauração envolve cristãos e judeus, Cristo e Davi. O literalismo é preservado apenas nos aspectos externos — a terra, o templo etc. Não é literal no sentido de que o ápice surge na era da tecnologia moderna e não no mundo primitivo da profecia bíblica. Dizer que os profetas escreveram à luz do próprio tempo significa entregar o jogo. Este é precisamente o ponto! Se a tecnologia moderna pode qualificar o literalismo da profecia bíblica, por que não um desenvolvimento na história do mundo ainda mais significativo não poderia qualificá-lo? É muito estranho que a tecnologia humana possa ser acomodada à interpretação literal da profecia, mas não o acontecimento mais importante de toda a história: o evangelho.

A visão milenar literal não é o cumprimento pelo fato de seus expoentes perceberem com correção que ela não vai longe o suficiente. A restauração terrena não satisfaz os instintos cristãos dos milenaristas. Assim, ela deve ter um cumprimento (chamado) literal apenas temporário, que dará lugar à consumação permanente no evangelho. Os profetas previram a restauração terrena que durará para sempre. O ponto de vista pré-milenarista deve restringi-la a fim de permitir a vinda de um Reino perfeito. Os mil anos de Apocalipse 20 são, portanto, ansiosamente apreendidos como a descrição da realização terrena. Isso ignora o fato de que os profetas disseram "para sempre" e não mil anos. Ela também ignora o fato de que Apocalipse 20 diz "mil anos", mas não diz nada sobre a presença do corpo de Cristo na terra nesse período.

Concluo que a solução pré-milenarista de Apocalipse 20 ignora quase todos os princípios da boa interpretação. A estruturação inteira do tempo do fim pelo evangelho — a urdidura e trama do Apocalipse (para não mencionar o restante do NT) — deve ser suspensa nesse momento, caso seja aceito o sistema pré-milenarista. Quando se permite que o significado mais claro do evangelho governe a interpretação lembrando-nos de que a vida, morte e ressurreição de Cristo estabelecem o padrão de todos os eventos de salvação. O que acontecerá, de modo final e perfeito na vinda de Cristo já teve início com a pregação do evangelho. Mais importante: a segunda vinda significará a manifestação universal do que já aconteceu para nós no advento do evangelho.

De acordo com esta passagem, o milênio é o dia do Senhor, o dia em que Satanás é preso. É o dia da vitória de Cristo e do seu reinado. Em certo sentido, é aqui que entramos, pois João começou o livro com a visão de Cristo reinando em glória. Trata-se de um lembrete de que o presente conflito não é fatal, mas uma expressão de que todos os que são feitos um Reino de sacerdotes reinarão com Cristo (Ap 1.6 cf. Ap 20.6). Os mil anos são, enquanto quantidade, um período desconhecido, mas perfeito. Quanto à qualidade, é a exaltação de Cristo em seu governo glorioso. É privilégio dos cristãos batalhadores saber que sua participação na luta e no conflito significa a participação no governo de Cristo. Mais uma vez, João incentiva os santos, removendo sua existência do domínio do puramente rotineiro e sem significado. Ele também a elimina do Reino do sofrimento sem sentido e da derrota, aponta para o fato de que aqui e agora todo cristão pode saber que, como indivíduo, ele tem importância: sua identidade pessoal é definida pelo evangelho. Mesmo a história do mundo não pode nos oprimir, pois o evangelho transferiu o agora para o dia da queda de Satanás. A prisão de Satanás não significa a inexistência do mal e dos conflitos. Ao contrário, é a afirmação de que o Reino de Deus veio em Jesus Cristo e agora permeia o mundo por meio da igreja, uma vez que prega o evangelho e vive por ele.

Resumo

O Apocalipse mostra aos membros da igreja de todas as eras que sua luta contra o mundo, a carne e o Diabo não é trivial nem particular. O tema do conflito, que João tece em todo o livro, atrai todos os santos para a arena em que é alcançada a vitória de Cristo. Ao estruturar o dia do Senhor, o evangelho mostra existir apenas um conflito em que todos estamos envolvidos. Inicialmente, ele se cumpriu de forma completa na vida, morte e ressurreição de Jesus. Satanás foi derrotado na cruz. A vitória de Cristo ocorreu para nós, de modo que todos os crentes são contabilizados vitoriosos em Cristo. Em seguida, o mesmo conflito se manifesta na vida da igreja quando Cristo, por meio do evangelho aplicado pelo Espírito, trabalha para transformar os membros do corpo à sua semelhança. Por fim, o conflito é resolvido na consumação. O milênio, como expressão da vitória de Cristo, não pode se limitar à consumação ou a um período imediatamente anterior a ela.

Tese

O conflito do dia do Senhor está estruturado pelo evangelho de modo a caracterizar as três dimensões da salvação: justificação, santificação e glorificação. Todo o conflito se refere às três dimensões.

CAPÍTULO 9

"Então vi um novo céu e uma nova terra"

A separação final

Então vi um novo céu e uma nova terra, pois o primeiro céu e a primeira terra tinham passado; e o mar já não existia. Vi a cidade santa, a nova Jerusalém, que descia do céu, da parte de Deus, preparada como uma noiva adornada para o seu marido. Ouvi uma forte voz que vinha do trono e dizia: "Agora o tabernáculo de Deus está com os homens, com os quais ele viverá. Eles serão os seus povos; o próprio Deus estará com eles e será o seu Deus" (Ap 21.1-3).

FIM DE SATANÁS

Até agora descrevemos a situação do período da sobreposição das eras. Trata-se de um tempo de tensão, sofrimento e conflito, de ter e não ter, de andar pela fé; nele o crente sabe, pela fé, que possui todas as riquezas de Cristo e que, na pessoa do Homem que o substitui, ele já chegou ao alvo, à mão direita de Deus. No entanto, também é o tempo de viver na esperança do dia abençoado, quando de fato experimentaremos o objetivo alcançado com toda a clareza da percepção do nosso ser.

No entanto, a esperança sem realização é ilusão. A esperança cristã não é ilusão, pois seus primeiros frutos foram revelados na história dois mil anos atrás na ressurreição de Cristo. Um dia, a sobreposição das eras não acontecerá mais, pois a antiga perecerá pelo fogo. Tudo o que pertence à antiga era perecerá na morte mais terrível que a morte, e o grande enganador será lançado no lago de fogo. Como pode a transição final das eras ser apresentada em imagens apocalípticas que não tenham sido acomodas à perspectiva da sobreposição? Se a perspectiva apocalíptica geral da sucessão linear das eras prevalecer até agora no uso dado por João a essa forma literária particular, ela agora pode significar, de maneira inequívoca, a consumação do Reino de Deus? Respondemos: pode. João o fez em Apocalipse 20 a 22 pela remoção da ambiguidade da imagem do fim. Sua série de conflitos e juízos anteriores foi ambígua o suficiente para ser aplicada ao final tridimensional exigido pelo evangelho. Agora, a ambiguidade é removida com clareza e o "fim do fim", a consumação, é descrito.

Olhamos primeiro para como João descreve a sequência do milênio. Satanás é solto do abismo e sai para enganar as nações e reuni-las para a batalha (Ap 20.7-10). Seu objetivo é atacar o povo de Deus, mas antes que isso aconteça, ele é destruído pelo fogo do céu. Não se descreve nenhum sofrimento novo ou extraordinário dos santos. Eles também não são envolvidos na remoção final das forças do mal. Algumas interpretações sofrem da necessidade de projetar uma nova ordem de tribulação para os santos imediatamente antes do retorno de Cristo. Isso não é exigido pelo texto; tampouco, é preciso acrescentar, seria reconfortante para os santos já atribulados para quem João escreve a fim de os encorajar! O "pouco tempo" da soltura de Satanás deve servir a um propósito. Primeiro, ele expressa um paradoxo: Satanás, embora derrotado e expulso, permanece o adversário que anda em derredor, como leão que ruge, procurando alguém para devorar (1Pe 5.8). Em segundo lugar, ele define o estágio do desenlace final. Se pudéssemos desenvolver a ilustração de Oscar Cullmann da batalha decisiva e do dia da vitória, seria a batalha de Berlim.[34] A sobreposição das eras acabou.

---

[34] O. Cullmann, *Christ and Time* (London: SCM Press, 1951). Cullmann usa a noção bastante confusa de que a morte e ressurreição de Jesus tornaram-se, para o NT, o ponto médio do tempo, em vez do final. No entanto, ele evita a necessidade de falar sobre o fim de três maneiras, como fizemos neste estudo. Ele usa a analogia da guerra. O advento do evangelho é a vitória decisiva, mas a guerra continua

Com um floreio final, João descreve o indescritível. Ao tecer as imagens evocativas do AT com os elementos distintivos do evangelho, João cria uma tapeçaria de brilho extraordinário. O jardim do Éden, Canaã, Jerusalém e Jesus Cristo como o novo templo são retratados com uma habilidade que não permite que meras palavras esgotem seu significado. Nunca foi concedido a qualquer outro escritor do NT recriar para nós, de forma tão vívida, as riquezas possuídas em Cristo.

O SIGNIFICADO DO CÉU

É significativo que João se baseie no entendimento de Isaías sobre a regeneração. Muitas vezes, o céu é visto como um vago, embora feliz, reino da existência do espírito sem forma. Podemos rir da representação comum dos desenhos que mostram pessoas com halos, asas nas costas, harpas na mão e de joelhos nas nuvens. Infelizmente, a concepção do céu de muitos cristãos é bem semelhante a essas imagens. Ele é visto como uma espécie de não criação em que somos, por fim, despojados das coisas materiais e, em especial, dos torrões de terra que chamamos corpo. Podemos ser tentados a pensar que João usa a imagem terrena do AT na suposição de que saberemos como espiritualizá-la. Mas essa abordagem pagã é impensável. O NT não nos permite abolir de forma tão completa o que podemos chamar — de maneira controversa, talvez — conceito do paraíso do AT, e a razão é Jesus Cristo, que tomou sobre si a nossa humanidade, incluindo o lado físico, para sempre.

A encarnação de Deus em Jesus Cristo, sua ressurreição e ascensão estabelecem um aspecto importante da visão do AT sobre o Reino de Deus. Refiro-me à criação física. No princípio, Deus criou os céus e a terra. Significa a terra e o céu acima dela. A criação de tudo o que existe foi considerada boa por Deus. Ela foi destinada à corrupção devido ao pecado e, por fim, à destruição por fogo. No

---

até que todas as hostilidades sejam resolvidas no final, quando é celebrado o dia da vitória. Sugiro que, sendo a vitória de fato decisiva, na perspectiva do NT, ela consista no fim da guerra, e não no ponto médio. Ou seja, mesmo que a guerra ainda continue por algum tempo, ela é a vitória decisiva.

entanto, como os atos divinos para a salvação no tempo e na história (do universo físico) projetam a realidade do Reino de Deus, o próprio universo está destinado, por meio da renovação, a integrar esse Reino. Este é o quadro da doutrina bíblica da regeneração.

Vejamos de outra maneira. Quando Deus criou o céu e a terra e estabeleceu o homem no Éden, a natureza do homem consistia em se relacionar com Deus, com o próximo, com os animais e com a criação física. O pecado rompeu essas relações de modo que o que Deus havia gerado (criado), agora se encontrava degenerado. A morte pairou sobre a criação. O evangelho, porém, estava na mente de Deus, antes mesmo da criação do universo, como o meio pelo qual todas as coisas seriam regeneradas ou recriadas. Todas as imagens do AT a respeito da salvação do povo de Deus envolviam o restabelecimento da relação pretendida entre Deus, a humanidade e o restante da criação. O homem foi criado como ser físico no ambiente físico. Isso em nada diminui a verdade de que ele também foi criado como ser espiritual no ambiente espiritual, isto é, com relação com Deus.

Assim, cada imagem da salvação do AT inclui a regeneração física, bem como a espiritual. Para Noé, houve a dura realidade do minimundo totalmente fechado na arca. Para Abraão e seus descendentes israelitas, a terra fértil de Canaã, como o novo jardim do Éden para o povo de Deus. Nos profetas, o mesmo ambiente israelita é projetado como uma realização futura em que toda a glória do Reino de Deus existirá no ambiente físico. A salvação significa a restauração de todas as relações, e isso inclui não só a regeneração moral, mas física e mental. A doença não existirá mais, a dor e o sofrimento serão banidos. A justiça governará o povo. O lobo se deitará com o cordeiro. O deserto florescerá como a rosa.[35]

Não só a imagem do Éden frutífero é perpetuada, mas também as estruturas político-religiosas de Israel são estabelecidas como o modelo do futuro Reino de Deus. Como Davi foi ungido rei e o trono prometido a seu filho para sempre (2Sm 7.11-14), é o novo

---

[35] V., e.g., Is 11.1-9, 35.1-10, 65.17-25; Ez 36.33-36. Isto é discutido com mais detalhes em *O evangelho e o Reino*.

Davi que governará no Reino de Deus. O templo se torna o ponto focal do Reino, pois, da mesma maneira o tabernáculo anteriormente representava a morada de Deus entre o povo. O Reino de Deus se centrará no templo restaurado e glorificado no monte Sião. É a bela imagem de Ezequiel que João recria em Apocalipse 22. Aqui (Ez 47), vê-se o templo como fonte da vida. Da habitação de Deus corre o rio da vida que, sobrenaturalmente, aumenta à medida que flui. Ele transforma a desolada região de Arabá — o vale do mar Morto — no novo jardim do Éden.

Nenhuma consideração sobre os céus é completa sem a regeneração total dos céus e da terra. Vemos que a palavra *céu* tem duplo significado. O primeiro se refere ao céu e, talvez, ao universo além. Como tal, é simplesmente a cobertura indispensável para o mundo físico em que vivemos, e é usado neste sentido em Gênesis 1.1, Isaías 65.17 e Apocalipse 21.1. Mas o homem do AT também veio a reconhecer que uma vez que Deus é maior que a terra, ele deve habitar além do céu. Assim, o céu também significa o lugar "lá fora", onde Deus habita: "O céu é o meu trono, e a terra, o estrado dos meus pés, diz o SENHOR" (Is 66.1).

Essa visão divina transcendente não pode permanecer sem ressalvas. Mas desde o começo, na relação entre Deus e o homem há intimidade, bem como admiração pelo transcendente. Adão e Eva ouviam o som de Deus quando "andava no jardim pela viração do dia" (Gn 3.8).[36] Deus nunca deixa de ser o Deus que habita nos céus "lá fora" (Sl 20.6; Dt 4.39; Jó 22.12; Sl 14.2, 33.13, 57.3, 80.14; 102.19). Mas ele também é o Deus que está "aqui". Ele não é o Deus imanente do panteísmo que elimina a distinção entre Deus e a criação. É um ato salvador de Deus pelo qual ele chega à nossa existência carregada de pecado para estabelecer mais uma vez a verdadeira relação entre Deus e o homem. Isso está indicado na colocação do

---

[36] A tradução da NVI traz à tona o fato de que o verbo está no singular e se refere à "caminhada" de Deus, e não de Adão e Eva. Este exemplo de antropomorfismo — falar de Deus como se fosse humano — aumenta a ênfase no "aqui" a respeito de Deus.

tabernáculo no meio de Israel como a morada de Deus (Êx 25.8; 29.45,46). Na história posterior de Israel, a tenda móvel dá lugar ao templo em Jerusalém. Por causa da relação entre Deus e o homem representada pelo templo, não surpreende que ele receba grande destaque na visão profética da vinda do Reino.

O templo como o sinal de "Deus conosco" se torna intimamente relacionado com o agente humano do governo de Deus. O filho de Davi construirá o templo, diz o profeta Natã (2Sm 7.12,13). O mesmo príncipe davídico é chamado filho de Deus (v. 14) — título que o identifica, principalmente, como verdadeiro representante de Israel (cf. Êx 4.22,23; Os 11.1). Mas o príncipe real também é Emanuel — Deus conosco (Is 7.14; 9.6,7). Não é de estranhar, então, que o NT combine todas essas imagens na pessoa de Jesus Cristo. Ele é o verdadeiro templo (Jo 1.14,[37] 2.19-22), o filho de Davi, e também Filho de Deus (Lc 3.22-38).

Voltemos à questão do significado do céu. O fato de Jesus Cristo estar agora à direita do Pai no céu e de que ele foi para preparar um lugar para nós na casa do Pai não significa que nosso destino final será separado do universo físico. Jesus levou o próprio corpo ao céu. A ele estão ligados o resgate e a renovação do universo físico. Ele está de acordo com a perspectiva bíblica de que João vê o novo céu e a nova terra, e que a nova Jerusalém desce do céu, da parte de Deus. Não devemos supor que este se destine a transmitir uma descida literal da cidade do céu. É o toque final para a obra de Deus regeneradora. Estabelece o Reino que não é deste mundo. O país celestial que Abraão almejava (Hb 11.16) não é uma terra no céu, mas uma habitação tangível para a humanidade redimida em que o povo de Deus se relacionará de verdade com Deus, a humanidade e o mundo. É a habitação de Deus, a cidade do céu. Mas quando ela for estabelecida no centro da terra regenerada, significará a morada de Deus com os homens. Assim a história começou, no paraíso do Éden, e assim ela acabará, no paraíso recuperado do Reino de Deus.

---

[37] João 1.14: "A palavra se fez carne e habitou entre nós". A Palavra grega traduzida por "habitou" é derivada da palavra tabernáculo ou tenda.

Deve-se mencionar um último ponto a esse respeito. Surpreendo-me com quão radical é a ideia da ressurreição para alguns cristãos. Alguns deles pertencem à minha denominação (anglicana), e proferem semana após semana as palavras do *Credo apostólico* ou *niceno* que afirmam explicitamente nossa crença na ressurreição do corpo, parecem não ter compreendido a implicação. Confessam a ressurreição corporal, mas parecem operar com o conceito greco-pagão da imortalidade da alma; do destino de eternidade atemporal e imaterial ao estado de espírito etéreo. O fato muitas vezes esquecido é que a ressurreição corporal de Cristo aponta para a nossa, e traz consigo também a garantia da redenção de todo o universo físico.

DEUS E O CORDEIRO

Ao longo deste estudo eu me referi, de tempos em tempos, ao tema do Cordeiro e do Leão em Apocalipse 5. Ele nos fornece uma representação simbólica da mensagem de todo o livro do Apocalipse. O paradoxo da majestade do Leão revelado no sofrimento do Cordeiro é o paradoxo da conquista de Deus por meio de Cristo, nosso Salvador. É o paradoxo da igreja — mediante a qual Cristo vence o mundo —, a igreja que pode ser agente da conquista ao refletir a natureza de seu cabeça — o Cordeiro sofredor. É o paradoxo da existência cristã individual e conjunta, expresso como cada crente se engaja na luta de vida ou morte contra o mundo, a carne e o Diabo, e, ao mesmo tempo se regozija no fato de que já os ter vencido em Cristo. É o paradoxo da sobreposição das eras em que o Reino de Deus, já tendo rompido e se manifestado nesta era em Cristo, está sendo formado em nós, e ainda permanece um acontecimento futuro. É o paradoxo do governo milenar de Cristo e da soltura de Satanás "por um pouco de tempo".

Este paradoxo já está resolvido? A resposta deve ser "sim" e "não" — mais um paradoxo! Sim. Como já vimos, a antiga era perece com Satanás e todas as coisas que pertencem a ele. A sobreposição das eras desaparecerá, a tensão da existência cristã será resolvida. A igreja deixará de ser a igreja do Servo Sofredor e será a igreja triunfante. Mas existem alguns paradoxos que nunca serão resolvidos. Particularmente, notamos que o trino ser de Deus é um paradoxo. Três em um não é exprimível em lógica humana. A semelhança (unidade) e a diferença (distinção) caracterizam a Deus e sempre caracterizarão nossa relação com ele.

João pode expressar esse paradoxo apenas na linguagem humana. O que ele diz de Deus, ele pode dizer também de Cristo. "Eu sou o Alfa e o Ômega, o princípio e o fim" (Ap 1.8; 21.6 cf. 22.13, 1.17,18). As imagens apocalípticas que tão facilmente retratam Jesus Cristo, ou o Cordeiro, com identidades separadas, não têm permissão de destruir o paradoxo central da fé cristã: Deus é uno e trino. O Cordeiro é um com o Pai e o Espírito. No entanto, o Cordeiro não é o Pai, nem o Espírito. Quando nós, como o povo de Deus, formos levados, por fim, à gloriosa consumação, seremos perfeitos, mas ainda humanos. E por ainda sermos humanos, não há razão para supor que devamos conhecer a Deus como ele conhece a si mesmo. O paradoxo do ser de Deus é um mistério verdadeiro e eterno, não apenas um reflexo da queda. No Reino não deveremos adentrar no mistério da Trindade. Nossa humanidade aperfeiçoada será precisamente isso — a humanidade e não divindade. A humanidade perfeita se mostrará na forma como adorará no trono de Deus e do Cordeiro. O mistério deve permanecer uma fonte inesgotável de louvor.

Um paradoxo ainda permanece. O tema constante deste estudo foi a tensão entre a glória do Leão e o sofrimento do Cordeiro. Na verdade, sugeri que essa tensão caracteriza o livro do Apocalipse. Podemos, portanto, ser perdoados por supor que a consumação poderia, de fato, revelar Cristo — por último — como o Leão. No entanto, quando chegamos à cena final das visões de João, à plenitude do Reino celestial, encontramos o Cordeiro no trono. Por que deve ser assim? E, mais ainda, esse fato enfraqueceria a tese deste estudo?

Lembremo-nos de onde viemos. Foi dito a João que o Leão da tribo de Judá conquistou e pode desvendar os mistérios do Reino (Ap 5.5). Este Leão não é outro senão o glorioso e exaltado Cristo, a visão que levou João a desmaiar (Ap 1.17). E ainda assim, quando

João se levanta para ver este Leão, ele é confrontado pelo Cordeiro em pé, como se tivesse sido morto. Quando chegamos ao ponto em que esperamos ver o Leão, ainda vemos o Cordeiro. Obviamente, temos que lembrar que estamos lidando com imagens. João nos forneceu uma série de quadros ou imagens verbais pelos quais transmite a verdade da existência cristã. Muito surpreendente no evangelho é que o governo do Reino de Deus, que o Leão representa, surge por meio do sofrimento de Cristo, que o Cordeiro representa. Nenhuma imagem pode representar de forma adequada estas verdades. Assim, João nos deu uma série de imagens que nos mostram a realidade da vinda do Reino a partir de uma variedade de pontos de vista.

Não há dúvida, a partir das visões de João sobre o juízo e a derrota de Satanás, de que o Cordeiro de fato reina com todo o poder do Leão. De tempos em tempos, vemos Cristo exaltado e julgando. Mas João não nos deixará perder de vista a verdadeira fonte do governo poderoso regrado pelo sofrimento do Cordeiro. Assim, na consumação, o Reino em si e a glória de Deus revelarão a majestade de Jesus, o Leão de Judá. O povo de Deus o adorará por toda a eternidade como o Cordeiro que foi morto. Como o Reino veio por seu sofrimento, não é possível que o Cordeiro que foi morto, desde a fundação do mundo, seja anulado e, por assim dizer, esquecido. Cristo de fato detém autoridade, poder e majestade para reinar em virtude de ser verdadeiro Deus desde toda a eternidade. Mas, na sabedoria oculta de Deus, ele determinou que o governo de Cristo em seu Reino será em virtude do seu amor redentor. É nosso destino pertencer a Cristo, não só porque somos suas criaturas formadas pela palavra do seu poder no início, mas em particular porque somos seus filhos, resgatados por sua vida, morte e ressurreição como o homem-Deus, que foi e é por nós.

JUSTIFICAÇÃO PARA O FIM!

Um comentário adicional precisa ser feito sobre a maneira de João expor a justificação do pecador. Em Apocalipse 14.6-12, ele descreve as mensagens dos três anjos. O primeiro porta o evangelho eterno a todas as pessoas em face do juízo inevitável. O segundo nos diz que o juízo já está sobre a Babilônia. O terceiro adverte que os leais à besta sofrerão seu destino. Comentaristas divergem quanto à natureza exata do evangelho do primeiro anjo. O importante é que o contexto versa sobre o juízo final. Isto está intimamente relacionado com o uso contínuo que João faz da figura do Cordeiro até o fim. A justificação que não diz respeito ao último dia de julgamento é uma coisa oca. O crente é considerado justo e livre do julgamento de *todos* os seus pecados, seja no passado, presente ou futuro. Por outro, ele é constantemente exortado a resistir e perseverar até o fim.

A presença do Cordeiro na consumação do Reino é um lembrete oportuno do importante fato da nossa justificação. Como é triste quando o ensino bíblico sobre a justificação é distorcido, como tantas vezes acontece, com a justificação parcial. Muitos ensinam e aceitam uma justificação que não é nada mais que o perdão dos pecados passados. Eles não entenderam a natureza da santificação. Por causa das exortações do NT à vida piedosa e das advertências contra a queda, eles supuseram que a justificação final se baseia na nossa própria justiça na vida cristã. Ter a lousa limpa quando nos convertemos é um ganho muito pequeno se, então, dependermos de nós mesmos para garantir um grau satisfatório de justiça que nos livre no dia do juízo. Além disso, importa pouco que essa justiça seja considerada de modo geral o resultado da graça de Deus trabalhando em nós. Pois, a menos que possamos chegar ao dia do juízo com a perfeição que a santa justiça de Deus requer, nossa vida santificada não vale nada no tocante à justificação. Os resultados dessa visão truncada da justificação apenas dos pecados passados são muito sérios. Entre os protestantes, essa visão leva ao perfeccionismo (a ilusão), ou ao legalismo, que diminui a justiça divina ao nível da nossa capacidade de atingi-los. Na Igreja de Roma, essa visão está ligada à rejeição da garantia e à doutrina do purgatório.

Observemos então, por meio da visão de João, o Cordeiro eternamente entronizado. Gloriemo-nos no fato de que nossa justificação pelos méritos de Cristo permanecerá firme diante do grande trono branco no último dia. Louvemos e agradeçamos de modo contínuo ao nosso Deus porque Cristo salva definitivamente! A visão mais triste que se pode ter na igreja cristã é a de pessoas, jovens e velhas, cuja verdadeira conversão dificilmente pode ser posta em dúvida, e ainda assim são atormentadas pela incerteza e falta de garantia. Elas perderam de vista, se é que sabiam, a justificação passada, presente e futura. Como facilmente pastores podem roubar o povo de uma rica porção de sua herança, ou seja, a confiança em Deus durante todos os dias da vida, ao não o instruem com cuidado sobre a distinção entre justificação e santificação. Satanás tem causado estragos entre o povo de Deus obscurecendo essa distinção, de modo que muitos crentes no evangelho para a salvação começam a confiar na própria santificação para a salvação final. Que o Cordeiro no céu nos lembre de que viveremos cada dia e, por fim, entraremos no Reino vestidos com a perfeita justiça dele — ou não entraremos.

A FESTA DE CASAMENTO DO CORDEIRO

A Bíblia contém várias metáforas sobre o casamento que dizem respeito ao Reino de Deus. Parece razoável sugerir que as do NT estão baseadas na ideia do AT de que o Senhor, o Deus de Israel, tomou Israel para ser sua noiva. O relacionamento conjugal é descritivo no vínculo de aliança que Deus estabeleceu com Israel (Ez 16.8-14).[38] O tratamento mais adequado deste tema está em Oseias 1 a 3 (v. esp. 2.19,20). Não podemos tratar o casamento de Iavé com Israel como mera metáfora, pois, de acordo com Paulo, a relação de Cristo com a igreja é representada pelo casamento do marido e da esposa (Ef 5.31,32). Ou seja, o casamento humano aponta para a relação de Cristo com a igreja, e recebe dela seu significado. A ideia da festa

---

[38] V. tb. Is 54.6. O casamento de Deus com Israel está, muitas vezes, implícito no julgamento de que Israel, por romper a aliança e buscar outros deuses, comportou-se como prostituta (v. Is 1.21; Jr 2.20, 3.1-10). Em Isaías 61.10, as roupas de casamento são imagens da justiça divina que veste os remidos. O texto de Isaías 62.1-5 retrata o casamento de Israel como sua reivindicação. Israel é nomeado Hefzibá ("meu prazer está nela") e Beulá ("casada"). Aqui, vingança e justiça são o mesmo, e prefiguram a justificação.

de casamento é indicativo da celebração do Reino de Deus, usado várias vezes por Jesus, embora aqui a ênfase seja na alegria de ser convidado ao banquete (Mt 22.1-14, 25.1-13, v. tb. Mt 9.14,15). Há também a parábola da grande festa que Jesus prefaciou com as palavras: "Feliz será aquele que comer no banquete do Reino de Deus". A ênfase aqui é sobre a festa como celebração do Reino; não é uma festa de casamento (Lc 14.15-24).

Portanto, temos duas metáforas que apontam para a realidade do Reino. Em primeiro lugar, o casamento de Deus e seu povo, Israel, evidencia a relação de aliança que, apesar de Israel mostrar infidelidade constante, um dia será estabelecida com perfeição por meio da redenção e renovação das pessoas. Em segundo lugar, a comunhão da refeição expressa a unidade entre Deus e o povo no Reino, como também celebra a alegria do Reino. Apesar de a última ceia ter feito eco à páscoa judaica e apontado para o cumprimento na morte de Cristo, ela teve também uma importante referência à bem-aventurança final do Reino de Deus: "Eu lhes digo", disse Jesus, "que, de agora em diante, não beberei deste fruto da videira até aquele dia em que beberei o vinho novo com vocês no Reino de meu Pai" (Mt 26.29). Permitamos que essas imagens sejam fluidas, isto é, que sejam capazes de passar por adaptações e alterações, a fim de atender à ênfase necessária. A parábola da festa de casamento (Mt 22.1-14) e a parábola das dez virgens (Mt 25.1-13) não fazem menção da noiva. O povo de Deus é aqui representado pelos convidados. Na verdade, essa é a ênfase de João em Apocalipse 19.9: "Felizes os convidados para o banquete do casamento do Cordeiro!". Mas aqui os convidados não são diferentes da noiva mencionada dois versículos antes: "Pois chegou a hora do casamento do Cordeiro, e a sua noiva já se aprontou".

Assim, o povo de Deus é a noiva e os convidados! Tudo isso significa que qualquer imagem por si só não é suficiente para descrever a relação do cristão com o Senhor. Ele é, ao mesmo tempo, amado parceiro da aliança e convidado de honra na celebração. Ambas as ênfases têm papéis a desempenhar na compreensão do que significa ser povo de Deus. Mais uma imagem deve ser acrescida a de Apocalipse 21. João vê o novo céu e a nova terra e a nova Jerusalém, "que descia do céu, da parte de Deus, preparada como uma noiva adornada para o seu marido" (Ap 21.2). Mais uma vez, um anjo diz a João:

"Venha, eu lhe mostrarei a noiva, a esposa do Cordeiro" (Ap 21.9).

A Nova Jerusalém é mostrada a João, que descreve sua beleza e magnitude — um cubo sobre uma base de cerca de 2250 quilômetros! Jerusalém, a cidade de Deus, é gente. Ou: o povo de Deus é onde Deus habita. Isso cumpre com mais perfeição tudo o que a aliança com Israel concebia. Trata-se de uma relação que pode existir, porque Jesus, o próprio Cristo, é o novo templo, a morada de Deus conosco. Como Deus e homem, ele é ao mesmo tempo Deus e o verdadeiro Israel.

Assim, quando João vê a Nova Jerusalém descer, a voz declara:

"Agora o tabernáculo de Deus está com os homens, com os quais ele viverá. Eles serão os seus povos; o próprio Deus estará com eles" (Ap 21.3).

Esse versículo resume e contém toda a mensagem da Bíblia. O conjunto da história da aliança e da redenção está por trás dessa gloriosa afirmação. Cada aspecto da esperança de Israel — o pacto, a redenção, a terra prometida, o templo, Sião, o príncipe davídico, o novo Éden — é tecido nessa declaração simples e ao mesmo tempo profunda: a morada de Deus está com os homens. De forma indireta, João usou o tema casamento para expressar essa relação. Jerusalém, e não uma cidade de tijolos e argamassa, mas a cidade do povo redimido pelo sangue de Cristo, é a morada de Deus. Todos os vencedores são filhos de Deus nessa cidade e herdam todas as riquezas do Reino (Ap 21.7). O uso simbólico do número doze, que significa as doze tribos de Israel e os doze apóstolos, e seus múltiplos na cidade em cúbica, apontam para a mesma perfeição e completude vistas no 144 mil remidos em Apocalipse 7.

A personificação de Jerusalém como noiva do Cordeiro é totalmente consistente com o movimento da personificação de outras imagens de esperança do AT e, notadamente, a do templo. O templo, acima de tudo, significava a habitação de Deus. Mas, como já vimos, o templo se torna o novo templo que é o próprio Cristo. Jesus de Nazaré era Deus-homem e, assim, era o tabernáculo de Deus no homem (Jo 1.14). Ele declarou que seu corpo era o novo templo (Jo 2.19-21), e agora cria o templo pelo seu Espírito, pois habita nos remidos (Ef 2.19-22, 1Pe 2.4-10).[39] As pessoas pertencentes a Cristo podem ser chamadas de templo, pois Jesus habita no meio delas, pelo Espírito. Assim, para a nova Jerusalém de João, nenhuma estrutura simbólica pode tomar o lugar da visível e real glória de Deus que nela habita (Ap 21.22). O próprio Deus e o Cordeiro estão lá, e eles são o templo. Por isso o rio da vida deve fluir a partir do trono de Deus e do Cordeiro em vez do limiar do templo como Ezequiel originariamente retratou (Ap 22.1-2; cf. Ez 47). Mesmo a descrição detalhada de Ezequiel carrega conotações do Éden, regado por quatro rios e contendo a árvore da vida. Deus estabeleceu no Éden seu relacionamento com a humanidade.

Resumo

O novo céu e a nova terra descritos por João em Apocalipse 21.1-22.5 constituem a resolução de todo o conflito, sofrimento e falta de sentido na vida. Não existem mais deficiências na relação entre Deus, o homem e a ordem criada. A sobreposição das eras cessa quando a presente ordem mundial em que vivemos é removida com todo o mal que a caracteriza. Por meio da ressurreição e glorificação, o crente é levado à regeneração de todas as coisas. A nova era sozinha se torna a realidade de sua existência. Este é o Reino em que os

---

[39] Note como Pedro usa a passagem do casamento de Oseias no contexto de templo: 1Pe 2.10 é referência a Os 2.23, em que o significado do casamento de Oseias é interpretado como o casamento de Deus com o povo redimido (v. Os 2.16,19). Pedro, assim, reúne diversos conceitos do AT: templo, raça eleita, sacerdócio real, nação santa, povo de Deus, com a referência de Oseias.

efeitos da vida e morte de Cristo são percebidos e experimentados em toda a sua plenitude. Neste momento nós o percebemos apenas pela fé e vivemos nele mediante o homem que nos representa, Jesus Cristo; não é possível compreendê-lo com nossas formas de pensamento e com nossa linguagem. Assim, João, com o gênio de inspiração divina, compõe um mosaico de imagens do AT a fim de transmitir essa realidade.[40] Quanto da seção é verdadeiramente apocalíptico e quanto é profético é uma pergunta um tanto acadêmica. Pois apropriadamente, neste momento, temos uma síntese de ambos os tipos de escrita com a abrangente compreensão do evangelho de João. Que ele carrega a tradição do simbolismo apocalíptico é óbvio, mas, neste caso, João criou uma mistura das formas e imagens da literatura bíblica única. Cada imagem evoca cenários inteiros de esperança profética e expectativa do AT. Mas a nova mensagem é que a realidade já substituiu a esperança ou expectativa. O que o evangelho define como realidade acontecerá a cada crente. Essa esperança inscrita no coração e na mente pelo Espírito de Deus ao longo dos tempos fortaleceu a determinação de inúmeras pessoas sem expressão, homens e mulheres comuns e banais (segundo os padrões do mundo), para continuarem olhando para Jesus, o Alfa e o Ômega, o autor e consumador da nossa fé.

Tese

João, por fim, resolve a tensão da sobreposição de todos os tempos descrevendo de forma inequívoca a consumação final como fato que ocorre após a destruição de Satanás e de tudo o que pertence à era antiga.

---

[40] Robert H. Charles, *The Revelation of St. John*, I.C.C. (Edinburgh: T. & T. Clark, 1920) vol. 1, p. lxxv-lxxxii lista cerca de vinte passagens do AT diretamente relacionadas com Ap 21.1—22.5. Ele enumera mais sete que, provavelmente, influenciaram João na seção.

CAPÍTULO 10

"Vem, Senhor Jesus!"

Viver esperançoso pelo futuro

> Eis que venho em breve! A minha recompensa está comigo, e eu retribuirei a cada um de acordo com o que fez. Eu sou o Alfa e o Ômega, o Primeiro e o Último, o Princípio e o Fim.
>
> Aquele que dá testemunho destas coisas diz: "Sim, venho em breve!" Amém. Vem, Senhor Jesus! (Ap 22.12,13,20).

A aventura de João na realidade celestial do Reino consumado poderia facilmente figurar como a conclusão adequada deste trabalho notável. O que seria mais animador para os santos de todos os tempos e de todas as condições de vida que ler sobre sua perfeição e a felicidade futuras? Qualquer cristão seria entorpecido e insensível se não sentisse um pouco de fogo na alma ao contemplar as palavras conclusivas desta visão:

> Não haverá mais noite. Eles não precisarão de luz de candeia nem da luz do sol, pois o Senhor Deus os iluminará; e eles reinarão para todo o sempre (Ap 22.5).

Mas na sabedoria do Espírito de Deus, os leitores de João retornarão a terra! Respirar o ar puro da Nova Jerusalém pode facilmente nos tirar o equilíbrio, pois a dura realidade da sempre presente corrupção da nossa era poderia nos sacudir do nosso devaneio com um choque que nos desorientaria por um tempo. Afinal, o vislumbre do céu nos foi dado para nos assegurar, confortar e motivar no meio deste século mau. Nos primeiros capítulos do livro, João retransmitiu as mensagens de Cristo às igrejas em luta. O Cristo reinante elogiou, incentivou e advertiu as igrejas para que elas perseverassem até o final. Agora, mais uma vez, há advertência e encorajamento, dados especificamente em relação ao significado total do livro do Apocalipse.

Em primeiro lugar, há a garantia relativa ao testemunho deste livro, que é, de fato, o testemunho do próprio Jesus (Ap 22.6,16,20). João recapitula a abertura das seções do livro. Lá, o Cristo ressuscitado e glorificado, reinando no meio de suas igrejas por sua palavra e Espírito, é apontado como o autor desta revelação. Nós percebemos que não há espaço para a apologética nesta situação. A Bíblia não discute a aceitação de suas afirmações. Afirma-as como a verdade. A razão para isto é que as afirmações primárias da Bíblia relacionadas com a verdade incluem a incapacidade do homem pecador de perceber a verdade porque ele rejeitou a fonte da verdade, e também a graciosa revelação da verdade na pessoa de Jesus Cristo. Quanto ao mistério de como ou por que as mentes incrédulas e rebeldes, incapazes de perceber a verdade, vão responder com a verdade como ela é em Cristo, a Bíblia o resolve com base no poder do evangelho e na regeneradora obra do Espírito Santo. Quanto ao mistério de por que alguns que ouvem o evangelho respondem e creem enquanto outros rejeitam a verdade, a Bíblia dá a escolha final a Deus segundo o seu propósito soberano de eleição. O cínico pode considerar a afirmação de Apocalipse 22.6: "Estas palavras são dignas de confiança e verdadeiras", com sua própria incredulidade e desdém. Mas o crente sabe que elas são as palavras do próprio Senhor e as recebe com confiança bem fundamentada. Elas são as palavras de Jesus Cristo, a testemunha fiel (Ap 1.5). Todo mundo tem de enfrentar eventualmente a questão da verdade absoluta e definitiva. Uma vez que é a verdade definitiva, não existe nenhuma verdade maior ou básica pela qual possa ser testada. Para comunicar-se conosco como a verdade, deve autenticar a si mesma em seus próprios termos. Não há apologética para a verdade final. Ela simplesmente toma conta de nós e nos coloca em submissão. Submeter-se à verdade final é ser abençoado (Ap 22.7).

Em segundo lugar, João recapitula as severas advertências do Apocalipse: "Não sele as palavras" (Ap 22.10). Os textos apocalípticos do passado usavam a técnica literária de descrever um livro selado escrito em uma época passada, mas aberto no tempo determinado em que todos serão revelados. Isso é o que está por trás do rompimento dos sete selos[41] (Ap 5.1—8.1). Agora, porém, o dia da revelação chegou. Jesus Cristo veio em carne e osso e estamos nos últimos dias. "O tempo está próximo" significa, assim, que a consumação de todas as coisas é o último movimento para Deus completar a obra da salvação. Desde que o evangelho nos trouxe aos últimos dias, não há espaço para complacência sobre a manifestação final da glória divina. Ela pode acontecer a qualquer momento e, portanto, só podemos exortar as pessoas a que se prepararem para ela, respondendo à graciosa oferta do evangelho. Podemos ter certeza disso, que no momento em que não sabemos, o evento final acontecerá. Seja por nossa própria morte ou pelo retorno de Cristo em glória, o resultado é o mesmo — todas as oportunidades de mudar a mente e de receber a salvação terão passado. "Continue o injusto a praticar injustiça" (Ap 22.11), aponta para o momento em que a oportunidade para o arrependimento não existe mais. João não está dizendo que o tempo já veio, pois a palavra de convite ainda é dada — "Quem tem sede venha" (Ap 22.17).

Mas os que desejam viver a vida sem Deus, que sejam avisados. O evangelho é o grande divisor, bem como o grande unificador. O conflito entre Cristo e Satanás, característica do Apocalipse todo,

---

[41] No popular apocalipse judaico que não se encontra na Bíblia, os escritores alegam que uma grande figura do passado, Moisés ou um dos doze patriarcas, foi o autor. O trabalho foi selado e é só agora, no tempo do escritor, que se abriu para revelar a verdade. Por isso, o anjo revelador é visto como quem ordena sua selagem (v. tb. Dn 12.4). É significativo que no livro do Apocalipse João não seja o autor da verdade sobre os sete selos, mas em bom estilo apocalíptico, os selos são quebrados e a verdade revelada. João não recebe permissão para selar nada, pois o dia da revelação veio com Jesus Cristo.

ainda tem seu desenrolar na existência diária de homens e mulheres. A relação entre boas obras e salvação, que discutimos no capítulo 5, é recordada nas palavras referentes às boas obras — não para obter a salvação, mas como fruto da salvação por meio da fé.

O aviso final está no fim do capítulo e diz respeito à "profecia deste livro" (Ap 22.18,19). Mais uma vez, o motivo da forte advertência é que estas são as palavras de Jesus Cristo, o Senhor da igreja e governante dos reis da terra. A essência do aviso não diz respeito aos detalhes reais do livro do Apocalipse. Adicionar ou subtrair uma palavra da profecia significa rejeitar o testemunho de Jesus Cristo sobre si mesmo e o evangelho. Significa, portanto, rejeitar Jesus Cristo e suas reivindicações sobre nós como o Senhor no poder. Ao contrário de algumas distorções populares do evangelho que consideram aceitar Jesus como Salvador e Senhor duas coisas completamente separadas, vemos que crer em Cristo para salvação significa, entre outras coisas, reconhecê-lo como Senhor.

Em terceiro lugar, João recapitula as bênçãos do Reino de Deus: "Felizes os que lavam as suas vestes, para que tenham direito à árvore da vida e possam entrar na cidade pelas portas" (v. 14). O tema da justificação move o livro ao fim. Lembre-se de que João escreve para a minoria perseguida, os cristãos da Ásia Menor. Que encorajamento pode ser dado a eles nesse momento? A vibrante mensagem de Apocalipse precisa ser destilada de maneira a sustentá-los no momento bem como em longo prazo. Eles precisam ser lembrados, mais uma vez, de que o poder de Deus para a salvação é o evangelho da livre justificação em Cristo. Eles precisam ser amparados pela verdade de que sua transitória existência é parte da história humana, e que Cristo é o Senhor de tudo: "Eu sou o Alfa e o Ômega, o Primeiro e o Último, o Princípio e o Fim" (v. 13).

Então, João leva os leitores de volta ao ponto onde a fé apenas reconhece: "Deus governa e eu sou seu filho pelos méritos de Jesus Cristo". Os filhos do Reino aguardam ansiosamente sua vinda. Enquanto isso, eles procuram viver como verdadeiros cidadãos desse Reino. A vida de fé é vivida entre o tempo do Cordeiro imolado e o tempo da vinda na majestade do Leão. Também não é apenas, ou primariamente, o sofrimento do cristão que o faz desejar o retorno do Senhor em glória. Pois, como Saulo de Tarso aprendeu, a perseguição dos cristãos é a perseguição e rejeição do Senhor. "Por que vocês me perseguem?" Ansiamos ver nosso Senhor não mais como o humilhado Jesus do evangelho, mas como o Senhor da glória. Não descansaremos até que o santo nome do nosso Deus e Salvador seja justificado, toda língua confesse seu nome e todo joelho se dobre em seu reconhecimento.

O mundo olha para o Cordeiro abatido com piedade, desprezo e até mesmo repugnância. Através dos óculos matizados de importância pessoal, ele vê seu sacrifício como uma brincadeira, ou como o fim natural da ética baseada na superstição ultrapassada. Mas o mundo desmente sua própria interpretação. Pois, se o Cordeiro proveu uma vida e morte tão sem sentido, o remédio seria deixá-lo sozinho a apodrecer e murchar. Mas o Cordeiro não iria embora. Em vez de alguns ossos e do cheiro de decomposição, ele deixou o túmulo vazio e seu Espírito, que marcou a verdade do evangelho no coração e na mente do seu pequeno grupo de seguidores que, então, começou a virar o mundo de cabeça para baixo. Por isso, o mundo não os perdoará. Ele se levanta e ataca o Cordeiro fingindo sua irrealidade; faz isso porque aquele cujo espírito permeia o mundo sabe muito bem que o Cordeiro imolado é sua desgraça.

O cristão olha para o Cordeiro e vê o juízo de Deus sobre o seu pecado suportado por seu substituto. Mas ele enxerga mais longe que isso. Ele vê a glória sem fim do Leão. Jamais ele vê o Leão sem o Cordeiro, e ele só pode vê o Leão pela contemplação do Cordeiro. Assim será por toda a eternidade. Nesta vida, a fé percebe essas realidades, e há um profundo desejo em cada filho de Deus de que a fé seja transformada em visão. Quando somos cativados pelo evangelho, nós nos tornamos mais e mais impacientes com nossa falta de conformidade com a realidade do Reino. Somos afrontados pela rejeição do mundo ao Senhor. Ansiamos pelo livramento da luta diária no mundo com o cheiro da morte que paira até mesmo sobre a mais sublime beleza da criação. Não podemos fazer nada além de desejar ver todas as coisas. Por isso, clamamos: "Vem, Senhor Jesus".

APÊNDICE

Qual é a marca da besta?

Muitos leitores devem estar acostumados com a interpretação popular de Apocalipse 13, que, creio eu, tem recebido muito mais atenção do que merece. A natureza crítica do nosso tempo, com suas incertezas, crises globais e ameaças de iminente colapso da estrutura social e do sistema econômico, criou uma sede de qualquer coisa que possa remover a imprevisibilidade do futuro imediato. Essa sede tem incentivado a disseminação de certos pontos de vista entre os cristãos, que acredito firmemente consistirem em desvios da mensagem central do NT.

Os pontos de vista são, por vezes, agrupados sob o rótulo de "futurismo", porque sua suposição comum é que o Apocalipse, em particular, e as profecias do AT sobre a chegada da nova era do Reino, se referem quase de forma exclusiva ao futuro final da era atual. Também se costuma aceitar, de modo geral, que a história moderna, em especial desde o retorno dos judeus à sua terra e a formação do Estado de Israel, em 1948, aponta infalivelmente para o fato de esta era caminhar com rapidez para o fim. A abordagem literalista das profecias e do Apocalipse é normalmente aplicada de tal forma que alguns expositores bíblicos afirmam ver evidências da proximidade extrema da segunda vinda de Cristo. Apesar de Jesus ter proibido a tentativa de prever o tempo do seu retorno, muitos intérpretes fazem previsões. As previsões são muitas vezes colocadas ("em 1984" ou "nesta década", por exemplo) de modo a sugerir a consciência culpada por tentar fazer o que Jesus proibiu. Outras previsões são mais confiantes, e a passagem do tempo revelou a que muitas delas se referiam.

Nos últimos anos ressurgiu o interesse em uma parte de Apocalipse que sempre foi foco de controvérsia. Desde o início, a marca da besta, em Apocalipse 13.16-18, recebeu a atenção de muitos intérpretes com a proposição de soluções para o enigma do número 666.

Como hebreus e gregos utilizavam as letras do alfabeto para representar valores numéricos, existe a interpretação bastante popular de que 666 seja o valor numérico total das letras do nome de um homem. As possibilidades são muitas, e se a versão grega de um determinado nome, por exemplo, "Imperador Nero" não soma 666, a conversão para a forma hebraica produziu, muitas vezes, o resultado desejado. Em tempos mais recentes, métodos semelhantes foram utilizados para identificar a besta como Maomé, Martinho Lutero, Napoleão ou Hitler. Muitos cristãos preferem a abordagem mais simbólica da equivalência numérica. Se admitirmos que a Bíblia não raro usa o número 7 para indicar perfeição, então, o 666 poderia representar a repetida falta de perfeição ou "falha sobre falha sobre falha".

Agora, um novo tipo de interpretação tem recebido muita publicidade. Ela abordagem, ao contrário das outras interpretações, toma o número 666 literalmente, e como as interpretações Nero-Hitler, relaciona-as com muita precisão aos dias atuais. Alega-se que a marca da besta — o número 666 — emerge na sociedade moderna de maneira tal que nos encontramos à beira da economia global controlada por Satanás. O crédito eletrônico vem substituindo gradualmente o uso de dinheiro para que no tempo certo — provavelmente, um tempo relativamente curto — nos tornemos cidadãos de uma sociedade sem dinheiro em todo o mundo. O poder por trás desse sistema será o anticristo, e exigirá a submissão de todas as pessoas. Já estamos caminhando para tudo isso com o uso de cartões de plástico e componentes eletrônicos. Códigos de barra em mercadorias permitem que os preços sejam lidos e registrados de forma eletrônica — e constituem mais uma prova da aproximação do tempo em que haverá controle total sobre compra e venda. Quando esse tempo chegar, só quem se submeter à marca da besta, um número de identificação pessoal informatizado, a ser impresso na mão direita ou na testa, poderá comprar ou vender. Assim, os cristãos que se recusarem a adorar a besta e receber sua marca sofrerão perseguição ferrenha.

A orientação geral dos livros que seguem essa linha convencem o leitor de que o tempo está próximo e, como consequência, existe grande urgência de responder ao evangelho. Essa resposta não removerá, segundo algumas interpretações, a ameaça da perseguição que os cristãos viverão, como creem certas pessoas, por três anos e meio, antes que Cristo os leve deste mundo. De acordo com outras interpretações, o "arrebatamento" ocorre antes da tribulação final; nesse caso há o incentivo adicional para seguir o evangelho e, assim, escapar da tribulação.

Em uma pergunta que me fizeram em um seminário da igreja ficou claro como as pessoas levam essa questão a sério: "O que acontecerá se, quando a sociedade sem dinheiro vier como cumprimento da profecia, alguns cristãos aceitarem a marca da besta sem perceber o que fazem?". Existe a preocupação de que muitos cristãos não terão conhecimento do significado de Apocalipse 13 e cairão na armadilha de receberem a marca da besta. Em resposta à pergunta, primeiro apontei que houve uma suposição injustificada na afirmação de que a só sociedade desprovida de dinheiro cumpre essa profecia. Além disso, não é possível relacionar essa imagem apocalíptica com o claro ensino do evangelho. O resultado é o medo desnecessário de que alguns cristãos percam a salvação por não terem o tipo certo de instrução profética a respeito de Apocalipse 13.

À luz dos princípios estabelecidos no presente livro, há uma interpretação muito mais satisfatória que não colide com o ensino das epístolas do NT. A visão da besta, em Apocalipse 13.11-18, é uma de uma série de imagens do conflito entre a luz e as trevas. A besta é um emissário de Satanás no conflito. Ela engana muitas pessoas para que lhe sejam leais, e ele persegue ativamente o povo de Deus.

A natureza apocalíptica não exige a perseguição comercial e econômica literais (v. 17). Entretanto, não se trata de algo impossível, pois a opressão política em regimes totalitários compromete o mercado. É errado, no entanto, fundamentar o cumprimento com base na aparente correspondência com acontecimentos contemporâneos. Essa interpretação é auxiliada pela abordagem literalista da marca da besta (v. 16,17), o que supõe que um dia será necessário ter o nosso número de identificação impresso em nós. Claro que, por ser tão literal, essa interpretação tende a se romper sob seu próprio peso. Pois, se seguirmos o versículo 18 estritamente, cada indivíduo será carimbado com exatamente a mesma marca, seiscentos e sessenta e seis, que tem valor apenas para identificar os membros do grupo, mas não para distinguir um membro do outro.

Mais uma vez, os dois princípios apresentados na introdução são relevantes. Em primeiro lugar, devemos rejeitar qualquer tentativa para transformar a parte simbólica das imagens apocalípticas na descrição literal do evento totalmente distante de João e seus contemporâneos. O fato de João se referir à marca de Deus na visão adjacente deve nos ajudar. Sugiro existir o contraste deliberado das duas situações — o que não é diferente de Apocalipse 7 (v. o capítulo 3). Tanto Apocalipse 7 quanto Apocalipse 14 se referem aos 144 mil santos remidos, em contraste com os réprobos sob juízo. A marca de Deus em Apocalipse 14.1 significa que eles estão devidamente selados como propriedade particular do Pai. Ninguém supõe que, por sermos filhos de Deus, devemos ter uma marca literal na testa. Ela simboliza a redenção recebida pela fé e selada pelo Espírito de Deus. Da mesma forma, a marca da besta deve simbolizar incredulidade, rejeição de Cristo e do evangelho. É triste que muitos cristãos sejam levados a pensar que sua segurança não dependa da obra consumada de Cristo a favor deles, mas de sua astúcia profética em discernir a suposta relação da besta com o desenvolvimento de um novo sistema fiscal global. O evangelho e as verdades gloriosas da justificação estão se tornando obscurecidos por essa interpretação moderna.

Outra implicação da tese deste livro precisa ser mencionada aqui. A abordagem futurista — que interpreta a passagem de forma literal e constrói sobre ela a previsão do retorno de Cristo neste ano, no próximo, ou seja lá quando for, sem dúvida estará certa! Mas isso ocorrerá pelas razões erradas. Da mesma forma, é possível que muitos destes eventos contemporâneos, vistos como o cumprimento de uma palavra profética, sejam exatamente isso. Se a sociedade sem dinheiro surgir da maneira sugerida, ela pode muito bem se encaixar no significado de Apocalipse 13. Isso não é de fato o ponto em questão. Minha opinião em relação a essa linha de pensamento é que se trata de uma abordagem forçada para demonstrar que as profecias estão sendo literalmente cumpridas por esses eventos contemporâneos pela primeiríssima vez.

O mal-entendido aqui é duplo. Em primeiro lugar, o conceito de sinais dos tempos é muitas vezes empregado em relação ao cumprimento de profecias, ou em relação a profecias que estão, supostamente, em vias de se cumprirem. Acredita-se, segundo essa interpretação, que: os sinais são perceptíveis, o cumprimento é definitivo e o fim está próximo. Com essa base são feitas muitas previsões do tempo do retorno de Cristo. O segundo mal-entendido relaciona-se com o conceito de fim — aplicado de forma exclusiva à segunda vinda. Tenho me esforçado neste livro para apontar a maneira que o NT fala sobre o fim. Com base nessa perspectiva bíblica, acredito que devemos chegar à seguinte conclusão: os sinais pertencem a todo o período dos últimos dias — a partir da primeira vinda de Cristo até seu retorno. O propósito não é nos ajudar a prever, ao contrário da advertência de Jesus, o tempo de seu regresso, mas caracterizar todo esse período como o tempo do fim — sob a perspectiva de que o retorno de Cristo era tão iminente para os apóstolos como é para nós. A visão apocalíptica de João a respeito da besta e de sua marca pertence a todo o período também, e pode ter muitas manifestações individuais ou contínuas. Acima de tudo, não se deve remover essa profecia do âmbito dos ensinos gerais do NT, ou do resto do livro do Apocalipse (por exemplo, em seus ensinamentos sobre perseverança no fim). Agir de outro modo significa fazer adições ao evangelho e dar a entender que "só pela fé" e "Cristo" são princípios que não operarão nos últimos dias desta era. Parece ser preciso acrescentar a eles o curso de ação baseado na interpretação profética estreita. A única maneira de manter a coerência ao lidar com Apocalipse 13 e 14 é ver a marca da besta como a caracterização da impiedade e falta de fé, enquanto a marca de Deus caracteriza o selo: pela fé em Cristo, somos salvos eternamente.

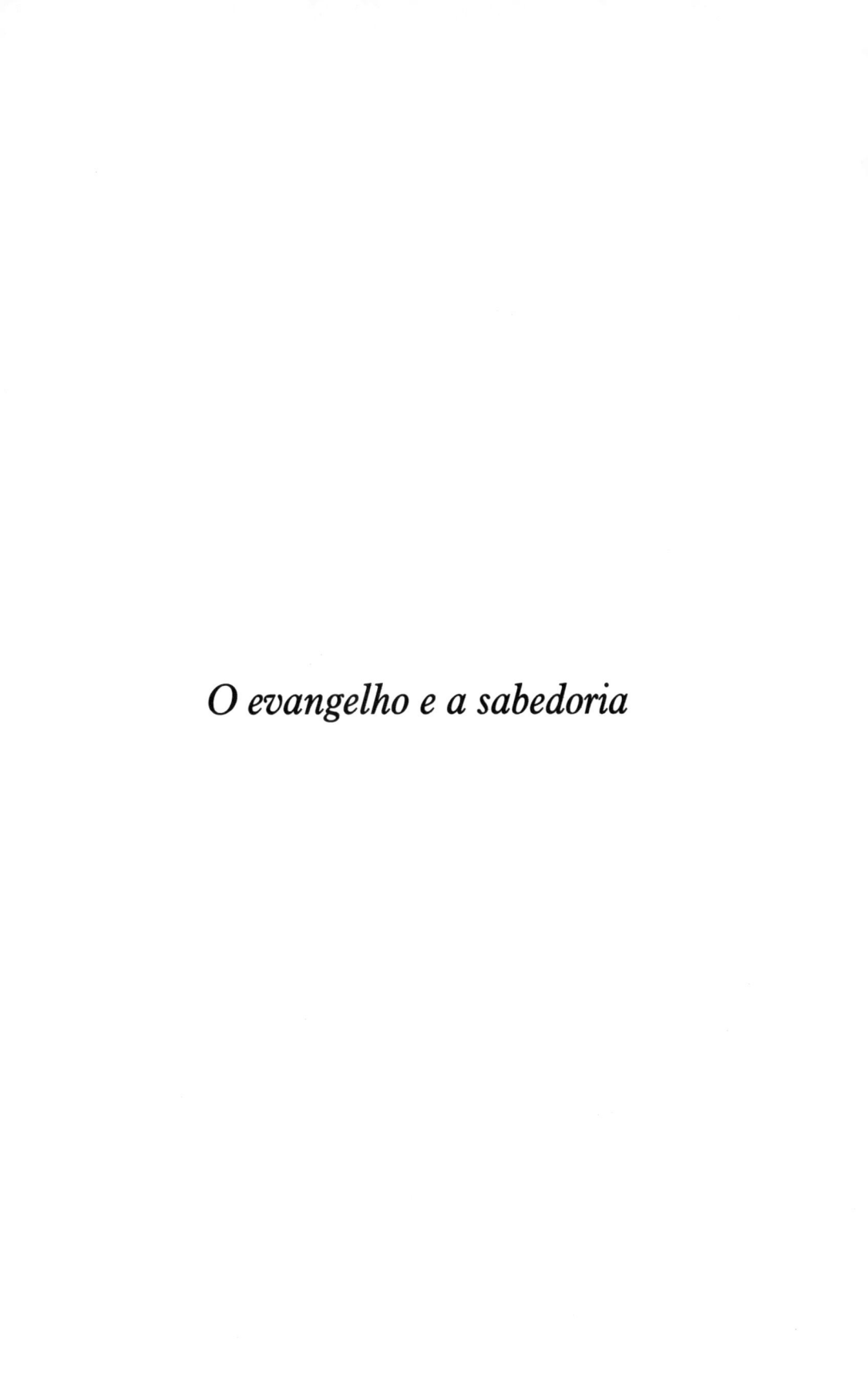

O evangelho e a sabedoria

Sumário

Prefácio 295

1. A casa sobre a rocha 297

2. Cristo, nossa sabedoria 305

3. A sabedoria do mundo 317

4. O refinamento de sabedoria 333

5. Salomão, em toda a sua glória 351

6. Provérbios e a percepção da ordem 363

7. Jó e o ocultamento da ordem 379

8. Eclesiastes e a confusão da ordem 395

9. Sabedoria em todo lugar 405

10. Sabedoria na teologia do Antigo Testamento 421

11. Cristo e a perfeição da ordem 439

12. Os cristãos e a transformação da ordem 463

Prefácio

Para os leigos, ainda é comum classificar os livros do Antigo Testamento (AT) nas categorias lei, história, profecia e poesia. Esse é um arranjo curioso e enganador. Os livros de lei estão repletos de história, os livros de história contêm muita profecia, os livros de profecia são, em grande parte, poesia e os chamados livros de poesia são tão diversos que seu conteúdo poético é dos menos úteis alvos de descrição. Além disso, encontra-se muita prosa neles. É uma preocupação verdadeira que a categoria livros de poesia obscureça uma das áreas mais importantes da literatura encontrada nela: os livros de sabedoria. A sabedoria é um conceito importante tanto no AT quanto no Novo Testamento (NT). É uma dimensão fundamental da vida cristã e encontra seu centro na pessoa de Cristo. Os livros que mais nos contam sobre a sabedoria dos hebreus não se devem limitar ao limbo de uma caixa rotulada "poesia".

Existem alguns livros muito lidos atualmente que investigam o tema sabedoria na literatura do AT. Alguns deles estão enumerados nas notas de rodapé. No entanto, deve-se dizer que há uma singular escassez de livros que levantam a relação da sabedoria do AT com o NT, de modo geral, com Cristo, em particular, e com a vida cristã. Meu objetivo neste livro é a aplicação do método da teologia bíblica, a fim de colocar a literatura sapiencial co contexto cristão, para tentar entendê-la como Escritura cristã.

Uma vez que também é meu objetivo apresentar o material com o menos possível de aspectos técnicos, a discussão pode, às vezes, parecer para o leitor teologicamente treinado simplista ou mesmo de estilo paternalista. Espero que isso não seja tomado como uma análise imprecisa das evidências. Digo ao leitor sem treinamento teológico que alguns aspectos técnicos são inevitáveis em qualquer tipo de estudo mais aprofundado. A falta de conhecimento do leitor a respeito de certas ideias não deve ser interpretada como sinal da dificuldade do material. Um pouco de paciência e perseverança são necessárias nesses casos.

Restringi as notas de rodapé ao mínimo necessário para cumprir a obrigação de esclarecer conceitos, reconhecer fontes e tornar possível a verificação das referências. Sempre que as referências são obras de natureza especializada e técnica, tentei incorporar suas perspectivas e as de outros estudos ao debate simples e básico. No geral, esforcei-me para ter em mente o valor prático da sabedoria na vida cristã, removê-la do domínio da elite e devolvê-la ao lugar de direito entre todo o povo de Deus.

Desejo afirmar minha gratidão a meus professores do Union Theological Seminary, de Richmond (Virginia, EUA): John Bright e Patrick D. Miller Jr. que supervisionaram meus estudos de doutorado em literatura sapiencial do AT.

Graeme Goldsworthy
Igreja Anglicana de Santo Estêvão
Coorparoo, Queensland

CAPÍTULO 1

A casa sobre a rocha

Resumo

Questões práticas como orientação e tomada de decisões estão intimamente relacionadas com o ensino bíblico sobre a sabedoria. Nosso ponto de partida é Jesus Cristo, porque ele nos liga mediante o evangelho a Deus e, portanto, à realidade. A sabedoria está relacionada com a natureza da realidade. Os quatro Evangelhos retratam Jesus como o homem mais sábio que todos os outros. Ao fazer isso, eles utilizam o ensinamento do AT como base sobre a natureza e o lugar da sabedoria na vida do povo de Deus.

Decisões! Decisões! Decisões!

Todos nós passamos por dias em que somos confrontados com um aparentemente interminável fluxo de situações que demandam decisões. Podem ser momentos desgastantes, em especial quando as decisões são muito importantes e afetam o curso da vida. Não podemos fugir da tomada de decisões. É parte da identidade humana. Por estarmos preocupados com os resultados das decisões, queremos tomá-las de forma acertada. Mas, com muita frequência, encontramo-nos dizendo: "Se eu tivesse feito isso e não aquilo". A doença do "se" é uma deformação por destruir a confiança nas decisões futuras. Ela gera a indecisão que sufoca a capacidade não só de enfrentar a vida, mas também de sair e usufruí-la. A indecisão é um aspecto da pecaminosidade, pois apresenta um problema não só do conhecimento ou compreensão do mundo, mas de toda a relação com o mundo e Deus. Não causa surpresa, então, que a Bíblia fale muito sobre decisões e como podemos tomá-las.

Os quatro Evangelhos retratam Jesus como alguém cuja presença demandava uma decisão das pessoas. Em seus ensinamentos, a convocação era para a fé e o comprometimento, não apenas para receber informações interessantes. Como ocorria antes, também é agora; a resposta dada à sua entrada no nosso mundo produz resultados eternos. Considere a conclusão do Sermão do Monte:

"Portanto, quem ouve estas minhas palavras e as pratica é como um homem prudente que construiu a sua casa sobre a rocha. Caiu a chuva, transbordaram os rios, sopraram os ventos e deram contra aquela casa, e ela não caiu, porque tinha seus alicerces na rocha. Mas quem ouve estas minhas palavras e não as pratica é como um insensato que construiu a sua casa sobre a areia. Caiu a chuva, transbordaram os rios, sopraram os ventos e deram contra aquela casa, e ela caiu. E foi grande a sua queda" (Mt 7.24-27).

A mensagem dessa vívida imagem verbal é clara. Quem adota o que Jesus diz, constrói a vida sobre uma fundação sólida, e quem não o faz, escolhe ser comparado a uma casa que se desfaz pelo castigo do vento e da chuva.

O ponto é que as palavras de Jesus exigem decisão e ninguém pode permanecer neutro diante delas. De acordo com o NT, as decisões da vida podem ser tomadas de modo conducente à vida ou à destruição. A essência do desafio do evangelista é "decidir-se a favor de Cristo", isto é, crer no evangelho. Antes de Cristo, a decisão negativa não é negativa. A decisão tomada em relação a Jesus Cristo afetará todas as outras decisões tomadas posteriormente. E nesse ponto reside a dificuldade, pois aqui começamos a fazer perguntas sobre a vontade de Deus para nossa vida. A casa sobre a rocha deve, em certo sentido, ser construída a partir de fundações. Mas como discernimos a planta, e o que se deve fazer se tomarmos a decisão errada? Algumas decisões são fáceis na teoria, pois há claro ensino bíblico sobre elas. Certas questões éticas e de comportamento cristão envolvem a simples aplicação das Escrituras. Claro, há também questões morais complicadas que achamos mais difíceis, mas ajuda saber onde procurar a resposta.

Há outra área de tomada de decisão na vida que não é tão clara. Todos os dias, você e eu formamos opiniões sobre vários tipos de assuntos, alguns importantes para nós, e outros insignificantes. Muitos não têm relação óbvia com os princípios éticos derivados da Bíblia, e não estão claramente relacionados com questões de fé ou justiça. A decisão, de uma forma ou de outra, não nos parece envolver em imoralidade ou em comprometimento do evangelho. O que teremos para o jantar amanhã é uma decisão neutra, desde que o padrão geral da dieta seja promover o cuidado razoável com o corpo. Mas a carreira escolhida, a igreja de que participamos e o futuro cônjuge são assuntos de grande importância. Algumas opções são excluídas pelas Escrituras. Não escolhemos a carreira imoral, a igreja apóstata ou o cônjuge incrédulo. Mas elas ainda podem nos deixar com uma série de opções de vida em cada caso.

Uma das coisas relacionadas com a sabedoria é a capacidade de tomar a decisão certa. Tiago nos diz que se nos falta sabedoria, devemos pedi-la a Deus, e ela nos será dada (Tg 1.5). Então, pedimos e esperamos que Deus, de alguma forma, nos guie e impeça de tomar decisões que se voltem contra nós. Tiago nos lembra de que devemos pedir a Deus com fé. O que exatamente isso significa em no processo de tomada de decisão? De tempos em tempos, converso com cristãos convencidos de que o dom da sabedoria significa que Deus entrega aos crentes a solução de todos os seus problemas. À primeira vista isso pode ser uma perspectiva atraente. Nada mais de preocupações, de ficar pesando todos os prós e contras. Nada mais de agonizar por causa dos possíveis resultados das nossas escolhas de ação. Todo o necessário é esperar em Deus pelo direcionamento para a decisão certa. A questão, naturalmente, é: Deus prometeu isso? A sabedoria é de fato uma linha direta com o céu, e Deus orienta a nossa vida assim? Infelizmente, quando os cristãos pensam dessa maneira, costumam se tornar impacientes demais para o estudo cuidadoso da Bíblia. Suas decisões não são tomadas com consciência, a partir do que dizem as Escrituras e dos princípios nela contidos, mas com base em algum sentimento vago e subjetivo sobre a vontade do Senhor em relação ao assunto. A Bíblia diz muito sobre orientação e tomada de decisões, mas suspeito que alguns conceitos populares sobre esses assuntos importantes não são de fato baseados em provas bíblicas.

O PRINCÍPIO DA SABEDORIA

O tema principal deste livro não é orientação, mas o conceito bíblico de sabedoria. Acredito que a relação entre sabedoria e orientação se tornará muito clara a partir da evidência que devemos examinar. Quando escrevi *Gospel and Kingdom* [*Evangelho e Reino*][1] para fornecer um entendimento cristão do AT, houve uma omissão deliberada pela imposição de brevidade. Questões sobre a fé de Israel (encontrada em especial em Salmos) e sobre a busca de conhecimento e compreensão (encontrada na literatura sapiencial) não foram tratadas. Pode, por conseguinte, ter parecido aos leitores atentos desse trabalho que ignorei por conveniência uma área importante do AT que não se encaixava com perfeição no esquema proposto sobre a revelação do Reino de Deus. Pretendo mostrar neste livro que não foi esse o caso. Espero demonstrar que, apesar das dificuldades, a literatura sapiencial de Israel pode estar relacionada à fé na aliança, e que, junto com as promessas proféticas, aponta para a vinda de Cristo.

Assim, minha primeira preocupação é olhar para a questão de como os cristãos podem ler e aplicar a si mesmos, como Escrituras cristãs, os livros de Provérbios, Jó e Eclesiastes, e outras partes do AT classificadas como literatura sapiencial. Ao longo dos últimos cinquenta anos, ou algo assim, tem havido uma tremenda renovação de interesse na sabedoria do AT por parte dos estudiosos da Bíblia. Infelizmente, não se fez muito para traduzir os resultados desses estudos para a língua dos cristãos comuns sem treinamento no as-

---

[1] Exeter: Paternoster Press, 1981.

pecto técnico dos estudos bíblicos. Este livro pretende apresentar uma contribuição nesse sentido.

A palavra *sabedoria* sugere a preocupação com a maneira de pensar, como usar a mente ou o intelecto. Se a sabedoria bíblica for sobre isso, teremos estabelecido um ponto importante: Deus nos deu a mente e espera que a usemos. É preciso apenas observar como o NT menciona a mente para sermos convencidos disso. Paulo, por exemplo, relaciona a renovação da mente à vida transformada do cristão (Rm 12.2). Ele nos lembra de que a conversão inclui a renovação da mente. A palavra grega para arrependimento (*metanoia*) significa literalmente a mudança da mentalidade. Além disso, quando a Bíblia fala sobre o coração, ela se refere a toda a vontade e capacidade de raciocínio do ser. Trata do que se passa na cabeça. O fruto do evangelho em nossa vida inclui a conformação gradativa da mentalidade à mente de Cristo. O processo de se tornar santo, ou santificação, é realizado pelo Espírito Santo que habita no crente. O Espírito trabalha em nós e por nosso intermédio. Assim, estamos conscientemente envolvidos na luta para nos tornarmos mais semelhantes a Cristo e realizarmos um bom trabalho.

Se você é uma pessoa com a experiência de conversão bem definida ao se tornar cristão, será fácil reconhecer que sua conversão incluiu a reviravolta na maneira como concebia a realidade. Você não deve ter percebido muitas implicações decorrentes dela no início. Mas pelo menos você reconheceu que Deus está, de alguma forma, envolvido em todos os aspectos da sua experiência, de maneira não percebida enquanto permaneceu incrédulo. Desse ponto em diante você nunca mais pôde olhar para a realidade da mesma maneira que a enxergava antes da conversão. O processo começou na transformação do seu modo de pensar e agir de acordo com a vontade e o caráter de Cristo. O pensamento e a realização não podem ser separados.

Quando falamos da mente santificada, muitos cristãos pensam exclusivamente na mente pura em sentido moral. Já a mente pecaminosa é considerada em termos de impureza moral. Precisamos ampliar a compreensão para além das dimensões morais. Pensar de modo cristão com a mente santificada significa pensar a realidade em termos da verdade revelada em Cristo. A mente pecaminosa é a que percebe a realidade separada da revelação divina. Ela pode ter pensamentos elevados e nobres de bondade humanitária, mas pelo fato de a verdade de Deus não ser considerada, essa mentalidade é pecaminosa.

A mentalidade cristã advém do evangelho, e por isso precisamos considerar a sabedoria cristã como a conformidade da mente ao evangelho. Se, então, entendemos o evangelho nos termos básicos de que Jesus morreu por nós, provavelmente vamos nos perguntar como isso pode afetar a maneira de pensar. Precisamos nos lembrar de que o simples evangelho também é profundo. A verdade "Jesus morreu por mim" envolve tudo o que Deus revelou na Bíblia sobre seu relacionamento com a humanidade e com a ordem criada. Crescer como cristão significa de fato aprender a aplicar a verdade do evangelho a todos os aspectos do pensamento e das ações.

Indiquei duas áreas básicas em que a Bíblia lida com o assunto sabedoria. Elas são os livros de sabedoria do AT e alguns trechos do NT. Especificamente, Jesus Cristo é a sabedoria de Deus e quem a revela para nós. O fato de o AT apontar para Cristo sugere que a sabedoria centrada no evangelho está relacionada com a sabedoria exercida pelos autores dos livros sapienciais do AT. A preocupação bíblica com a sabedoria deve ser a preocupação de todo cristão e não apenas dos classificáveis como intelectuais. O propósito primário da sabedoria de Israel era "dar prudência aos inexperientes e conhecimento e bom senso aos jovens" (Pv 1.4). Não há sugestão na Bíblia de que a sabedoria signifique ter o quociente intelectual acima da média. No AT, a sabedoria não é propriedade da elite, como parece ter ocorrido com outros povos. No NT, afirma-se que a sabedoria pertence a todos os crentes no evangelho.

No livro de Provérbios, o sábio é visto insistindo com seus alunos na tarefa de adquirir sabedoria ou compreensão da vida. "Procure obter sabedoria", diz ele (Pv 4.7), mas o que é sabedoria e como obtê-la? Ela parece ter muitas faces, mas por trás de todas elas, mesmo as mais mundanas, sentimos um fator comum difícil de definir. Para uma pessoa, sabedoria é o proprietário de um imóvel fazer um investimento inteligente, ou um estadista exercer sua atividade política de modo a trazer prosperidade renovada para a comunidade. Para outro é lidar de maneira bem-sucedida com o difícil conflito de gerações nas famílias, ou a gestão legal e eficaz de uma crise súbita. Para outra, ainda, é ser um monge ou fazer uma meditação mística sobre a vida e seu significado. Talvez possamos começar a entender a sabedoria como a reflexão que coloca o ser humano acima dos animais. Como cristãos, precisaremos abordar todas as definições com cautela e estarmos preparados para ajustá-las à luz da Bíblia. Na Escritura, a variedade do termo sabedoria não é menos complicada. Em um lugar, é um provérbio sobre uma formiga, em outro, um poema sublime sobre o Criador e a criação. É uma maneira de pensar e uma forma de agir. É um modo de ensinar e de expressar ideias por escrito. Também significa conhecer o homem e o mundo e, ao mesmo tempo, conhecer Deus e a recompensa que é conhecê-lo. Além disso, no NT, existe a sabedoria do mundo — a loucura — que não é a verdadeira sabedoria de Deus revelada em Jesus Cristo.

Uma vez que Jesus Cristo cumpriu o AT, só ele pode nos levar à compreensão do pleno significado dos livros sapienciais do AT. Já o NT toma os ensinos do AT como pressupostos da forma de apresentar a mensagem de Cristo. Uma vez que os dois Testamentos são interdependentes, pode parecer difícil decidir por onde começar. Mas, após refletir, percebe-se que devemos começar por Cristo, pois por intermédio dele nos tornamos cristãos e somos motivados a estudar o AT como Escritura cristã. Nós realmente temos duas tarefas quando lidamos com o AT. Em primeiro lugar, queremos ver como o AT aumenta nossa compreensão da mensagem do NT sobre Cristo. Em segundo lugar, aplicamos o conhecimento de Cristo como quem cumpriu a missão, a fim de compreender o significado real do AT. Quando começamos com Cristo, no evangelho, e voltamos de lá para o AT, percebemos que o AT, mais tarde nos leva de volta para

Cristo. Ele é, afinal, o autor e consumador da fé (Hb 12.2), o Alfa e o Ômega, o Primeiro e o Último (Ap 22.13).

Quando Jesus concluiu o Sermão do Monte, com a figura do construtor sábio e do tolo, ele falou com a autoridade que o sábio e o mestre da lei nunca tiveram; falou como a fonte de toda a verdadeira sabedoria. Nada do que Jesus disse ou fez apoiaria a ideia de que o dom de sabedoria significa que Deus toma nossas decisões por nós. Eis o que ele disse: receber suas palavras e praticá-las é sabedoria. A pessoa e a obra de Jesus nos fornecem com a única base segura para a compreensão de nós mesmos, da nossa experiência e do mundo. Nessa estrutura, devemos procurar tomar nossas decisões como seres humanos responsáveis. Na preocupação em edificar com correção a casa da vida, devemos nos lembrar de que a pedra fundamental é a palavra de Cristo. Não se trata de algo misterioso, revelado ao coração por meio de experiências secretas. Ela está lá, para nós, na Bíblia. Podemos ser tentados a pensar que nossas decisões resultaram em uma casa estranha que está sendo construída sobre a rocha. Mas as palavras de Jesus devem nos tranquilizar. Sendo construída sobre o fundamento certo, a casa resistirá.

Questões para estudo

1. Que tipo de problema os cristãos enfrentam ao tomar decisões e conhecer a vontade de Deus?

2. De que forma chegar a conhecer a Deus por meio de Jesus Cristo altera a compreensão de nós mesmos e do mundo?

3. O que Gênesis 1.26-28 nos diz sobre o relacionamento entre Deus, a humanidade e a ordem criada?

CAPÍTULO 2

Cristo, nossa sabedoria

Resumo

Todos os problemas dizem respeito a relações de algum tipo. Nosso relacionamento com Deus talvez seja o maior de todos os problemas. A resposta para isso, e para todos os outros problemas, encontra-se em Jesus, o homem perfeitamente sábio na relação com Deus. O ensino de Jesus sobre a sabedoria e o uso constante de palavras sábias preparam o caminho para as declarações de Paulo sobre Cristo nossa sabedoria. A sabedoria é característica da pessoa que se relaciona corretamente com Deus. Jesus se tornou de verdade o homem que se relacionou com Deus por nós, e por isso ele é sabedoria para nós. Um reflexo disso em nossa vida é a alteração da maneira de pensar sobre todas as coisas por meio do evangelho. A verdadeira sabedoria é o resultado do relacionamento com Deus por intermédio da pessoa e obra de Cristo.

Identificação do problema

A vida cristã é vivida no mundo tremendamente complexo. Em alguns aspectos, a complexidade é aumentada pela fé cristã, pois nos encontramos em desacordo com a mentalidade do mundo incrédulo. Quem anseia pela relativa simplicidade dos "bons velhos tempos" deve admitir que não ocorriam menos problemas no passado, apenas problemas diferentes. A vida é feita de descobertas, decisões e relacionamentos que nos dão a noção do significado da existência.

Os indivíduos, que não percebem a necessidade de se relacionar com outras pessoas ou com o mundo, consideram a vida sem sentido. O problema enfrentado por todos nós é saber o que somos na vida e saber lidar com tudo isso ao mesmo tempo. A incapacidade de obter a visão integrada da realidade pode ocasionar graves doenças mentais e até mesmo a morte.

Nunca faltaram pregadores prontos para nos dizer que Cristo é a resposta. Mas bem se observou: "Se Cristo é a resposta, qual é a pergunta?". Isso nos lembra da necessidade de sermos precisos em relação a como consideramos Cristo a resposta dos nossos problemas. O evangelho nos mostra o problema e a resposta. Ao fazê-lo, ele fala principalmente em termos de relacionamentos. Por exemplo, a definição bíblica do homem é a declaração de como ele se relaciona com Deus, consigo mesmo, com os outros e com o mundo. Toda a narrativa da Criação e Queda, de Gênesis 1 a 3, foi escrita a partir desse ponto de vista. A ideia do homem criado à *imagem de Deus* é um conceito sobre relacionamentos; ela define o homem — não sua constituição, mas com quem ele se relaciona e como. O primeiro efeito do pecado de Adão é o deslocamento do relacionamento perfeito entre ele e Deus.

Deus fez todas as coisas para se relacionarem entre si e com ele mesmo da maneira por ele determinada. Isso significa que o universo é ordenado. Não podemos perceber agora a extensão dessa ordem por causa da confusão introduzida pelo pecado. A desordem causada pelo pecado é referida na Bíblia como morte. Jesus Cristo restaura a vida ao reparar relacionamentos. Por meio do evangelho somos capazes de ver a verdadeira natureza do problema ao observar como Deus lidou com ele. O evangelho nos mostra que todos os relacionamentos rompidos no universo resultam do relacionamento desfeito com Deus.

JESUS E SABEDORIA

Pode-se ter contato direto com as tradições da sabedoria de Israel nas narrativas do evangelho sobre Jesus. Adiaremos o estudo dessa questão até que tenhamos examinado a fundo o AT nesse sentido.

Já me referi às palavras de encerramento do Sermão do Monte.² É evidente, a partir da consternação que se seguiu, que Jesus estava fazendo uma afirmação de natureza muito elevada. Ele disse que o compromisso de obediência a ele e às suas palavras é a única forma de garantir a vida com sentido. Os mestres da lei, os guardiões das tradições de sabedoria de Israel, teriam apontado para os antepassados e para a sabedoria colhida da nação como meios de obter a sabedoria e agir de acordo com ela, e assim encontrar a vida. Mas Jesus não lhes apontou toda a gama de sabedoria do passado. Ele os confrontou consigo mesmo e exigiu fidelidade total a si e às suas palavras. Por isso as multidões ficaram maravilhadas: "porque ele as ensinava como quem tem autoridade, e não como os mestres da lei" (Mt 7.29).

Em vários lugares encontramos instruções gerais sobre o papel da sabedoria, assumido por Jesus no ministério. Lucas conclui o relato sobre os acontecimentos em torno da circuncisão de Jesus quando criança, dizendo: "O menino crescia e se fortalecia, enchendo-se de sabedoria; e a graça de Deus estava sobre ele" (2.40). Isso pode parecer uma expressão curiosa, se entendermos a graça apenas como a forma de Deus lidar com o pecado, pois Jesus jamais pecou. Mas a ênfase se encontra na humanidade de Cristo, e assim ele recebeu de Deus todos os dons da verdadeira humanidade. Lucas, então, relata um exemplo da sabedoria e da graça em ação na vida do menino. Aos 12 anos de idade, ele surpreendeu os doutores da lei com seu entendimento. Quando os pais o repreenderam por ter ficado para trás no templo, ele respondeu: "Por que vocês estavam me procurando? Não sabiam que eu devia estar na casa de meu Pai?".³ Ao

---

² A palavra grega para sábio usada nessa passagem é *phronimos*; a palavra mais usada no NT é *sophos*. No grego, como no hebraico do AT, há várias palavras que se aglomeram em torno do mesmo significado geral. Em português, usamos palavras como prudência, discernimento e compreensão com significados que se aproximam do de sabedoria.

³ A expressão "casa de meu Pai" é encontrada em várias versões (RA, NVI, NTLH). Não há substantivo no grego que seja traduzido literalmente por "das coisas de meu Pai". A versão ACF traz "dos negócios de meu Pai". É claro que ele estava no templo, mas a ênfase é sobre o que ele estava fazendo no momento em que seus pais o procuravam.

mencionar Deus como seu pai, ele afirmou ser o Filho de Deus; já o que se vê em Lucas 3 se refere à humanidade de Jesus.[4] O templo é o lugar apropriado para Jesus estar uma vez que a casa de Deus era o lugar divinamente ordenado para a reunião do povo. Assim, Jesus foi cumprindo com perfeição o papel de Israel e da humanidade redimida ao ser o Filho de Deus em relação perfeita com o Pai. Depois desse incidente, Lucas comenta de novo, de modo incisivo, que Jesus crescia em sabedoria (Lc 2.52). A sabedoria então é característica do homem que se relaciona com Deus. Quem tem a amizade com Deus restaurada é sábio — no verdadeiro sentido da palavra.

Se Lucas é um pouco neutro nas referências aos professores que ouviram o menino Jesus no templo, percebemos que ele não permanece assim. Na verdade, o conflito crescente entre Jesus e os líderes religiosos judeus é um dos temas do evangelho de Lucas. Esses homens se tornam cada vez mais indispostos a aceitar o ministério de Jesus. Em Lucas 11.29-32 Jesus repreende os judeus porque eles buscam sinais, mas são cegos demais para enxergar sinais que ocorrem bem diante deles (v. tb. Mt 12.38-42). Em contraste com a pagã rainha de Sabá, eles não parecem muito perspicazes. A rainha de Sabá foi capaz de reconhecer a grandeza e sabedoria de Salomão e aprendeu com ele. Mas, agora, alguém maior que Salomão se faz presente e os judeus, detentores de todos os privilégios do pacto e da revelação de Deus, não o reconhecem. Salomão sempre foi considerado o grande nome da sabedoria hebraica, mas Jesus o supera de longe.

Em Lucas 11.49,[5] o conflito é com os mestres da lei e os fariseus. Os fariseus estão preocupados em cumprir todas as exigências rituais da lei, em dar o dízimo até das ervas do jardim, mas não se importam com a justiça e o amor de Deus (v. 42). Os mestres da lei também avaliam as pessoas segundo os detalhes da lei, mas se recusam a se

---

[4] A genealogia de Jesus (Lc 3.23-38) aparece imediatamente após seu batismo e as palavras do Pai: "Tu és o meu filho amado" (v. 22). A árvore genealógica retrocede até Adão, o primeiro filho de Deus. Entre Adão e Cristo, Israel é designado filho de Deus (Êx 4.22; Os 11.1).

[5] V. tb. Mt 23.34: "Por isso, eu lhes estou enviando profetas, sábios".

submeter aos próprios padrões. Assim, diz Jesus, eles são coniventes com seus antepassados que assassinaram os profetas: "Por isso, Deus disse em sua sabedoria: 'Eu lhes mandarei profetas e apóstolos, dos quais eles matarão alguns, e a outros perseguirão' " (Lc 11.49). "Ai de vocês, peritos na lei, porque se apoderaram da chave do conhecimento. Vocês mesmos não entraram e impediram os que estavam prestes a entrar!" (Lc 11.52). O motivo do conflito é que os líderes religiosos judeus distorciam tanto a verdade de Deus para Israel que eles não conseguiam perceber a verdade, mesmo quando ela estava lá, em carne e osso, diante deles, na pessoa de Jesus Cristo. Como eles sempre perseguiram quem lhes ensinou a verdade no passado, agora eles atraíam o pronunciamento dessa terrível desgraça sobre si mesmos.

Uma vez que os homens sábios tradicionais, os mestres da lei, os fariseus e os judeus em geral se mostraram indignos, a verdadeira sabedoria de Deus estava sendo retida. Em Mateus 11.20-30, Jesus pronuncia um ai sobre as cidades impenitentes e incrédulas de Israel. Mesmo a cidade degradada de Sodoma teria se arrependido se recebesse os privilégios da revelação divina desfrutados por Israel. Jesus agradeceu a Deus pelo fato de verdade estar escondida aos sábios e ser revelada às crianças. Ele continuou: "Todas as coisas me foram entregues por meu Pai. Ninguém conhece o Filho a não ser o Pai, e ninguém conhece o Pai a não ser o Filho e aqueles a quem o Filho o quiser revelar" (v. 27). Aqui há um grande mistério. De alguma forma, a sabedoria de Israel se perdeu e quem deveria entendê-la está cego. Na sabedoria de Deus, a verdade é revelada a outras pessoas, às crianças, aos humildes, mesmo às pessoas desprezadas pelos judeus. E a revelação da sabedoria está no Filho. Lucas 10.21 registra esta declaração de Jesus em outro contexto para o qual, obviamente, também é aplicável. Os 72 dois discípulos são surpreendidos com os efeitos de sua pregação sobre a vinda do Reino de Deus, pois até os demônios se submetem a eles (v. 17). Jesus respondeu, referindo-se à derrubada de Satanás e à autoridade dada aos discípulos para lidar com o poder de Satanás, que esses são os sinais da vinda do Reino. Mais uma vez,

Jesus observou que as coisas não reveladas aos sábios (os mestres tradicionais de Israel) são reveladas às crianças (seus discípulos).

Há muitas outras passagens nos evangelhos que se referem à sabedoria relacionada a Jesus, ou o próprio Jesus usa as fórmulas tradicionais dos provérbios de sabedoria em seus ensinamentos. Voltaremos a alguns desses aspectos no Capítulo Onze. Até agora, vimos que os evangelhos retratam Jesus como o maior de todos os sábios — a fonte da verdadeira sabedoria. Os evangelhos também destacam o fato de que os judeus muitas vezes não percebiam a conexão entre suas tradições de sabedoria do AT e o ministério de Jesus. Isso, é claro, constituiu uma falha estendida à percepção deles de Jesus como o cumpridor da profecia.

Cristo, nossa sabedoria

De longe, a exposição mais concentrada de sabedoria no NT encontra-se em 1Coríntios 1 e 2. Há um forte ataque contra *sophia*, a sabedoria pagã dos gregos, no argumento de Paulo. A cidade de Corinto era um desafio ao evangelho por causa do paganismo e da cultura helenista. Paulo enfrenta o desafio ao mostrar a sabedoria de Deus, revelada no evangelho, completamente oposta à sabedoria do mundo. A ideia de que o Filho de Deus deve sofrer na carne e morrer como o caminho da salvação era estupidez aos olhos dos gregos. A sabedoria grega considerava a salvação uma forma de escapar do mundo material da carne, por descartar o corpo para salvar o espírito.

O evangelho, a mensagem da cruz, consiste na sabedoria de Deus por ser a maneira de restaurar todos os relacionamentos. Mas é também o poder de Deus (1Co 1.18) porque realmente salva e confunde a sabedoria do mundo. A sabedoria mundana é condenada à destruição, por declarar a sabedoria divina loucura (v. 18-21). O ponto culminante do argumento de Paulo é apontar para Jesus Cristo como sabedoria e poder de Deus (v. 24), e descrevê-lo como nossa sabedoria (v. 30). O evangelho não é uma nova filosofia que rivaliza com a grega. Em vez disso, a mensagem é sobre Jesus, o Deus-homem — a sabedoria de Deus. Para entender isso, precisamos saber o que Paulo entende por evangelho e o que ele percebe como verdadeira sabedoria.

Não há em 1Coríntios a exposição ordenada do evangelho como a encontrada na epístola aos Romanos. De tempos em tempos, no entanto, Paulo se refere a alguns aspectos mais importantes do evangelho. É a mensagem da cruz (1Co 1.18). Os efeitos podem ser descritos como lavagem, santificação e justificação (6.11). É acima de tudo a mensagem de que Cristo morreu por nossos pecados, segundo as Escrituras, e ressuscitou ao terceiro dia, segundo as Escrituras (15.3,4). Provavelmente, nada é tão paulino quanto a descrição do crente *em Cristo*. Essa é a união com Cristo em sua vida, morte e ressurreição. Embora não existíssemos nesse momento; como crentes, fomos considerados por Deus crucificados com Cristo (Gl 2.20), mortos e sepultados com ele (Cl 3.3; Rm 6.3-6), e ressuscitados com Cristo (Ef 2.5,6). Em sua vida e morte, Jesus foi nosso substituto e representante. Merecemos morrer por nossos pecados e, de acordo com Deus, quando Jesus morreu por nós, estávamos lá no Calvário com Cristo, morrendo por causa dos nossos pecados na pessoa do nosso substituto e representante. Quando ele ressuscitou para a nova vida à direita do Pai, ele representou a todos nós, crentes. Então nós nos encontramos *em Cristo* e *com Cristo* nos lugares celestiais (Ef 2.5,6). Tudo o que Cristo é como o Filho humano perfeito de Deus, ele o é para nós. Ele agora habita em perfeita comunhão com o Pai, não apenas como a segunda pessoa eterna da Trindade, mas como o Filho amado cumpridor do papel que Deus sempre desejou dos filhos humanos. Assim, Paulo diz: "É, porém, por iniciativa dele que vocês estão em Cristo Jesus, o qual se tornou sabedoria de Deus para nós, isto é, justiça, santidade e redenção" (1Co 1.30).[6] A tradução NVI equipara sabedoria com justiça, santidade e redenção. Seria fácil, nesse momento, perder o sentido da equação, em especial se nossa ideia de justiça e santidade se limitam a conceitos apenas morais. Essa é outra área que teremos de considerar adiante.

---

[6] Na RA se lê: "Mas vós sois dele, em Cristo Jesus, o qual para nós foi feito por Deus sabedoria, e justiça, e santificação, e redenção".

Existe um aspecto de tudo isto que pode ser tratado a partir do NT, sem examinar o material de sabedoria do AT. O conceito de Paulo sobre a justificação, exposto em detalhes em Romanos, está intimamente ligado à ideia de que o crente se encontra em Cristo. Estar em Cristo não é um tipo de fusão mística do nosso ser com o de Cristo. Trata-se de uma declaração, pois Deus declara que é isso o que ocorre. Isso não se refere ao estado do nosso ser, como ao dizermos que estamos em algum lugar ou outro, mas ao nosso estado aos olhos de Deus. É a maneira de Paulo descrever a natureza da nossa união com Cristo. Em razão dos méritos de Cristo, Deus tem o prazer de considerar o crente possuidor de tudo que pertence a Jesus. Nesse sentido "Cristo é a nossa vida" (Cl 3.4). Deus realmente nos trata como se possuíssemos a vida de Cristo como nossa. Em nós mesmos, somos ainda pecadores, mas em Cristo, somos justos, santificados e perfeitos. Em nós mesmos, ainda sofremos com a loucura da sabedoria do mundo, mas em Cristo somos perfeitamente sábios, pois ele é a nossa sabedoria diante de Deus.

O outro aspecto da nossa união com Cristo é sua realidade e a decorrência da mediação do Espírito de Cristo em nós. Santificação significa que o que somos em Cristo, começamos a ser em nós mesmos. Assim, se pela fé morrermos em Cristo, devemos também condenar à morte o que é terreno em nós (Cl 3.3-5). É evidente a importância da dimensão moral da santificação. Mas nós somos seres morais e reflexivos. Moralidade implica responsabilidade, o que, por sua vez, implica raciocínio e vontade. A transformação moral no cristão não é separada da transformação intelectual ou renovação da mente (Rm 12.2). Qualquer que seja a sabedoria, nós a possuímos com perfeição em Cristo. Parte do nosso crescimento em santidade será crescer em sabedoria de modo pessoal.

Mais uma vez, antecipando o ponto a que retornaremos depois, vemos em outros textos do NT que a sabedoria está ligada de forma muito significativa à pessoa e obra de Cristo. Observe a ênfase na iluminação do crente em Efésios 1.9,10: "E nos revelou o mistério da sua vontade, de acordo com o seu bom propósito que ele estabeleceu em Cristo, isto é, de fazer convergir em Cristo todas as coisas, celestiais ou terrenas, na dispensação da plenitude dos tempos". Paulo, portanto, aponta para o conteúdo intelectual do evangelho, pois revela o plano final de Deus. Ele nos mostra que esse plano é muito maior do que estamos acostumados a pensar. Muitas vezes, falamos da salvação como algo que acontece com você ou comigo ou com cada crente, de maneira individual. Às vezes, ela é mencionada em conjunto, como a experiência coletiva de todos os salvos. Aqui, no entanto, Paulo apresenta o que se poderia chamar dimensão cósmica da salvação. Ou seja, o plano de Deus, revelado em Cristo, de trazer todo o universo ou *cosmo* à meta apropriada em Cristo. O verbo grego carrega a ideia de resolução.[7] E observe como Paulo enfatiza *todas* as coisas — celestiais e terrenas. O que podemos aprender com essa passagem sobre a sabedoria? O propósito de Paulo não é defini-la, mas descrever o propósito final de Deus. Todavia, a sabedoria está intimamente relacionada com o conhecimento desse propósito. Recebemos a compreensão final do propósito de Deus para tudo e todos no universo por meio do evangelho.

Um lado específico do fim último é referido mais tarde, na mesma passagem (Ef 1.17-23). A sabedoria significa conhecer o destino que o poder de Deus efetuará da mesma forma que efetuou a ressurreição de Jesus. A sabedoria, porém, não é só Deus colocar tudo no devido lugar final. Paulo ora para que os crentes sejam sábios de modo que sua vida possa ser vivida de forma a agradar a Deus (Cl 1.9-14). Essa sabedoria não é o conhecimento de como realizar boas obras, mas a consciência do que Deus fez de fato por nós em Cristo. Da mesma forma, em Colossenses 1.28, Paulo liga "e ensinando a cada um com toda a sabedoria" com a proclamação de Cristo. O objetivo é apresentar todo homem perfeito, ou maduro, em Cristo. A mesma ênfase é encontrada em Colossenses 3.16, onde "habite ricamente em vocês a palavra de Cristo" anda de mãos dadas com o ensino mútuo e a exortação com toda a sabedoria da congregação cristã. A sabedoria e a revelação de Cristo são a mesma coisa.

---

[7] *Anakephalaiōsasthai.*

Uma última referência a esse respeito é a declaração de Paulo em Colossenses 2.2,3. A passagem destrói a ideia de que a sabedoria é um exercício apenas intelectual. Paulo se refere a seu esforço em nome dos leitores. Ele diz: "Esforço-me para que eles sejam fortalecidos em seu coração, estejam unidos em amor e alcancem toda a riqueza do pleno entendimento, a fim de conhecerem plenamente o mistério de Deus, a saber, Cristo. Nele estão escondidos todos os tesouros da sabedoria e do conhecimento". Observe como a sabedoria está relacionada com o encorajamento mútuo e amor. A expansão no entendimento pode ocorrer na vida da congregação. Devemos compreender também a força da palavra mistério. É algo além da capacidade humana de descobrir — fechado à razão humana. Ele se torna conhecido de nós por meio da revelação divina. Paulo não poderia sugerir que conhecer o mistério de Deus signifique a possibilidade de sondar as profundezas da mente e do ser de Deus, e por isso, ele exclama: "Ó profundidade da riqueza da sabedoria e do conhecimento de Deus! Quão insondáveis são os seus juízos, e inescrutáveis os seus caminhos!" (Rm 11.33). Não, nós não podemos conhecer a Deus como ele conhece a si mesmo. Mas podemos conhecer a Deus verdadeiramente como ele se revelou em Jesus Cristo. Todos os tesouros da sabedoria e conhecimento estão escondidos em Cristo! Nós acreditamos nisso de fato? Eles estão escondidos no sentido de que devemos procurá-los e conhecê-los. Nunca poderemos conhecê-los de modo total, pois Cristo é verdadeiro Deus e verdadeiro homem. Contudo, mais uma vez, o que se pode saber, sabemos de verdade. E se todos os tesouros da sabedoria e do conhecimento estão em Cristo, pense no que isso significa para toda a peregrinação intelectual da humanidade. Toda a busca do homem por conhecimento é gravemente defeituosa quando não se desenvolve em função de Jesus Cristo. O evangelho participa de todo o conhecimento verdadeiro. O que estou dizendo, creio, se tornará mais claro à medida que prosseguirmos no estudo.

Concluo o capítulo sugerindo a tentativa de definição do significado de ser cristão maduro em Colossenses 1.28. O cristão maduro é capaz de olhar para o todo da realidade através dos olhos de Cristo. Ele está em processo de obtenção da visão integrada da realidade nas áreas pertencentes à sua experiência, bem como nas áreas conhecidas por ele apenas de maneira teórica. Ele aprende a entender todas as coisas em termos do que elas são neste reino corrompido e do que Deus quer que elas sejam, em virtude de sua obra redentora. Assim, trata-se de uma pessoa integrada que aprende a se relacionar todos os dias por meio do evangelho, não só consigo mesmo, mas com todas as coisas de acordo com o propósito criativo de Deus.

QUESTÕES PARA ESTUDO

1. Leia 1Coríntios 1.26-30. Como o versículo 30, uma declaração a respeito de Cristo, se relaciona com os versículos 26 e 27, uma declaração sobre nós?

2. O que significa, no versículo 30, que Cristo se tornou para nós sabedoria de Deus?

3. Em Efésios 1.7-10, como o evangelho figura como sabedoria divina, e o que se pode dizer sobre relacionamentos restaurados?

CAPÍTULO 3

A sabedoria do mundo

RESUMO

Há dois tipos de sabedoria que precisam ser claramente distinguidos. O primeiro é a sabedoria do mundo que olha o mundo como se Deus não fosse real, e, portanto, não se revelou na pessoa e obra de Cristo. O outro é a verdadeira sabedoria procedente de Deus, o único que pode nos dizer o que o universo realmente significa. No entanto, na vida cotidiana, nós nos movemos de acordo com a sabedoria mundana porque ela funciona. Baseada na experiência humana, reconhece a existência de ordem no universo. Mas quando se aborda o significado último ou eterno das coisas, a sabedoria mundana se opõe à divina. Na visão limitada da vida prática, a sabedoria mundana e a divina podem coincidir, de modo que há unidade de pensamento entre cristãos e não cristãos, entre israelitas e pagãos. Mas não há acordo a respeito da base sobre a qual, em última análise, interpretamos as coisas e os acontecimentos. A reivindicação distintiva cristã é que apenas Deus, o Criador, pode interpretar todas as coisas no universo.

A LOUCURA DA SABEDORIA MUNDANA

"Acaso não tornou Deus louca a sabedoria deste mundo?" (1Co 1.20). É fácil concordar que, de fato, ele o fez. Mas, então, estamos diante de um problema pois, quando pensamos sobre isso, absorvemos, usamos e aprovamos a sabedoria mundana todos os dias da vida. Como consequência, nos vemos perguntando em que sentido o grande celeiro de conhecimento adquirido pela comunidade pecadora e descrente é loucura, e em que sentido é sabedoria.

Vamos resumir as afirmações de Paulo sobre os dois tipos de sabedoria que ele menciona em 1Coríntios 1 e 2. Em primeiro lugar, Paulo diz que o evangelho seria esvaziado do seu poder se fosse pregado com sabedoria mundana eloquente (1.17). Isso ocorre porque a sabedoria do mundo julga loucura o evangelho — a mensagem da cruz (1.18). Essa sabedoria está, portanto, condenada a perecer (1.19). A sabedoria mundana é de fato loucura por não poder colocar o homem em contato com a realidade, trazendo-o a Deus (1.20,21a). O caminho da salvação provido por Deus mediante a pregação de Cristo crucificado é ofensa para os judeus e estupidez para os gregos; no entanto, é o poder e a sabedoria de Deus (1.18-24). Assim, o que o mundo incrédulo chama loucura é, de fato, mais sábio que a sabedoria do mundo (1.25). Paulo evita a sabedoria que o mundo considera superior e persuasiva e concentra sua mensagem no Cristo crucificado (2.1-4). Ele o faz a fim de que a fé possa descansar, não na sabedoria humana, mas no poder de Deus (2.5). A sabedoria de Paulo é a sabedoria de Deus, ensinada pelo Espírito de Deus (2.6-13). Quem não tem o Espírito de Deus nunca enxergará a essência da verdadeira sabedoria (2.14-16).

Paulo nos mostra que devemos distinguir o significado das coisas em sentido limitado e amplo. As coisas podem ser significativas para nós na situação imediata da vida em que nos encontramos. A aritmética elementar é significativa no contexto da sociedade orientada para a estatística, a contabilidade e a utilização de dinheiro. Mas como relacioná-la às questões últimas do sentido da nossa existência e da eternidade? Paulo fala da sabedoria, pois ela procura lidar com as questões últimas como o caminho para encontrar nosso lugar em relação ao todo da realidade. Ele não afirma a invalidade de conhecer pessoas incrédulas, ou que os pecadores são tão depravados moral e intelectualmente quanto possível. Em vez disso, ele aponta para a incapacidade da sabedoria humana de nos conduzir à realidade e ao sentido maior da vida, e também a incapacidade de avaliar com correção o que Deus diz sobre a verdade. Essa falha da sabedoria humana não significa apenas incompletude ou perda acidental de direção. Trata-se, de fato, da recusa deliberada da verdade. É uma dimensão do pecado humano e da rejeição a Deus. O lado intelectual do arrependimento preconiza estar preparado para se tornar um tolo aos olhos do mundo para que se possa, realmente, tornar-se sábio (1Co 3.18-20). Em outras palavras, o evangelho pede que abandonemos os conceitos não cristãos da realidade e que comecemos a tarefa de interpretar o mundo à luz do evangelho. Isso é sabedoria!

A SABEDORIA DA SABEDORIA MUNDANA

Um momento de reflexão nos permitirá perceber que, não importa o quanto estejamos de acordo com o que Paulo diz sobre a sabedoria mundana, constantemente aceitamos o conhecimento sem qualquer fonte ou contexto claramente cristão e agimos de acordo com ele. Na vida cotidiana não nos ocorreria, na maioria das situações, querer saber se algumas informações desejadas procederam de cristãos ou de não cristãos. Se quisermos aprender a colocar tijolos ou reparar um cortador de grama, ou mesmo programar o computador, consideramos importante a obtenção de informações confiáveis, mas não que o informante seja cristão. Podemos procurar um mecânico cristão ou eletricista, alegando que se pode esperar dele um trabalho honesto, mas seu nível de competência não é necessariamente o mesmo que o nível de compromisso cristão.

Uma das parábolas mais difíceis de Jesus é a história do administrador desonesto (Lc 16.1-9). A fim de amortecer os efeitos desastrosos de sua demissão iminente, o administrador altera as contas dos credores de seu mestre, esperando, assim, ter alguns amigos quando precisar deles. Jesus não defende a abordagem fraudulenta do homem em relação aos bens do senhor. No entanto, ele elogia a prudência do administrador ao correr atrás dos seus objetivos. Podemos sugerir que, no limitado âmbito do evento, o homem agiu com alguma sabedoria. Ele percebeu a natureza do problema e partiu com astúcia para resolvê-lo. Quando confrontado com um possível desastre, ele não enterrou a cabeça na areia, mas enfrentou o problema, trabalhando para encontrar a solução. Então, os filhos do mundo muitas vezes mostram mais sabedoria que os filhos do Reino de Deus neste sentido, pois eles se dedicam a resolver os problemas enfrentados com muito mais tenacidade. Ronald Wallace comenta: "O cristão comum não está disposto a acrescentar à questão da religião uma fração sequer da perseverança, paciência e concentração inteligente que o homem que só conhece o mundo presente daria para aperfeiçoar seu conhecimento técnico para seus negócios, ou mesmo para seus passatempos".[8] Se os cristãos mostrassem tanto talento e perspicácia para ganhar pessoas para Cristo como os incrédulos mostram na busca de riquezas, quem poderia imaginar o efeito que isso teria? Em última instância, a sabedoria do administrador é loucura, pois ele seria condenado no juízo divino. Mas, em termos limitados, há um aspecto válido de sabedoria no que ele faz. Sua astúcia precisaria ser transformada pelo evangelho, mas é louvável por todo o resto.

O *ETHOS* GERAL DA SABEDORIA

Até agora, vimos que há uma distinção entre a validade limitada da sabedoria do mundo e a validade, ou a falta dela, pertencente à sabedoria do mundo quando aplicada à verdade. O problema da recomendação do administrador infiel tem semelhanças com a questão da sabedoria do mundo em sentido geral. A maioria de nós conhece os provérbios da sabedoria tradicional pertencentes à nossa cultura. Eles tomam muitas formas, mas o provérbio é uma das formas dessa sabedoria mais facilmente reconhecidas:

Gato escaldado tem medo de água fria.
Cada macaco no seu galho.
Diga-me com quem andas e te direi quem és.

---

[8] *Many Things in Parables*. Edinburgh: Oliver and Boyd, 1955, p. 76.

Sabemos que eles podem ser aplicados a uma variedade de situações reais, e não os descartamos por não terem origem cristã reconhecível. Cada cultura registra a sabedoria do próprio povo; grande parte dela será encontrada na forma de ditos proverbiais concisos. Neste estudo nos concentraremos principalmente na sabedoria dos hebreus encontrada no AT.

Como a Bíblia contém um conjunto significativo da sabedoria israelita, tentaremos entender como livros como Provérbios, Jó e Eclesiastes foram escritos e seu nível de entendimento da sabedoria. Os alunos dessa literatura reconheceram rapidamente que, em sentido cultural, os israelitas pertenciam ao vasto mundo do antigo Oriente Médio. A descoberta de grandes quantidades de literatura sapiencial provenientes da antiga Babilônia e do Egito tem gerado muito interesse, em especial nos últimos cinquenta anos. Muito importante foi a descoberta de semelhanças entre certas obras não israelitas e partes da literatura bíblica.

Infelizmente, há sempre quem se empenhe em provar que a religião e a literatura de Israel são totalmente dependentes de empréstimos dos vizinhos pagãos. Mas, em reação a essa abordagem pan-oriental da religião e cultura, não devemos ignorar os contatos óbvios então existentes. Por exemplo, os estudiosos concluíram há muito que Provérbios 22.17—23.11 tem estreitas semelhanças verbais com partes da obra egípcia *Sabedoria de Amenemope*. Terá Provérbios influenciado Amenemope e vice-versa, ou ambos foram influenciados por outra fonte? Alguns rejeitam a ideia de que Provérbios tenha sido influenciado pela obra egípcia por causa das implicações para a doutrina da inspiração das Escrituras. Mas os dois últimos capítulos de Provérbios são atribuídos a autores não israelitas. Claramente, precisamos lidar com a questão da inspiração de outra maneira que não seja fingir a inexistência de problemas. Nesse ponto, podemos, pelo menos, reconhecer o terreno comum compartilhado pela sabedoria pagã e pelo povo de Deus.

Nosso interesse na sabedoria egípcia deveria ser despertado, pelo menos, por causa da referência de Estêvão a Moisés como tendo sido educado na sabedoria do Egito (At 7.22). Estêvão não sugere que Moisés precisava se arrepender por causa dela ou esquecê-la. Ao contrário, parece dizer que foi parte importante da preparação de Moisés para o ministério. Mas devemos lembrar também da evidência encontrada em Hebreus 11.24-26. Moisés se recusou a ser chamado filho da filha de Faraó e considerou ser desprezado por causa do Messias algo de maior valor que os tesouros do Egito. Portanto, há um lado bom e um lado ruim na experiência com o Egito.

A literatura sapiencial do Egito é muito antiga. Temos, atualmente, material que data do meio do terceiro milênio antes de Cristo, muito antes do surgimento de Israel. Quando Moisés foi para a escola na corte do faraó, já havia uma longa tradição de literatura sapiencial. Boa parte dela estava ligada à formação de jovens nobres para exercerem poder no estado.[9] Geralmente, sua forma seria a que hoje chamamos de *instrução*. Ao contrário dos provérbios de uma ou duas linhas, as instruções são composições mais longas que contemplam o aluno com orientações, questões condicionais de causa e efeito (se [...], então) e motivos para certos tipos de ação. O equivalente israelita é encontrado em passagens como Provérbios 1.8—8.36.

Uma característica interessante da sabedoria egípcia é o lugar dado a Maat. Maat foi personificada como a filha do deus Rá, mas nunca foi elevada à condição de deusa. Ela não integrava o panteão oficial e não aparecia na mitologia. Estudiosos apontam para a dificuldade de encontrar uma tradução satisfatória para Maat, mas sugerem que se aproxima de ordem, verdade ou justiça. Parece que Maat representava a ordem percebida na estabilidade do Estado egípcio. Não era apenas a ordem política ou social, pois envolvia a relação do Estado com toda a natureza. Não há paralelo real, na sabedoria hebraica, com o conceito de Maat, exceto algumas semelhanças com a ideia de ordem. As similaridades entre a sabedoria hebraica e egípcia sugerem que o fator comum seja a busca da compreensão da ordem

---

[9] Pode-se encontrar uma excelente introdução à sabedoria das culturas antigas do Oriente Médio em William McKane, *Proverbs*, Old Testament Library (London: SCM Press, 1970).

no universo. A sabedoria hebraica se distinguia por ser moldada pela experiência israelita da aliança e da redenção.

Temos alguma evidência real de que a sabedoria hebraica mantinha características comuns com a sabedoria de outras nações do antigo Oriente Médio? Já mencionei as possíveis inclusões não israelitas em Provérbios, e o contato entre Salomão e a rainha de Sabá. Outras evidências também se relacionam com Salomão. Em 1Reis 3 e 4 há o relato da concessão divina de sua sabedoria. Essa sabedoria é claramente um dom de Deus, e ela também envolve a experiência de Salomão ou o conhecimento empírico da natureza. Ele fala de plantas e animais, compõe canções e provérbios, e toma sábias decisões na qualidade de rei. No início, ele pediu entendimento para poder governar bem. Existe aí algum paralelo com a sabedoria do Egito. Além disso, o narrador deliberadamente compara a sabedoria de Salomão com a de certos homens sábios do Oriente (1Rs 4.29-31). Sem dúvida, sua sabedoria supera a dos contemporâneos estrangeiros, mas não há sugestão de que eles não sejam sábios.

Parece, então, que podemos propor a existência do conceito geral da sabedoria, ou *ethos*, não só nos tempos bíblicos, mas também ao longo da história. Em termos teológicos, a sabedoria geral seria um desenvolvimento do chamado mandato cultural. Com isso queremos dizer que, no Éden, Deus deu a Adão o cuidado e o cultivo da ordem criada, e o domínio sobre ela (Gn 1.26-28). A Queda confundiu esta relação definida com clareza entre a humanidade e o mundo, mas não a apagou. O homem já não reconhece em Deus o Senhor e Criador, mas continua fazendo avanços seguidos na busca de conhecimento e *know-how* técnico. Para atingir a meta de progresso contínuo, ele inventa formas cada vez mais sofisticadas de observação, classificação e raciocínio. No entanto, o que o homem tecnológico moderno faz de forma muito complexa não é em nada diferente do que o homem sempre fez. Ele observa o mundo e tenta classificar sua experiência como forma de chegar à ordem subjacente das coisas.

A humanidade ateísta é, portanto, capaz de usar as faculdades dadas pelo Criador não reconhecido e de continuar no exercício do mandato cultural, embora em um caminho corrompido. A sociedade estabelece marcos éticos, a fim de limitar ameaças ao bem-estar social que vêm de dentro. Mas ao fazê-lo, também rejeita a perspectiva de o Criador ter o direito de decretar o certo e o errado. Movimentos de conservação atacam a doutrina de crescimento econômico a qualquer custo, e apontam para a ameaça de desastre ecológico. Os protestos nucleares ganham destaque porque essa geração não só tem a capacidade de destruir o planeta como cresce o perigo de que o faça. O que antes era visto como subterfúgio político por um pequeno grupo de fanáticos empenhados em controlar do mundo, é agora tomado como verdadeira preocupação de milhões de pessoas. Todas essas situações forçam os cristãos a enfrentar questões morais críticas e a se posicionarem em relação a elas a partir da perspectiva verdadeiramente cristã.

A questão dos exemplos dessas preocupações é que elas são *comuns*, e há muitos aspectos delas sobre os quais cristãos e não cristãos concordarão. Isso ocorre porque a fé e a regeneração não tiram os cristãos do mundo. Eles continuarão partilhando a mesma humanidade e o mesmo universo até o fim da era. Então, qual é a diferença entre a visão cristã e a não cristã das coisas?[10] As verdadeiras distinções encontram-se na forma como percebem o significado final. Ao recusar a revelação do próprio Deus em Jesus Cristo, o não cristão considera o universo algo independente. Seu significado é aberto à nossa investigação. Não pode haver dúvida em relação ao Deus distinto do universo e que lhe dá significado. O homem descrente muitas vezes disfarça a rejeição da revelação de Deus por meio da construção de crenças alternativas sobre Deus ou deuses. Mas se ele se chama religioso ou ateu, a suposição é que ele pode conhecer as coisas de verdade apenas pela evidência percebida pelos sentidos.

---

[10] Cf. James W. Sire, *The Universe Next Door* (Downers Grove: InterVarsity Press, 1976) [publicado em português com o título: *O universo ao lado*: um catálogo básico sobre cosmovisão (São Paulo: Hagnos, 2009), 380p.] e Cornelius Van Til, *The Doctrine of Scripture* (Ripon: Den Dulk Christian Foundation, 1967).

Visões de mundo em conflito

O cristão rejeita essa hipótese do universo que se fecha contra o Deus da Bíblia. Ele aceita, sim, que Deus é autossuficiente, pessoal e detém controle absoluto. Enquanto o ponto de vista ateu da realidade é um sistema fechado de causa e efeito, a visão cristã é o universo em que causa e efeito são estabelecidos por Deus e que se encontra aberto à sua intervenção soberana. Precisamos da revelação de Deus para saber que o universo é de fato assim. Entretanto, não dispomos de todas as respostas. Jamais saberemos todas as respostas porque algumas podem ser conhecidas apenas por Deus. Ele revelou que o sentido absoluto da realidade está além da capacidade de descoberta humana; assim, sabemos que o conhecimento empírico nesse sentido é sempre falho. O que o homem descobre por si mesmo, e o que ele raciocina a partir da descoberta nunca vai levá-lo a entender Deus e conhecê-lo. Portanto, voltamos à afirmação de Paulo: a sabedoria do mundo não pode conhecer Deus (1Co 1.21, compare com 2.12). A Bíblia, de modo peculiar, olha para a realidade em termos de relacionamentos. Por ser Deus o Criador de todas as coisas, as relações devem ter início em Deus. Para entender o que significa ser humano, deve-se conhecer o homem como imagem divina. O não cristão pode descrever muitas coisas sobre o homem de uma forma útil em um contexto restrito. Mas enquanto olharmos para o homem só em termos de estrutura, química, anatomia etc., nenhuma dessas abordagens nos mostrará sua verdadeira natureza. Elas não fornecem uma explicação satisfatória da singularidade humana nos propósitos de Deus. São incapazes de descobrir e apontar o exclusivo traço da humanidade criada à imagem de Deus.

Do ponto de vista bíblico, então, a definição de homem é em essência a definição do seu relacionamento com Deus. Essa relação inclui dependência dele, o soberano autossuficiente. Ao colocar o homem no centro, o humanista pretende conceder a ele dignidade própria. Mas esse pressuposto da primazia do homem é radicalmente desumanizante, uma vez que ele não é visto como imagem divina. O humanista considera a liderança do homem no mundo resultado de um acidente evolucionário. A Bíblia a descreve como o domínio dado por Deus sobre o resto da criação. É razoável inferir que um aspecto da imagem divina no homem é o domínio. A função de governar visava refletir o governo absoluto de Deus sobre todas as coisas. O desejo pecaminoso de Adão foi substituir o governo absoluto de Deus por um governo especulativo; ele queria ser Deus. A partir desse ponto, o pecado confundiu e deslocou todas as relações estabelecidas por Deus. Mas, assim como a imagem divina no homem não foi totalmente destruída pelo pecado, também a ordem da criação, embora confusa, não estava destruída por completo. Os planetas continuam no curso, a Terra se move em um padrão matematicamente previsível, a vida é sustentada no planeta e a sociedade humana mantém ordem suficiente para sobreviver e até, por vezes, florescer.

Como a visão cristã da realidade começa com o Criador que se revelou a nós, ela está em oposição aos pontos de vista que estabelecem a natureza das coisas como a única base da experiência. Enquanto o cristão aceita sua responsabilidade na busca do conhecimento, ele sabe que os esforços humanos, as descobertas e os raciocínios não podem fornecer o entendimento abrangente do universo. O conhecimento empírico, obtido pela pesquisa do mundo com os sentidos, não pode incluir Deus ou o significado que ele dá à ordem criada. Mas a limitação do conhecimento empírico não é um obstáculo para que o cristão conheça a realidade, porque a Pessoa que tem conhecimento exaustivo de todas as coisas nos revelou o que precisamos saber. Mediante a revelação bíblica, somos capazes de saber o que Deus quer que saibamos da verdade suprema.

O não cristão se encontra em uma posição muito diferente. Ao rejeitar a revelação do próprio Deus, e preencher a lacuna com deuses feitos pelos homens ou por ele mesmo — como homem independente e autossuficiente. Ele se considera autônomo, isto é, governando o próprio destino. Mesmo quando é religioso, apenas disfarça a autonomia ao se adorar nos deuses criados. Essa é a atitude amplamente descrita como humanista. Tendo rejeitado o Criador, que estabeleceu todas as coisas em relacionamentos determinados e deu significado à realidade, o humanista é incapaz de compreender a verdadeira essência de qualquer coisa. Não importa o quão ele descreva com precisão o homem de forma anatômica, psicológica ou sociológica, ao afastar Deus, o humanista desumaniza o homem. Além disso, o empirista ou humanista afirma conhecer as coisas verdadeiramente sem conhecê-las de modo exaustivo. Nisso ele é incoerente.[11] Nenhum humanista diria que as coisas existem em isolamento total entre si. Para começar, ele não poderia investigá-las para saber se são assim, porque também estariam isoladas dele. E não poderia haver coisas como leis naturais, ou complexidades da matéria, pois haveria apenas partículas aleatórias. Não haveria nenhum organismo, nenhuma pessoa para se tornar humanista! Uma vez que reconheçamos isso, vamos perceber que as coisas de fato incluem sua relação com todo o resto. Quando o humanista afirma conhecer algo verdadeiramente, ele diz saber como ele se relaciona com tudo na existência. Em outras palavras, para conhecer mesmo uma coisa verdadeiramente ele deve conhecer *todas as coisas de forma exaustiva.*

Podemos resumir essa discussão com o contraste de três posições. Em primeiro lugar, o humanista ateísta afirma que sabemos o suficiente para dizer que Deus não existe. Isso é a pretensão de saber tudo, pois se ele admite não saber tudo, como sabe que Deus não está incluído no que ele não sabe? Em segundo lugar, o humanista agnóstico pensa evitar o problema do ateu dizendo que não se pode saber se Deus existe ou não; ele pode ou não existir. Mas isso também exige conhecimento exaustivo, pois como ele pode saber que a existência de Deus não pode ser conhecida a não ser pelo conhecimento de tudo o que há para ser conhecido? A última coisa que resta para ele descobrir pode ser a evidência ou não da existência de Deus. Por último, o cristão sabe que não tem conhecimento exaustivo. Mas ele também sabe, por meio de revelação, que Deus detém conhecimento exaustivo e, portanto, pode definir a realidade para nós. Pela mesma revelação, esse Deus nos disse tudo o que é necessário saber a fim de

---

[11] Isso é discutido em detalhes por Cornelius Van Til, *The Reformed Pastor and the Modern Thought* (Presbyterian and Reformed Publishing Company, 1974).

conhecermos de modo verdadeiro. O cristão pode conhecer Deus de verdade. Ele também pode conhecer verdadeiramente o homem e a ordem criada, não de forma exaustiva, mas os conhece de verdade.

O CRISTÃO NO MUNDO

A distinção da sabedoria mundana e da sabedoria divina, por vezes, pode ser uma questão bastante difícil. Creio que um fator importante na sabedoria bíblica seja aprender a dominar essa distinção. O NT mostra-nos a causa de tanta dificuldade. Há uma tensão real no fato de que somos cidadãos do mundo que ainda não surgiu e, ao mesmo tempo, continuamos a viver no mundo em que nos tornamos estrangeiros. A tensão se mostrará de muitas maneiras, mas é fundamental para os verdadeiros cristãos viver o evangelho de maneira coerente. Nem a retirada total do mundo, nem a conformidade total com ele são opções para o cristão. Infelizmente, parece que, muitas vezes, resolvemos o problema por meio da divisão rígida da nossa vida entre o cristão e o secular. Não é que não nos preocupamos em testemunhar ao mundo ou de nos abstermos do pecado. No entanto, quando nos envolvemos em atividades de aparência moralmente neutra, não raro pensamos de forma mundana. Em vez disso, precisamos ver que o evangelho de Jesus Cristo nos dá a única base verdadeira para compreender todas as coisas em sentido definitivo: "O céus e a terra passarão, mas as minhas palavras jamais passarão" (Mt 24.35).

Uma das lições ensinadas por essa palavra de Jesus é que Deus nos fala, por meio de revelação, o necessário que precisamos saber para entender o quanto ele deseja nos fazer entender sobre a natureza da realidade, mas ele não nos diz o que podemos descobrir por nós mesmos. Veremos no estudo da literatura sapiencial que a sabedoria é dom divino e realização humana. É nossa tarefa relacionar nossa experiência de mundo e observações sobre a vida com a revelação de Deus na Palavra. Ao abordarmos esse tema, a literatura bíblica sobre a sabedoria nos dá muitas dicas do significado de integrar o povo de Deus no mundo de Deus que se alienou dele por causa do pecado.

Esperamos que, como resultado do estudo, sejamos capazes de fazer algumas boas perguntas sobre o significado do evangelho para a totalidade do nosso ser e vida. No mundo hostil, devemos ser "astutos como as serpentes e sem malícia como as pombas" (Mt 10.16). Talvez, uma razão para os incrédulos considerarem que o cristianismo sirva de muleta é o fato de os cristãos fazerem pouco esforço para divulgar a interpretação cristã do mundo mais ampla. Tendemos a esculpir a existência em partes não relacionadas, muitas vezes sob a influência de um conceito pagão da humanidade que infectou grande parte do pensamento cristão. Isso não é novidade, pois a igreja primitiva já se preocupava com isso. O conceito grego da oposição entre espírito e matéria desafiou a compreensão cristã do mundo. O gnosticismo, como era chamado, dizia que apenas o espírito é bom e toda a matéria é má. A salvação se torna irrelevante para o corpo uma vez que apenas a alma sobrevive. O nome gnosticismo procede do termo grego *gnōsis*, que significa conhecimento, e foi pelo conhecimento de que a pessoa real — a alma — foi salva. Os gnósticos não lidavam com a bondade da criação nem com a encarnação. Um novo Jesus precisou ser elaborado: o que era puro espírito e cujo corpo consistia em uma ilusão. A seriedade do erro é considerada em 1João 4.2,3: nessa passagem, João faz da vinda de Jesus *em carne* o teste da verdade.

A paganização do evangelho dessa forma, com o desprezo da verdadeira humanidade de Jesus por causa de sua divindade, é um erro sutil, porque pode parecer muito "espiritual". Nessa época materialista, pode parecer um saudável corretivo para a rejeição do sobrenatural. Mas se aprender logo, a partir da natureza do evangelho, que não se pode salvar o espiritual desprezando a dimensão humana. Esse conceito docético[12] de Cristo, uma vez entranhado no pensamento cristão, deu à luz alguns filhos muito insalubres. Se a humanidade de Cristo não é levada a sério (não é preciso negá-la, apenas minimizá-la ou ignorá-la), nossa própria humanidade começa-

---

[12] Docetismo foi o nome dado ao conceito que considerava Jesus um espírito puramente divino; ele só parecia (em grego, *dokein*) possuir um corpo físico.

rá a parecer sem importância. A salvação será, de acordo com muitas descrições, a questão de contar com Jesus (o espírito) no coração (alma) — com o significado de que você nasceu de novo (na alma) e estará no céu quando morrer (como alma imortal). O cristão que pensa assim tem pouco a dizer ao incrédulo sobre a relevância do evangelho para a pessoa toda e para o mundo.

O docetismo também apresenta conceitos distorcidos sobre o tema da santidade ou santificação. O elemento humano na vida cristã é posto de lado a favor da vida de Cristo (puramente divina) vivida em nós e por nosso intermédio. O crente não está apenas sendo divinizado, mas está sendo absorvido pelo ser de Deus. A distinção real entre Deus e o homem, estabelecida na criação é turvada. Assim, citando outro clichê popular, o crente é apenas uma peça de roupa vestida por Jesus!

Essa distorção da relação homem-Deus também afeta nossa abordagem da Bíblia. A Bíblia dos docetistas não conta com a dimensão humana, nenhum contexto histórico e cultural condicionando o significado das palavras. Os docetistas consideram muito piedoso tratar as palavras da Bíblia como se transmitissem significado espiritual imediato sem levar em conta o que o escritor original pretendia informar. Às vezes, toma-se uma decisão com base na afirmação "o Senhor me deu um versículo da Bíblia", quando, na verdade, o que o texto diz não tem relação com a decisão tomada. Essa abordagem não está muito longe da crença de que nenhuma palavra humana da Bíblia é necessária desde que o Espírito me diga de forma direta o que fazer.

A literatura sapiencial bíblica é um dos mais potentes antídotos contra os erros destrutivos de docetismo. Ela reforça a perspectiva geral sobre a relação entre Deus e os crentes. Trata-se da resposta para a sabedoria do mundo que deixa Deus de fora, e da rejeição da falsa espiritualidade que aparenta ser a sabedoria divina, mas que não consiste na sabedoria na verdade, por deixar a humanidade fora de sua avaliação. Isso não passa do ressurgimento de um erro antigo que perturbou o cristianismo primitivo.

QUESTÕES PARA ESTUDO

1. Leia 1Coríntios 1.18-30. O que Paulo considera o problema da sabedoria do mundo?

2. Como a visão de mundo cristã conflita com a não cristã?

3. Em que sentido os cristãos podem aprender a verdade com os não cristãos?

CAPÍTULO 4

O refinamento da sabedoria

Resumo

Quando Deus criou os seres humanos, deu-lhes a tarefa de governar sobre a ordem criada. A palavra de Deus era o meio pelo qual Adão interpretava o conhecimento obtido mediante a natureza. O pecado confundiu o processo de obtenção de conhecimento porque o rebelde Adão se recusou a interpretar a realidade por meio da palavra divina. Deus escolheu Israel como o povo por meio do qual restauraria a verdadeira sabedoria para a humanidade. Na história da aliança de Deus com Israel, a sabedoria começou a emergir como uma atividade humana autoconsciente, relacionada com a forma de agir, pensar e ensinar os filhos — aprendida pelo povo de Deus. A sabedoria teve início nos primeiros tempos, mas floresceu sob Davi e Salomão. A sabedoria de Israel amadureceu no final do período histórico da revelação divina sobre seu Reino. Uma vez que o quadro completo do significado da redenção foi concedido *à* história de Israel, uma ênfase maior foi colocada sobre a tarefa de viver de modo responsável na estrutura do temor do Senhor.

O homem sob Deus

Não se pode dar maior dignidade à humanidade que a encontrada na Escritura. De toda a criação, apenas a humanidade foi formada à imagem divina. O pensamento ateu moderno considera o homem o animal mais evoluído, o resultado da interação do acaso com o tempo. Seu governo sobre as outras espécies é consequência da sobrevivência do mais apto. Em contraste, a Bíblia considera o homem a maior das criaturas de Deus com a tarefa de governar todas as outras. A ação científica humana começou quando Adão deu nome aos animais; daí em diante a busca pelo conhecimento e controle do universo manifestou o desejo do homem de exercer domínio sobre todas as coisas.

O relato de Gênesis informa que a tarefa científica da humanidade é regulada pela palavra de Deus. Adão não deveria descobrir o universo sem ajuda. A razão é simples: Deus precisou revelar a si mesmo por meio de sua palavra para que Adão o conhecesse e conhecesse a realidade do universo: criação divina. Não há dúvida de que toda a criação é marcada com o caráter do Criador, mas isso não é suficiente para o homem conhecer a Deus de modo pessoal. Quando Adão pecou, ele virou as costas para a revelação de Deus mediante a palavra e a criação. Paulo, em Romanos 1.18-25, nos diz que o pecado idiotiza todos nós. Ao suprimir a verdade sobre Deus, encontrada na criação para ser contemplada por todos nós, deixamo-nos sem desculpas para a rebelião contra Deus existente no nosso coração. No entanto, mesmo antes de Adão pecar, a palavra divina era necessária para ele ser capaz de compreender o significado de si mesmo e do mundo. Deus falou com Adão e lhe contou sobre a relação dele com Deus e com toda a criação.[13]

---

[13] Van Til comenta: "Originariamente, a autoconsciência do homem requereu o ambiente orgânico da revelação surgido da interação entre palavra e fato da revelação. Após a queda, a revelação redentora sobrenatural deve fornecer o que a palavra-revelação original fornecia a Adão" (*The Doctrine of Scripture*, p. 66).

O conhecimento humano do mundo e de si mesmo era indireto e sempre interpretado pela revelação de Deus de si mesmo, por meio de sua palavra.

Palavra de Deus

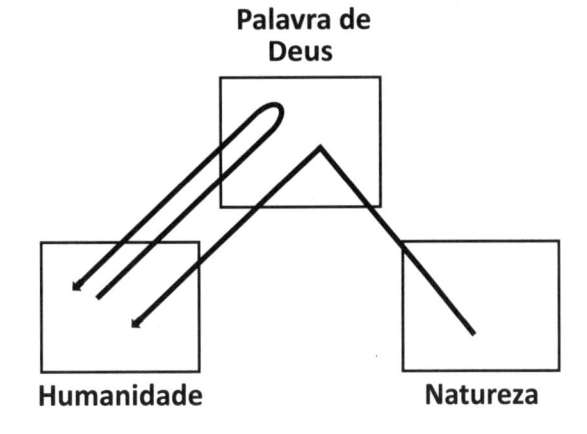

Humanidade — **Natureza**

Figura 1. Sabedoria na criação

O homem natural deixa Deus fora de seu pensamento. Ele vê a natureza, incluindo a si mesmo, como a totalidade da existência e com significado evidente. Se ele tem ideias religiosas são tentativas próprias de rejeitar a verdade revelada sobre Deus.

Deus

Homem em rebelião contra Deus — Ou — **Natureza**

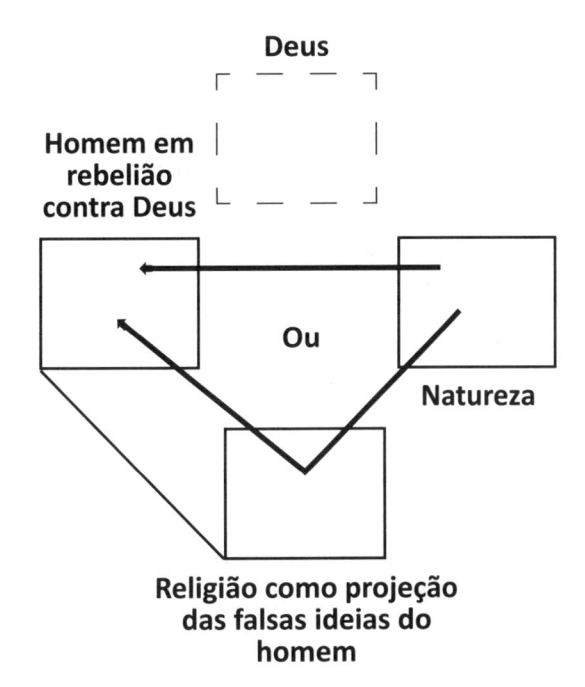

Religião como projeção das falsas ideias do homem

Figura 2. A sabedoria do mundo

Assim, antes da Queda, a sabedoria de Adão procedia da perfeita combinação de revelação sobrenatural (palavra de Deus) e das descobertas dos sentidos. Um princípio básico dessa sabedoria teria sido aceitar os limites da liberdade decretada pela palavra proferida por Deus. Só assim o bom relacionamento entre Deus e o homem poderia ser mantido. O pecado de Adão consistiu na recusa dessa relação entre criatura e Criador, resultando no desarticulação desse relacionamento e de todos os outros. A teologia protestante histórica afirma que, com a Queda, a imagem de Deus no homem foi radicalmente distorcida, mas não obliterada. Como resultado, ninguém desde a Queda poderá reconhecer a verdade de Deus testemunhada pela consciência e pela natureza. A supressão da revelação natural impossibilita a teologia natural — que estabelece a verdade sobre Deus desde a Criação. A teologia católica romana tradicional distingue a *imagem* de Deus da *semelhança* de Deus (Gn 1.26) e diz que a Queda afetou muito mais a última que a primeira.[14] Assim, com a imagem divina quase intacta, o pecador é capaz de discernir a verdade sobre Deus a partir da natureza sem auxílio do Espírito Santo ou revelação sobrenatural. A teologia natural, portanto, desempenha papel importante no pensamento católico romano e, na verdade, é um ponto fundamental de divergência entre o catolicismo e o protestantismo histórico. É importante a compreensão de como essas duas maneiras bem diferentes de entender os efeitos da Queda conduziram a conceitos distintos a respeito da sabedoria na vida cristã.

É verdade que a árvore do conhecimento do bem e do mal tem conotações de sabedoria,[15] embora seja a árvore da vida que surja como tema da sabedoria no livro de Provérbios. Mais importante para a compreensão do homem sob Deus é o limite estabelecido pela divindade para a experiência do homem enquanto criatura. Não há sugestão de que a proibição de Adão comer do fruto dessa árvore signifique a interdição da busca do conhecimento. Tampouco Adão

---

[14] O retorno ao estudo do texto hebraico pelos reformadores protestantes os levou a observar que *imagem* e *semelhança* são a mesma coisa; e.g., cf. o comentário de Calvino sobre Gn 1.26.

[15] L. Alonso-Schökel, "Sapiental and Covenant Themes in Genesis 2-3", em D. J. McCarthy & W. B. Callan (eds.), *Modern Biblical Studies* (Milwaukee: Bruce Publishing Company, 1967).

precisaria comer do fruto para conhecer o bem e o mal. A obediência à exigência teria estabelecido no entendimento de Adão tudo o que ele precisava saber sobre o assunto. A proibição, assim, de modo algum nega o mandato cultural; pelo contrário, junto com qualquer outra palavra reveladora de Deus, estabelece a única base possível para o mandato ser levado a cabo de modo adequado.

Após a Queda, o homem em Deus é o homem sob o juízo divino. O pecado desumanizou a humanidade de modo que, havendo alguma esperança, ela dependerá de forma completa da misericórdia divina. A misericórdia de Deus é revelada junto com o juízo de Deus sobre o pecado de Adão. Embora a morte venha sobre a humanidade, a graça divina é livremente dada e permite que a sociedade humana continue a existir. O resultado final do pecado é morte e destruição, mas sua finalidade é adiada. O mundo, embora caído e muitas vezes perigoso, permanece um belo lugar em que a vida humana é sustentada, pelo menos por um tempo. Essa graça comum mostrada ao mundo inteiro permite que o homem pecador continue a desempenhar a suas tarefas, embora o faça de forma imperfeita e corrupta. Também permite que a graça especial ou salvadora seja mostrada aos pecadores no tempo determinado por Deus. A quem recebe a palavra de Deus são dados os meios para interpretar a realidade atual — distorcida pelo pecado — e a anterior — que voltará a existir.

Israel sob Deus

As evidências das realizações intelectuais das pessoas nas antigas civilizações do Oriente Médio nos mostram que a sabedoria era procurada e sobre ela se escreveu muito cedo na história. Há pouca dúvida de que os provérbios de sabedoria de algum tipo teriam sido parte da cultura emergente dos antepassados de Israel. Com efeito, a pré-história do homem civilizado, a que se referem Gênesis 4 e 5, inclui os elementos culturais de música e artesanato. Caso isso se pareça com uma forma de sabedoria não intelectual, lembremo-nos de que a sabedoria é um termo também aplicado à capacidade dos artesãos (Êx 26.1). Não é difícil perceber como o conhecimento prático pode ser compreendido junto com os conceitos mais intelectuais sob o termo "sabedoria".

Visto que a Bíblia está preocupada com a graça salvadora de Deus, é importante tentarmos relacionar sabedoria à graça. A palavra graça aparece pela primeira vez em Gênesis 6.8 e se relaciona com a salvação de Noé e de sua família durante o Dilúvio. O conceito de graça é especialmente ligado à aliança e eleição de Abraão como o pai de Israel. A imagem bíblica é que Deus revelou a si mesmo e agiu para a salvação de Israel mediante seu relacionamento com essa nação desde seu nascimento. Seria um grande erro permitir que a falta de referência à aliança e à história da salvação na literatura sapiencial obscurecesse o fato de que os homens sábios eram homens da aliança. Uma questão a ser considerada mais adiante é como a sabedoria e a aliança se relacionam em Israel. A aliança é uma expressão específica da revelação sobrenatural. Com isso queremos dizer que ela não podia ser observada na natureza, e precisou ser comunicada por uma palavra divina especial. Com base na discussão anterior devemos dizer que a sabedoria, sem a revelação especial para fornecer a visão correta da realidade, seria a sabedoria do mundo e, portanto, incapaz de conhecer a verdade última ou de nos levar a Deus.

Israel sob a graça também é Israel sob a lei. As evidências bíblicas nos levam a dizer que a graça precede e governa a lei, mesmo no AT. Israel foi eleito e chamado pela graça. A graça fez de Israel o povo de Deus e o salvou do Egito antes da outorga da lei no Sinai. A graça operou no âmbito sacrificial das disposições da lei de modo que quem reconheceu a incapacidade de cumprir a lei e se lançou à misericórdia divina foi perdoado. A graça operou nas promessas constantemente reafirmadas face à desobediência de Israel. E qual era o propósito da graça? Ela tornaria Israel o centro da atividade divina a fim de redimir a humanidade e restaurar todas as relações entre Deus, o homem e o mundo; as relações que pertenciam à criação perfeita. Em meio à história de Israel e a experiência da atividade redentora de Deus — que incluía a liberação de palavras proféticas de revelação —, a sabedoria de Israel cresceu, floresceu, desenvolveu-se, definhou e deu algumas voltas erradas desastrosas, mas nunca morreu.

A verdadeira sabedoria de Israel interpretava a realidade à luz da revelação de Deus em sua palavra e atos salvadores.

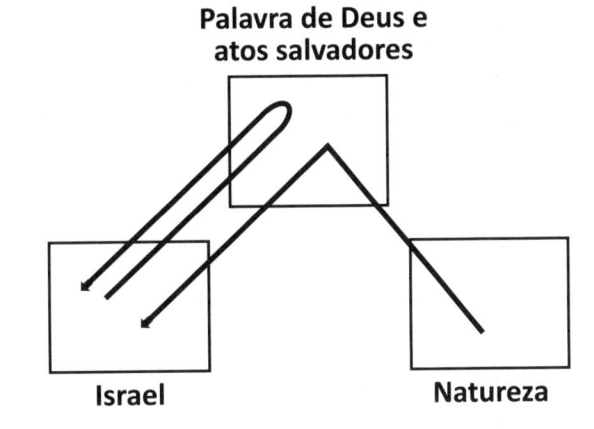

Figura 3. A sabedoria em Israel

A SABEDORIA EM ISRAEL

Para falar sobre a sabedoria em Israel é preciso fazer algumas suposições a respeito dela. Os livros da Bíblia a que nos referimos como livros de sabedoria têm certas características mais ou menos distintas. As evidências de Israel, Egito e Mesopotâmia indicam a existência de uma forma desenvolvida de sabedoria que envolvia mais que o conhecimento. Existem formas características de buscar conhecimento, colocá-lo por escrito e transmiti-lo, definir formas literárias (como os provérbios) desenvolvidas quando adequadas aos objetivos particulares da sabedoria. Certas palavras distintas são recorrentes, e elas não são apenas palavras referentes à atividade intelectual humana. Mas para tudo isso, a sabedoria permanece um conceito evasivo por descrever várias coisas. Em sentido amplo, descreve o pensar e agir que faz uma existência verdadeiramente humana ser vivida com maestria de vida. Em sentido restrito, é um termo técnico para uma forma de pensar peculiar, ao que parece, a um determinado grupo, mas ainda disponível em alguma medida para a comunidade em geral. É uma maneira de escrever, ou melhor, várias maneiras de escrever. No Egito e, possivelmente, em Israel, é uma forma de educar.

Devemos estar preparados para a possibilidade de que buscar uma definição de sabedoria em termos de origens distintas, formas ou conceitos equivale a pavimentar o caminho para uma ideia artificial de sabedoria como algo único, com uma identidade totalmente independente. No entanto, mesmo que decidamos pensar nisso como uma ênfase ou série de ênfases, está claro na Bíblia que a sabedoria é algo que vale a pena correr atrás. Já destaquei que a aparente falta de sabedoria faz parte da história de Israel, enquanto a aliança e a lei são suas características distintivas. Talvez possamos trabalhar com base nos livros de sabedoria para procurar pistas das origens da sabedoria em Israel. A literatura sapiencial em si está ausente do tipo de referências históricas que apresentariam esses indícios. Os livros de Provérbios e Eclesiastes contêm apenas indicações mais breves do tradicional patrocínio de Salomão. Além deles, devemos olhar para a literatura profética e narrativa no AT para provar da sabedoria na vida de Israel.

Podemos sugerir quatro tipos de evidência que contribuem para o entendimento da história da sabedoria em Israel. Primeiro, há os provérbios de sabedoria dispersos em várias partes da literatura narrativa do AT. Alguns deles são pistas para a fase pré-literária provavelmente já existente antes de haver movimentos sobre escolas de sabedoria ou escrita de sabedoria. Por exemplo, há alguns exemplos do tipo de sabedoria popular que começam com "Dizem...". Todos sabem como uma declaração como "Dizem que é muito bom para você...", traz o peso da sabedoria irrefutável para muitos, embora sua identidade e credenciais nunca sejam mencionadas. Os exemplos bíblicos nem sempre têm significado claro, mas indicam a existência de dizeres populares introduzidos por fórmulas do tipo "por isso, se diz":

> Ele foi o mais valente dos caçadores, e por isso se diz: "Valente como Ninrode" (Gn 10.9).

Um homem daquele lugar respondeu: "E quem é o pai deles?" De modo que isto se tornou um ditado: "Saul também está entre os profetas?" (1Sm 10.12).

Por isso, o povo diz: "Está Saul também entre os profetas?" (1Sm 19.24).

É por isso que dizem: "Os 'cegos e aleijados' não entrarão no palácio" (2Sm 5.8).

No caso de 1Samuel 10.12, a palavra "ditado" traduz o termo hebraico *mashal*, o vocábulo para designar "provérbio" nos livros de sabedoria. Não se explica de fato como eles funcionavam, mas sua obscuridade não deve nos desanimar. Podemos, pelo menos, ver que de alguma situação específica surgiu um ponto digno de nota que o recomendava como de valor para a compreensão da existência humana. Não precisamos supor que os ditos eram utilizados apenas para recordar o fato original, mas sim que esse fato convidou algum tipo de comparação com outros.[16]

Outros exemplos de *mashal* encontrados fora dos livros de sabedoria incluem:

"Dos ímpios vêm coisas ímpias" (1Sm 24.13).

"Os dias passam e todas as visões dão em nada" (Ez 12.22).[17]

Outro tipo de sabedoria é o *hidah* ou enigma, mas não há uniformidade no uso desse termo. Em Números 12.8 é o oposto de falar "boca a boca" (face a face) e pode significar um provérbio obscuro. O exemplo mais elaborado é o enigma de Sansão em Juízes 14.12-18 que, para dizer o mínimo, é apresentado de uma forma curiosa. Alguns comentaristas chegaram a sugerir que o texto tenha se confundido para que Sansão desse a resposta à pergunta que deveria ser feita! Em 1Reis 10, a rainha de Sabá foi até Salomão para testá-lo com "per-

---

[16] V. tb. Jr 31.29; Ez 18.2.
[17] V. tb. 1Rs 20.11. A palavra *mashal* não é usada aqui, mas parece um dito conhecido, aplicável à situação.

guntas difíceis" (v. 10). A palavra aqui é novamente *hidah*, mas não se identifica com determinado tipo ou forma de provérbio. Há outros textos em que *hidah* é utilizado com a mesma falta de definição.[18]

O segundo tipo de evidência está nos chamados livros de sabedoria. Devido à ausência de referências históricas nesses livros que nos ajudem a colocá-los na história do desenvolvimento da sabedoria em Israel, é preciso procurar outras pistas. Mesmo as atribuições a Salomão, em Provérbios, são vagas o suficiente para terem mais de um significado possível.

O terceiro tipo de evidência é o conhecimento adquirido relativamente recente da literatura sapiencial do Egito e Babilônia. As formas e funções dessa sabedoria sugerem paralelos com a sabedoria israelita, mas muitas vezes as diferenças entre elas são mais evidentes.

O quarto tipo de evidência é a influência da sabedoria dos livros não sapienciais da Bíblia. Nos últimos tempos, em diversos estudos se afirma que esta ou aquela parte do AT foi escrita por um sábio ou, pelo menos, bastante influenciada pela sabedoria falada e pensada. Se pudéssemos ter a certeza da identificação das influências de sabedoria, elas forneceriam algumas evidências valiosas sobre o lugar da sabedoria na cena israelita. Então, saberíamos como as ideias de sabedoria, que nos principais livros de sabedoria aparecem isoladas quase completamente das expressões de fé da aliança, foram levadas para uma relação orgânica com a fé da aliança.

O que se pode dizer até agora sobre de um movimento de sabedoria identificável em Israel? Levando-se em conta o que sabemos da sociedade israelita, as evidências da sabedoria antiga, as formas literárias e conteúdos da sabedoria de Israel, a literatura sapiencial dos vizinhos de Israel e os possíveis contatos ocorridos, podemos propor a situação que segue.[19] A sabedoria popular teria surgido em vários níveis da sociedade como expressão do aprendizado popular

---

[18] Pv 1.6; Sl 49.4, 78.2; Ez 17.2 (usado em conjunto com *mashal* seguido por uma espécie de alegoria visionária); Dn 8.23.

[19] Cf. R. B. Y. Scott, "The study of the wisdom literature", *Interpretation*, XXIV, 1970, p. 20-45.

mediante experiências de vida. Não se sabe ao certo a forma das primeiras palavras de sabedoria, mas as evidências não embasam a ideia de que os ditos maiores tenham se desenvolvido a partir do *mashal* de uma linha. Na sociedade patriarcal, no período anterior à mudança de Israel para o Egito, a educação em grupos familiares provavelmente teria conduzido à formação de ditos utilizados na formação das crianças. Com o desenvolvimento do estado organizado de Israel, veio o reconhecimento de homens que poderiam dar conselhos sábios sobre o funcionamento do país. Em algum lugar ao longo do caminho, os sábios surgiram como um grupo reconhecível. Não está claro se eles foram reconhecidos como funcionários do governo, da religião ou da educação. Sugere-se que os mestres da lei, mais tarde, se tornaram os guardiões da sabedoria.

Torna-se evidente que, embora possamos ser capazes de identificar as características distintivas da sabedoria, não é muito claro que seja um fenômeno único. O homem é um ser intelectual que busca o conhecimento e a compreensão de várias maneiras. Podemos usar a palavra sabedoria para nos referir a um tipo de literatura que contenha uma grande diversidade dentro de um grupo. Podemos usá-la para nos referirmos a certos tipos de atividades educacionais em casa e na escola. E podemos usá-la para uma ampla atividade intelectual que exorte a todos.[20]

DAVI E O CRESCIMENTO DA SABEDORIA

Não há nada de improvável no papel atribuído a Salomão como patrono da sabedoria de Israel no seu apogeu. Sabe-se que a sabedoria dos vizinhos de Israel é anterior a Salomão, e que os contatos internacionais eram um fator constante na história de Israel desde o início. Em que medida o Egito e a Babilônia influenciaram o desenvolvimento formal da sabedoria de Israel é um ponto de discussão a que teremos de renunciar. Há evidências de que Davi também desempenhou papel significativo na sabedoria de Israel.

---

[20] J. L. Crenshaw, "Method in determining wisdom influences upon 'historical' literature", *Journal of Biblical Literature*, 88, 1969, p. 129-142.

Davi e Salomão marcam o ponto culminante no desenvolvimento de Israel, tanto do ponto de vista histórico como teológico. Foi Davi quem realmente uniu as tribos depois do reinado abortivo de Saul. Depois do Êxodo, Israel entrou em um período de existência seminômade até a conquista de Canaã por Josué. A conquista e a divisão dos novos territórios em lotes tribais levaram ao período dos juízes, quando as tribos foram mantidas juntas em uma federação. O fator principal a ligá-las foi a aliança e a lei do Sinai. Os juízes eram "homens da lei", que, por vezes, de maneira espetacular, levaram o povo rebelde de volta à lealdade para com Iavé e sua aliança. O desejo de transformar a teocracia baseada na aliança em uma monarquia foi, em princípio, a expressão pecaminosa do desejo de ser como as nações pagãs. Era uma falta de coragem quando a estabilidade política e de segurança nacional eram vistas como dependentes, não na confiança no Deus da aliança, mas de uma monarquia com uma forte base militar. Quando a monarquia expressava a aliança, não só era permitida por Deus, como era na verdade um dom divino para prefigurar o governo messiânico do Reino de Deus.

As evidências do envolvimento de Davi com a sabedoria é principalmente indireta. No primeiro caso (2Sm 14), uma mulher sábia interveio em um problema complicado que envolvia os relacionamentos familiares de Davi e seus efeitos políticos. A sábia mulher insistiu para que Davi tomasse uma decisão prudente com relação a seu filho Absalão que havia cometido assassinato. Ela lisonjeou Davi como se ele tivesse a sabedoria de um anjo (v. 20), o mesmo que a capacidade de discernir o bem e o mal (v. 17). Em 2Samuel 20, outra mulher sábia foi bem-sucedida ao levar a cabo a rebelião de Seba, filho de Bicri, contra Davi. Um cisma desastroso da nação foi, assim, evitado. A sabedoria aqui não é de Davi, mas parece que o reinado de Davi foi um período em que os "sábios" emergiam como um grupo identificável em Israel.

No tempo de José e Moisés, a corte real do Egito teve sábios com funções específicas.[21] Uma forma preliminar de estadista foi

---
[21] Gn 41.8,33,39; Êx 7.11.

assumida por Moisés quando nomeou homens sábios para exercer autoridade sobre as tribos de Israel.[22] Em Deuteronômio 4.6, há uma importante conexão entre a sabedoria e a obediência à lei:

> Vocês devem obedecer-lhes e cumpri-los, pois assim os outros povos verão a sabedoria e o discernimento de vocês. Quando eles ouvirem todos estes decretos dirão: "De fato esta grande nação é um povo sábio e inteligente".

Josué foi cheio do espírito de sabedoria porque Moisés impôs as mãos sobre ele.[23] Isso é o mais importante que se pode dizer no momento sobre as qualificações da liderança de Josué. A sabedoria de Josué incluía a lealdade para com a lei a que Deuteronômio 4.6 se refere, mas também envolve habilidades de liderança e tomada de decisões sobre questões não diretamente referidas na lei.

Assim, enquanto a sabedoria ia além do conteúdo específico da aliança entre Deus e Israel, com certeza ela parecia incluí-la. Eis o caráter de Deus demonstrado na maneira como ele ordenou a existência do povo redimido. A sabedoria divina estabelece a resposta do povo ao amor redentor. A reconciliação com Deus pela graça, e o esforço para viver de forma coerente com ela são aspectos da sabedoria. Mas a lei não disse tudo sobre a resposta. Os israelitas redimidos deveriam expressar sua responsabilidade humana diante de Deus, tomando muitas decisões sobre situações não detalhadas na lei. As leis e os estatutos não podiam cobrir todas as contingências possíveis na vida. Na verdade, se o fizessem, teriam expressado um conceito radicalmente diferente a respeito do homem.

Dito isso, é preciso tentar obter uma perspectiva histórica da maneira que sabedoria e lei trabalham juntas. Manter a lei era sabedoria, mas a lei não era exaustiva. Israel recebeu diretrizes da lei pelas quais poderia entender o relacionamento com Deus, o homem e o mundo e mantê-lo. Mas a lei nunca foi um substituto para a tarefa dada por Deus de buscar conhecimento. A humanidade do povo de

---

[22] Nm 11.16,17. Aqui, os líderes são chamados para receber um pouco do espírito de Moisés. Em Dt 1.9-15 eles são lembrados como homens sábios.
[23] Dt 34.9.

Deus significava muito mais que agir de acordo com o que se encontrava previsto de forma específica na lei. A lei não dizia a Israel como desenvolver as artes, mas colocou um significativo limite à atividade artística:

> Não farás para ti nenhum ídolo, nenhuma imagem de qualquer coisa no céu, na terra, ou nas águas debaixo da terra (Êx 20.4).

A lei não diz a Israel como buscar a ciência da pecuária para o fornecimento de alimento, mas claramente prescreveu quais animais poderiam ser usados na alimentação e quais não poderiam:

> De todos os animais que vivem na terra, estes são os que vocês poderão comer: Qualquer animal que tem casco fendido e dividido em duas unhas, e que rumina (Lv 11.2,3).

A lei, portanto, deu diretrizes específicas e estabeleceu certos limites, mas nunca interferiu na busca de conhecimento ou na tarefa de estabelecer o domínio do homem em todo o mundo.

Outro aspecto da relação da lei com a sabedoria é que no período entre Abraão e Davi, Deus revelou o significado da aliança principalmente por meio da redenção e da lei. Primeiro, ocorreu a promessa feita a Abraão: Deus seria o Deus dos seus descendentes e lhes daria a terra de Canaã. Então, veio o ato de redenção, o êxodo do Egito e da dominação de um rei estrangeiro. A lei ou aliança do Sinai foi dada para ligar Israel ao Deus que o salvou. O que começou no Êxodo continuou na conquista de Canaã por Josué, e no estabelecimento do Estado israelita. Mas essa história de salvação não terminou até que Israel fosse estabelecido como nação unificada, livre da ameaça estrangeira e constituído como povo sob a aliança com o governo de Deus representado pela monarquia. Esta teve lugar, pela primeira vez, sob o governo de Davi.

Uma das principais lições do Êxodo é que a salvação significa liberdade das restrições estrangeiras; liberdade de ser o que Deus espera que sejamos. Essa é a liberdade do ser humano. O significado dessa liberdade nos é revelado na natureza do Reino a que a graça divina nos conduz mediante a redenção. Para Israel, o padrão do processo da plena salvação conducente ao reino só foi concluído nos reinados de Davi e Salomão.

Existem alguns princípios importantes do NT prenunciados aqui. Jesus não é apenas o ápice da sabedoria, como já vimos, ele também é nossa liberdade. Apenas o Filho pode nos libertar (Jo 8.36). Liberdade e sabedoria são lados complementares para sermos verdadeiramente humanos, como Deus nos criou. Não se pode alcançar a liberdade ou a sabedoria até que estejamos unidos a Cristo, pois estar fora dele significa estar escravizado à morte e futilidade de espírito. Além disso, a lei foi dada como tutor a Israel até a vinda de Cristo. Tendo vindo Cristo, o povo de Deus foi liberto da lei (Gl 3.23-29).

O governo de Cristo em seu Reino está especialmente prefigurado na história de Israel pelo reinado de Davi. Esse é o ponto culminante da história da salvação prenunciada em Israel. A lei não poderia ser posta de lado por Israel quando Davi governou porque Cristo ainda estava para ser revelado. Mas, pelo menos, a liberdade do Reino de Cristo foi, por um período, prenunciada por Davi e Salomão, e do mesmo modo a sabedoria do Reino de Cristo foi prenunciada. Pode-se esperar que uma vez que o processo da história da salvação em Israel alcançasse o ponto crítico, o palco seria definido pelo florescimento da sabedoria. A tutela da lei perde o estatuto absoluto porque o Reino significa a liberdade de viver com sabedoria e responsabilidade.[24]

Assim, a sabedoria cresceu desde o início de Israel, mas durante o período de formação da história da salvação não era proeminente na vida de Israel. As estruturas da aliança e da lei regerão as ações do povo de Deus com muito mais clareza que a sabedoria. Há dois estágios pelos quais a lei perdeu o *status* de tutora ou "babá". O primeiro aconteceu quando houve um modelo completo do Reino configurado na experiência histórica de Israel. Isto ocorreu com Davi e Salomão.[25] Deus quer que seu povo viva, não de acordo com um

---

[24] Este conceito da maturidade de Israel é discutido por Walter Brueggemann, *In Man We Trust* (Atlanta: John Knox Press, 1972), cap. 2.

[25] Discuti esta revelação do Reino de Deus no AT em *O evangelho e o Reino*.

grande número de regras e regulamentos, mas de forma responsável e que se harmonize com seu governo real. A revelação do Reino não é finalizada com Davi e, por isso, a lei mantém o *status* de "babá" de Israel, enquanto a sabedoria emerge como uma nova dimensão, salientando a importância de viver de forma responsável. Assim, com a vinda de Cristo nos foi revelada a realidade sólida de que o reino de Davi era apenas a sombra. O papel da lei é agora tomado por Cristo no evangelho. Mas, no AT, as estruturas da aliança e da lei governavam as ações do povo de Deus de forma muito mais clara que a sabedoria. De acordo com as narrativas históricas, as palavras diretas do Senhor guiavam Israel no caminho da redenção e esta é a preocupação dos narradores.

Mesmo no período dos juízes, os primeiros anos vacilantes da vida de Israel como povo estabelecido, palavras diretas de Deus e dons do seu Espírito orientaram os juízes na tarefa especial de nutrir o Estado infantil. Gideão nos mostra um exemplo de antissabedoria ou loucura ao recusar-se a agir sob uma palavra direta de Deus (Juízes 6). Seu pedido de um sinal e a colocação da lã do lado de fora mostra a perigosa falta de fé na palavra profética a respeito da salvação a ser provida por Deus (v. 7-10). Que Deus concedeu a Gideão seu sinal é uma prova única de graça e não da correção do pedido de Gideão. Curiosamente, a passagem é tomada com frequência como padrão para os cristãos que buscam orientação, mas isso só pode ser feito por ignorância do seu real significado no contexto da história da salvação de Israel.

Então chegamos a Davi. As mudanças efetuadas por ele nas estruturas da vida da nação refletem a profunda mudança teológica no significado da história de Israel (não importa o quão imperfeitamente foram feitas). De um povo errante sob a promessa feita a Abraão, Israel transformou-se em um povo estabelecido desfrutando de uma medida do cumprimento da promessa. Davi centralizou o governo na cidade que ele mesmo havia tomado dos cananeus. Ele estabeleceu a corte real e o exército permanente. Ainda mais significativo, ele fez de Jerusalém o ponto focal para a vida religiosa de Israel, levando a arca da aliança para um local fixo. Na verdade, pela primeira vez na história, Israel veio a possuir o território correspondente ao que Deus prometeu a Abraão por causa das conquistas militares de Davi.

Se Davi não é retratado como o homem sábio que Salomão foi, ele é mostrado como a pessoa que tornou possível Salomão liderar o movimento de sabedoria. Davi definiu o cenário para o florescimento da sabedoria, como preparou o palco para a construção do templo. O filho de Davi tornou-se o primogênito de uma nova era. Ele é o mestre da nova liberdade no Reino de Deus, construtor da casa de Deus e o pioneiro da nova era de sabedoria. Ele é o filho de Deus, uma prefiguração do Filho que está por vir (2Sm 7.14).

É com Davi que encontramos a diminuição da ênfase na orientação divina direta. O conselheiro emerge como alguém com experiência e avaliação perspicaz em assuntos do Estado.[26] Tal era Aitofel para Davi. Não há dúvida quanto à capacidade de Aitofel como conselheiro, pois seu conselho foi "como o de alguém que pergunta de Deus" (2Sm 16.23). Mas quando ele se juntou à rebelião de Absalão, Davi orou para que Deus transformasse seu conselho em loucura (2Sm 15.31). A oração foi respondida de forma indireta, pois Aitofel deu a Absalão o conselho certo. Contudo, Absalão foi tolo ao acatar o conselho de Husai, falso amigo de Davi, que fingiu aconselhar melhor que Aitofel (2Sm 17.1-14).

São debatidas na academia as características da sabedoria na narrativa de 2Samuel 9 a 20 e 1Reis 1 e 2.[27] A chamada "sucessão narrativa" pode não ser o trabalho de um escritor de sabedoria como muitos afirmam, mas não traz uma nova ênfase em diplomacia, conselho, sagacidade e astúcia.[28] Como o mundo foi confiado a Adão, também o reino foi confiado a Israel quando este "atingiu a maioridade". O tempo diria quão bem a verdadeira sabedoria estava sendo aprendida.

---

[26] William McKane, *Prophets and Wise Men* (London: SCM Press, 1965).
[27] E.g., R. N. Whybray, *The Succession Narrative* (London: SCM Press, 1968) e Walter Brueggemann, op. cit., p. 29-33.
[28] O salmo 78 pode ser adicionado à evidência do envolvimento de Davi na tradição de sabedoria. Isso é discutido no capítulo 9.

Questões para estudo

1. Leia Gênesis 1.26-28. O que isso nos diz sobre as regras básicas para a busca de Adão por conhecimento?

2. O que Deus fez para Israel a fim de restabelecer essas regras básicas?

3. Quais são as principais fontes de informação sobre o crescimento da sabedoria em Israel?

4. Quais são as características de Israel sob o reinado de Davi que fomentaram a evolução do movimento da sabedoria?

CAPÍTULO 5

Salomão, em toda a sua glória

RESUMO

As evidências bíblicas apoiam o conceito de que Salomão, apesar de suas falhas, foi a figura principal no desenvolvimento da sabedoria de Israel. O dom divino da sabedoria resultou em muitas expressões de sabedoria humana. 1. A sabedoria de Salomão tinha, dentro de um quadro restrito, um terreno comum com a sabedoria estrangeira, mas ao mesmo tempo foi superior a ela. 2. Salomão foi capaz de emitir juízos perspicazes em situações difíceis. 3. Ele se preocupou em compreender o mundo natural. 4. A glória material do reino de Salomão estava relacionada com a sabedoria. 5. O templo era o meio pelo qual o israelita podia perceber o universo porque representava a atividade divina na restauração do relacionamento correto de todas as coisas consigo mesmo. 6. O ponto focal da sabedoria era o temor do Senhor, o que significava fé nos atos redentores de Deus. O templo e o temor do Senhor estão intimamente relacionados, e dão à sabedoria israelita seu traço distintivo. É assim que a busca da sabedoria humana está ligada à obra salvadora de Deus.

O LADO OBSCURO DA GLÓRIA

Salomão "em toda sua glória" se tornou sinônimo do esplendor dessa época em Israel. O fato de Jesus comparar essa glória com os lírios do campo nos lembra de que se tratava literalmente de um esplendor visual e material (Mt 6.29). Não há nada não espiritual sobre a beleza exterior e física. No caso de Salomão ela estava intimamente relacionada com sua sabedoria. Mas Salomão é um enigma-cabeça, uma contradição. Parecia haver dois lados nesse homem complexo que a narrativa não reconcilia, nem parece preocupada em conciliar. Mal foi Salomão estabelecido rei, estabeleceu uma aliança matrimonial com o Egito. Em 1Reis 3.1, 2 o assunto é observado de maneira quase neutra apesar de ter sido uma violação grave da lei. Também existe a menção sem qualquer comentário: por não haver ainda nenhum templo, os sacrifícios eram feitos nos lugares altos. A conexão desses lugares altos com os lugares de culto dos cananeus, os antigos habitantes da terra, é bastante provável, mas o narrador não se refere ao perigo de misturar elementos pagãos com a adoração a Deus.

Só em 1Reis 11 se faz uma avaliação negativa sobre as alianças estrangeiras de Salomão. A lei contra o casamento com estrangeiros é bastante clara (Êx 34.11-16; Dt 7.1-4), mas o narrador optou por não falar sobre o fato até mencionar as qualidades de Salomão. A única desculpa oferecida é que o rei fora desviado na velhice pelas cônjuges pagãs (v. 4). Essa passagem apresenta um lado muito obscuro para a glória de Salomão. Suas mulheres "o induziram a voltar-se para outros deuses, e o seu coração já não era totalmente dedicado ao Senhor, o seu Deus" (v. 4). Ele não seguiu ao Senhor como Davi (v. 6); construiu lugares de adoração para deuses pagãos (v. 7,8). Deus se irou muito com Salomão (v. 9) pelo rompimento da aliança (v. 11). Por isso, o narrador nos prepara para o até então impensável: a divisão e destruição final do reino.

Se Salomão foi o homem sábio exemplar que 1Reis 3 a 10 mostra, há um aviso em tudo isso para nós. Mesmo um grande homem sábio pode cair, e as sementes de sua destruição podem estar muito próximas das regiões onde a sabedoria significa responsabilidade e risco. Os sinais da deterioração de Salomão estavam lá não só nas alianças estrangeiras, mas também na criação do trabalho forçado (1Rs 5.13) e nas advertências contra o afastamento do Senhor, o que faria Israel se tornar um "objeto de zombaria" entre as nações (1Rs 9.7). Isso seria a inversão da intenção de Deus —as nações deveriam reconhecer a sabedoria de Israel por causa da aliança (Dt 4.6). Mesmo os pagãos serão sábios para perceber o cúmulo da loucura abandonar o Deus que provou sua grandeza na forma como conduziu e salvou seu povo (v. 9).

Sabedoria de Salomão

A oração de Salomão mostrou humildade genuína por saber que não estava à altura da tarefa de governar Israel: "Mas eu não passo de um jovem e não sei o que fazer. Dá, pois, ao teu servo um coração cheio de discernimento para governar o teu povo e capaz de distinguir entre o bem e o mal" (1Rs 3.7-9). Esse pedido altruísta foi recompensado com a adição de riquezas e honra à lista das dádivas de Deus. Em breve, o dom da mente perspicaz foi posto à prova (1Rs 3.16-28). Duas prostitutas alegavam ser a mãe de um bebê. Como discernir o bem do mal, a mãe verdadeira da mentirosa para que fique com o bebê? Salomão, ao sugerir a decisão "justa" de dividir o bebê ao meio forçou a verdade a vir à tona. A mãe amorosa estava disposta a sacrificar todas as suas reivindicações para que a criança vivesse. Um caso de psicologia simples aplicada, direto e descomplicado, ilustra a sabedoria do verdadeiro estadista. Todo o Israel ficou admirado com essa decisão por ter percebido que Deus havia realmente concedido a Salomão sabedoria para administrar a justiça (v. 28).

A narrativa se move para descrever a corte de Salomão, sua administração e seus efeitos benéficos para as pessoas (1Rs 4.1-28). A seção se encontra entre duas declarações importantes sobre a sabedoria de Salomão, e sem dúvida há a intenção de indicar alguns benefícios da sabedoria. Faz-se também uma referência óbvia às promessas recebidas por Abraão (1Rs 4.20,21, cp. com Gn 15.18-21; 22.17), para que sua realização seja identificada com o reinado de Salomão. Outra passagem marcante (1Rs 4.22-28) descreve as provisões de comida para a corte e o tamanho do regimento da cavalaria montada. No meio disso está a declaração de que, durante a vida de Salomão, a nação viveu em segurança: "cada homem debaixo da sua videira e da sua figueira" (v. 25). Essa expressão resume com adequação a vida a ser encontrada mais tarde no Reino de Deus, usada por um profeta para descrever a felicidade futura no Reino (Mq 4.4).

A conexão entre as riquezas do reino de Salomão e o dom da sabedoria é percebida também na visita da rainha de Sabá (1Rs 10). Observe a curiosa mistura na descrição dos versículos 1 a 5. A rainha ouvira falar da fama de Salomão relativa ao nome do Senhor e veio testá-lo com perguntas ou enigmas rígidos (em hebraico *hidot*). Salomão era, obviamente, um especialista no tipo de sabedoria conhecido por essa rainha pagã, e ele respondeu a todas as perguntas dela. Sua sabedoria e riqueza material juntas deixaram a rainha muito impressionada (v. 5). Mais uma vez, no versículo 7, sabedoria e prosperidade estão ligadas. A rainha expressa de novo admiração pelo Deus de Salomão, que o abençoou tanto. Em seguida, os dois monarcas trocam caros presentes. A narrativa passa a descrever ainda mais a opulência das posses de Salomão. "O rei Salomão era o mais rico e o mais sábio de todos os reis da terra" (v. 23). E quando os grandes de todo o mundo vieram ouvir a sabedoria de Salomão dada por Deus, trouxeram presentes ainda mais caros a ele.

Como se pode avaliar esse lado materialista da sabedoria? Em primeiro lugar, o lado material da vida nunca é rebaixado na Bíblia. Deus fez a matéria boa, e ele redimiu o mundo material por meio da encarnação, morte e ressurreição corporal de Jesus. Em segundo lugar, as promessas da aliança eram materiais e espirituais, de modo que a expectativa de crescimento do Reino incluía prosperidade material. Em terceiro lugar, a sabedoria mantém a perspectiva da bondade da criação de modo que a prosperidade não raro é sinal de sabedoria. Nada disso significa que a prosperidade sempre indique sabedoria ou virtude, nem que a pobreza seja necessariamente censurável ou sinal de falta de sabedoria. Pode ser que à luz dessa evidência precisemos redefinir o entendimento da palavra "espiritual". Não é o oposto de "material" como se a matéria fosse inerentemente não espiritual ou má. Em vez disso, ela tem relação com o relacionamento correto com Deus.

Existem ainda outros aspectos da sabedoria de Salomão a ser considerados. Em 1Reis 4.29-34, ele é comparado com todos os sábios das nações ao redor de Israel, incluindo o Egito. Essa passagem, junto com 1Reis 10, sugere que a comparação não é da mesma ordem que a de Paulo em 1Coríntios 1 e 2. A sabedoria de Salomão não é contrária à sabedoria dos sábios, mas é maior. Eles reconheceram a sabedoria de Salomão e se reuniram para ouvi-lo. A discussão de Paulo está em um nível diferente. Ele fala da antítese entre o entendimento da realidade derradeira dos cristãos e dos ímpios. Ele não discutiria com o narrador de 1Reis, que versa sobre a sabedoria no nível das experiências práticas da vida. Mas, é claro, Salomão superou esses homens, pois sua sabedoria foi o presente do Deus verdadeiro — a fonte da sabedoria.

Sobre o que, então, poderiam o israelita em aliança com Deus e o pagão discutir que se chamasse sabedoria e sobre a qual eles viessem a ter algum acordo? Talvez haja uma pista em 1Reis 4.32,33. Da mesma forma que a prolífica atividade literária de Salomão, também é conhecido seu intenso interesse pela natureza, pelas árvores e pelos animais e peixes. Isso parece distante das questões de Estado e do discernimento do bem e do mal almejados por Salomão no pedido de sabedoria. No entanto, esse não é o caso, pois a sociedade humana e a natureza não estão separadas em mundos sem qualquer relação. O homem e os animais foram criados para habitar o mundo, e viver de acordo com a relações estabelecidas por Deus. No mundo pecaminoso, as relações entre seres humanos, animais e mundo natural são obscurecidas e confusas, mas não são inexistentes. A sabedoria discerne muitas coisas sobre o mundo natural capazes de nos instruir para a vida. O homem ocidental, com selvas de concreto e jardins planejados, tende a se esquecer de quão dependente é da natureza. Salomão tem muito a dizer ao homem moderno a respeito do significado do domínio sobre a natureza.

O templo e o temor do Senhor

A narrativa de 1Reis deixa poucas dúvidas de que a construção do templo por Salomão foi uma demonstração de sabedoria muito significativa. Ela também figura como o ponto alto da expressão histórica das promessas da aliança para Israel. Deus quis ser o Deus de Abraão e seus descendentes (Gn 17.7), e não uma divindade remota e impessoal, mas o Senhor do céu e da terra que habita em meio ao povo (Êx 25.8). O tabernáculo, e depois o templo, se tornariam para Israel o centro do universo. Os israelitas sabiam que Deus não poderia ser contido nesses espaços, como o Senhor disse:

> O céu é o meu trono, e a terra, o estrado dos meus pés. Que espécie de casa vocês me edificarão? É este o meu lugar de descanso? (Is 66.1).[29]

No entanto, o templo era o lugar que simbolizava para Israel a reconciliação, o encontro e a comunhão com Deus. De maneira significativa, o templo era o meio pelo qual o israelita apreendia o universo. Se o Deus de Israel é verdadeiramente o Criador, o Senhor do céu e da terra, então a forma de ele se revelar é a verdade — sua verdadeira identidade. Claro, a revelação de Deus estava incompleta até Jesus Cristo, mas a incompletude não significa que não seja verdade. O que Deus revelou a Israel era a única verdade pela qual o homem pecaminoso poderia interpretar a realidade, não de forma plena, mas com certeza de modo verdadeiro.

Quando Salomão construiu o templo, ele realizou um grande culto de dedicação registrado em 1Reis 8 e 2Crônicas 6. A arca da aliança foi instalada no santuário interior do templo, o Santo dos Santos. Depois, Salomão se pôs diante do altar e orou. Quando assim o fez, contou as promessas feitas a Davi, seu pai, de que seus descendentes reinariam e Deus habitaria entre o povo para sempre. As promessas estavam condicionadas à obediência fiel do rei e do povo. Deveria haver arrependimento dos pecados e estes serem reconhecidos perante Deus. Salomão descreve na oração os processos de misericórdia e perdão já estabelecidos em Israel sob a aliança do Sinai. O novo aqui é a percepção de terem chegado ao ponto alto. Já não se encontram mais a caminho da terra prometida ou no processo

---

[29] V. tb. 1Rs 8.27-29,39,42,43.

de obtenção de um Estado teocrático estável. Eles têm provas concretas de que as promessas da aliança estão realmente se cumprindo.

Agora os benefícios da graça sobejarão. Quando Israel reconhece a importância do templo como o lugar onde a reconciliação e restauração podem ocorrer, será um povo temente a Deus e objeto das bênçãos da aliança (1Rs 8.38-40). Esse grande benefício será conhecido entre as nações. Estrangeiros irão ao templo e reconhecerão a Deus. Salomão ora para que Deus os ouça dos céus, e responda graciosamente para que todas as nações da terra saibam seu nome e o temam (1Rs 8.41-43). A vinda da rainha de Sabá foi o primeiro sinal da resposta dessa oração.

Duzentos anos mais tarde, os profetas Isaías e Miqueias repetiriam a esperança de que o templo de Deus traria pessoas de todas as nações para reconhecê-lo. Mas, para eles, isso estava distante, no futuro, quando Deus agiria outra vez a fim de restaurar Israel a partir de sua história conturbada de rebelião e quebra de aliança. No tempo do fim, Deus restabeleceria Sião, o monte da casa do Senhor, e todas as nações viriam ao templo e aprenderiam sobre os caminhos de Deus (Is 2.2-4; Mq 4.1-4). Nessa passagem do templo Miqueias relembra os dias de Salomão em que ele olhava para a felicidade de todos os homens sob sua videira e debaixo de sua figueira.

Mas o que é o "temor do SENHOR" a que Salomão se refere na oração de dedicação? Está claro, a partir das passagens bíblicas, que o temor, nesse contexto, não significa terror.[30] Ao contrário, há uma nota de temor reverente. Os escritores bíblicos não viam contradição entre o temor do Senhor e a palavra reconfortante "não tema" que tranquiliza os fiéis de que Deus perdoa e protege seu povo.[31] Há evidências de que formas levemente diferentes da expressão "temor do SENHOR" indicam diferentes origens e ênfases.[32] No período de

---

[30] Há o uso coerente da palavra hebraica para o temor do Senhor (*yr'*), diferente da palavra para terror (*phd*).
[31] P. ex. Is 43.1,5; 44.2,8.
[32] Joachim Becker, *Gottesfurcht im Alten Testament* (Roma: Pontifical Biblical Institute, 1965).

Êxodo a Salomão, está em vista a fidelidade à aliança. Mas não deve nunca perder o sentido de admiração em relação à grandeza de Deus que se revela em suas obras maravilhosas:

> E viu Israel a grande mão que o Senhor mostrara aos egípcios; e temeu o povo ao Senhor, e creu no Senhor e em Moisés, seu servo (Êx 14.31).

Deus provou seu amor a Israel em uma demonstração de terrível poder ao salvar seu povo do Egito. Temor e confiança são respostas a esse ato salvador. Houve o reconhecimento da graça, do amor e da aliança de fidelidade, e a percepção clara da santa ira de Deus contra a resistência ímpia à sua vontade.

Depois de quarenta anos no deserto, Moisés lembrou Israel do que Deus havia falado com ele no monte Sinai:

> Reúna o povo diante de mim para ouvir as minhas palavras, a fim de que aprendam a me temer enquanto viverem sobre a terra (Dt 4.10).

Esse temor do Senhor deveria ser expresso na diligência em observar as leis de Deus, em resposta fiel a seus atos de salvação:

> Desse modo vocês, seus filhos e seus netos temerão ao Senhor, o seu Deus, e obedecerão a todos os seus decretos e mandamentos, que eu lhes ordeno (Dt 6.2).

E agora, ó Israel, que é que o Senhor seu Deus pede de você, senão que tema o Senhor, o seu Deus, que ande em todos os seus caminhos, que o ame e que sirva ao Senhor, ao seu Deus, de todo o seu coração e de toda a sua alma? (Dt 10.12).

Temam o Senhor, o seu Deus, e sirvam-no. Seja ele o motivo do seu louvor, pois ele é o seu Deus, que por vocês fez aquelas grandes e temíveis maravilhas que vocês viram com os próprios olhos (Dt 10.20a,21).[33]

---

[33] V. tb. Dt 6.13,24; 8.6; 31.12,13.

O conceito de temor como reverência a Deus e sua aliança significa confiança e obediência para com a pessoa que tem mostrado sua fidelidade ao seu povo escolhido. É inseparável da revelação de Deus em sua palavra e atos salvadores. E aí, também, reside o significado do nome de Deus como Senhor (em hebraico YHWH, a fonte do nome Iavé).[34] Senhor (YHWH) é o nome de Deus que revelou seu caráter na aliança e nos atos de salvação no Êxodo.[35] Quando Deus se relaciona com o seu povo e fala-lhes o seu nome, YHWH assume um significado mais profundo.

A frase "o temor do SENHOR" é frequentemente encontrada na literatura sapiencial.[36]

> O temor do SENHOR é o princípio do conhecimento (Pv 1.7).
> O temor do SENHOR é o princípio da sabedoria (Pv 9.10, Sl 111.10).
> O temor do SENHOR ensina a sabedoria (Pv 15.33).
> No temor do SENHOR está a sabedoria (Jó 28.28).

Em Provérbios 2.4-6, o sábio fala sobre sabedoria e entendimento:

> Se procurar a sabedoria como se procura a prata e buscá-la como quem busca um tesouro escondido, então você entenderá o que é temer ao SENHOR e achará o conhecimento de Deus. Pois o Senhor é quem dá sabedoria; de sua boca procedem o conhecimento e o discernimento.

Há muitos mais ditos sobre o "temor do Senhor" nos livros de sabedoria, especialmente Provérbios.[37] O temor do Senhor, diz-se, é o ódio ao mal, o fundamento da vida e refúgio. A questão é se os

---

[34] A maioria das traduções em português segue a tradição judaica de substituir o nome hebraico YHWH pelo título SENHOR, em todas as ocorrências de YHWH, o nome santo e impronunciável.

[35] Alan Cole, *Exodus,* Tyndale Old Testament Commentaries (London: Tyndale Press, 1973), p. 20-22.

[36] A expressão "o temor do SENHOR" encontra-se predominantemente na literatura sapiencial e em Salmos. V, Becker, op. cit.

[37] Pv 1.29; 8.13; 10.27; 14.26,27; 15.16; 16.6; 19.23; 22.4; 23.17. A expressão é encontrada em Pv 3.7; 24.21.

escritores sapienciais entendiam a ideia em termos de aliança. Sugiro que não poderia ser diferente. Eram israelitas e, embora a história da salvação não seja um tema de seus escritos, eles não eram filósofos incrédulos que professavam a alternativa humanista à fé da aliança. Homens de Deus, iam além do conteúdo específico da revelação divina e estavam engajados na busca do conhecimento e na compreensão do mundo à luz da revelação.

Como, então, eles entendem o "temor do SENHOR" e sua relação com sua busca pela sabedoria? Parece razoável sugerir que o temor do Senhor em Provérbios 1.7 é o ponto culminante do prólogo à coleção completa que algum editor montou. Mesmo que não fosse assim, há lembretes suficientes do temor do Senhor espalhados por todo o livro para indicar a importância do conceito. A evidência, na minha opinião, é o reconhecimento constante da absoluta necessidade da revelação de Deus para o correto entendimento do mundo.

Nota-se que a relação parece ter um final duplo. O temor do Senhor, como princípio da sabedoria, indica o ponto de partida. Deve-se começar pela nova mentalidade dada por revelação de Deus sobre si mesmo em palavras e atos de salvação. Só essa perspectiva permitirá conhecer o mundo como realmente é. Mas então se vê que a busca da sabedoria é entender o temor do Senhor (Pv 2.5). Nesse caso, a sabedoria tem o temor do Senhor como meta ou ponto de chegada. Talvez essa relação de duas extremidades possa ser vista na comparação entre Provérbios 9.10 e Salmos 111.10. Os dois textos geralmente são traduzidos como "o temor do SENHOR é o princípio da sabedoria", mas são usadas diferentes palavras hebraicas para "princípio". No primeiro, a palavra é *tehilah* que significa o ponto de partida. No último, a palavra é *re'shit*, derivada da palavra cabeça. Essa palavra com certeza é usada para designar o "princípio" em Gênesis 1.1, mas também pode significar o objetivo ou princípio mais importante.[38] Caso a sugestão comporte algum valor, isso sig-

---

[38] E. A. Leslie, *The Psalms* (New York: Abingdon Press, 1949), p. 52, traduz o Sl 111.10 como: "O objetivo da sabedoria é o temor do Senhor". Artur Weiser, *The Psalms* (London: SCM ,1962) discorda, assim como H. J. Kraus, *Psalmen* (Neukirchen: Neukirchener Verlag des Erziehungsvereins, 1966).

nifica que o tema do Senhor é tanto o pressuposto, ou fundação, e o objetivo da sabedoria.

Conclui-se que o uso da sabedoria em expressões sobre o "temor do Senhor", e as tradições sobre Salomão como construtor do templo, e sábio, apontam para a importante ligação entre o conceito israelita de sabedoria e da fé na aliança. Isso explica as características distintas da sabedoria de Israel, que, ao mesmo tempo em que compartilhava muitas características da sabedoria do Mundo Antigo do Oriente Médio, nunca perdeu de vista a revelação do único e verdadeiro Deus, o Criador do céu e da terra.

Que os atos salvadores de Deus devem estar relacionados com os esforços humanos no campo de ciências naturais, humanas, comportamento, ética, cuidados ambientais e relações sociais não deveria causar nenhuma surpresa. Eles vêm como aviso salutar para os cristãos modernos que frequentemente repetem o erro de alguns dos primeiros cristãos ao sucumbir a uma visão pagã de mundo. Quão pouco nos importávamos com o significado do evangelho para os nossos corpos, o mundo físico, as relações sociais e os interesses políticos. Talvez tenhamos ficado alarmados com a apostasia de Salomão. Teria sua relação com o mundo se tornado tal que todos os seus ganhos passados em sabedoria desapareceram quando ele perdeu de vista o temor do Senhor?

Queiramos ou não, a sabedoria nos diz que há um senso de risco na vida. Não devemos ser como os israelitas que murmuravam a respeito da liberdade recém-recebida, preferindo à segurança da escravidão no Egito. A libertação de Israel não foi concluída quando as águas se fecharam sobre os exércitos do Faraó. Não até que Davi e Salomão fizessem o drama da história da salvação descrever todo o processo de redenção para a liberdade de servir ao Deus vivo. Mas a liberdade acarreta riscos no sentido de que nos deparamos com a incerteza de todas as áreas inexploradas adiante.

O temor do Senhor nos diz que o risco da liberdade no mundo pecaminoso não é fatal para o filho de Deus. Se Salomão perdeu de vista o comprometimento com a aliança e começou a viver em conformidade com os padrões do mundo como estadista, na religião e nas questões de sabedoria, não há indício de que ele tenha caído totalmente da graça. Deus não nos pede para irmos para o mundo correr o risco de perder o caminho. Na verdade, ele forneceu o meio para sabemos que chegaremos sem falta ao objetivo. E isso usando o cérebro que ele nos deu para interpretar o mundo à luz do evangelho. O temor do Senhor é o ponto de partida e a meta da sabedoria, e em termos cristãos, isso significa viver pela fé em Jesus Cristo, autor e consumador da nossa fé, o Alfa e o Ômega.

Questões para estudo

1. Leia 1Reis 3.5-14 e 4.1-34 e liste todos os aspectos da vida e do reinado de Salomão que refletem o dom da sabedoria.

2. Como Salomão poderia discutir assuntos da sabedoria com pagãos ou comparar a sua sabedoria com a deles? Que perigo havia nessa interação com a sabedoria do mundo?

3. O que o temor do Senhor significa para Israel, e como isso une a sabedoria à aliança?

4. Como o cristão teme o Senhor, e como isso constitui o princípio da sabedoria para nós?

CAPÍTULO 6

Provérbios e a percepção da ordem

Resumo

O apelo de Provérbios está nas preocupações práticas e na aplicabilidade aparentemente direta em nossa vida. Mas há um problema em aplicá-lo, e com a fonte de autoridade. As formas paralelas na sabedoria egípcia, preocupadas com Maat, ou a ordem, sugerem que a ordem pode ser a preocupação universal da sabedoria. O conteúdo da sabedoria de Israel apoia isso. Claro, a sabedoria de Israel difere, de forma significativa, do conceito pagão. A preocupação com a vida prática e a natureza, a ausência de referências à salvação na história, sugere que a teologia da criação subjaz a Provérbios e à sabedoria em geral. Duas características inseparáveis, mas distintas, da sabedoria devem ser vistas: ela é dom de Deus e responsabilidade nossa. O dom não surge apenas como habilidade implantada presente em algumas pessoas, mas objetivamente como a autorrevelação da sabedoria divina, à qual o israelita respondeu com "o temor do Senhor". Nossa tarefa envolve a resposta a essa revelação da graça e o uso do dom, a fim de prosseguir no conhecimento da ordem no universo. A sabedoria proverbial é uma expressão dessa afirmação da humanidade.

O apelo de Provérbios

O livro de Provérbios tem um apelo diferente para os cristãos de muitos outros livros do AT. Isto se deve, em parte, à sua total falta de referência à história de Israel, que tenderia a amarrá-lo a acontecimentos da experiência de Israel. Ele também é desprovido de qualquer referência específica ao aparentemente irrelevante, se não entediante, material da lei de Moisés. Os cristãos têm poucos problemas em relação ao teor moral da lei, mas as regras da prática cultual e das estruturas sociais de Israel parecem remotas e sem relação com nossa vida. Por essa razão, Provérbios tem o apelo imediato de lidar com a vida em termos que, aparentemente, não são muito afetados pela diferença de tempo e cultura que nos separam do antigo Israel. Como olha para a vida sem referência à religião organizada, e com um mínimo de detalhes históricos, Provérbios permite que o cristão moderno se sinta capaz de alcançar mais diretamente seu significado essencial.

A natureza completamente prática de Provérbios atrai. Como conseguimos nos identificar com o tom ético do material de forma imediata, não sentimos a carga de traduzir as experiências únicas de Israel, ou suas leis agora extintas em algo aplicável a nós. O apelo prático é reforçado pela própria forma das várias partes do livro. A sabedoria popular é elaborada de forma atraente para torná-la fácil de ser lembrada. Ela evita longas ou complicadas discussões teóricas ou filosóficas. Poucas unidades literárias de Provérbios têm mais que alguns versículos. A maioria tem duas linhas e alguns deles são, possivelmente, expansões de provérbios que, originariamente, contavam apenas uma linha.

Provérbios agrada porque parece convidar-nos a usá-lo como se tivéssemos tirando uma palavra especial para nós de uma caixinha de dizeres bíblicos. Cada uma das unidades literárias, seja das instruções mais longas (Pv 1—9) ou das menores frases proverbiais (Pv 10—22), pode ser independente das outras. Não é preciso considerar o contexto israelita específico ou algum desenvolvimento geral do livro para entender um provérbio em particular. Claro que todo o livro nos ajuda a entender partes individuais, mas não porque sejam organizadas em ordem determinada.

Uma advertência: o apelo de natureza simples e prática de Provérbios pode ser enganoso. Podemos, de fato, perceber que temos olhado para esse livro de modo a ignorar suas características do pensamento e da escrita do estilo sapiencial. Deixe-me ilustrar. Na minha infância, gostava de ler uma revista semanal que continha uma história em quadrinhos. Em uma delas, um acadêmico infeliz, verdadeira traça de livros, chamado Basil que andava por aí lendo livros de conteúdo profundo. Ele lia alguma joia de sabedoria e, em seguida, a testava. Mas isso sempre pareceu se voltar contra ele. Em um exemplo de que ainda me lembro, Basil leu: "Águas paradas são profundas", bem quando se deparou com uma corrente de águas rápidas. Raciocinando que se águas paradas são profundas, águas rápidas devem ser rasas, ele pisou na água corrente para atravessá-la e desapareceu da vista na água. O autor da história em quadrinhos pode ou não ter percebido isso, mas na verdade, ele estava apontando para uma característica enganosa da sabedoria proverbial. Os provérbios contêm a sabedoria destilada de uma ou várias experiências reais, mas a forma como ela é construída pode dar-lhe a aparência de ser uma lei geral da natureza ou regra de vida. Ironicamente, essa aparente generalidade é seu apelo, ainda que os provérbios nunca tenham sido destinados a funcionar dessa forma.

O problema de Provérbios

O livro de Provérbios é uma coleção de ditos de sabedoria israelita de vários tipos colocados juntos com uma ordem pouco óbvia. Essas coleções, em especial quando muitas partes individuais não são mais que uma única sentença, apresentam problemas especiais para serem lidas e entendidas. Sendo verdade que os provérbios se baseiam, em grande parte, na experiência humana, que tipo de autoridade eles têm para nós? A sabedoria não vem a nós como estatutos legais revelados ou com o profético "assim diz o Senhor". Alguns ditos de sabedoria são teológicos e até mesmo afirmam ser sabedoria de Deus (p. ex., Pv 8), mas outros provérbios são apenas observações ou experiências humanas.³⁹ Adicione-se a isso a evidência de origens não israelitas de alguns conteúdos de sabedoria bíblicos e teremos uma verdadeira dificuldade. Pode ser que o conceito rígido da inspiração, aplicado às Escrituras, crie o problema para nós. Precisamos nos lembrar de o modo como a inspiração se dá não é o mais importante. O que queremos dizer com doutrina é que algumas partes das Escrituras dizem o que Deus quer que digam. Estamos focados em entender como a literatura em questão funciona como Palavra de Deus para nós. Quando percebemos que, além de certos sonhos e transes relatados, há qualquer indicação de que os autores bíblicos foram submetidos à suspensão das faculdades humanas, produzindo a sagrada Escritura, o problema é um pouco menor. A sabedoria empírica da experiência humana registrada não é realmente tão diferente de um oráculo profético, exceto que lhe faltava a consciência do profeta de que Deus falava por meio do autor.

Como os vários tipos de material de sabedoria devem funcionar? Como eles nos instruem? Não existe uma resposta única por haver uma variedade de formas de sabedoria. Os provérbios de uma frase apresentam um problema peculiar, porque não são leis dadas por revelação direta de Deus, mas sim observações humanas de experiências da vida. O contexto original não está contido no provérbio e ele tem a aparência enganadora de uma regra geral. Portanto, é preciso ter cuidado para não usar os provérbios como regras de vida. Suspeito, no entanto, que muitos cristãos lidam com eles como detalhamento do conteúdo ético dos Dez Mandamentos. Essa é uma situação compreensível, porque formas alternativas de olhar para a sabedoria não passam perto da linha de raciocínio dos ocidentais do século XXI. Talvez possamos começar a modificar o pensamento ao considerar a possibilidade de que os provérbios funcionem não

---

³⁹ R. E. Murphy, "The kerygma of the book of Proverbs", *Interpretation*, XX, 1966, p. 3-14, examina o aspecto querigmático ou "de proclamação do evangelho" da sabedoria, pois oferece vida a quem o receber. J. W. Montgomery, "Wisdon as gift", *Interpretation*, XVI, 1962, p. 43-57, propõe que certas partes da literatura sapiencial expressam uma visão da graça que contribui para o conceito bíblico do Messias.

tanto para nos fornecer uma infinidade de orientações individuais para viver bem, mas para mostrar o caminho a seguir e aprender sobre a sabedoria. A sabedoria é apresentada como tarefa humana e dom divino — combinação que sempre causa embaraços no pensamento.[40]

AS FORMAS DE PROVÉRBIOS

É fácil perceber, a partir do próprio livro, a existência de nove grupos distintos em Provérbios. Não há lógica nem ordem histórica no seu agrupamento, e existe pouca evidência de atividade editorial na produção do trabalho final. Foram feitas algumas tentativas para reunir unidades de um mesmo tipo, mas não se sustentaram. Nas duas seções principais de Provérbios, há indícios de organização de acordo com o conteúdo, mas isso também não se sustenta. As principais seções do livro são:

1. Prólogo (1.1-7).
2. Dizeres educacionais (1.8—9.18).
3. Provérbios de Salomão (10.1—22.16).
4. Dizeres educacionais (22.17—24.22).
5. As palavras dos sábios (24.23-34).
6. Provérbios de Salomão copiados pelos homens de Ezequias (25.1—29.27).
7. As palavras de Agur (30.1-33).
8. As palavras de Lemuel (31.1-9).
9. As virtudes da boa esposa (31.10-31).

O prólogo é quase certamente uma nota editorial que cobre todo o livro e define sua finalidade e pressuposto básico. Ele destaca a característica preocupação com a sabedoria na área da busca de conhecimento e compreensão. Faz-se referência a algumas das formas populares de sabedoria, como provérbios, figuras de linguagem e as

---

[40] L. E. Toombs, "Old Testament theology and the wisdom literature", *Journal of Bible and Religion*, XXIII, 1955, p. 193-6 sugere que o significado teológico da sabedoria é encontrado no processo pelo qual sabedoria vem ao homem.

enigmas.⁴¹ Para que a sabedoria não seja reduzida a uma preocupação apenas intelectual, o prólogo aponta dois fatores vitais. Em primeiro lugar, a sabedoria interessa aos jovens e aos simples tanto quanto a quaisquer outros, e, portanto, não deve ser confundida com um quociente de inteligência alto. Em segundo lugar, é sinônimo de conhecimento, e começa com o temor do Senhor. Em termos cristãos, isso significa que a sabedoria começa com arrependimento e fé.⁴²

Quando falamos das formas das várias unidades literárias, estamos nos referindo à maneira como elas estão justapostas, bem como ao tipo de conteúdo típico de cada. As formas não são de interesse apenas acadêmico, porque uma fórmula será escolhida pela adequação no desempenho de uma função especial. Se não nos envolvermos com profundidade, facilmente poderemos ver os princípios atuando nas duas formas principais no livro de Provérbios: a instrução e a sentença proverbial. A primeira está bem representada em Provérbios 1—9 e 22.17—24.22. Já se sugeriu que as instruções mais longas representam um desenvolvimento da antiga forma de sabedoria popular de sentenças proverbiais. Mas isso se mostrou deficiente em evidências.⁴³ Estudos sobre a sabedoria egípcia mostraram paralelos às instruções israelitas bastante independentes da sentença de sabedoria.

A INSTRUÇÃO

A instrução aparenta provir de uma situação escolar, embora possa ter acontecido também em casa. O professor indaga ao aluno, ou talvez o pai ao filho, e o orienta em áreas específicas da vida ou sobre conceitos gerais de sabedoria. Há uma forma típica de

---

⁴¹ Respectivamente, em hebraico, *mashal, melitzah* e *hidah*. Infelizmente, nenhuma dessas palavras é usada com consistência suficiente identificá-las de forma fixa.

⁴² V. At 9.31; 2Co 7.1; Fp 2.12; Cl 3.22; 1Pe 3.15; Ap 19.5.

⁴³ R. N. Whybray, *Wisdom in Proverbs* (London: SCM Press, 1965), propôs que as instruções se originaram no Egito e chegaram à forma atual a fim de adaptar os originais ao pensamento israelita, em especial a respeito de Deus. Há uma discussão detalhada em *Proverbs*, de William McKane. McKane rejeita a teoria do desenvolvimento de sentenças de uma linha.

instrução que implica a utilização de um mandamento (imperativo) embasado em sentenças de motivo e consequência e introduzido por um endereçamento:

endereçamento	Meu filho,
mandamento	não se esqueça da minha lei, mas guarde no coração os meus mandamentos,
motivo	pois eles prolongarão a sua vida por muitos anos e lhe darão prosperidade e paz.
mandamento	Que o amor e a fidelidade jamais o abandonem; prenda-os ao redor do seu pescoço, escreva-os na tábua do seu coração.
consequência	Então você terá o favor de Deus e dos homens, e boa reputação.

(Pv 3.1-4)[44]

Às vezes, o homem sábio elogia a sabedoria, usando a expressão "feliz é o homem".[45] Esta fórmula não se limita aos livros de sabedoria, como se vê no salmo 32, mas entra no vocabulário de sabedoria de uma forma que sugere um hino de louvor à sabedoria. Em Provérbios 8.32-36, a combinação de instrução e "feliz é" constitui a conclusão devida de um longo poema em que a sabedoria é personificada como o mestre de sabedoria.

Esse uso da sabedoria como se fosse uma pessoa em Provérbios 8 é um distanciamento do padrão, mas algumas características se mantêm. A própria sabedoria convida o homem a obter conhecimento. Não há evidência de que os israelitas tenham pensado na sabedoria como os egípcios pensavam sobre sua Maat semidivina. A personificação em Provérbios 8 é quase certamente uma forma

---

[44] A forma de instrução é vista também em 1.8,19; 2.1-22; 3.1-12,21-35; 4.1-9,10-27; 5.1-23; 6.1-5,20-35; 7.1-27.

[45] Hebraico: *ashre*. Talvez "abençoado" seja uma tradução melhor, uma vez que refere-se ao bem supremo do homem e não a uma mera emoção. Existe uma semelhança aqui com certos salmos que também utilizam a palavra *ashre*, p. ex. Sl 1, que geralmente é contado entre os salmos de sabedoria.

poética de destacar características importantes da sabedoria como dom divino e atividade humana. Essa passagem tem afinidades com os poemas de Jó 28 e *Eclesiástico* 24;[46] todos estão preocupados com o lugar da sabedoria na criação.[47] Estas são passagens importantes por nos mostrarem como alguns escritores de sabedoria pensavam em seu significado teológico. Eles viam o universo como criação maravilhosa em que cada parte foi feita para se harmonizar com o todo. Essa ordem da criação é a expressão da sabedoria divina.

Devemos ter o cuidado de não remover a sabedoria de Israel do âmbito da aliança, mas sua verdadeira ênfase estava na ordem da criação. Os sábios, sem dúvida, entendiam que o pecado era a quebra da lei (Pv 2.17), o repúdio à Palavra do Senhor, mas eles se concentraram em uma perspectiva diferente. O pecado era tolice, a negação da sabedoria, a interrupção da ordem e das relações harmoniosas entre Deus, o homem e o universo. A sabedoria era o princípio da construção da vida agradável. A relação da sabedoria com a lei, portanto, era indireta. Ambas vêm de Deus e se relacionam com seu caráter, como está estampado na criação. A sabedoria percebe a ordem, principalmente, no contexto da criação. A lei a enxerga em especial no contexto dos atos salvadores de Deus.

Assim, as instruções e o poema relacionados em Provérbios 8 funcionam para ensinar sabedoria como dom e tarefa. Pode-se dizer que eles complementavam a instrução do sacerdote sobre a lei. Dessa forma, enquanto a lei diz: "Não matarás" [Êx 20.13], a sabedoria ensina a aprender a partir da experiência e dos sábios conselhos sobre como evitar as inúmeras situações que poderiam levar ao assassinato. Da mesma forma, a ênfase em algumas instruções sobre o perigo da imoralidade sexual contrasta com a concisa proibição da lei: "Não adulterarás" [Êx 20.14]. A experiência nos ensina que

---

[46] Cf. G. von Rad, *Wisdom in Israel* (London: SCM Press, 1972), cap. IX.

[47] *Eclesiástico* 24 mostra a sabedoria na criação, mas se concentra em Israel como o povo em que a sabedoria veio habitar. A união da sabedoria e da história da salvação israelita é característica desse livro apócrifo não encontrada na literatura sapiencial canônica.

o que é proibido pela lei perturba a boa ordem e destrói a vida. A sabedoria aprende com a experiência da multiplicidade de situações da vida, de modo que somos mais capazes de lidar com suas sutilezas. Mas a sabedoria não deve ser confundida com a abordagem da vida do "homem sábio do mundo", que precisa experimentar tudo por si mesmo. A concepção da instrução é que se pode aprender com a experiência dos outros, boa ou ruim. Seguimos os passos do sábio e evitamos o caminho dos tolos.

A ênfase geral da sabedoria é que não nos tornamos passivamente dependentes quando confiamos no Senhor. A sabedoria nos diz que nem todo o conhecimento provém da revelação direta. O temor do Senhor é o princípio do conhecimento. Ou seja, Deus nos revelou o que precisamos saber a fim de que nosso relacionamento seja restaurado com ele, com nossos semelhantes e com o mundo.

Assim, ele nos revelou o que precisamos saber para interpretar a experiência da própria vida e do universo que nos cerca. No âmbito da verdade revelada, buscamos ativamente o entendimento da vida, aprendendo com nossas experiências e as das gerações anteriores.

As sentenças proverbiais

Entre as sentenças proverbiais, encontramos usos diversos da forma básica. Na primeira coleção, Provérbios 10.1—22.16, muitas sentenças colocam duas afirmações lado a lado, o que se chama paralelismo. A maneira mais fácil de explicá-lo é apresentar alguns exemplos. A forma mais comum nos capítulos 10 a 15 é a de declarações contrastantes, ainda que não em absoluta oposição.[48] Isso significa que vários conceitos fundamentais são apresentados no contexto das experiências humanas. A sabedoria é contraposta à loucura, a justiça oposta à maldade e assim por diante:

Provérbios de Salomão: O filho sábio dá alegria ao pai;
o filho tolo dá tristeza à mãe (Pv 10.1).

Outro tipo de paralelismo constrói a base na primeira linha e aumenta seu significado na segunda:

---
[48] G. von Rad, Wisdom in Israel, p. 28.

> O cabelo grisalho é uma coroa de esplendor,
> e se obtém mediante uma vida justa (Pv 16.31).

Talvez o efeito mais frequente do provérbio simples seja o agrupamento. Com frequência, encontramos coisas diferentes colocadas juntas de maneira que não justifica seu agrupamento. Não há uma relação específica indicada na maneira como foram escritos no texto hebraico originário. Por alguma razão, as traduções, quase sempre reconstroem essas sentenças em comparações ou em sentenças do tipo sujeito-predicado.[49] Assim, a NVI traduz Provérbios 12.1*a* como:

> Todo o que ama a disciplina ama o conhecimento

O hebraico realmente o coloca de forma ambígua:

> Conhecimento amoroso, disciplina amorosa.[50]

O efeito é estabelecer um grupo de coisas correlacionadas em vez de predicar algo —fazer uma declaração sobre uma delas nos termos do outro. Não há indicação de causa ou efeito, ou qualquer outra relação entre elas. Assim, há espaço para a interpretação — o que não seria permitido de outro modo. As possibilidades do arranjo em uma forma mais complexa podem ser vistas nas frases que dobram o agrupamento de modo que A vai com B, C vai com D, e também AB vai com CD. Por exemplo, o texto hebraico de Provérbios 17.19 tem esta forma:

> Amando o pecado (A), amando o conflito (B),
> fazendo alta a sua porta (C), buscando destruição (D).

A NVI assume uma relação especial entre as metades de cada linha. Isso reduz o leque de interpretações possíveis:

> Quem ama a discussão ama o pecado;
> quem constrói portas altas está procurando a sua ruína.

---

[49] A sentença sujeito-predicado faz uma declaração sobre o sujeito.
[50] V. tb. 13.3*a*; 14.2*a*. Estas características são discutidas com detalhes em H. J. Hermission, *Studien zur israelitischen Spruchweisheit* (Neukirchen Vluyn: Neukirchener Verlag, 1968).

Outras frases de tipo semelhante também sofreram transformação no processo de tradução. Por exemplo, Provérbios 25.3, 20, 25; 26.3, 7, 9, 10 e 14 apenas colocam os termos lado a lado com um "e" conjuntivo entre eles:

Água fria apara uma alma sedenta,
uma boa notícia de um país distante.

Algumas versões inserem "como [...] tais são" ou "tal [...] assim é":

Como água fresca para a alma cansada,
tais são as boas novas vindas da terra distante (Pv 25.25; ACF).

Depois, há frases como Provérbios 25.11-14, 18, 19 e 26 colocam juntos os termos sem o "e" para vinculá-los. Mais uma vez as versões fornecem as palavras necessárias para construir a sentença do tipo sujeito-predicado. Isso não é informação inútil, pois as formas dos provérbios em hebraico nos ajudam a entender como funcionam no ensino da sabedoria. As versões tendem a obscurecer essa função. Os sábios não estavam apresentando regras gerais de conduta ética. Tampouco definiam o desconhecido com a ajuda do que se conhece. Eles estavam dizendo que a experiência nos mostra que A e B têm algo em comum, bem como C e D. Isto é uma forma de percepção da realidade para a qual o provérbio simples é muito adequado e nossas versões, de modo geral, não nos ajudam a vê-lo. Ao remover a experiência do contexto específico, concreto, os sábios não queriam estabelecer regras intemporais, mas sim expressar uma visão da realidade que exige certa medida de engajamento intelectual. Assim, duas observações opostas (ou aparentemente opostas) podem ser apresentadas sem a sugestão de incoerência ou até mesmo estupidez:

Não respondas ao tolo segundo a sua estultícia;
para que também não te faças semelhante a ele.
Responde ao tolo segundo a sua estultícia,
para que não seja sábio aos seus próprios olhos (Pv 26.4,5).

O editor da seção pode ou não ter colocado juntas essas duas palavras contrárias de forma independente do senso de humor da situação. É claro que não há contradição implicada, mas a contradição teria sido inevitável se eles fossem preceitos legais ou regras intemporais. Devemos supor que a interpretação é aberta, o que nos convida a fornecer as possibilidades concretas para cada uma. Algumas situações exigem silêncio na companhia de um tolo, em outras ele serve para sua repreensão. Encontrei semelhantes ilustrações desse princípio em uma coleção de provérbios iídiches que produziram as seguintes "contradições":

> Um amigo você consegue por nada, um inimigo tem que ser comprado.
> Um amigo você tem que comprar, os inimigos você consegue por nada.
>
> O sono é um ladrão.
> O sono é o melhor médico.[51]

Embora sejam diferentes na sua forma, os chamados ditos numéricos parecem ter a mesma função que os agrupamentos de provérbios. Os ditos numéricos usam uma fórmula de números de n-1, seguido de n, da seguinte forma:

> Por três coisas se alvoroça a terra;
> e por quatro que não pode suportar (Pv 30.21).[52]

Outros ditos numéricos ocorrem em Provérbios 6.16-19, 30.15, 16, 18, 19, 21-23, 24-28 (o que não usa n-1), 29-31. Esses ditos contêm o elemento surpresa nas listagens que aparecem quase como se fossem a resposta para o enigma: "Quais são as três coisas por que a terra se alvoroça? [...]".[53] É possível que a fórmula n-1, n

---

[51] F. Kogos, *One Thousand and One Yiddish Proverbs* (New York: Citadel Press, 1970).

[52] Compare o uso em Am 1.3—2.8. Em Provérbios o número maior é preenchido, na verdade, com uma lista de itens correspondentes. Não existe essa relação de pecados que Amós enumera nem a fórmula 3 e 4.

[53] V. tb., Von Rad, *Winsdom in Israel,* p. 35ss.

seja uma maneira de apontar para a natureza aberta da lista, convidando, assim, a pessoa perceptiva a fornecer mais itens n + 1, n + 2 e assim por diante.

Provérbios misturados

O livro de Provérbios contém alguns ditos que não se encaixam nas duas categorias principais. Dois deles (6.6-11 e 24.30-34) poderiam ser descritos como parábolas. No primeiro caso, a natureza oferece uma lição da indústria da formiga, o que leva a um ditado popular sobre a preguiça e pobreza:

Um pouco a dormir, um pouco a cochilar;
outro pouco deitado de mãos cruzadas, para dormir,
Assim te sobrevirá a tua pobreza como um vagabundo,
e a tua necessidade como um homem armado.

O mesmo ditado popular é evocado na segunda passagem pela observação da propriedade arruinada de um agricultor preguiçoso. Sugiro que aqui temos uma ilustração da maneira como o princípio da interpretação aberta opera. O provérbio, normalmente, ficaria inativo aguardando ser aplicado a uma situação concreta adequada. Aqui vemos duas dessas situações que mostram como o mesmo provérbio é empregado em duas situações diferentes mas muito significativas.

Aprender a sabedoria de Provérbios

Apesar de seus muitos cuidados, Provérbios é um livro otimista. A sabedoria e a vida estão a nosso alcance, porque ambos são dons de Deus. No entanto, o dom nunca vem sem o trabalho. O temor do Senhor é o princípio do conhecimento e da sabedoria, e fala com eloquência da graça salvadora de Deus mostrada ao povo da aliança. Os jovens e as pessoas simples, sem sofisticação, podem aprender a sabedoria, mas apenas se conhecerem o temor do Senhor. Provérbios é otimista, pois Deus é o Deus da aliança da graça. Ele dá boas coisas a seus filhos, e o maior dos seus dons é a vida.

Provérbios define a bondade em termos que vão além da moralidade e da ética. A ordem se encontra na base da criação. Quando Deus fez o céu e a terra e tudo o que neles há, fê-los em relação um ao outro, e tudo era bom (Gn 1.31). Tudo era harmonioso, de acordo com a sabedoria divina. Provérbios menciona a Queda do homem no pecado, mas da Queda que está implícita em toda parte. A sabedoria, justiça e vida estão em conflito com loucura, maldade e morte. Apesar dessa intrusão na boa ordem do universo de Deus, a ordem não é destruída. O tolo é o pecador não redimido que declara não haver Deus (Sl 14.1; 53.1), que vê o universo como resultado do acaso. No entanto, apesar de se recusar a reconhecer o Criador onisciente e pessoal, ele não pode ignorar a ordem perceptível no universo. Ele não tem explicação para isso, nem para o rompimento da ordem de que ele mesmo é um exemplo vivo, junto com todos os outros pecadores. O sábio teme ao Senhor e, ao contrário do tolo, está em contato com a realidade.

Assim, de forma distinta, os sábios de Israel olhavam para o que parecia ser uma ordem interrompida enquanto não se conformavam ao rompimento. O homem sábio aprendeu a se relacionar com Deus, com o próximo e com a totalidade da ordem criada. Mas ao fazê-lo, precisou aprender que a ordem foi complicada pela intrusão do caos pecaminoso. O otimismo de Provérbios reside no fato de o caos não ter vencido, na percepção da ordem.

Provérbios afirma a humanidade do sábio. Quem teme o Senhor não o que se retira em alguma espiritualidade falsa. A sabedoria percebeu que se deve viver de forma plena. O homem de Deus reconhece que sua verdadeira humanidade reside na relação com Deus. Mas pelo fato de Deus nos ter feito para nos relacionarmos uns com os outros e com o universo, a restauração da relação de direito com Deus implica a restauração de todos os relacionamentos. Somos encorajados a aceitar as tarefas dadas a Adão no Éden que, embora confundidas pelo pecado, ainda estão abertas para nós. No curso do exercício de domínio sobre a terra, um grande número de impressões permanecem em nossos sentidos e se tornarão nossas experiências. O domínio não é uma questão de obediência a preceitos legais em cada área das decisões humanas. Se lermos Provérbios como uma miscelânea de preceitos legais, poderemos achar que, de vez em quando, um ditado se mostrará para nós relevante para a situação atual. Na verdade, enxergamos alguns princípios gerais de moralidade e comportamento nos escritos de sabedoria; com mais atenção, no entanto, percebemos que somos convidados pelos sábios a nos juntarmos a eles no desenvolvimento da visão total da realidade. A sabedoria de Provérbios nos convida a decidir se ficaremos com o sábio ou com o tolo; se enxergaremos toda a vida à luz da revelação divina ou se persistiremos na loucura de nos tornarmos o centro do universo.

Como nossa humanidade é afirmada? A sabedoria nos diz que Deus falou e agiu com clareza suficiente para que percebamos a natureza da realidade quando nos humilhamos diante do Deus gracioso. Ele não entrará em nossa vida para pensar por nós. Ele mostra confiança em nós, dando-nos o equipamento e, em seguida, deixando-nos saber mais sobre a vida. Todas as coleções, listas e comparações de Provérbios nos dizem que com certeza há complexidade em todo o mundo, mas não o caos. Deus não retirou sua coesão criativa do universo. Em todos os lugares, no mundo à nossa volta, existem evidências de que Deus mantém a ordem, basta observar. Os sábios não reduzem tudo isso a afirmações abstratas como faria o moderno filósofo ou como estamos inclinados a fazer. Ao contrário, eles se contentavam em observar a vida e perceber que mesmo as coisas e os acontecimentos mais improváveis estão relacionados de alguma forma.

Para o israelita — cuja história foi dominada pela consciência da eleição, dos atos redentores de Deus, da lei de Moisés, e da distinção radical entre Israel e as outras nações — a sabedoria exerceu uma função importante. O exclusivismo da lei de Israel, que proibia o que poderíamos considerar como relações normais com outras nações, teve que ser qualificado, tanto por razões práticas quanto teológicas. Em primeira instância, Israel atingiu o auge da consciência de sua eleição sob o governo de Davi. A partir daí, precisou aprender a viver de tal forma que reconhecesse que era do mundo, sem comprometer o sentido de ser a nação eleita. Teologicamente, Israel deveria chegar a um acordo sobre o seu papel no mundo como o agente da bênção divina para os gentios. A história e a palavra profética mostraram que esse papel não seria verdadeiramente ativado até o grande dia da salvação do Senhor, mas, enquanto isso, o mundo ainda estava lá e não poderia ser ignorado. Nem sempre as pessoas de inclinação religiosa em Israel perceberam o relacionamento entre pecadores e gentios. Jesus, como a própria sabedoria de Deus encarnada, cumpriu o papel de Israel para os gentios, mas seu contato com os que precisavam de salvação fez com que os religiosos o desprezassem por se misturar com os publicanos e pecadores. Ser religioso e temer o Senhor não são clara e necessariamente a mesma coisa.

Questões para estudo

1. Leia uma das instruções, por exemplo, Provérbios 3.1-10, e uma sentença, como Provérbios 10.1. Você vê algum ponto de contato entre elas? Quais são as principais diferenças no conteúdo de cada uma, e de forma de transmissão?

2. Leia Provérbios 10 e 11 e liste algumas questões práticas ou temas abordados. Observe quantos provérbios (ou quão poucos) mencionam especificamente Deus.

3. Quais são os principais tipos de ditos de sabedoria encontrados em Provérbios, e como eles funcionam?

4. Que suposições sobre a ordem do universo são evidentes em Provérbios?

CAPÍTULO 7

Jó e o ocultamento da ordem

Resumo

O assunto do livro de Jó tem sido descrito de várias maneiras. Elas incluem o problema do sofrimento, a teodiceia, ou justificação dos caminhos misteriosos de Deus, o significado da fé e a natureza da comunhão entre o homem e Deus. Todas essas sugestões têm algo para contribuir para a compreensão de Jó. Mas, acima de tudo, o livro é uma pergunta sobre a natureza da sabedoria e onde se pode encontrá-la. Obtém-se a resposta mediante a retratação da crise decorrente do conflito de dois conceitos de sabedoria. O livro expressa a rebelião contra uma compreensão rígida da relação entre as ações e suas consequências. Observações específicas sobre as relações tornam-se normas gerais que, então, se chocam com outras experiências. Jó reconhece a não abertura total da ordem do universo à observação. Assim, o livro convida à confiança em Deus, pois ele está acima da ordem percebida pelos seres humanos e não se vincula a ela. Essa ocultação da ordem leva Jó a perceber vagamente a necessidade do mediador entre nós e Deus, cuja palavra devemos ouvir, se quisermos viver.

O propósito de Jó

Ler o livro de Jó, à primeira vista, pode intimidar um pouco. Vivemos na era das comunicações mal-humoradas, dos comerciais de televisão de vinte segundos. Jó pertence a um mundo inteiramente diferente, mas ele está lá na Bíblia, e no capítulo 42, há uma mensagem para nós, hoje. Dado perigo do atolamento no quase interminável palavreado de Jó, ele nos ajuda a entender a organização do livro.

O livro de Jó começa com o relato familiar em prosa sobre o teste da justiça de Jó pelo adversário (Satanás).[54] O fato surpreendente é a admissão de Satanás à presença de Deus, o que levanta a questão da sua identidade. Ele é um intruso, e vem como o adversário do homem justo de Deus. Ele desafia a principal afirmação da passagem de abertura, ou seja, que Jó é um homem justo. No entanto, tão logo o desafio se concretiza em ataques à pessoa e aos bens de Jó, o livro não tem mais interesse em Satanás. Se o livro versasse sobre a questão do sofrimento dos justos, seria simples dizer: "Satanás está irritando Jó." Na verdade, uma solução como essa não ocorre ao escritor e, surpreendentemente, Satanás é irrelevante para a discussão principal.

Quando Jó é atingido pela tragédia e pela perda, enfatiza-se que ele permanece um homem justo (2.10). Em seguida, seus três amigos aparecem e, após um período discreto de silêncio, começam seus argumentos. Entramos, então, na parte do livro escrita em poesia. A poesia hebraica não funciona com as mesmas regras usadas por nós, e isso a torna difícil para o leitor não acostumado com ela. Ela nos parece muito prolixa e repetitiva, pois usa paralelismos — que observamos como característica das sentenças de sabedoria dos provérbios. Na verdade, o paralelismo pode ser de grande ajuda quando uma linha obscura é repetida em termos diferentes mais conhecidos. No entanto, a dificuldade real não está no significado das sentenças individuais, mas no desenvolvimento da argumentação.

O livro tem uma estrutura bastante simples. Após a introdução em prosa, começam as seções poéticas. Jó amaldiçoa o dia em que nasceu. Isso conduz às rodadas de diálogo entre Jó e os três amigos: Jó—Elifaz, Jó—Bildade, Jó—Zofar (caps. 3—31). A sequência ocor-

---

[54] A palavra hebraica *satan* significa o adversário ou acusador. Não se pode presumir que ele é aqui utilizado como nome pessoal do diabo. No NT, o diabo é chamado Satanás por consistir no adversário acima de todos os outros. O adversário é visto também em Zc 3.1, Sl 109.6, e em outras passagens narrativas.

re três vezes, exceto na terceira, pois Zofar não aparece. A última intervenção de Jó em resposta a Bildade é muito longa (caps. 26—31), embora o poema sobre a sabedoria no capítulo 28 possa ser uma inserção posterior no livro. O quarto amigo, Eliú, chega à cena, mas parece acrescentar pouco aos argumentos dos outros três (32—37). Em seguida, o silêncio de Deus é quebrado quando ele fala com Jó no magnífico ápice poético (38.1—42.6). Por fim, em um breve epílogo em prosa, Jó tem sua riqueza, família e saúde restauradas.

Muitos consideram Jó um livro composto. Por exemplo, afirma-se com frequência que o livro original consistia apenas nas seções em prosa (1.1—2.13; 42.7–17). Depois elas foram reunidas ao diálogo e, provavelmente, mais tarde, o poema de sabedoria e as falas de Eliú foram acrescentados.[55] Para os nossos propósitos, interessa-nos o livro na forma atual, pois ela chegou até nós como sagrada Escritura e se destaca como um dos clássicos literários de todos os tempos.

Não se pode negar que o tema central do livro é o sofrimento de um homem justo. Isso não significa, necessariamente, dizer que o objetivo do livro é dar uma resposta ao problema do sofrimento dos justos. A própria extensão e forma do livro parecem aumentar a sensação opressiva de mistério em torno do sofrimento de Jó. De certa forma, o problema não existe, pois sabemos desde a abertura narrativa que Deus aprova Jó e permite, confiante, o teste de autenticidade de sua fé. Mas o diálogo entre Deus e Satanás é algo que nós sabemos, mas Jó não soube. Essa ignorância da parte de Jó sobre a verdadeira situação dá continuidade à história em prosa nos grandes diálogos poéticos com os amigos. A Escritura apoia a ideia de que Deus permite o sofrimento do povo a fim de os castigar e corrigir.[56] Além disso, a justiça de Jó não significava sua impecabilidade e, portanto, dispensabilidade de correção. No entanto, o livro deixa claro que o sofrimento de Jó não está diretamente conectado com qualquer pecado de sua parte.

---

[55] Debate-se a composição do livro em F. I. Anderson, *Job*, Tyndale Old Testament Commentaries (Leicester: Inter-Varsity Press, 1976), p. 41-55.
[56] V. Hb 12.3-11 que cita Pv 3.11,12.

Quem diz que as seções em prosa originariamente formaram a história de Jó, e que a poesia foi inserida nele em uma data posterior, tem sua razão. A história por si só faz sentido. Jó é justo e sua fé é testada. Sua justiça é provada, pois o teste não consegue demovê-lo da confiança em Deus. Assim, ele é justificado e tudo lhe é restaurado. Esse tipo de justificação é coerente com a fase da revelação bíblica que precedeu a revelação da vida após a morte como a esfera de julgamento e reparação de injustiças. Mas o livro completo de Jó não se interessa pela doutrina redutora do sofrimento dos justos a testes de fé. Nem sugere a aceitação do sofrimento sem questioná-lo. Não podemos supor que a parte central do livro, que contém a busca de Jó por entendimento, poderia estar em qualquer outro lugar. Eis um pedaço da verdadeira sabedoria em que a busca da compreensão dos caminhos divinos recusa a sugestão de todas as respostas banais, ou que sabemos tudo ou que nada podemos saber.

Outra forma de entender o propósito de Jó é como a luta por uma teodiceia. O termo teodiceia significa justificação dos caminhos de Deus. Em outras palavras, o problema do justo sofredor parece colocar Deus em uma luz fraca. Alguém perguntará: "Como pode Deus ser o Deus de amor, se ele deixa essas coisas terríveis acontecerem com pessoas inocentes?". Ao buscarmos algum tipo de resposta para isso, entramos no reino da teodiceia. No NT, um aspecto da resposta encontra-se no aparecimento futuro do Reino de Deus e de seus juízos.[57] Essa perspectiva da futura solução celestial não está realmente aberta ao AT. Além disso, a solução futura do NT não torna a mensagem de Jó sem sentido para os cristãos.

A variedade de opiniões sobre o propósito de Jó indica a complexidade de sua preocupação. Quer o vejamos lidando com o justo sofredor, com o significado da fé, com o senso de comunhão do crente com Deus, ou com a justificação dos atos do Deus soberano, o livro permanece com clareza um livro sapiencial. Além dessas outras sugestões, que têm algo a contribuir para a compreensão de

---

[57] O sofrimento dos cristãos em relação ao Reino vindouro é tratado em *O evangelho em Apocalipse*, cap. 2.

Jó, temos de acrescentar a preocupação constante com a literatura sapiencial. Jó é um livro que pergunta: "O que é a sabedoria, e como ela pode ser encontrada?".

A CRISE DA SABEDORIA

No livro de Provérbios, vimos que a percepção da ordem no universo é a preocupação central da sabedoria. Cada observação baseada na experiência nos convida a tentar entendê-la relacionada com uma série de outros acontecimentos ou experiências. Atrás da ordem se encontra a atividade criadora de Deus, e a verdadeira compreensão de todos os acontecimentos devem levar em conta a revelação do próprio Deus. Mas mesmo Provérbios reconhece que a ordem do universo de Deus, às vezes, é muito complexa e difícil de discernir.

Desde o início, podemos ver que os argumentos dos três amigos de Jó realmente não se aplicam a ele. Sua percepção da ordem é muito rígida e incapaz de lidar com exceções à "normalidade". Sabe-se que Jó é inocente. Embora ele não tenha conhecimento da aprovação de Deus expressa no prólogo, é certo que Jó nada fez para merecer esse infortúnio esmagador. Os amigos discutem o que para eles é óbvio: quem recebe essas calamidades deve, de fato, ser um grande pecador.

Elifaz tem certeza de sua posição por causa de uma estranha experiência espiritual que o deixou muito impressionado (4.12-17). Ele coloca o problema assim: Jó é injusto e merece sofrer ou Deus é injusto por fazê-lo sofrer. Como o último é impensável, Jó deve ter errado.

Poderá algum mortal ser mais justo que Deus?
Poderá algum homem ser mais puro que o seu Criador? (Jó 4.17).

Em seguida surge Bildade, cujo apelo não é a experiência espiritual, mas a tradição (8.8-10). Ele poderia ter sido um grande mestre de sabedoria, não fosse por uma coisa: as verdades por ele desenhadas a partir do repositório da sabedoria passada não se encaixam nesse caso; portanto, Bildade mostrou uma fraqueza fatal na compreensão da sabedoria. Ele não tinha um melhor conselho para Jó que Elifaz, pois viu a única solução no arrependimento de Jó.

> Se você for íntegro e puro,
> ele se levantará agora mesmo em seu favor
> e o restabelecerá no lugar que por justiça cabe a você (Jó 8.6).

Por último temos Zofar. Ele costuma ser descrito como o homem do "evangelho simples".[58] Tudo é muito claro, preto e branco, para esse homem rígido e dogmático. Ele até sugere que Deus está sendo brando com Jó por não levar em conta alguns de seus pecados (11.6). No entanto, ele coloca uma questão real, que deve ser considerada parte da compreensão da sabedoria desenvolvida pelo livro:

> Você consegue perscrutar os mistérios de Deus?
> Pode sondar os limites do Todo-poderoso? (Jó 11.7).

Zofar tem pouca esperança na correção de Jó e é bastante contundente sobre o assunto.

> Mas o tolo só será sábio
> quando a cria do jumento selvagem nascer homem (Jó 11.12).

Assim, cada um a seu modo censura Jó pelo seu pecado ele lhe insta ao arrependimento e, assim, achar graça mais uma vez perante Deus. A repetição desse ciclo de argumentos pouco acrescenta, exceto mais e mais calor à discussão. Jó continua a declarar inocência, prestando pouca atenção aos argumentos dos amigos. Com grande habilidade poética mostra nosso herói se digladiando com seus adversários como se eles estivessem em diferentes salas ou em margem opostas de um rio. Não há choque de ideias que deixe claro o vencedor. Podemos sugerir que esse arranjo inteligente sublinha o fato de que os amigos nunca estão completamente errados. Nisso reside parte do apelo do livro. Ele é um exercício de contato entre dois aspectos da sabedoria. Um sublinha os padrões observáveis de causa e efeito, enquanto o outro enfatiza os mistérios das experiências da vida.

---

[58] H. L. Ellison, *From Tragedy to Triumph* (Exeter: Paternoster Press, 1958), p. 49.

Então o que significa falar da crise da sabedoria?[59] A crise ocorreu quando um conceito particular sobre a sabedoria se transformou em uma interpretação rígida de toda a realidade, de modo que, às vezes, ela é confrontada com a experiência. É bastante óbvio que Provérbios tende a enfatizar a ideia da estreita relação entre o que fazemos e seu resultado. Isso é válido não só em relação à causa e efeito, mas também a respeito das consequências mais amplas do comportamento ético. Muitos provérbios falam do bem advindo de ações justas ou sábias. Isso não se deve, apenas, ao fato de o AT não ter chegado ao conceito de vida após a morte, em que todas as situações podem ser resolvidas. É verdade que o bem gera o bem e que a sabedoria favorece a vida e sua preservação. O relacionamento entre a ação e o resultado é chamado por alguns retribuição. Podemos observá-lo em nossa experiência, assim, temos certeza da existência de ordem.

A retribuição natural pode ser entendida pela maioria das pessoas. Sabemos da realidade das leis da vida, e é pudente observá-las. Não há sabedoria em ingerir alimentos não saudáveis ou em fumar. No nível mais amplo, as pessoas estão se tornando cada vez mais alarmadas com o fato de tornarmos nosso planeta inabitável. O mandato cultural conferido ao homem por Deus foi distorcido pelo dogma do crescimento econômico a qualquer custo. A corrida das armas nucleares e a ameaça de extinção da vida na terra são fortíssimos lembretes da retribuição da natureza. Esse tipo de sabedoria caracteriza o livro de Provérbios. Mas ele não tenta conciliar as contradições da experiência, nem teorizar sobre o que está por trás delas.

A crise da sabedoria é mais perceptível no livro de Jó. Os três amigos têm uma doutrina simples da retribuição. Mas eles não representam a sabedoria de Provérbios em colisão com a experiência de Jó. Em vez disso, representam a sabedoria dos provérbios fossilizados, de modo que o relação dos provérbios com o tempo é esquecida. Parece

---

[59] Esse termo é usado por Hans H. Schmid, *Wesen und Geschichte der Weisheit* (Berlin: Alfred Töpelmann, 1966). V. tb. H. D. Preuss, "Erwägungen zum Theologischer Ort alttestamentlicher Weisheitsliteratur", *Evangelische Theologie*, Nr. 8. 1970.

que eles criaram regras gerais fixas sobre a sabedoria proverbial e são incapazes de lidar com as aparentes contradições da experiência. Assim, seus argumentos equivalem a isso: muitas experiências mostram a relação direta entre a retidão e prosperidade, entre loucura e o mal; portanto, todas as experiências do mal devem ser o resultado direto de iniquidades.

Os amigos de Jó são homens tementes a Deus, e seria inconcebível que eles não dissessem o que diziam. Não podemos descartá-los como irrelevantes, pois suas palavras são em essência verdadeiras. Elas apenas não se aplicam à situação de Jó. Jó figurará como um desafio para Provérbios se seguirmos o exemplo dos amigos dele e transformarmos as declarações proverbiais em regras gerais. A experiência de Jó não era nova em Israel. O sofrimento dos justos pode ser encontrado em todos os momentos, e o problema se resume ao lamento do homem piedoso oprimido pelo mal.

Até quando, Senhor? Para sempre te esquecerás de mim?
Até quando esconderás de mim o teu rosto? (Sl 13.1).

Os amigos de Jó não conseguiram lidar com as contradições do seu estilo de sabedoria proverbial. Por exemplo, a lógica aplicável a Jó poderia ser estendida aos pobres do mundo. Há uma série de lugares em Provérbios que ligam a pobreza à preguiça ou tolice.[60] Seria fácil generalizar dizendo que a preguiça sempre gera pobreza, ou (pior) que a pobreza sempre resulta da preguiça. Sem dúvida, os sábios não enxergam dessa forma, uma vez que com frequência demonstram compaixão para com os pobres e elogiam quem os ajuda.[61] O pobre pode até ser exemplo de integridade (Pv 19.1).

O OCULTAMENTO DA ORDEM

Podemos agora voltar ao assunto fé e confiança. Sabe-se que os sábios de Israel não eram humanistas; eles interpretavam a sabedoria

---

[60] Pv 6. 6-11; 10.4,5; 12.11,24; 21.17,21,25.
[61] Pv 14.21,31; 19.17; 21.13. Este exemplo é de Hartmut Gese, *Lehre un dWirklichkeit in der altenWeisheit* (Tubingen: J. C. B. Mohr, 1958), p. 38.

à luz da confiança em Deus.[62] Na discussão sobre o temor do Senhor, vimos algo da centralidade da sabedoria da fé no Deus conhecido por revelação. Muitas passagens falam da confiança de uma forma que ultrapassa a resposta aos atos salvadores de Deus — o pivô da fé da aliança de Israel. Na sabedoria, pelo fato de o Senhor estabelecer a ordem no universo, nossa percepção dessa ordem na experiência diária convida também à confiança no Senhor. A afirmação extraordinária de Provérbios 2.1-15 é que a busca de conhecimento conduz à compreensão do temor do Senhor e ao conhecimento de Deus. Isso sublinha o ponto que o temor do Senhor é nosso alvo e objetivo inicial. Não que o exame objetivo do universo pelo descrente de mente aberta o leve a reconhecer e confiar em Deus. Essa teologia natural, ou percepção de Deus, é impossível. Ao contrário, o crente que aceita Deus como Criador percebe, em seguida, que todo o universo reforça a fé e confiança.

Relacionado com a ideia da criação ordenada está o estabelecimento da relação de retribuição natural. Mas o que acontece quando a experiência o contradiz, como no caso de Jó? A sabedoria precisou concordar com o fato de que até mesmo ela, como dom divino, não significa que Deus nos ensina a pensar como ele, com exaustivo ou total conhecimento do universo. Como Von Rad coloca, algumas experiências põem nossa confiança sob ataque.[63] Quando isso acontece, podemos perder a fé no sentido de tomarmos a contradição como a remoção de todos os motivos para a confiança anterior. Entretanto, poderíamos tentar um caminho mais sábio. Poderíamos tomar a contradição como um lembrete de que não podemos enxergar o quadro inteiro. Só quem acredita de verdade no Deus criador poderia aceitar esse ponto de vista. A fé no Deus infinito, pessoal e solidário distingue a verdadeira sabedoria da vaidade intelectual do humanismo. O homem sábio está sempre consciente de que a busca pelo conhecimento é estritamente limitada por essa infinita grandeza

---

[62] G. von Rad, *Wisdom in Israel*, cf. esp. cap. 12.
[63] Ibid.

que distingue Deus do homem. Nisso ele concorda com a palavra profética de Deus:

> Assim como os céus são mais altos do que a terra,
> também os meus caminhos são mais altos do que os seus caminhos e os meus pensamentos mais altos do que os seus pensamentos (Is 55. 9).

A sabedoria tem consciência de suas limitações e está pronta a admitir que grande parte da ordem de Deus está escondida de nós. Quando surge o confronto com esses mistérios, é possível ver alguma razão neles. A sabedoria reconhece a função do sofrimento como treinamento (Pv 3.11,12). Mas esse é diferente da retribuição apenas em grau, pois a reprimenda implica algum defeito ou imperfeição carente de correção. Isso com certeza não é a solução para o livro de Jó. O mistério é muito mais profundo, e Jó é deixado sem a garantia de que o pai amoroso o está reprovando. Seu maior sofrimento, que supera todas as perdas, é o silêncio de Deus.

Independentemente da nossa conclusão de Jó 28, o poema sobre a sabedoria não é irrelevante. Do frustrante fracasso dos amigos de Jó ao trazer uma solução à luz, somos levados ao coração do problema:

> Onde, porém, se poderá achar a sabedoria?
> Onde habita o entendimento?
> O homem não percebe o valor da sabedoria;
> ela não se encontra na terra dos viventes.
>
> De onde vem, então, a sabedoria?
> Onde habita o entendimento?
> Escondida está dos olhos de toda criatura viva,
> até das aves dos céus.
>
> Deus conhece o caminho;
> só ele sabe onde ela habita,
> pois ele enxerga os confins da terra
> e vê tudo o que há debaixo dos céus (Jó 28.12,13,20-21,23,24).

Se Deus criou todas as coisas com ordem, então só ele detém toda a sabedoria. É o cúmulo da tolice o homem buscar sabedoria sem esse entendimento. A mente humana deve aceitar a existência de mistérios em que a sabedoria não pode penetrar, uma ordem que Deus mantém, mas que se esconde além da nossa capacidade de encontrá-la. Mesmo quando a sabedoria é regenerada e ligada à fé na palavra revelada do Senhor, o homem sábio exibirá todas as maravilhas da criação que estão diante dele e confessar com Jó:

> E isso tudo é apenas a borda das suas obras!
> Um suave sussurro é o que ouvimos dele.
> Mas quem poderá compreender o trovão do seu poder? (Jó 26.14).

Antes de considerarmos a resposta de Deus a Jó, devemos reparar em um outro tema. Há uma consciência profunda em Jó da separação entre o homem e Deus. O que a religião de Israel retratava em tantas formas vívidas foi imposto a ele de uma forma intensamente pessoal. O ministério do tabernáculo com a cerca e o véu diante do Lugar Santíssimo era um lembrete de que o pecado separa o homem de Deus. O sacerdote e todos os seus sacrifícios de sangue mostravam que apenas pelo mediador as pessoas poderiam se aproximar de Deus. O que a palavra profética disse a Israel era a mais profunda experiência de Jó. Ele foi desligado de Deus e não sabia como poderia buscar sua face de novo. Aqui não se trata tanto do pecado, mas da condição de criatura que os separa. No entanto, a solução é a mesma: ele precisa de um mediador:

> Ele não é homem como eu, para que eu lhe responda,
> e nos enfrentemos em juízo.
> Se tão-somente houvesse alguém para servir de árbitro entre nós,
> para impor as mãos sobre nós dois,
> alguém que afastasse de mim a vara de Deus,
> para que o seu terror não mais me assustasse!
> Então eu falaria sem medo; mas não é esse o caso (Jó 9.32-35).

Em algum lugar deve existir alguém assim:

Saibam que agora mesmo a minha testemunha está nos céus;
nas alturas está o meu advogado (Jó 16.19).

Então, por último, uma passagem que, apesar da dificuldade de tradução do hebraico, expressa a confiança de que a morte não pode significar a separação definitiva de seu Deus.

Eu sei que o meu Redentor vive,
e que no fim se levantará sobre a terra.
E depois que o meu corpo estiver destruído
e sem carne, verei a Deus (Jó 19.25,26).

Esta não é uma compreensão da ressurreição completa, mas sim uma incursão no significado de justiça para Deus. Sem dúvida, esse texto integra a revelação que nos leva em direção à doutrina da ressurreição do NT. Sua relação com o desejo de Jó a respeito do mediador é importante. De alguma forma, seu vingador ou redentor o capacitará a ver Deus. Então, ele não precisará de uma explicação, pois ver Deus lhe será suficiente.

A PALAVRA DE DEUS SOBRE O ASSUNTO

Quando estamos quase no final do livro, Deus fala com Jó pela primeira vez (38.1—41.34). A resposta aos questionamentos de Jó é poderosa, avassaladora, mas não destrutiva. É desconcertante na medida em que parece evitar todas as perguntas feitas por Jó e seus amigos. A dificuldade de estabelecer a importância desse poderoso oráculo pode ser vista na variedade de conclusões acadêmicas produzidas a partir dele. Talvez possamos dizer duas coisas sobre isso: em primeiro lugar, não existem respostas para as perguntas de Jó e, por outro, dizer que não há resposta é dar uma resposta que está em aberto, na maneira como percebemos suas aplicações. Outra maneira de dizer isso é que Deus não apresenta respostas diretas às perguntas de Jó sobre seu sofrimento, mas indica certas verdades inevitáveis que levam Jó, no caminho da sabedoria, à conclusão satisfatória sobre o assunto.

As palavras de Deus não são sem censura:

Quem é esse que obscurece o meu conselho
com palavras sem conhecimento? (Jó 38.2).

Como em 42.7, Deus declara que Jó falou coisas acertadas a seu respeito, este versículo não pode significar o oposto. Em vez disso, indica que Jó é ignorante por não contar com nenhum conselho sobre o assunto.[64] Portanto:

Aquele que contende com o Todo-poderoso poderá repreendê-lo? Que responda a Deus aquele que o acusa! (Jó 40.2).

A resposta de Jó (40.3-5) mostra que a repreensão o humilha. Mas ele ainda não atingiu o ponto a que Deus vai levá-lo no final. O que, então, podemos aprender com essa resposta de Deus?

Primeiro, devemos aprender de Deus. As perguntas incessantes feitas por Jó o confrontam com a realidade da criação. O mundo em que Jó vive é prova constante da ordem que abarca todas as coisas. Os grandes diálogos poéticos do livro nos mostram o perigo de pensar que ao perceber a ordem em nossa limitada experiência, iremos compreendê-la por inteiro. É um pequeno passo ver Deus como criador e mantenedor da ordem até pensar em Deus como se ele estivesse preso às nossas noções simplistas de ordem. Quando começamos a dar *status* independente a coisas como a ordem, a justiça, a bondade e a verdade, logo também começamos a insistir que Deus deve se conformar com elas. Então, construímos uma imagem do Deus justo e bom em função das supostas ideias de justiça e bondade autoevidentes. A imagem bíblica é o oposto. Deus revela sua natureza, e ao fazê-lo, mostra-nos o que a justiça e a bondade são. Assim é com a ordem: a revelação divina deve defini-la para nós. Deus não é uma criatura sujeita a um princípio superior independente chamado ordem. A ordem existe pelo fato de Deus ser quem é, e porque ele a criou dessa forma.

---

[64] V. tb. Andersen, *Job*, p. 273s.

..., então, aprende de Deus como o Deus que está acima da or... ...n perceptível ao homem.[65] Isso significa que é possível, mesmo ...rovável, que todos nós tenhamos experiências em que a relação ação-resultado esteja realmente fora da capacidade de perceber. As perguntas feitas por Deus não requerem nenhuma resposta, mas convidam Jó, mais uma vez, a considerar a grandeza da criação, testemunha do tipo de Deus que a fez. A soberania de Deus, o domínio divino absoluto sobre todas as coisas, significa que ele é livre. Deus é livre, não para negar a si mesmo ou para se transformar por capricho em um demônio, mas livre para fazer todas as coisas de acordo com sua vontade. O fato de Deus se revelar a nós e se tornar cognoscível é um ato livre. A cognoscibilidade de Deus nunca deve ser ampliada de modo a eliminar o mistério do que é incognoscível em Deus. Ou seja, nosso conhecimento de Deus é limitado pelo que Deus escolhe revelar e pela nossa capacidade de compreendê-lo. Devemos sempre lembrar que Deus é infinitamente maior do que nosso entendimento pode apreender tanto em seu ser como em seus caminhos. Mesmo a pessoa simples pode compreender isso. Certa ocasião, perguntei a um grupo de crianças de um abrigo infantil de um bairro carente de Nova York (onde eu trabalhava como capelão) como seria se pudéssemos entender tudo sobre Deus. Sem hesitar um pequenino de 7 anos de idade mostrou uma sabedoria muito além de sua idade, respondendo: "Seríamos Deus!".

    O silêncio de Deus se sentou como uma névoa impenetrável no mundo de Jó. Enquanto se isolava da única só voz que poderia dar sentido à sua experiência, os argumentos dos amigos se tornaram para ele como ruídos de animais no pântano de sofrimento. Sua miséria, como um nevoeiro, apagou todos os pontos de referência pelos quais ele poderia se orientar e conhecer a si mesmo em relação à realidade significativa. O triunfo da fé de Jó estava na perseverança no propósito de encontrar sentido em Deus. A vindicação de Jó reside

---

[65] Gese, *Lehre und Wirklichkeit*, p. 77.

no fato de que Deus fala com ele, não uma palavra de julgamento final, mas uma palavra que o reconecta com a realidade. Deus fala com majestade, mas é a majestade que Deus revelaria a Israel como a realeza que se assemelha a um pastor.[66] Deus amorosamente leva seu filho para além dos horizontes do mundo de sofrimento. Pela palavra de Deus a cura é realizada de uma forma que revela a sabedoria divina transcendendo a sabedoria humana.

Aprendendo sabedoria com Jó

A fé e confiança de Jó penetraram o muro de silêncio mais do que ele percebeu de início. Ele era tenaz como um buldogue para defender alguma coisa: deve haver uma resposta de Deus. Como seu problema era maior que o sofrimento, Jó fala para quem sofrem hoje e para uma audiência muito mais ampla. O problema reside no fato de ele ter perdido o significado das coisas. Para agravar o problema, Deus ficou em silêncio. Tudo o que havia feito em sua ordenada existência foi arrancado dele, mas se Deus o tivesse tranquilizado ou contado sobre o acordo com Satanás, as coisas teriam parecido diferentes. Então, teria havido sofrimento, mas não o mesmo problema. Foi como se todas as garantias de vida que Deus, o Pastor de Israel, dera ao povo tivessem sido retiradas da compreensão de Jó. Seu sofrimento era o de uma cova sem palavras que o levaria a entender a suficiência da palavra divina para o homem.

O tipo de sofrimento mencionado por Jó não é apenas o horror literal do luto, a miséria e o isolamento social retratados pela história. Ele fala da nossa alienação em relação aos outros e ao mundo. Para o incrédulo que afoga seu sentimento de insignificância e inutilidade no estupor de narcóticos, Jó aponta para o significado como dom divino para todos os que confiam nele. Seu grito por um mediador alcançou, de uma maneira que ele não poderia ter entendido, a Pala-

---

[66] Cp. com Is 40.10-31. O Senhor Deus que vem governar Israel alimentará seu rebanho como um pastor. É notável que essa descrição seja seguida por um oráculo da criação que tem muito em comum com o discurso de Deus em Jó.

vra de Deus que haveria de vir em carne para que, em nossa carne, pudéssemos ver a Deus.

Para alguns, o epílogo de Jó é trivial e um anticlímax. Talvez ele represente a tentativa editorial imperfeita do ponto de vista literário. Mas no tocante à mensagem, o epílogo confirma o significado do oráculo divino. Apesar de Jó se arrepender no pó e nas cinzas, sabemos que não é pelo pecado que os amigos o acusavam. Pelo contrário, significa que Jó abandonou o desejo de obter uma resposta direta de Deus. Carinhosamente Deus o fez ver que a solução para o problema não era tornar-se como Deus, mas se lançar como uma criatura confiante devido aos cuidados do Criador. O epílogo expressa da única maneira possível ao povo do AT o fato de que Jó foi justificado e restaurado à comunhão com Deus e os homens.

Então, Jó não contradiz a sabedoria de Provérbios. Ele vai além de Provérbios, desenvolvendo para nós o significado do temor do Senhor e da grandeza de Deus. Ele nos lembra que o temor a Deus é de verdade o temor reverente por aquele cuja infinita grandeza, sabedoria e cuidado vão além de qualquer coisa que possamos compreender. Jó antecipa a garantia de Paulo de que "Sabemos que Deus age em todas as coisas para o bem daqueles que o amam, dos que foram chamados de acordo com o seu propósito"(Rm 8.28). Ele reduz nosso tamanho de modo que sejamos livres da presunção de pensar que nossa busca por sabedoria nos levará a saber todas as respostas. Na companhia de Jó podemos ser humilhados por Deus para que ele nos eleve à renovada confiança em sua bondade.

QUESTÕES PARA ESTUDO

1. Faça um resumo da estrutura do livro de Jó, identificando suas diversas partes.

2. Leia Jó 2 e 3 e à luz desses capítulos descreva o embate de ideias sobre a sabedoria expressa por Elifaz em Jó 4.

3. Que conceito sobre a ordem no universo está na base do livro de Jó?

4. Que lição de Jó você considera mais importante?

CAPÍTULO 8

Eclesiastes e a confusão da ordem

Resumo

Qohelet é mais uma expressão de rebeldia contra a forma rígida da sabedoria israelita. Mais uma vez, somos lembrados de que a busca por ordem não significa que tudo está aberto à visão do homem. Assim, há momentos em que determinadas abordagens da sabedoria parecem não produzir qualquer resultado. Isso não prova a inexistência de ordem, apenas que há certo mistério. Além disso, o pecado humano confunde demais a ordem e nossa capacidade de conhecê-la. A resposta sábia para a escuridão aparente é reconhecer a realidade de Deus para continuar confiando nele e receber a vida como dádiva.

O problema de *Qohelet*

O livro de Provérbios, embora cauteloso, é otimista em relação à possibilidade de o homem dominar o viver enquanto a vida é entendida como dádiva divina, no universo ordenado. O livro de Jó faz um protesto em tempo útil contra o endurecimento dos padrões gerais de retribuição em o dogma rígido de causa e efeito. Jó nos adverte contra a interpretação equivocada da sabedoria de Provérbios que a rouba de sua relação com o tempo e a história, isto é, das experiências reais de pessoas. Outro protesto foi levantado contra essa generalização de experiências em regras rígidas — protesto que parece conduzir seu autor à condição de desesperança. "Tudo é vaidade", diz o pregador (ou *Qohelet*).⁶⁷ O refrão "nada faz sentido" (NVI) ocorre uma e outra vez ao longo do livro e lança sobre ele um clima de tristeza e pessimismo.

Não é difícil entender por que alguns críticos propuseram que Eclesiastes fosse substituído pela sabedoria israelita mais otimista e consciente do livro israelita Eclesiástico, ou, como também é conhecido, a sabedoria de Jesus filho de Siraque.⁶⁸ No entanto, o fato é que a igreja como a sinagoga aceitaram Eclesiastes e não *Eclesiástico* como Escritura canônica. Isso nos apresenta o problema de como o tema da falta de sentido em *Qohelet* pode ser enquadrado na visão global da Bíblia em que o Deus racional e pessoal revela a si mesmo e a seus efeitos mediante a criação.⁶⁹

Apesar das dificuldades na negatividade aparente do autor, ele não é ateu nem estranho à fé de Israel. Quem era ele? A tradição muitas vezes o identifica como Salomão e, por isso, sugere-se que essa identificação é a razão de o livro ter sido aceito no cânon das Escrituras. *Qohelet* descreve a si mesmo como filho de Davi (1.1) e rei em Jerusalém (1.12). A omissão de seu nome e o tempo passado (eu era rei) seriam inapropriados para o monarca reinante. Como veremos, as evidências internas do livro apontam para um desenvolvimento posterior na tradição de sabedoria, e, portanto, para uma data posterior a Salomão. O termo "filho de Davi" pode se referir a qualquer descendente de Davi, mas, neste caso, é provavelmente uma referência a Salomão, não para reclamar identidade, mas para indicar a continuidade das tradições de sabedoria de Israel de que Salomão foi considerado a fonte principal.

---

⁶⁷ *Qohelet* é a palavra hebraica traduzida como pregador (ARA) ou mestre (NVI). A raiz da palavra significa assembleia, o equivalente ao grego *ekklesia*, daí o nome Eclesiastes.
⁶⁸ Um dos livros de sabedoria na apócrifa.
⁶⁹ A palavra hebraica recorrente é *hevel* que significa vapor, vaidade ou o que não tem substância. Ela é usada mais de trinta vezes em *Qohelet*, às vezes, na forma intensa (vaidade das vaidades) e em outras ligada a uma frase semelhante a "correr atrás do vento".

Para além dos temas recorrentes, não há desenvolvimento óbvio em *Qohelet*. A desconexão aparente das diversas unidades literárias do livro tem levado muitos a sugerir que nele estão envolvidos mais do que um ponto de vista. Mas, apesar da aparente aleatoriedade da disposição do material, encontramos um tema constante e inevitável: nada faz sentido. Ironicamente, é a presença desse tema que impede *Qohelet* de ser para nós um livro totalmente sem sentido. Não é possível confundir o humor de *Qohelet* e a falta de sentido com a filosofia moderna do niilismo. O niilismo é o desenrolar lógico do ateísmo em relação ao universo. Uma vez que o Deus pessoal e intencional seja removido de cena, tudo se torna o resultado de puro acaso e, portanto, sem significado. Essa filosofia está por trás do moderno teatro do absurdo, do dadaísmo e da composição musical aleatória.[70] O niilismo ateísta é uma filosofia impossível por estabelecer a importância da proposição de que nada tem sentido. O clamor da falta de sentido absoluta de *Qohelet* não é da mesma ordem. Para começar, ele está convencido da realidade de Deus e do sentido existente em conhecê-lo. A existência do Deus pessoal e Criador torna possível que nós, mortais, compreendamos a vida como dádiva dele, o que por si só confere significado à realidade.

Das várias interpretações do livro há uma que agrada à maioria dos cristãos evangélicos com sua elevada visão da inspiração das Escrituras. Ela sustenta que o autor passou de fato pelo período de busca da verdade por meio de várias ideias e propósitos mundanos, ou que ele se comprometeu com a investigação objetiva dessas abordagens ímpias de forma a testar sua validade. De qualquer forma, o resultado é o mesmo: as abordagens seculares mostram-se fúteis, só o temor de Deus é deixado como alternativa viável.[71] De acordo com esse ponto de vista, o debate em *Qohelet* versa sobre a ortodoxia e o mundanismo, entre a fé em Deus e o ateísmo prático.

---

[70] Cf. James W. Sire, *The Universe Next Door*, p. 76-97.
[71] Assim O. S. Hendry, "Ecslesiastes" em F. Davidson (org.), *The New Bible Commentary* (London: Inter-Varsity Fellowship, 1953), v. tb. Derek Kidner, *A Time to Mourn and a Time to Dance* (Leicester: Inter-Varsity Press, 1976).

Qohelet é uma obra apologética, ou seja, um argumento a respeito de uma interpretação particular da realidade que procura estabelecer sua superioridade. Uma variação interessante desse entendimento geral de *Qohelet* é a sugestão de que foi escrito para se opor às más influências de Salomão depois da apostasia.[72] Isto supõe que *Qohelet* (Salomão) olhe para a própria vida como vaidade e algo sem significado. O autor do livro, depois de apresentar a visão de Salomão, rejeita-a e argumenta contra ela partindo da posição ortodoxa do temor do Senhor e da alegria de servi-lo.

Opino que esses conceitos conservadores particulares não enfrentam a verdadeira natureza do *Qohelet*. Eles nos atraem principalmente por fornecerem uma solução bastante simples para as aparentes contradições e dificuldades do livro. Devemos tomar cuidado com a tendência de resgatar partes difíceis da Bíblia, quando elas parecem soar uma nota discordante. Quais são, então, as outras opções que se abrem para nós, para compreendermos *Qohelet*? A visão de que se trata de uma obra recente, bastante influenciada pela filosofia grega, não é mais aceita pelos comentaristas. Outra possibilidade é vê-la como um caderno de anotações da peregrinação do homem sábio, representando, assim, a falta de forma e a honestidade desconcertante do livro. Outros sugeriram que a falta de forma está explicada se supusermos que se tratava originariamente de um códice (um livro com páginas) em vez do rolo de pergaminho, e que as páginas foram agrupadas na ordem errada. Ainda outra perspectiva propõe que o livro seja uma composição original de ceticismo resgatada pela ortodoxia mediante a inserção da sabedoria tradicional. A maioria dessas posições até aqui mencionadas têm em comum a ideia de que *Qohelet* é abertamente crítico de alguma outra abordagem à vida. Mas a que ele realmente se opõe? Seria ao secularismo, às influências filosóficas gregas, ao ceticismo que beira o ateísmo? Se pudermos responder isso, estaremos em melhor posição para entender a totalidade do livro.

---

[72] Jack B. Scott, *God's Plan Unfolded*, rev. ed. (Wheaton: Tyndale House, 1978).

O CONTEÚDO E A MENSAGEM DE *QOHELET*

Seria difícil demonstrar qualquer tema em desenvolvimento ao longo do livro, e a forma da obra concluída faz parte do problema. Não há nenhuma questão exposta e respondida. No entanto, podemos encontrar alguns temas gerais. O tema predominante da falta de sentido é visto do início (1.2) ao fim (12.8). Mesmo em seções que parecem se afastar por momentos da prevalecente melancolia, encontramos essa palavra pessimista (2.26; 7.15; 8.10; 11.8; 12.8). No entanto, *Qohelet* se apoia na tradição da sabedoria quando faz perguntas sobre o lugar do homem no esquema total das coisas. Várias vezes ele levanta a questão da nossa porção ou recompensa (3.22; 5.18; 9.6,9), e do ganho ou benefício na vida (p. ex., 1.3; 2.11; 3.9; 5.16). Inicialmente, a porção do homem é vista como trabalho e vaidade. Mas não há nenhum alívio para esta situação promissora?

Qual é a resposta da sabedoria? *Qohelet* parece contrariar a sabedoria no momento em que coloca a mente para procurar como pode nos ajudar (1.13,16-18; 2.3,12). A sabedoria, na melhor das hipóteses, tem vantagens muito limitadas (2.3,14; 4.13; 8.16,17). De fato, a sabedoria, por vezes, parece não ser vantajosa, e chega até mesmo a deixar o sábio em pé de igualdade com o tolo (1.16,17; 2.14-17; 6.8; 9.11). Às vezes, a sabedoria recebe algum valor positivo (7.11,12,19; 8.1; 9.1,13-18; 10.2,10,12). Essa mistura de atitudes em relação à sabedoria é desconcertante à primeira vista, mas se levarmos em conta algumas características da própria sabedoria faremos progresso. Lembremo-nos, antes de tudo, do que aprendemos com Provérbios sobre a natureza específica das observações sobre sabedoria que permitem a colocação lado a lado de afirmações contraditórias. Nas experiências do cotidiano há muitas contradições. Aqui, *Qohelet* faz com o tema busca de sabedoria o mesmo que Provérbios com as experiências gerais de vida. Ele considera os ganhos da sabedoria em situações concretas, não do ponto de vista geral ou integral. Aqui a sabedoria mostra ganhos positivos, mas lá ela é qualificada, e parece não produzir nenhuma vantagem. De alguma forma, a busca pela ordem é confusa e o sábio se encontra em pé com a sensação de nudez e sem ter aonde ir. Deus, ao que parece, definiu a sabedoria em limites muito estritos que nos impedem de enxergar uma grande imagem da realidade em que devamos de alguma forma nos encaixar.

Em Provérbios vimos o otimismo predominante da sabedoria na percepção da ordem na realidade. Jó revoltou-se contra a suposição da inexistência de mistérios na vida. Agora, *Qohelet* olha para o que aparenta ser uma confusão na ordem perceptível. Essa confusão é mais que o ocultamento apontado pelo livro de Jó. Deus é incompreensível, mas também há a confusão injetada pelo elemento humano de maldade e opressão (3.16; 4.1-3; 5.8,9). Este antecipa o reconhecimento de Paulo: a criação foi sujeitada à vaidade por causa do pecado e, portanto, aguarda sua libertação, junto com o povo redimido de Deus (Rm 8.19-23).

De tudo isso vem a convicção ardente da natureza incognoscível de Deus. Ele é ativo no mundo, mas muitas de suas ações são inexplicáveis e inescrutáveis. O ceticismo de *Qohelet* não corre o perigo de se tornar ateísmo, pois ele sabe que Deus está por trás de tudo isso. A predestinação é um fato da existência e tudo tem o tempo determinado (3.1-9); no entanto, encontra-se além da nossa compreensão (3.10,11). Só nos resta viver a vida um dia de cada vez e temer a Deus (3.12-15).

Apesar do pessimismo, *Qohelet* pode confirmar a vida no mundo de Deus. Nem sempre ele é feliz (1.13), mas se encontra sob o controle divino. Justiça e juízo são expressões reais do cuidado de Deus (2.26; 3.17; 9.1; 11.9; 12.14). Assim, em meio ao mistério e à confusão, pode-se existir sabendo que a vida é dádiva divina e que há algum ganho em ser feliz em nosso trabalho (2.24; 3.10-15,22; 5.18-20; 9.7-10). Talvez essa seja a característica mais notável de *Qohelet*: ele se recusa a dar vazão ao desespero e, assim, dizer com o tolo: "Deus não existe".

APRENDER SABEDORIA COM *QOHELET*

Ao questionar a interpretação tradicional e conservadora de *Qohelet*, eu não diria que ela está totalmente errada. *Qohelet* não se relaciona de modo direto com o secularismo, mas indiretamente aponta que essa explicação não é a resposta para os problemas da vida. Ele o faz ao afirmar que o mundo pertence a Deus e que nada acontece por acaso. No entanto, seu principal ataque é dirigido a uma forma de sabedoria israelita que encontrou algumas respostas simples para a questão da nossa existência no mundo. Os amigos de Jó exibiam essa sabedoria dogmática que operava com uma regra perceptível de retribuição. Isso significava que o principal fator na ordem do mundo é a ligação imediata de acontecimentos com os atos humanos. O livro de Jó estabelece a necessidade da revolta intelectual contra esse ponto de vista, mas sem qualquer conflito com a sabedoria de Provérbios. *Qohelet* vai mais longe que Jó na revolta, e mostra a impossibilidade do ponto de vista que reduz a ação divina no mundo ao totalmente previsível.

Parece uma conclusão inevitável de Jó e *Qohelet* que a sabedoria israelita tenha se desenvolvido de modo a ameaçar a própria validade. Talvez fosse a perspectiva da sabedoria que a colocava em perigo. Ao pôr a história da salvação de Israel como plano de fundo, a sabedoria corria sempre o perigo de tentar construir uma visão abrangente do mundo da experiência sem referência aos atos reveladores de Deus. Uma das consequências disso foi o desenvolvimento da sabedoria dogmática dos amigos de Jó. Sua atratividade reside na sensação disponível da ordem perceptível ao homem. Suas noções rígidas de retribuição (ação e reação) na vida forneceram a base firme para o julgamento ético, e falavam sobre a justiça no universo — que nos afetou no nível de vida diária. O aviso para nós aqui é que devemos evitar o erro de usar a sabedoria proverbial como norma geral atemporal, como implicação ética, principalmente, da lei moral de Deus.

O outro desenvolvimento, devido à falta de preocupação específica com a história dos atos salvadores de Deus em Israel, está na concentração em Deus como Criador. Essa é uma perspectiva perfeitamente válida, mas traz consigo alguns perigos. A armadilha óbvia é que o conceito do Deus Criador pode se tornar na prática a totalidade da perspectiva a respeito de Deus. Quando Deus é distanciado de seus atos salvadores, ele se torna com facilidade uma abstração impessoal. O ato da Criação está além do nosso alcance como acontecimento histórico, e começamos a pensar em Deus como uma espécie de força não pessoal por trás do universo.

Em *Qohelet*, a ideia do Deus totalmente previsível é confrontada pela realidade do seu mistério. Isso nos proporciona certa tensão criativa que nos aponta para a sabedoria ampla que não perde de vista a revelação divina na história. Em certo sentido, o epílogo do livro mostra que a verdadeira vida será sempre viver em tensão, pelo menos neste mundo. Quer vejamos isso como um *post-scriptum* ortodoxo para o embate cético de *Qohelet* com a sabedoria dogmática, quer o consideremos a própria resolução de *Qohelet* ao conflito, o resultado é o mesmo para nós. Vemos o sábio como um homem de integridade, que se recusa a seguir a linha da ortodoxia do seu tempo dia para ser reconhecido doutrinariamente saudável. Se detectarmos uma nota de desespero em *Qohelet*, não devemos ignorá-lo pelo fracasso de não ser um cristão vitorioso. Grandes reformadores costumam ser homens atormentados, e a estrada da reforma raramente é fácil. Os primeiros a acender uma vela no escuro lutam com a escuridão e correm até mesmo o risco de serem contaminados por ela antes que possam apontar o caminho através dela. *Qohelet* é uma repreensão ao falso otimismo procedente da visão simplista do objetivo de sabedoria. Se tivesse conseguido transmitir um sentido para resolver as tensões, ele teria falhado na tarefa. Ele define a vontade soberana de Deus e seu propósito perante a aparente vaidade de todas as coisas. Mas ele não cederá ao desespero. *Qohelet* nos adverte contra soluções simplistas dos mistérios da vida, de modo que devemos estar sempre abertos para que as lições da nossa experiência sejam contraditas por mais experiências. Ele também nos adverte contra algo mais sutil que o ateísmo secular flagrante: a religiosidade banal.

É inútil perguntar por que *Qohelet* não resolve as tensões pela referência à visão profética da história e do futuro. É papel distintivo da sabedoria olhar a vida mais em termos do presente que do passado ou futuro. Assim ele evita o escurecimento das tensões da experiência humana. Devemos afirmar a solidez da decisão de reconhecer *Qohelet* como Escritura canônica, em vez de Eclesiástico. Este último colocava a sabedoria e a lei de Moisés juntos de modo a fundi-las quase por completo. Essa não era a solução dos problemas aparentes da sabedoria, pois no tempo de Ben Sira a lei estava sendo separada com rapidez da graça salvadora de Deus.

Assim, somos repreendidos por *Qohelet* por nossa tendência de tomarmos o notável senso de sabedoria da ordem universal e transformá-lo em uma visão de mundo que carece de profundidade, e que não tem resposta — exceto condenação para a pessoa cuja experiência o contradiz. Do ponto de vista do NT, é verdade que podemos saber com certeza que a confusão e a futilidade são banidas por Cristo. Mas até que ele venha outra vez e todas as coisas sejam renovadas, a fé na graça divina deve nos sustentar ao longo de muitas tensões incompreensíveis. A tensão peculiar para o cristão é que conhecemos o objetivo final e a solução de todos os males, mas não sabemos o que o amanhã nos reserva. Maneiras equivocadas de obter orientações e conhecer a vontade de Deus nas coisas diárias devem estar sob o martelo da crise da sabedoria em Jó e *Qohelet*. Esse sábio cético tem uma lição importante para nós: ele nos convida a separar o dia e vivê-lo como dom divino. Quem teme a Deus de verdade ficará admirado com o mistério dos seus caminhos entre os homens.

Questões para estudo

1. Quais são as características do livro de Eclesiastes que à primeira vista parecem contradizer a visão prevalecente de Deus e do homem no AT?

2. Que interpretações de Eclesiastes foram propostas a fim de explicar seu conteúdo?

3. Quais são alguns dos temas de sabedoria encontrados neste livro?

4. Que visão da ordem do universo se encontra em Eclesiastes?

CAPÍTULO 9

Sabedoria em todo lugar

RESUMO

Muitas tentativas de identificar influências da sabedoria em partes do AT que não tratam do assunto parecem envolver o pressuposto de que o movimento de sabedoria era muito separado do resto do pensamento religioso israelita. Não há evidência disso. Pelo contrário, veem-se a sabedoria e a história da salvação como duas perspectivas sobre a realidade. Ambas contribuíram para a compreensão da realidade israelita. No entanto, é legítimo tentar identificar as características distintivas da sabedoria e procurar suas possíveis influências na história da salvação e adoração do AT. A dificuldade de fazer isso é aumentada pela resistência dos principais escritores de sabedoria a qualquer combinação extensa da sabedoria com a história da salvação. As duas convergem e interagem nas duas principais áreas da teologia: na doutrina da Criação e na teologia do rei sábio que governa no contexto dos atos salvadores de Deus.

A INFLUÊNCIA DOS REIS MAGOS

Uma vez que a literatura sapiencial contribui para a compreensão do mundo em que vivemos, não seria surpresa descobrir que homens sábios influenciaram o pensando de outros israelitas. Não encontramos qualquer evidência de eles serem rebeldes em relação ao pensamento religioso israelita ou à sociedade. Seriam, então, membros de um grupo identificável, reconhecidos por falarem e escreverem sobre a sabedoria? Ou seriam membros menos conspícuos da principal camada da sociedade israelita? As poucas referências bíblicas a homens e mulheres sábios, ou a sábios como grupo identificável, não demonstram que o movimento de sabedoria foi algo bem definido e promovido pelos conhecidos como sábios de Israel.[73]

Se os homens responsáveis pela literatura sapiencial da Bíblia eram parte da comunidade dos fiéis, seria estranho se as ideias distintivas d sabedoria não aparecem de vez em quando em outras partes do AT. Há uma boa razão para acreditar que essas influências ocorrem em muitos escritos dos profetas, em narrativas e em vários salmos. É mais difícil explicar por que os homens sábios, aparentemente, resistiam a essas influências. Ao evitar quase todas as referências à fé profética, à história da salvação e à lei, os escritores sapienciais nos deixaram algumas pistas sobre como se viam em relação a essas ideias dominantes na fé de Israel.

A menos que possamos nos aproximar da história dessas coisas, decidir quem exerceu influência externa sobre quem nem sempre é fácil. Felizmente, somos capazes de observar características muito claras do pensamento e da linguagem compartilhadas por Provérbios, Jó e Eclesiastes. Podemos ligar os três livros à sabedoria sem sugerir um movimento de sabedoria claramente definido. Podemos observar também como esses livros de sabedoria diferem das perspectivas da narrativa e dos escritos proféticos. Mas, se considerarmos que houve influências de sabedoria significativas, devemos ser capazes de mostrar que é o distinto ponto de vista de sabedoria das coisas que se encontram nos escritos não sapienciais. Isso é mais fácil dizer que fazer. Não sendo a sabedoria um movimento totalmente separado, é concebível que alguns historiadores ou profetas-narradores também tenham sido homens sábios. Então, não seria uma questão de influência em tudo, mas sim de diferentes maneiras de ver as coisas. É importante compreender com clareza essas diferentes perspectivas do AT e de sua mensagem combinada para nós.

---

[73] P. ex., Êx 36.4; Dt 1.13; 2Sm 14.2; Jr 18.18, 50.35, 51.57.

Os teólogos do pacto e os escritores da história da salvação enfatizaram a natureza da revelação divina por meio da palavra profética e do ato de salvar. Reconheceram que a Palavra de Deus era a única fonte verdadeira de conhecimento sobre o todo da realidade. Deve ter sido claro para eles que a Palavra de Deus não nos diz tudo sobre a existência, mas nos fornece o enquadramento necessário em que se pode buscar conhecer a vida e o mundo ao nosso redor. Já os sábios, adotando a revelação na Palavra de Deus, aceitaram a tarefa dada por Deus de entender a complexidade da experiência humana que não é diretamente o objeto da revelação. A revelação conducente ao temor do Senhor tem prioridade sobre a experiência humana, porque sem a revelação o homem pecador não é capaz de discernir a verdade final da experiência. Mas, ao mesmo tempo, vê-se que a revelação nos fala da tarefa de apender a sabedoria com a experiência.

SABEDORIA EM LIVROS NÃO SAPIENCIAIS

Uma vez sugerida a influência dos sábios sobre escritores não sapienciais, seguiu-se um fluxo constante de propostas acadêmicas a respeito de onde poderiam ser encontradas evidências dessa influência.[74] Alguns exemplos bastam por ora. Alegou-se que a história de José (Gn 37—50) apresentava todos os sinais de ser um romance de sabedoria.[75] As razões apontadas são, por exemplo: técnica literária avançada, tom cultural desenvolto e ênfase nos fatores humanos. A história destaca os conselhos sábios e a boa administração, enquanto José supera as adversidades com prudência e temor ao Senhor. Os argumentos não são muito convincentes, embora concordemos que a história contém temas e ideias que ocorrem na literatura sapiencial. Alguns critérios fornecidos, como o interesse em coisas fora do culto de Israel, são explicáveis pelo fato de esses acontecimentos terem lugar fora de Israel.

---

[74] Uma pesquisa útil é a de Donn F. Morgan, *Wisdom in The Old Testament Traditions* (Atlanta: John Knox Press, 1981).

[75] Gerhard von Rad, "The Joseph Narrative and Ancient Wisdom", in: *The Problem of the Hexateuch and Other Essays* (New York: McGraw Hill, 1966).

Outro estudo coloca Amós, o profeta, em um contexto de sabedoria.⁷⁶ Para não haver dúvidas, Amós usa a forma numérica dos ditados que observamos em Provérbios (cf. Am 1—2), mas o faz de modo diferente do de Provérbios. Alguns têm uma abordagem mais cautelosa e sustentam que alguns profetas demonstraram conhecer e apreciar a sabedoria.⁷⁷ Outras partes do AT que parecem mostrar a influência da sabedoria incluem os livros de Deuteronômio e Ester, os livros chamados narrativas de sucessão em 2Samuel 9 a 20 e 1Reis 1 e 2, e alguns salmos.

A maior parte das identificações de sabedoria indicam haver pelo menos duas correntes distintas de pensamento em Israel, que de vez em quando interagiam. Elas destacam o problema de identificar a sabedoria como entidade, e de decidir os critérios utilizados para identificar suas influências na literatura não sapiencial. Vários critérios propostos nesses estudos de supostas influências da sabedoria podem ser explicados pelo fundo comum da história, pela experiência e fé na aliança.⁷⁸ Creio ser mais satisfatória a recusa de separar os homens sábios, e perceber a pluralidade de perspectivas ditadas pela variedade de preocupações. O que começou com a antiga sabedoria popular em casa e no mercado teria se desenvolvido em uma perspectiva global da fé revelada de Israel. A interação entre as várias perspectivas é encontrada na busca por ênfases dos vários livros, de sabedoria e não sabedoria, e pela tentativa de compreender as relações entre essas expressões literárias diferentes. Aqui estamos preocupados com a forma como as perspectivas de Provérbios, Jó e Eclesiastes se relacionam com os mais proeminentes temas de aliança e salvação do AT.

---

⁷⁶ H. W. Wolff, *Amos The Prophet*, (Philadelphia: Fortress Press, 1973, edição alemã 1964).
⁷⁷ J. Lindblom "Wisdom in the Old Testament Prophets", *Supplements to Vetus Testamentum*, III, 1955.
⁷⁸ Uma crítica rigorosa de muitas identificações de sabedoria em livros não sapienciais foi feita por James L. Creenshaw, *Journal of Biblical Literature*, 88, 1969, p. 129-42.

OS SALMOS DE SABEDORIA

Uma série de salmos são de especial interesse para nós por estarem muito perto dos pontos de vista da sabedoria. Com certa confiança que podemos classificar alguns deles como poemas de sabedoria pela partilha das mesmas ênfases distintivas encontradas nos grandes livros de sabedoria. Outros salmos chamam nossa atenção porque parecem juntar de forma distinta ideias de sabedoria com as de história da aliança e da salvação. Há uma boa quantidade de trabalhos acadêmicos concordantes que os salmos considerados poemas de sabedoria são os de número 1, 37, 49, 73, 112, 127, 128 e 133, embora haja alguns protestos contra essas opiniões. Considera-se que os salmos 25, 34, 78, 111, 119 e 139 foram influenciados, em alguma medida, por pensamentos de sabedoria. Alguns salmos parecem colocar a sabedoria em estreita relação com o conceito israelita de salvação, e são muito úteis para mostrar como as duas perspectivas interagiam.

Salmo 78

Os salmos ilustram em muitos pontos um dos princípios básicos do culto em Israel. Adorar é atribuir valor a Deus, que significa responder à maneira que Deus se revelou ao povo. A relação peculiar de Israel com Deus foca no que Deus fez pela salvação do povo. Assim, todas as palavras que descrevem Deus são definidas pelos atos divinos interpretados por sua palavra profética. Adorar a Deus era, para Israel, lembrar-se do que Deus realizou na história por meio de atos de salvação.[79] Esse recital da história da salvação não é nem mesmo sugerido nos principais livros de sabedoria.

O salmo 78 fornece uma mescla incomum de sabedoria e história da salvação. Apesar de ser quase inteiramente dedicado aos acontecimentos do passado de Israel, ele começa com uma seção que soa distintamente como sabedoria:

---

[79] Cf. os salmos 68, 98, 105, 106, 114 e 136 para obter exemplos de recitais de história da salvação. Muitos outros salmos se referem às maravilhosas obras de Deus ou observam acontecimentos específicos com significado para a salvação.

Povo meu, escute o meu ensino;
incline os ouvidos para o que eu tenho a dizer.
Em parábolas abrirei a minha boca,
proferirei enigmas do passado.

O chamado para ouvir, embora não seja exclusivo da sabedoria, sugere a situação de ensino semelhante à procedência das instruções. A palavra para *ensino* (hebraico: *torah*) é também a palavra para a lei de Deus. Seu significado-raiz é a instrução e se refere sempre à instrução divina, exceto aqui e em três passagens de sabedoria (Pv 3.1; 4.2; 7.2) onde a instrução é dada por um mestre de sabedoria. Portanto, é provável que a sabedoria seja expressiva nesse salmo.

Os indicadores de sabedoria mais significativos do salmo 78 são as referências a parábolas e coisas ocultas no versículo 2. A palavra hebraica para parábola é *mashal*, usada para designar os provérbios na literatura sapiencial. Ela é usada de modo diferente no AT, mas parece estar enraizada na sabedoria popular. A expressão "coisas ocultas" traduz o termo hebraico *hidah* — palavra usada para designar o enigma de Sansão (Jz 14), as perguntas difíceis da rainha de Sabá (1Rs 10) e a parábola de Ezequiel (Ez 17). A impressão geral de Salmos 78.1-3 é a de um professor de sabedoria chamando seus alunos para a instrução.

O problema do salmo é o caráter completamente diferente das instruções apresentadas de quaisquer instruções existentes nos livros de sabedoria. É possível que ele seja uma reformulação de alguns materiais antigos que, nesse caso, consistiam em um recital tradicional da história da salvação. Isso está de acordo com versículo 4:

Não os esconderemos dos nossos filhos;
contaremos à próxima geração
os louváveis feitos do Senhor,
o seu poder e as maravilhas que fez.

Mas há algumas diferenças significativas em relação ao recital da história da salvação habitual.[80] A ênfase está mais na recusa de Israel em manter a aliança com o Senhor. Os grandes feitos de Deus tinham a intenção de vincular esse povo a si mesmo, e por isso a palavra de Deus foi dada de modo que eles não se esquecessem de seus atos salvadores (v. 5-8). Mas Israel não se lembrou dessas coisas, durante esses acontecimentos ou depois. Os sinais milagrosos que Deus fez no Egito antes do Êxodo são vistos como o prelúdio à desobediência de Israel no deserto. A falta de fé foi a pior coisa que poderia acontecer, pois se deu em meio aos atos salvadores de Deus.

> A despeito disso tudo, continuaram pecando;
> não creram nos seus prodígios (v. 32).

> O coração deles não era sincero;
> não foram fiéis à sua aliança (v. 37).

Mais uma vez o salmista se volta para os atos salvadores de Deus.

> Não se lembravam da sua mão poderosa, do dia em que os redimiu do opressor, do dia em que mostrou os seus prodígios no Egito (v. 42,43).

Após esse recital da história da salvação (v. 43-55) o tema da rebelião é novamente apresentado (v. 56,57), e leva ao julgamento sobre o templo em Siló (v. 60). Por fim, Deus se move para rejeitar Efraim, a tribo do norte, e para estabelecer seu governo em Sião por meio de Davi, da tribo de Judá. A última seção é exclusiva do salmo 78 dentre todos os recitais da história da salvação no AT.

O salmo assume a posição do livro de Crônicas ao enfatizar que os propósitos de Deus são removidos das tribos do norte, centradas em Efraim, e estabelecidos em Davi. Recapitulando os milagres no Egito, o salmo liga o grande acontecimento redentor no Êxodo com

---

[80] Outros recitais sobre a história da salvação são encontrados em Êx 15; Dt 26.5-9; Js 24; Ne 9.

o ponto culminante da história da salvação no governo de Davi. Notamos que Davi e Salomão são fundamentais para o desenvolvimento da tradição da sabedoria em Israel, e que Salomão foi lembrado não só pelo governo sábio, mas também pela sabedoria na experiência humana comum. A sabedoria régia tem raízes na sabedoria empírica, e por essa sabedoria reinam os reis, como Provérbios 8.12-16 nos lembra. Não causa surpresa que esses ideais associados a Davi e Salomão sejam tomados como características do messias-príncipe da casa de Davi, esperado pelos profetas. Observe as semelhanças entre as seções relevantes de Isaías 11 e Provérbios 8 (RSV).

Isaías 11	**Provérbios 8**
O Espírito do SENHOR repousará sobre ele, o Espírito que dá sabedoria (*hokhmah*) e entendimento (*binah*), [...] conselho (*'etzah*) e poder (*gevurah*), [...] conhecimento e temor do SENHOR (v. 2). E ele se inspirará no temor do SENHOR (v. 3).	Eu, a sabedoria (*hokhmah*) (v. 12) moro com a prudência, e tenho o conhecimento que vem do bom senso. [...] Meu é o conselho (*'etzah*) sensato; a mim pertencem o entendimento (*binah*) e o poder (*gevurah*) (v. 14). Temer o SENHOR é odiar o mal (v. 13). Por meu intermédio os reis governam (v. 15).

A ligação entre a sabedoria e a visão profética do messias é relevante porque a parte final do salmo 78 sugere o reino messiânico como o resultado final dos atos redentores de Deus.

Assim os apascentou, segundo a integridade do seu coração,
e os guiou pela perícia de suas mãos (v. 72).

A frase final é estranha, para dizer o mínimo. Mas notamos que a palavra traduzida por hábil tem um clima de sabedoria.[81] A referência à sua mão é uma metáfora do poder régio de Davi.[82] O pastor também é uma imagem comumente usada para representar o governo. Nesse contexto, podemos propor a seguinte tradução para a última frase:

E os guiou com a sabedoria de seu governo.

A que conclusões podemos chegar? Vemos no salmo 78 a reformulação do recital da história da salvação para torná-lo objeto de uma lição de sabedoria. Aqui está o enigma da desobediência de Israel em face da graça surpreendente de Deus — mostrada na redenção de Israel do Egito, no Êxodo. A solução do problema de desobediência é encontrada na vinda do governo ideal da realeza ordenada de acordo com a verdadeira sabedoria. A estrutura do salmo enfatiza a rebelião de Israel contra o amor redentor. Então, repetindo a história da salvação e estendendo-a a Davi, isso mostra que os mesmos eventos, contra o qual se rebelaram os israelitas, são a solução para que a rebelião. A história da salvação é apresentada, pois contém um enigma. Ela é unida à sabedoria no local onde as duas há muito se encontraram: na sabedoria do rei.

Normalmente esperaríamos que a história da salvação estivesse fora da faixa da sabedoria empírica. Mas algo aconteceu no salmo 78 para permitir que a totalidade dos acontecimentos do Êxodo ao governo de Davi fossem ligados como um evento de sabedoria. A estrutura do salmo sugere o contraste deliberado entre a loucura (a rebelião de Israel) e a sabedoria (o sábio governo de Davi). Os acontecimentos da história da salvação, talvez devido à passagem do tempo, são visualizados pelo salmista como fatos objetivos da

---

[81] É o construto de *mãos*, ou a maneira hebraica de dizer *a habilidade de suas mãos*. A palavra *tevunah* é derivada da mesma raiz que *binah* mencionada em Pv 8 e Is 11. Das 41 ocorrências, 5, possivelmente 6, referem-se a um artesão habilidoso, 8 se referem a Deus — das quais 5 se referem à Criação. Ainda 27 casos se referem à sabedoria humana (20 deles nos livros de sabedoria).

[82] Cf. Jz 6.13; 1Sm 4.3. O hebraico *kaf* (palma da mão) é utilizado da mesma forma em 2Sm 8.3; Sl 78.42; Êx 14.31.

experiência de Israel. Vigora a ideia de retribuição de Provérbios: a loucura traz desastre, a sabedoria de Davi salva o dia e traz o que é bom. Assim, o que normalmente seria uma declaração de revelação profética é visto aqui com os olhos do observador empírico. Até os pagãos devem ter sido capazes de enxergar a sabedoria da nação por causa dos efeitos da guarda da aliança. Em vez disso, a severa advertência de Deuteronômio se tornou realidade para a nação infiel:

> Vocês devem obedecer-lhes e cumpri-los, pois assim os outros povos verão a sabedoria e o discernimento de vocês. Quando eles ouvirem todos estes decretos dirão: "De fato esta grande nação é um povo sábio e inteligente" (Dt 4.6).

> Entretanto, se vocês não obedecerem ao SENHOR, o seu Deus [...] Vocês serão motivo de horror e objeto de zombaria (heb., *mashal* = provérbio) e de riso para todas as nações para onde o SENHOR os levar (Dt 28.15,37).

Assim, a sabedoria triunfa no glorioso reino de Davi. A ordem divinamente colocada no universo é estabelecida como o fim da existência de Israel sob o reinado ideal do messias. Ele é o bom pastor, cuja real sabedoria restaura seu povo.

Salmo 73

Este salmo também é amplamente aceito como um poema de sabedoria, embora não esteja fundamentado com clareza na antiga sabedoria popular de Israel. Ele pode ser considerado uma composição didática. Levanta a questão de teodiceia que, embora trate de sabedoria, não se dedica unicamente a ela. A forma específica do problema é a arrogância dos malfeitores prósperos que interpretam sua capacidade de ganhar através de sua injustiça como prova de que Deus não tem conhecimento (v. 11). O salmista sente que sua retidão foi vã por não lhe trazer nenhum benefício.

Em certo sentido, esse salmo ara o mesmo terreno que Jó e *Qohelet*. Mas sua resposta é totalmente diferente, e aqui reside o interesse especial para nós. A relação ação-resultado, tão proeminente em Provérbios, está sob ataque. O homem mau prospera e o bom homem sofre adversidade. A solução é o salmista entrar no santuário e se aproximar de Deus. Não devemos nos esquecer da importância do lugar do templo para os israelitas, apesar de eles saberem que Deus não se limitava aos recintos do templo. Os fiéis se aproximaram de Deus por meio dos cultos e sacrifícios realizados nesse lugar especial.

A importância do salmo 73 se encontra no fato de ele ser uma poesia de sabedoria escrita no contexto do culto no templo. Ainda apresenta um raro vislumbre de como a sabedoria pode ter se fundido com a fé profética de Israel. Há pelo menos duas possibilidades aqui. A primeira é que a sabedoria seja adaptada ao âmbito do direito e da adoração do templo em Israel. O que Deus realiza por meio dos seus atos de salvação na história é apresentado como base da confiança na face do aparente ataque contra a ordem das coisas. A segunda é que a perspectiva da sabedoria com seu ponto de vista muito individualista é exercida sobre as práticas rituais do culto a fim de se concentrar na realidade interior apontada pelo culto, mas que sempre esteve em perigo de ser observada por meras aparências.[83] Necessária é a circuncisão do coração (Dt 30.6), em vez de rituais externos.

A associação entre sabedoria e adoração no templo não é surpresa. O que talvez seja surpreendente, dada a relação de Salomão, construtor do templo, com a sabedoria, é não haver muito mais exploração dessa relação nos escritos de sabedoria e em outros lugares. Parece que a maioria dos escritores de sabedoria se contentou em pressupor o temor do Senhor, um conceito nascido da história da salvação. A sabedoria vem de Deus, e é expressa em sua verdade revelada, incluindo-se os detalhes específicos da lei dada a Israel. Enquanto a maioria dos escritores de sabedoria seguia atrás dos assuntos de experiência pessoal e da humanidade no mundo, de vez em quando a questão da fé pactual de Israel se intrometia manifestamente nos interesses da sabedoria.

---

[83] Hans-Jürgen Hermisson, *Sprache und Ritus im alttestamentlichen Kult* (Neukirchen-Vluyn; Neukirchener Verlag, 1965), p. 146*ss*.

TORÁ E SABEDORIA

Se o temor do Senhor significa, entre outras coisas, a aliança entre fidelidade e observância da lei (*torah*), que conexão a lei parecia ter com a sabedoria? Muitos estudiosos têm considerado as influências aparentes da sabedoria no livro de Deuteronômio.[84] Deuteronômio traz uma preocupação com a história da salvação e da lei tendo em vista um número de temas e ênfases que são compartilhados com o livros de sabedoria. Mas até que ponto isso significa que as influências da sabedoria estão ativas é difícil dizer. Um escritor sugere as seguintes características de sabedoria em Deuteronômio: a ideia de retribuição direta junto com o tema da "vida", a educação das crianças, bem como a espiritualização da fé longe da mera observação ritual.[85] Essas categorias são muito amplas e encontradas também em áreas onde não há características da sabedoria. Elas podem ser mais que apenas sugestões da influência de sabedoria.

Como corpo literário, os livros apócrifos são importantes na medida que revelam muito do desenvolvimento religioso e literário ocorrido entre o AT e o NT. Existem algumas obras de sabedoria significativas não incluídas no cânon das Escrituras. A mais importante é *Sabedoria de Jesus ben Sira* ou *Eclesiástico* (não confundir com o Eclesiastes bíblico). Foi escrito por um homem sábio de Jerusalém, no início do século II a.C. Seu interesse principal para nós é a dependência clara das tradições de sabedoria salomônica e sua inclusão da lei e da história da salvação. O estilo de Ben Sira é muito mais reflexivo que Provérbios, e parece ter enfrentado a questão de como as perspectivas da história da sabedoria e de salvação podem ser utilizadas em conjunto. Como em Provérbios, a sabedoria é a realização humana e dom divino — sua fonte. Ben Sira aponta para a lei como meio principal pelo qual a sabedoria de Deus vem residir em Israel: (aqui a sabedoria está falando)

---

[84] E.g., M. Weinfeld, "Deuteronomy — the present state of the enquiry", Journal of Biblical Literature, LXXXVI (1967), p. 249-62, e Joseph Blenkinsop, *Wisdom and Law in the Old Testament* (New York: Oxford University Press, 1983).

[85] Weinfeld, op. cit.

> Então o criador do universo deu-me uma ordem,
> aquele que me criou armou a minha tenda
> e disse: "Instala-te em Jacó,
> em Israel recebe a tua herança".
> Criou-me antes dos séculos, desde o princípio,
> e para sempre não deixarei de existir.
> Na Tenda santa, em sua presença, oficiei,
> deste modo, estabeleci-me em Sião (*Eclesiástico* 24.8-10; BJ).

A última parte de Ben Sira é uma espécie de recital da história da salvação do começo ao fim. Mas essa não é a maneira habitual de relatar os poderosos atos de Deus. Em vez disso, a ênfase é sobre as pessoas envolvidas e suas virtudes.

> Elogiemos os homens ilustres,
> nossos antepassados, em sua ordem de sucessão.
> O Senhor criou imensa glória
> e mostrou sua grandeza desde os tempos antigos (*Eclesiástico* 44.1,2; BJ).

Ben Sira não coloca a sabedoria sob a lei, mas coloca a lei e a história da salvação como expressões da sabedoria divina entre seu povo, Israel.[86] Ele apresenta um desenvolvimento particular das perspectivas do AT sobre a sabedoria de Deus. A tendência da identificação completa da sabedoria e da lei ignora o fato de que a sabedoria funcionava como afrouxamento da tutela absoluta da lei. A direção adotada por Eclesiástico nos conduziria a algo diferente do cumprimento do evangelho, creio eu. A desqualificação desse livro do cânon das Escrituras é solidamente fundamentada.

CONCLUSÃO

A questão da influência da sabedoria em livros não sapienciais deve permanecer aberta. Na melhor das hipóteses, é possível detectar a fusão de certas perspectivas características da sabedoria e da história da salvação. Não há boa razão para a separação das origens

---

[86] V. tb. Von Rad, *Wisdom in Israel*, cap. 13.

dessas vertentes em áreas totalmente independentes. Temos notado que a sabedoria proveniente da experiência humana caracteriza todas as culturas, sendo parte do ser humano. Da mesma forma, cada cultura luta com a relação da experiência com suas ideias religiosas, principalmente na medida em que se considera que essas ideias têm uma fonte distinta da revelação autorizada.

Pelo fato de a fé profética de Israel ter resistido a todas as tendências ao panteísmo que borram a distinção entre Deus, o homem e o mundo, a relação do pensamento e da ação do homem com a ação e o pensamento de Deus sempre manteve um elemento de mistério. A sabedoria reconheceu que a sabedoria divina se encontrava, de alguma forma, por trás da verdadeira sabedoria humana. Ela não tentou analisar essa relação, mas colocou os dois elementos lado a lado. A forma específica do problema para a sabedoria é como a tarefa da busca de conhecimento pelo ser humano se relaciona com o dom da graça divina no ato da salvação e revelação. Como a sabedoria está relacionada com toda a ordem criada, e a história da salvação de Israel nunca se divorciou da ordem criada, espera-se que a relação da história da salvação com a ordem criada, com o tempo, forçaria a sabedoria e as perspectivas da aliança para trajetórias convergentes.[87] A sabedoria e a lei apontam para a responsabilidade humana perante o Deus único, cuja sabedoria é a fonte de ambos. Seria estranho se a sabedoria não estivesse incluída nas perspectivas da lei e da profecia.

Estas tensões no pensamento do AT devem ser definidas com todos os outros aspectos do pensamento do AT que levantam a questão do que significa ser humano no mundo de Deus. Só no lugar em que Deus e o homem se relacionam com mais perfeição vamos encontrar a palavra final sobre o assunto. Descobriremos que ser humano não significa resolver o mistério nem a tensão. A sabedoria de Deus mostrará ser a união perfeita no homem-Deus Jesus Cristo. Na medida em que ele preserva o mistério de ser ao mesmo tempo Deus e homem, ele nos lembra que, de alguma forma, a sabedoria

---

[87] Donn F. Morgan, *op. cit.*, p. 53.

humana é um dom e uma tarefa. Elas sempre permanecem distintas, embora não separadas, a partir de sua fonte — a sabedoria de Deus.

Questões para estudo

1. Sugira algumas das características da forma ou do pensamento que indiquem influências da sabedoria em materiais não considerados literatura sapiencial.

2. Por que razão se pode argumentar que os salmos 1, 37 e 111 são poemas de sabedoria ou são influenciados por ela?

3. Que contatos entre a sabedoria e a história da salvação são encontrados no AT?

CAPÍTULO 10

Sabedoria na teologia do Antigo Testamento

Resumo

A teologia da sabedoria faz contato com a teologia do pacto de várias maneiras. O Deus da aliança era visto como o Deus de toda a Criação e da existência humana. Os sábios operaram nos limites da aliança ao explorarem a criação divina. A própria Criação implica a aliança. Ela fala não só do que já foi perfeito, mas agora é imperfeito por causa do pecado, e também do que voltará a ser aperfeiçoado pela redenção. A sabedoria explorou um conceito de justiça que abraçou toda a ordem do mundo. Ela não é a revelação natural, mas uma maneira de interpretar a natureza e a experiência na realidade revelada pela Palavra de Deus. Assim, a sabedoria não conta com uma teologia independente. Ela depende da revelação progressiva do reino de Deus e está intimamente integrada com ela. Há um ponto especial no qual a teologia da sabedoria converge com a aliança, na sabedoria de Salomão e na ideia profética posterior do príncipe messiânico sábio. E aponta, por fim, para a perspectiva do NT sobre Cristo como o cumprimento de todas as expectativas do AT, incluindo as do aperfeiçoamento da sabedoria.

Sabedoria e Reino de Deus

Agora é o momento de tentar reunir alguns dos tópicos. Em outra parte, propus que uma maneira de olhar para a mensagem global da salvação é como o restabelecimento do Reino de Deus.[88]

---

[88] Cf. *O evangelho e o Reino.*

Podemos reduzir a ideia do Reino de Deus do NT a alguns elementos básicos reconhecíveis em toda a história bíblica da Criação à Nova Criação. São elas: Deus, a humanidade e o universo criado — todos relacionados do modo que Deus planejou. Esses não são apenas os ingredientes essenciais da Bíblia, mas também incluem tudo o que existe. Assim, podemos dizer que a realidade (tudo o que existe) é Deus, o homem e criação. O Reino de Deus é Deus, o homem e a criação corretamente relacionados um com um outro. O que temos chamado de história da salvação envolve todo o processo na história pelo qual Deus salva, o que significa que ele renova as relações deslocadas pelo pecado humano. Mas a sabedoria nos dá outra perspectiva sobre Deus, o homem e a Criação. O problema é como essa perspectiva se relaciona com a história da salvação.[89]

Todas as religiões e filosofias lidam com as relações entre Deus (ou deuses), o homem e o mundo, mesmo que elas comecem por afirmar ou considerar a inexistência divina. Então, nós realmente não fomos longe demais ao dizer que tanto a sabedoria quanto a história da salvação no AT estão preocupadas com esses três aspectos da realidade. Mas seus respectivos pontos de vista ou perspectivas realmente fazem contato? Até agora, vimos que há muitas razões para dizer que elas fazem. Ao olhar para a história da sabedoria em Israel e nos principais livros de sabedoria, vimos muitos pontos de contato e sobreposição com o corpo maior da literatura do AT sobre os atos salvadores de Deus e os elementos da aliança que os acompanham, a lei, a adoração cultual e a profecia.

SABEDORIA MUNDANA OU SABEDORIA DO MUNDO?

Houve um tempo em que os provérbios de sabedoria não faziam referência a Deus ou à preocupação explícita com o pensamento da

---

[89] Tenho estudos preliminares dessa relação em um nível teórico. "The problem of the accommodation of wisdom literature in the writing of Old Testament theologies", (dissertação inédita de mestrado em teologia, Union Theological Seminary na Virg,inia, 1970). Também investiguei uma área específica do problema em: "Empirical wisdom in relation to salvtion history in the Psalms", (tese inédita de doutorado em teologia, Union Theological Seminary na Virgínia, 1973).

aliança de Israel eram considerados não teológicos ou secular. Vamos agora reconhecer a inadequação do presente acórdão. E, nesse sentido, não devemos interpretar mal o contraste de Paulo entre a sabedoria do mundo e verdadeira sabedoria. A verdadeira sabedoria inclui uma maneira de olhar o mundo. É mundana no sentido de fornecer a base para a vida no mundo. Não deve ser confundida com a visão de mundo do ateu, porque procede do fato de ser Deus tanto Criador quanto Redentor do mundo.

A sabedoria bíblica que não fala das coisas de Deus é reconhecida como empírica no sentido de se basear na experiência humana. Mas ela não afirma a inexistência do pensamento divino por trás dela. O problema tem sido entender precisamente de que maneira a sabedoria empírica se relaciona com o conhecimento de Deus e do homem — revelado na palavra profética inspirada. Mesmo que os responsáveis pela propagação da sabedoria popular e da sabedoria empírica, em geral, nunca tenham pensado sobre essa relação, chegou um momento em que as duas vertentes eram vistas como expressões unificadas da verdade. Devemos considerar com seriedade a canonização das Escrituras — o reconhecimento dela toda como Palavra de Deus para o povo.

Assim, o que parece à primeira vista a colocação lado a lado de dois pontos de vista irreconciliáveis da realidade, pode, de fato, ser o encontro de duas perspectivas diferentes, mas válidas, sobre a mesma realidade. A sabedoria empírica do AT não é uma avaliação ateia ou pagã da realidade. É o trabalho de israelitas que, precisamente por sua herança na história e nos atos salvadores de Deus, são levados a adotar a visão unitária do mundo. As implicações da salvação de Noé, da aliança com Abraão, do Êxodo do Egito, do Sinai e do Estado teocrático de Israel são que o Senhor, Deus de Israel, reina no céu e na terra. Além disso, os israelitas, embora atormentados por muitas formas de idolatria que bateram à sua porta, não estavam ainda afetados pelo pensamento grego que rejeitava o mundo e toda a matéria. Se Deus estava salvando Israel, era em um reino terreno na terra de Canaã. Algumas pessoas desprezam o materialismo aparentemente cru da visão do Reino de Deus do AT, e fogem para o que chamam de noções mais puras do espírito e da imortalidade da alma. Nos dois casos, resulta um paganismo tão ruim quanto qualquer coisa com que os israelitas brincaram. A espiritualidade no AT nunca equivaleu à retirada do materialismo que odeia o mundo. Em vez disso, foi estabelecida no pacto de Deus com o homem que restaurou as relações corretas do homem com Deus e com a ordem criada. É irônico que a sabedoria mundana rejeitada por Paulo em 1Coríntios é a que adota a espiritualidade falsa, sem o mundo da matéria, enquanto que a verdadeira espiritualidade envolve a sabedoria que aprende a compreender o mundo em relação a Deus.

SABEDORIA E CRIAÇÃO

O amplo estudo da sabedoria parece mostrar duas coisas. Primeira: os escritores sapienciais eram israelitas que reconheciam a Palavra de Deus revelada pelos profetas. Eles não rejeitam o pacto mas, sim, atuavam com temor ao Senhor. Segunda: apesar da mentalidade israelita ortodoxa, os escritores sapienciais descobriram que seu assunto e método de abordagem não os envolviam em preocupações específicas com a aliança e os atos salvadores de Deus. Ao contrário, olhavam para o homem no mundo de modo geral. Por causa disso, acreditava-se que a sabedoria se relacionava com a teologia da Criação. Se essa for uma avaliação acurada, precisaremos estar alertas. A criação e a salvação não envolvem duas visões de mundo totalmente diferentes no AT. Na verdade, a visão da criação de Israel não pode ser entendida separadamente das doutrinas de redenção. No entanto, podemos concentrar a atenção em uma ou em outra, sem ignorar seu estreito relacionamento.

Um exemplo moderno pode nos ajudar a ver as questões enfrentadas pelos sábios de Israel. Na cultura ocidental do século XXI podem-se ver pelo menos dois modelos abrangentes de educação cristã nas escolas. O modelo mais tradicional surgiu quando a Igreja e o Estado eram muito mais alinhados que hoje. O currículo espelhava a visão da realidade da sociedade largamente considerada cristã.

Com a secularização gradual da sociedade e o colapso dos valores cristãos, o currículo educacional de muitas instituições apenas seguiu o processo de secularização. O capelão e a instrução religiosa semanal eram características da escola cristã. O capelão fazia sua parte de acordo com suas convicções para tentar injetar um pouco de cristianismo no pensamento dos alunos. Enquanto isso, grande número de professores seculares ensinava a partir das mesmas perspectivas humanistas estabelecidas em escolas públicas. As escolas tradicionais, vinculadas às igrejas, muitas vezes apresentam esse padrão. Não raro, essas escolas são cristãs apenas no nome e por serem, em certa medida, controladas por sínodos ou assembleias denominacionais. Não existe uma visão cristã global da realidade subjacente aos processos educacionais.

Um fenômeno relativamente novo é a escola cristã independente, muitas vezes organizada segundo o princípio de controle dos pais. Este é um movimento cristão deliberado para romper o domínio do Estado secular humanista.[90] Duas questões distintas estão envolvidas. Uma é o direito de os pais cristãos controlarem a educação dos filhos. A outra é a importância da visão cristã da realidade diferenciada. Algumas escolas cristãs estabeleceram um grau de controle dos pais dentro dos limites impostos pelo Estado, mas desenvolver o currículo que abranja toda a educação dentro de uma estrutura cristã é uma questão muito mais difícil. Educadores cristãos estão sendo forçados a se perguntar se ser cristão afeta de forma acentuada a abordagem adotada para ensinar ciências, linguagem, ciências humanas e matemática. Já está claro que tornar o conhecimento bíblico compulsório, ensinar a Criação como modelo alternativo às origens da evolução, e usar a Bíblia como texto de leitura não torna, necessariamente, o currículo cristão. Assim, afinal, o que seria uma abordagem cristã para a matemática, ou para o estudo de japonês ou indonésio? A tarefa não é tornar esses assuntos religiosos, mas encontrar sua relação com a interpretação cristã integrada do mundo

---

[90] Rousas J. Rushdoony, *Intelllectual Schizophrenia* (Phillipsburg: Presbyterian and Reformed Publishing Company, 1978).

e do nosso lugar nele. Creio que a literatura sapiencial da Bíblia tem algo a nos ensinar nesse sentido.

A fim de entender o relacionamento da sabedoria com a teologia da Criação, precisamos olhar para as possibilidades dessa teologia. A Criação costuma ser associada destacadamente com as origens. No debate em curso sobre Criação e Evolução, a Criação pode ser proposta como alternativa à explicação da origem de tudo. Os defensores da Criação especial apontam para as deficiências filosóficas e científicas do dogma evolutivo na tentativa de explicar como estamos aqui. É duvidoso, porém, que a doutrina bíblica da Criação tenha surgido, principalmente, devido à preocupação sobre origens. Sem descartar totalmente a questão das origens, pode-se propor que a visão bíblica da Criação tem sua ênfase nas relações. Claro, origens e relações são inseparáveis, mas precisamos entender a perspectiva em que elas vêm até nós na Bíblia. Para isso, que teremos que voltar a algo mais básico: como Deus, o homem e o universo se relacionam? Na verdade, a doutrina da Criação é uma implicação do que a Bíblia diz sobre o caráter de Deus justo e redentor.[91]

O lugar da Criação na teologia do AT está aberto ao debate. Há pouca dúvida, no entanto, de que os escritores do AT viam a Criação mais por suas implicações presentes que pela solução da questão de como tudo teve início. Nisso, eles estão em pleno acordo com a extraordinária declaração de Paulo em Colossenses 1.15-20: o plano da criação é a pessoa e a obra salvadora de Cristo. Se Paulo vê o evangelho aqui como a antecipação divina da Criação, profetas e historiadores do AT veem a Criação como prelúdio da história da salvação. Com efeito, todo o entendimento bíblico de regeneração (recriação) como núcleo da salvação, decorre da visão da criação e recriação do AT. Em tudo isso, a questão dos relacionamentos é central. O texto de Gênesis 1 e 2 salienta o elemento pessoal em que o Criador infinito e pessoal traz as coisas à existência de maneira distintamente interpessoal: a palavra falada. Se um israelita fizesse a

---

[91] J. L. Crenshaw, *Studies in Ancient Israelite Wisdom Literature* (New York: KTAV, 1976), p. 1-45.

pergunta: "De onde eu vim?", não há dúvida de que a resposta seria da Criação. Mas a visão profética da redenção — a restauração e o resgate — implica que a constante ênfase na nova ordem do mundo por vir é um restabelecimento da ordem do mundo originário. A antiga criação e a nova são obras do Criador. A ênfase está muito mais em onde estamos agora e para onde vamos do que de onde nós viemos.

Assim, sem negar a questão das origens, vemos a criação no AT como uma forma de dar sentido para o presente e o futuro. Se precisamos de redenção, então, caímos. Se caímos, então, caímos de algum ponto. Esse algo era um reino de relacionamentos ordenados por Deus, e que só pode existir se Deus for o Criador de todas as coisas de forma livre e soberana. Pode-se entender, então, porque alguns estudiosos do AT afirmam que o verdadeiro coração do AT não é a história da salvação, mas a criação do universo ordenado.[92] A Criação se torna para nós a regra de ordem. A visão profética do futuro, em que a ordem está sendo restaurada por meio da redenção, nos lembra de que a ordem ainda existe, embora esteja obscurecida, até certo ponto, pelas forças do caos.

Retidão

A criação também fornece a base para a compreensão dos termos bíblicos *retidão* e *justiça*. Essas palavras se destacam no AT, em especial nos profetas. Estão constantemente ligadas ao juízo divino e à salvação. Como normalmente estão conectadas com ideias legais e morais na esfera não religiosa, tendemos a pensar no uso bíblico como, de igual modo, legal e moral. Essa suposição está sendo seriamente questionada com base nas evidências bíblicas. Um estudioso de renome, ao examinar o uso da retidão no AT, afirma que seu

---

[92] J. L. Crenshaw, *Studies in Ancient Israelite Wisdom Literature*, p. 26-35. Hans H. Schmid, "Schöpfung, Gerechtigkeit und Heil" in *Altorientalische Welt in der Alttestamentlichen Theologie* (Zurich: heologischer Verlag Zurique, 1974). Hans-Jurgen Hermisson, "Observations on the creation theology in wisdom" in (ed.) J. Gammie, *Israelite Wisdom* (Missoula: Scholars Press, 1978).

significado está relacionado com a ordem criada no universo.[93] Isso significa que a retidão, ao incluir a responsabilidade humana, abraça o todo da criação. Conceitos legais e morais se derivam disso.

A ideia de justiça relacionada à Criação aponta para o princípio harmonioso subjacente à ordem estabelecida por Deus — um aspecto do caráter de Deus impresso na Criação. A restauração da criação, como parte da salvação significa a restauração da justiça.[94] Então, Isaías aguarda com expectativa o tempo em que:

> [...] até que sobre nós o Espírito seja derramado do alto,
> e o deserto se transforme em campo fértil,
> e o campo fértil pareça uma floresta.
> A justiça habitará no deserto,
> e a retidão viverá no campo fértil.
> O fruto da justiça será paz;
> o resultado da justiça será tranquilidade
> e confiança para sempre.
> O meu povo viverá em locais pacíficos,
> em casas seguras,
> em tranquilos lugares de descanso (Is 32.15-18).

Aqui a justiça e a retidão significam que a natureza e o homem são harmonizados como resultado dos atos salvadores de Deus. Assim, apesar da impossibilidade de colocar todas as utilizações da justiça no quadro jurídico-moral, é possível encaixá-las, incluindo-se o aspecto jurídico-moral, no quadro da ordem universal.

Embora a literatura sapiencial esteja ausente nas perspectivas da salvação, ela usa a palavra justiça com frequência. É provável, à luz das considerações sobre a ordem que observamos nos livros de sabedoria, que tenhamos aqui uma ênfase no conceito mais amplo

---

[93] Hans H. Schmid, *Gerechtigkeit als Weltordnung* (Tubingen: J. C. B. Mohr, 1968). Schmid afirma que nós podemos ver seis áreas distintas em que a justiça é usada: jurídica, sabedoria, natureza, salvação, culto e sacrifício, realeza.

[94] Justiça (em hebraico, *mishpat*) e retidão (em hebraico, *tsedeq*) são frequentemente ligadas e pode ser consideradas quase termos sinônimos.

de justiça como ordem universal. Estudos mais recentes nos lembraram de que a sabedoria era de perspectiva utilitária e eudemonística.[95] Utilitarismo é uma visão da vida que avalia as coisas e ações pela utilidade. O eudemonismo as avalia de acordo com a felicidade produzida. Esse ponto de vista da sabedoria não é mais sustentado. Pelo contrário, como Hans H. Schmid sugere, a principal questão do pensamento de sabedoria de Israel é: como se reconhece a ordem do mundo estabelecida e garantida por Deus?[96]

Para esse fim, o prólogo de Provérbios indica que o propósito da sabedoria é a educação na retidão (*tsedeq*), justiça (*mishpat*) e equidade (Pv 1.3). As referências à justiça e retidão, e ao justo e ao reto sobejam nas sentenças proverbiais. Na maioria dos casos, há o contraste entre o justo e o ímpio que nos lembra de que o senso moral está lá. Mas o quadro é mais amplo que isso. Os contrastes entre justos e ímpios são constantemente colocados em termos de vida bem-sucedida do primeiro e confusão do último. O contexto religioso da aliança (o temor do Senhor), entre outras coisas, exigia que as relações perceptíveis entre o modo de vida de uma pessoa e seu resultado fossem avaliadas com mais precisão que como expressão de eudemonismo. Os desafios da ordem perceptível representada por Jó e Eclesiastes não regem o relacionamento ação-resultado de Provérbios. Na literatura proverbial, apesar das exceções e dos mistérios, existe uma relação discernível entre estilo de vida e resultado. O princípio da ordem inclui toda a revelação específica de Deus na lei; inclui, portanto, a ideia legal-ética de justiça. Mas ele vai além disso para abranger toda a gama da existência humana no mundo. O fato de Deus ser o Criador significa que mesmo as áreas de ação humana de ética aparentemente neutra, ou não incluídas no âmbito da lei revelada de Deus ou da lei da sociedade, estão ao alcance da justiça. Assim, a sabedoria aponta para a verdade de que não existem ações neutras, nem pensamentos neutros.

---

[95] Hans H. Schmid, *Gerchtigkeit als Weltordnung*, p. 96-8.
[96] Ibid.

Revelação

Uma consideração decorrente da natureza da sabedoria é a da revelação e lei natural. Se o escopo da sabedoria está além do da palavra-revelação específica de Deus, isso significa que há uma verdade a ser discernida do mundo completamente separada da revelação profética divina? A revelação natural significa que a verdade a respeito de Deus está impressa na criação. Para a teologia natural, essa verdade pode ser discernida na natureza por meio dos sentidos humanos sem o auxílio das Escrituras ou do Santo Espírito. A lei natural se refere a um aspecto específico da teologia natural, ou seja, a parte discernível dessa revelação é um conjunto de princípios éticos evidentes. Há divergências teológicas significativas sobre a questão. Mas devemos considerar o assunto porque pode parecer para alguns que a implicação do que dizemos é a existência de duas fontes distintas da verdade suprema: a revelação mediante a Palavra de Deus e a observação da experiência do mundo. O comportamento humano, então, seria governado pelas palavras de Deus e por regras perceptíveis da natureza. O conhecimento divino vem a nós pela Palavra de Deus e pela nossa observação do universo com a marca do caráter de Deus.

Devemos, em primeiro lugar, dispensar a ideia de que a sabedoria é humanismo israelita — no sentido de que o homem é o centro das coisas e capaz de interpretar o universo por si mesmo. A sabedoria é verdadeiramente humanitária na preocupação com as pessoas e seu bem-estar, mas não é humanista. O humanismo como sistema filosófico rejeita a possibilidade de Deus como realidade última. Se Deus existe, ele está sujeito às mesmas leis da existência que o resto do universo. Esse não é o Deus da Bíblia. A sabedoria, mesmo nos momentos mais céticos (Eclesiastes), jamais contemplou nada além do universo criado e, portanto, sujeito às leis do Criador pessoal, eterno e soberano.

Em seguida, devemos descartar a ideia de que a verdade é discernível tanto por revelação quanto pela natureza de forma independente. A ordem foi observada pelas religiões antigas e pela sabedoria pagã e continua sendo observada na filosofia moderna e na ciência experimental. Mas era, e é, uma percepção distorcida, por não começar dos fatos derivados da revelação sobre o Deus pessoal eterno — a melhor fonte de todas as coisas e de sua ordem. Existem cristãos, no entanto, que adotam a posição de que a criação é capaz de nos revelar a verdade sobre a existência de Deus, o Criador, tornando, assim, possível a teologia natural.[97] Isso significa que sem considerar as verdades recebidas apenas por revelação especial, podemos compreender verdadeiramente, ainda que em parte, o significado do universo. Alega-se que Romanos 1.20-32 estabelece essa posição. Mas o que Paulo de fato diz é que Deus se revelou na criação, mas a natureza do pecado humano reprime essa revelação. Os homens conhecem Deus por meio da criação, mas não o reconhecem. Em vez disso, "os seus pensamentos tornaram-se fúteis e os seus corações insensatos se obscureceram"(v. 21). "Trocaram a verdade de Deus pela mentira, e adoraram e serviram a coisas e seres criados, em lugar do Criador" (v. 25). "Visto que desprezaram o conhecimento de Deus, ele os entregou a uma disposição mental reprovável, para praticarem o que não deviam" (v. 28). O problema da teologia natural é que ela não reconhece a nua rebelião do pecado com a depravação mental por ela produzida.

A sabedoria não tem envolvimento com a teologia natural. Ela não admite qualquer terreno neutro de conhecimento aberto de forma idêntica a todos os homens. Seu pressuposto indiscutível é Deus, o Criador. Mas de onde veio esse ponto de partida? A resposta é revelação especial. A revelação profética de Israel de YHVH (ou Iavé) fazendo aliança e agindo para salvar o seu povo sustenta a ver-

---

[97] Tomás de Aquino (m. 1274) propôs que a revelação adveio da natureza e da graça (revelação especial). Seu pensamento consiste na base do escolasticismo. Este afirmava que o homem é capaz de estabelecer uma filosofia natural válida, ou seja, o conceito de verdade por meio da natureza além da aplicação da revelação especial da Bíblia a nós pelo Espírito Santo. Isto tem profundas consequências para a interpretação bíblica, pois as verdades autoevidentes da filosofia natural são adotadas como o molde em que a revelação especial é compreendida e interpretada.

dadeira sabedoria. O temor do Senhor permitiu aos homens sábios saber o significado da experiência da vida. Sem o conhecimento da história do Deus da salvação, não pode haver verdadeira sabedoria, nenhum conhecimento real do mundo.

Os contatos entre a sabedoria de Israel e do Egito ou Mesopotâmia podem sugerir uma base comum. Mas essa é uma avaliação superficial. Isso não significa dizer que todos conhecessem o verdadeiro significado do universo e que a sabedoria de Israel tivesse recebido algo especial por revelação. Se o temor do Senhor é o princípio da sabedoria, ele não pode ser apenas um suplemento da sabedoria comum. A sabedoria de Israel afirma que só por meio do temor do Senhor é possível conhecer algo de verdade. A sabedoria nunca poderá dizer ao mundo qual o significado da nossa experiência

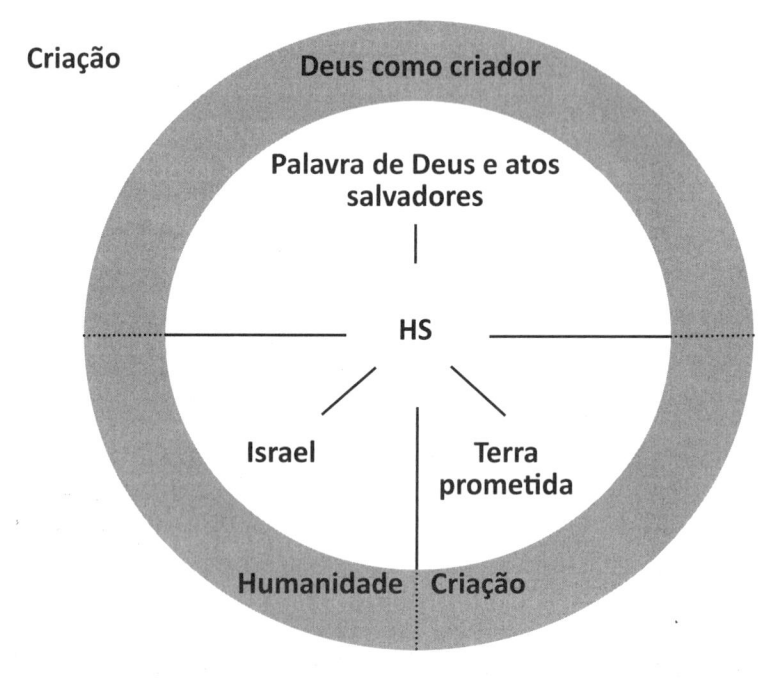

A história da salvação (HS) se concentra na realidade representada pelo trabalho redentor de Deus, Israel ou o povo de Deus e a terra prometida. Considerações gerais sobre Deus, a humanidade e a ordem criada estão no horizonte deste pensamento e não ausentes.

Figura 4. A perspectiva da história da salvação

Criação　　**Deus como criador**

Palavra de Deus e atos salvadores

S

Humanidade　**Terra prometida**

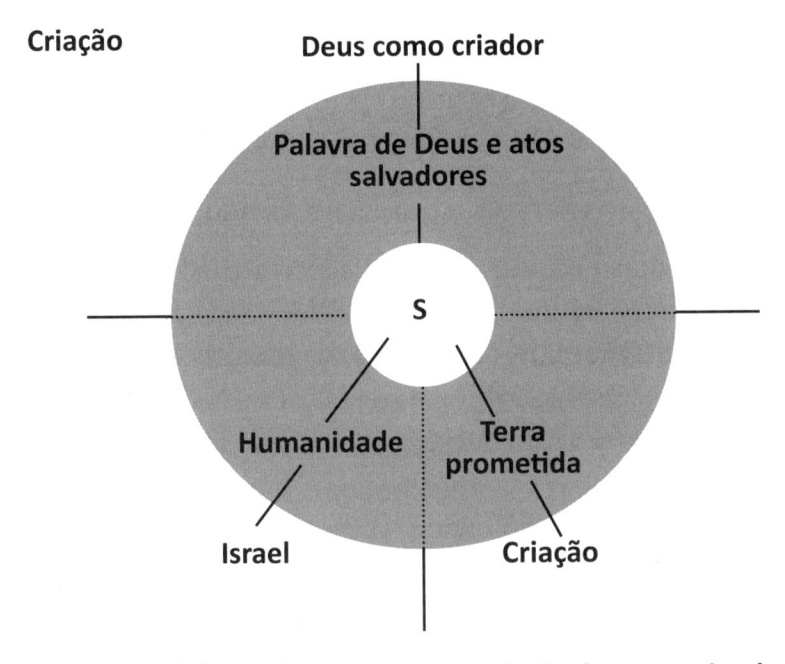

Israel　　**Criação**

A sabedoria (S) começa com o temor do Senhor, ou seja, dentro do cenário da história da salvação. Adota a perspectiva da história da salvação ao estar centrada no que está no horizonte da história da salvação. Seu foco é Deus como criador, a humanidade e a natureza em geral.

Figura 5. A perspectiva da sabedoria

exceto nos termos dos atos criativos e salvadores do Senhor. Quando a sabedoria de Israel parecia coincidir com a do Egito, ou a de Salomão com a rainha de Sabá, isso decorria do fato de operarem no nível de significado imediato, não do significado essencial. Um israelita e um egípcio podem aprender e afirmar coisas semelhantes a partir de experiências semelhantes. Mas o israelita poderia explicar a realidade à luz da revelação do Criador, o Deus de Israel, como ele se revela por sua Palavra. Já o egípcio apelaria a Maat, uma não divindade concebida na mente dos homens pecadores que trocaram a verdade de Deus pela mentira. Não é possível interpretar corretamente a realidade com base em uma mentira. O humanismo moderno ateísta percebe o sentido essencial da perspectiva do homem como o intérprete final. Na relação com o pensamento moderno, a sabedoria de Israel demonstra uma preocupação bastante contemporânea com toda a vida no mundo, mas se recusa a entendê-la de modo separado do significado que lhe é atribuído por Deus, o Criador do universo.

A SABEDORIA COMO PARTE DA TEOLOGIA DO ANTIGO TESTAMENTO

Chegamos à conclusão de que a sabedoria não conta com uma teologia completamente independente no AT. Não se trata de uma visão autocontida e alternativa de Deus e da realidade. Em vez disso, complementa a perspectiva da história da salvação. Na verdade, devemos ir além e dizer que a sabedoria é a teologia do homem redimido que vive no mundo sob o domínio de Deus. É, portanto, tanto um aspecto da teologia do Reino quanto o é a história da salvação. No Reino de Deus todos os relacionamentos entre Deus, o homem e a ordem criada são perfeitamente restaurados. Essa é a expressão do Reino final e completa, na esperança do que ainda vivemos. A sabedoria no AT deve ser colocada na mesma estrutura da revelação progressiva existente para os atos salvadores de Deus. Em termos gerais, a sabedoria, junto com todas as outras dimensões, na Bíblia, é revelada em três etapas principais:

a. a história de Israel,
b. a visão profética do Reino futuro, e
c. o cumprimento dessas coisas em Cristo.

A sabedoria era parte da vida de Israel no primeiro desses estágios, embora realmente florescesse após o final desse período. Ela adquiriu força quando as estruturas do Reino de Deus e da salvação foram reveladas na experiência histórica de Israel de Abraão até Davi e Salomão. O declínio do Reino de Israel, após a morte de Salomão, demonstrou que todo o precedente consistia apenas em um modelo imperfeito da glória futura do Reino de Deus. Era apenas uma sombra da realidade ainda a ser revelada. No entanto, essa revelação da aliança e dos propósitos salvadores de Deus é o pressuposto da sabedoria. O homem sábio é o israelita que procura compreender o mundo em que o pecado se intrometeu causando perturbação da ordem perfeita, e dentro do qual Deus agiu, e agora está atuando, para restaurar a ordem. O temor do Senhor significa que o israelita deveria considerar a si mesmo uma pessoa redimida, mas ainda imperfeita, em um mundo redimido, mas ainda imperfeito. A sabedoria versa sobre a vida contemporânea nestes limites e não com as possibilidades da salvação futura maior.

Os profetas falaram do fracasso de Israel, e também sobre a fidelidade à aliança divina. Isso significa que a futura restauração da ordem era inevitável. De tempos em tempos, os profetas percebiam a importância disso para a sabedoria em que o mundo tornado perfeito seria o mundo que exibisse totalmente sabedoria tanto na nova criação quanto em todos os relacionamentos do homem com as coisas e com Deus. Assim, parte da visão profética do Reino vindouro é sua caracterização pela sabedoria:

> O Senhor é exaltado, pois habita no alto;
> ele encherá Sião de retidão e justiça.
> Ele será o firme fundamento nos tempos a que você pertence,
> uma grande riqueza de salvação, sabedoria e conhecimento;
> o temor do Senhor é a chave desse tesouro (Is 33.5,6).

Esta é a reversão da terrível sentença proferida sobre o Israel infiel do tempo do profeta:

> A adoração que me prestam
> só é feita de regras ensinadas por homens.
> Por isso uma vez mais deixarei atônito esse povo
> com maravilha e mais maravilha;
> a sabedoria dos sábios perecerá,
> a inteligência dos inteligentes se desvanecerá" (Is 29. 13b,14).[98]

Há também uma concentração significativa na sabedoria régia sobre o Reino futuro que revoga o lugar de Davi e Salomão como mananciais de sabedoria. Na nova ordem, o governo benigno de

---

[98] V. tb. Is 47.10: a sabedoria da Babilônia é mostrada ali como loucura, e Jr 8.9, 9.23-24 (cp. com 1Co 1.31), 10.11,12.

Deus será mediado pelo príncipe messiânico que será o modelo dos sábios: o descendente de Davi que deverá ser o "Maravilhoso Conselheiro", e estabelecerá e defenderá o Reino de Deus com justiça e retidão (Is 9.6,7). Quando esse rebento davídico brotar na árvore de Jessé:

> O Espírito do Senhor repousará sobre ele,
> o Espírito que dá sabedoria e entendimento,
> o Espírito que traz conselho e poder,
> o Espírito que dá conhecimento e temor do Senhor (Is 11.2).

O profeta continua descrevendo esse sábio governo como quem exerce juízo sobre os ímpios que rompem a ordem, e como o restaurador da harmonia universal entre homens e animais. É o momento em que o lobo se deita com o cordeiro, e quando as crianças podem brincar entre cobras sem dano (v. 6-9).

Após essas duas etapas do AT — sabedoria na história de Israel, e sabedoria no reino profético de Deus — chega-se ao cumprimento da sabedoria em Cristo. Jesus leva a sabedoria de Salomão e de todos os sábios de Israel ao ponto culminante. Ele cumpre todas as predições dos profetas sobre o sábio governo do príncipe messiânico. Ele vem como o Deus-homem em quem se encontra toda a sabedoria divina perfeitamente relacionada com a sabedoria humana. Todas as coisas se reconciliam com Deus por intermédio dele, e a harmonia da Criação é restaurada (Cl 1.19,20). Assim, Deus faz com que ele seja a sabedoria para nós (1Co 1.30).

Nos três estágios da revelação vê-se, de um lado, o ponto focal na pessoa que medeia o governo e a sabedoria de Deus, e de outro, o povo que se envolve na tarefa de aprender a sabedoria no contexto da sabedoria divina revelada. No AT, a sabedoria de Deus não está tão claramente identificada com a salvação como no NT, onde a sua maior expressão se encontra no evangelho. Cristo expressa para nós a sabedoria de Deus mediada nós como dom, e a sabedoria do homem na sua perfeita expressão da vida totalmente em harmonia com o Criador. Ao trazer a sabedoria de forma tão ampla para o âmbito da história da salvação em Cristo, o NT não perde de vista a ênfase do AT na sabedoria mais voltada para a Criação do que para a salvação. Deus nos revela com toda a sabedoria e todo o entendimento o mistério da sua vontade, seu plano de unir todas as coisas em Cristo (Ef 1.9,10). O evangelho, a sabedoria de Deus, é o meio pelo qual Deus restaura a ordem de todas as coisas.

A sabedoria, então, apresenta a teologia da Criação realizada por Deus como ordem perfeitamente decretada. Ela coloca o homem em uma relação especial com essa ordem; como a única criatura de Deus cuja tarefa é assumir o comando para ter domínio. Ele deve envolver o mundo em suas ações e em seu pensamento. Deve investigar, analisar, raciocinar, inventar e ser criativo nos limites da sua condição de criatura. Para ser capaz de fazê-lo, ele deve entender o significado do universo revelado na Palavra profética e nas ações salvadoras de Deus. A sabedoria destaca o fato de que o homem — pecador que vive em um mundo de relações distorcidas — é, contudo, responsável ao viver diante de Deus. Sua tarefa é compreender a vida na ordem dinâmica que se move em direção à consumação do plano divino de redenção. Quando o homem entrou na infância social, cultural e intelectual, ele tinha diante de si a sabedoria da Palavra de Deus para iluminar o caminho e orientar a busca de conhecimento. E hoje, ele olha para baixo e para dentro da Criação, para o reino microcósmico das moléculas, átomos e partículas subatômicas. Seu olhar se volta, externamente, para a lua, e atinge o sistema solar com suas máquinas. Ele utiliza novas formas de telescópios para abrir janelas para o céu, onde as distâncias são medidas pela velocidade da luz. Exerce domínio, ainda que de forma corrompida. Mas só quem teme o Senhor e ouve a sabedoria divina entenderá o significado essencial dessas coisas.

A sabedoria é uma teologia de maturidade aliançada, tanto corporativa quanto individual. Ela reconhece que um importante aspecto da relação do homem com Deus é sua responsabilidade de pensar e agir no mundo que não é, e nem foi feito para ser, um livro aberto nem uma gota estática, passiva de matéria. No mundo em constantes mudanças, existe um maravilhoso e perfeito equilíbrio entre os seres vivos e a matéria inanimada. Ecossistemas minúsculos dentro de maiores se espalham até todo o planeta parecer um sistema autossuficiente de suporte de vida que também interage com o universo mais amplo. Se, a partir do ponto de vista científico, o significado do universo só pode ser imaginado, o temor do Senhor proporciona a resposta. Ele é criação do Pai. Como ele fez todas as coisas boas, está, portanto, recriando todas as coisas de acordo com o propósito conhecido por nós apenas por meio de Cristo.

Questões para estudo

1. Como a sabedoria do AT, que não faz referência direta a Deus, difere da sabedoria mundana condenada por Paulo em 1Coríntios 1 e 2?

2. Como a teologia da Criação do AT fornece a ponte entre a sabedoria e a história da salvação?

3. Como você explicaria o significado da palavra justiça na Bíblia, e como a sabedoria se relaciona com ela?

4. Qual é a diferença entre a revelação natural e a teologia natural, e como a sabedoria se relaciona com elas?

CAPÍTULO 11

Cristo e a perfeição da ordem

Resumo

A sabedoria é um aspecto importante da pessoa e obra de Cristo. Jesus encarna a verdadeira sabedoria de Deus e do homem. Em seu ministério, ele entrou em conflito com os equívocos que haviam colocado a sabedoria do AT em crise. Grande parte de seu ensino, incluindo-se várias parábolas, envolve o confronto com a falsa sabedoria dos judeus da época. O fato de Jesus cumprir a sabedoria significa que o evangelho apresenta uma maneira de olhar o mundo. Assim, pode-se identificar o conteúdo intelectual do evangelho. Por meio do evangelho, Deus não só restaura todos os relacionamentos, também revela a natureza da realidade. Ordem e relacionamentos, a preocupação da sabedoria, recebem sua mais completa e perfeita expressão em Cristo. O ser Jesus — Deus e homem — e os relacionamentos perfeitos que ele formou com todas as coisas apontam para a unidade e diversidade da realidade. O universo apresenta o carimbo do Criador: "um e muitos" — a Trindade.

Retorno ao ponto de partida

Agora que consideramos a sabedoria no contexto da teologia do AT, podemos passar para o ponto de onde partimos. Cristo é nossa sabedoria! Indiquei, no início deste estudo, que o que o NT diz a respeito de Cristo como sabedoria precisa ser entendido em contraste ao ensino do AT sobre o assunto. Isto é compatível com o método da teologia bíblica que começa com Cristo como a mais completa revelação de Deus ao homem e por meio de quem passamos das trevas para a luz. Assim, o próprio Cristo nos dirige ao AT como o conjunto de livros que versam sobre ele e que são por ele cumpridos. A compreensão cristã do AT implica lê-lo à luz da relação com Cristo.

Os três estágios da revelação de que trata o capítulo anterior apresentam o panorama da mensagem bíblica da perspectiva da história da salvação. Mas o que dizer da perspectiva da sabedoria? A sabedoria, como vimos, está firmemente fundamentada na Criação, como faz a história da salvação. Além disso, pressupõe a autorrevelação divina na história da salvação, a verdadeira resposta para a descrição do temor do Senhor. A verdadeira sabedoria se desenvolve no quadro da história da salvação e é ininteligível fora dele. Embora a sabedoria não lide com ela da mesma forma que a história da salvação, ela reconhece a Criação de todas as coisas em relacionamentos ordenados e o deslocamento desses relacionamentos por meio do pecado humano. Por ser construída no temor do Senhor, reconhece que o transtorno e o caos não são normas da vida, e sim características da existência menos que humana resultante da rebelião contra Deus.

Em Provérbios, Jó e Eclesiastes, junto com as outras obras de sabedoria do AT, pode-se vislumbrar como os israelitas aprenderam a lidar com a vida no período em que Deus revelava a natureza do seu Reino por meio da experiência histórica de Israel e por meio dos profetas. Referi-me ao fato de que a literatura sapiencial de fato não floresceu até o final da era da revelação divina na história de Israel, isto é, até Israel estar sob Davi e Salomão. No período do declínio histórico, quando Israel como nação passou a espelhar a realidade do Reino de Deus cada vez menos, a sabedoria exerceu um papel importante na vida cotidiana dos fiéis. Nesse período o maior objetivo da profecia desempenhou o papel crítico e promissório. A visão profética do futuro — expressada a partir de Amós — projetou a esperança de que o passado glorioso seria restaurado com o aumento da glória na nação que seria de fato o povo de Deus. Haveria também a nova glória no mundo restaurado de relacionamentos corretos. Assim, enquanto os sábios de Israel procuravam compreender a vida no mundo de desordem, os profetas anunciavam, ao mesmo tempo, o dia futuro em que a verdadeira sabedoria caracterizaria a nação. Essa visão profética nos ajuda a perceber como a sabedoria pode ser pensada nos processos dos atos salvadores de Deus. Um aspecto importante da visão profética era a sabedoria do governo messiânico real.

A história da salvação encontra sua meta e realização em Cristo. O mesmo se dá com a sabedoria. Três aspectos da sabedoria nos confrontam no NT. Em primeiro lugar, as narrativas do evangelho retratam Jesus como o homem prudente que, pela forma e conteúdo de muitas das suas palavras, segue as tradições dos mestres de sabedoria de Israel. Em segundo lugar, Jesus vai além disso, na verdade, ao afirmar que se trata da sabedoria de Deus. Em terceiro lugar, certos escritores do NT, em especial Paulo, compreendem a pessoa e a obra de Cristo à luz de certas ideias de sabedoria. Assim, a sabedoria é vista como uma importante vertente cristológica. Reconhecemos também que dizer que Jesus cumpre o AT, incluindo-se a sabedoria, significa muito mais que dizer que ele é o fim do processo e recebe significado do seu precedente. Devemos ser claros sobre esse ponto. A relação dos dois Testamentos é tal que, enquanto o NT pressupõe o AT, este encontra o verdadeiro significado no NT. Para o NT pressupor o AT, chega-se ao NT com o conhecimento do AT para entender sua terminologia e formas de pensamento. Para o NT cumprir o AT, sabemos o que o AT é, em última instância, apenas quando vemos seu objetivo em Jesus Cristo.

Começamos com o evangelho, com o testemunho de Jesus de Nazaré, e descobrimos que ele nos levou de volta ao AT, a fim de entendermos seus pressupostos. Mas voltar para o AT é como pular em um fluxo de água corrente muito rápido que nos leva de novo para o ponto de partida. Lá vemos que todas as várias vertentes, imagens e perspectivas do AT estão reunidas na pessoa de Jesus.

A NOVA CRISE DA SABEDORIA

Os quatro evangelhos concordam que o ministério de Jesus gerou uma crescente onda de hostilidade para com ele da parte dos fariseus e líderes religiosos judeus. Isso pode ser descrito como uma nova crise da sabedoria. A primeira crise surgiu quando a velha sabedoria de Israel se tornou fossilizada e distorcida no pensamento de muitas pessoas e, assim, não poderia lidar com experiências novas e contraditórias. Tanto Jó quanto *Qohelet* se rebelaram contra a noção de ordem simplista que distorcia a intenção de Provérbios e impediu que novos conhecimentos fossem adicionados aos dos sábios otimistas. A nova crise surgiu por causa da fossilização e distorção da principal vertente do pensamento judaico, de modo que uma forma de legalismo se estabeleceu com firmeza. Não só a lei gradualmente adquiriu independência da graça, como o entendimento do Reino futuro estava preso à interpretação particular e literal por parte dos profetas.

Os mestres da lei e os fariseus apresentavam a mesma rigidez e dogmatismo com sua compreensão da sabedoria de Deus como fizeram os amigos de Jó. Assim, eles foram incapazes de acomodar as alegações radicais de Jesus. A antiga crise não foi o choque entre a sabedoria empírica e a sabedoria especulativa, mas o choque de uma forma distorcida e enrugada da sabedoria com algo que não se encaixava em suas fórmulas puras. A nova crise não foi o choque do AT com Jesus Cristo, mas o choque da forma distorcida da fé de Israel com a forma inesperada e absolutamente surpreendente do cumprimento do AT anunciado por Jesus em si mesmo. A fé profética do AT deveria ter levado os judeus à percepção do Messias-Príncipe sofredor. Mas o judaísmo farisaico havia exaltado a lei sobre a graça, e, assim, perdeu de vista a necessidade do mediador. Ele submergiu os grandes temas do Servo Sofredor sob as glórias da restauração da terra e do povo de Israel.

O uso constante de formas de sabedoria por Jesus parece destacar essa nova crise da sabedoria. Os evangelhos não retratam Jesus como um homem sábio acima de todos os homens sábios, mas o apresentam como o mestre que usa e desenvolve formas de sabedoria de maneira distinta. O ensino de Jesus envolve mais formas de sabedoria que de outro tipo; assim, temos muito mais para analisar que declarações explícitas e conectoras de Jesus com a sabedoria. As narrativas dos evangelhos estão repletas de frases com afinidades com a sabedoria mais antiga, embora possam revelar um processo de desenvolvimento além das principais formas de sabedoria do AT.

A forma mais característica de Jesus era a parábola. Apesar de reconhecer a existência de considerável diversidade na forma das parábolas, é possível identificar cerca de setenta delas nos evangelhos.[99] Costuma-se dizer que as parábolas são histórias terrenas com um significado celestial, sugerindo que Jesus escolheu esse meio a fim de tornar claro para todos a realidade do mundo espiritual e do Reino de Deus. Em certo sentido, isso é verdade, mas também é muito enganador. Existem várias referências ao fato de que as parábolas foram meios deliberados de precipitação da nova crise de sabedoria pelo confronto com a falsa sabedoria dos fariseus. Assim, temos o célebre ditado em Mateus 13.10-16, que segue a parábola do semeador.[100] Jesus concluiu a parábola com a afirmação provocativa: "Aquele que tem ouvidos para ouvir, ouça." Os discípulos, obviamente, sentiram que o uso frequente de parábolas era um problema e lhe perguntaram: "Por que você fala com as pessoas em parábolas?" Jesus respondeu:

> "A vocês foi dado o conhecimento dos mistérios do Reino dos céus, mas a eles não. A quem tem será dado, e este terá em grande quantidade. De quem não tem, até o que tem lhe será tirado. Por essa razão eu lhes falo por parábolas: 'Porque vendo, eles não veem e, ouvindo, não ouvem nem entendem'".

Apesar de não ser retirada da literatura sapiencial, essa passagem mostra um dos enigmas compartilhados pela sabedoria e pela profecia. O chamado de Isaías foi o primeiro a trazer endurecimento para as pessoas que se recusaram a voltar para Deus. Jesus vê sua

---

[99] Incluindo-se certos ditos registrados em João, que nunca se refere a eles como parábolas.
[100] Textos paralelos em Mc 4.10-12 e Lc 8.9,10.

mensagem em parábolas desempenhando a mesma função em um ponto crítico da história da salvação. Contrariamente à ideia popular sobre as parábolas, Jesus diz que as usa porque criam uma divisão entre os sábios aos seus próprios olhos e as filhos humildes do Reino. Sobre os últimos, seus discípulos, ele disse: "Felizes são os olhos de vocês, porque veem; e os ouvidos de vocês, porque ouvem" (v. 16).

Em geral, a natureza das parábolas era tal que estavam abertas a várias interpretações. Apenas aqueles cujo entendimento foi iluminado pela graça podiam perceber sua aplicação ao Reino de Deus quando ele veio com Jesus. Os que perceberam essa relação pretendida foram, assim, levados à maior compreensão de Jesus. Mas, para aqueles, então ou agora, que veem nas parábolas apenas ilustrações da verdade religiosa geral, é uma questão de ouvidos que não ouvem e olhos que não veem.

Essa função das parábolas, embora hoje elas fiquem perto da história da redenção da Bíblia, trai suas raízes nas tradições da sabedoria. Há boas razões para sustentar que as parábolas constituem um refinamento do *mashal* do AT. O fato de a tradução grega do AT (a *Septuaginta*) usar *parabole* para traduzir *mashal* é sugestivo. Mas, a função das parábolas de fazer comparações depois do uso dos provérbios é significativa.[101] Como no caso da sabedoria dos provérbios, a sabedoria encontrada na forma de parábolas é enganosa na medida em que os não iniciados cometem erros ao tomá-las como generalizações. A sabedoria deve penetrar no significado de modo que sua aplicação específica seja perceptível. As parábolas só podem ser entendidas por quem reconhece em Jesus o Messias, que agora traz no Reino de Deus.[102]

A capacidade dos novos sábios, os discípulos, de entender o que Jesus estava dizendo era estritamente limitada. Mas eles haviam se colocado aos pés *do* sábio e aprendiam com sua instrução. Às vezes,

---

[101] Amos Wilder, *Early Christian Rhetoric* (Cambridge: Harvard University Press, 1971), cap. 5.

[102] E. Hoskyns e N. Davey, *The Riddle of The New Testament* (London: Faber and Faber, 1958), p. 133.

eles achavam o uso de parábolas e metáforas difícil de entender. Não só estavam sujeitos à própria humanidade e confusão de seus pecados, mas a verdade ainda estava em processo de revelação. Só quando o evangelho foi concluído eles se tornaram capazes de ver e entender o quadro inteiro. João nos lembra em algumas ocasiões que foi após o evento que os discípulos compreenderam algumas questões na vida de Jesus (Jo 2.22; 12.16). Os discípulos precisavam se lembrar de que mais estava por vir:

> Tenho ainda muito que lhes dizer, mas vocês não o podem suportar agora.
>
> Mas quando o Espírito da verdade vier, ele os guiará a toda a verdade (Jo 16.12,13).

Em certo momento, os discípulos expressaram alívio por Jesus ter parado de usar a linguagem figurada e passou a falar com clareza. Infelizmente, apesar de terem feito progressos, eles não entendiam as coisas tão bem quanto pensavam (Jo 16.25,29-32). Para eles, o temor do Senhor era real, pois eles perceberam em graus variados que Jesus era o único enviado por Deus. A virada ocorreu quando Pedro confessou: "Tu és o Cristo" (Mc 8.29). Mas foi só no Pentecoste que o significado completo da pessoa e do ministério de Jesus ficou claro para eles. As parábolas, embora diversas na forma, são relativamente simples de identificar nos evangelhos. Menos óbvias são as formas proverbiais de discurso que ocorrem com frequência nos ditos de Jesus. Alega-se que algumas das parábolas de Jesus, na verdade, ilustram provérbios do AT:[103]

> Não se engrandeça na presença do rei,
> e não reivindique lugar entre os homens importantes;
> é melhor que ele lhe diga: "Suba para cá!"
> do que ter que humilhá-lo diante de uma autoridade (Pv 25.6,7).

---

[103] William A. Beardslee, "Uses of the Proverbs in the Synoptic Gospels", *Interpretation* XXIV, January 1970, p. 61-73.

> Mas quando você for convidado, ocupe o lugar menos importante, de forma que, quando vier aquele que o convidou, diga-lhe: "Amigo, passe para um lugar mais importante". Então você será honrado na presença de todos os convidados (Lc 14.10).

> Se procurar a sabedoria como se procura a prata
> e buscá-la como quem busca um tesouro escondido,
> então você entenderá o que é temer ao Senhor
> e achará o conhecimento de Deus (Pv 2.4,5).

> O Reino dos céus é como um tesouro escondido num campo. Certo homem, tendo-o encontrado, escondeu-o de novo e, então, cheio de alegria, foi, vendeu tudo o que tinha e comprou aquele campo (Mt 13.44).

Jesus também proferiu provérbios com contraparte no livro de Provérbios:

> Se o seu inimigo tiver fome, dê-lhe de comer;
> se tiver sede, dê-lhe de beber (Pv 25.21).

> Mas eu lhes digo: Amem os seus inimigos e orem por aqueles que os perseguem (Mt 5.44).

> O orgulho do homem o humilha,
> mas o de espírito humilde obtém honra (Pv 29.23).

> Pois todo aquele que a si mesmo se exaltar será humilhado, e todo aquele que a si mesmo se humilhar será exaltado (Mt 23.12).

Muitas outras palavras de Jesus têm um tom de provérbio:

> Peçam, e lhes será dado; busquem, e encontrarão; batam, e a porta lhes será aberta (Mt 7.7).

> Vocês são o sal da terra. Mas se o sal perder o seu sabor, como restaurá-lo? Não servirá para nada, exceto para ser jogado fora e pisado pelos homens. Vocês são a luz do mundo. Não se pode esconder uma cidade construída sobre um monte (Mt 5.13,14).

O sábado foi feito por causa do homem, e não o homem por causa do sábado (Mc 2.27).

Há tempos alguns estudiosos consideram que as bênçãos e as maldições da Bíblia têm raízes na sabedoria.[104] Em minha opinião isso não está provado, em especial porque a palavra *ai* não aparece na literatura sapiencial, exceto em Provérbios 23.29 e (uma palavra hebraica diferente) em Jó 10.15. No entanto, é difícil ignorar as bênçãos e os ais de Jesus em nossas considerações sobre a sabedoria. Muitos deles mostram as mesmas preocupações que a sabedoria proverbial do AT. Por exemplo, os problemas registrados em Lucas 11.37-54 envolvem uma série de contrastes entre a verdadeira retidão e a justiça fingida dos fariseus. Todo o episódio é causado pela incapacidade de Jesus, antes de uma refeição, de atender às expectativas de um ritual fariseu. Esse novo e inesperado comportamento contrariou a visão da lei rígida dos fariseus que lhes impedia de ver as coisas ofensivas que Jesus fazia como sinais da chegada do Reino. Eles estavam tão preocupados com as sombras do Reino que não conseguiram ver a realidade, quando ela esteve diante de seus olhos. Esse acontecimento é outro exemplo da crise da sabedoria. Tão grave é a incapacidade de enxergar a verdade que ela evoca de Jesus a mais forte expressão de desaprovação: o ai.

Primeiro, há uma metáfora como sabedoria para descrever os fariseus:

> Vocês, fariseus, limpam o exterior do copo e do prato, mas interiormente estão cheios de ganância e da maldade (Lc 11.39).

Pelo faro de confundirem conformidade ritual com justiça real, eles rejeitavam a própria sabedoria que as leis de Israel pretendiam expressar:

---

[104] Erhard Gerstenberger, "The Woe Oracles of the Prophets", *Journal of Biblical Literature*, 81, 1962, p. 249-63. V. tb. Waldemar Janzen, 'ASRE in the Old Testament', *Harvard Theological Review*, 58, 1965, p. 215-26, e W. J. Whedbee, *Isaiah and Wisdom* (Nashville: Abingdon Press, 1971), p. 87-8.

Insensatos! Quem fez o exterior não fez também o interior? Mas deem o que está dentro do prato como esmola, e verão que tudo lhes ficará limpo (v. 40,41).

De imediato se seguem seis ais, alguns deles contrastam de modo explícito a loucura do legalismo ritual ou orgulho com a sabedoria da justiça interior. Assim, eles dizimavam até mesmo as ervas do jardim, negligenciando a justiça e o amor de Deus, ou desejam o louvor dos homens em lugar da glória divina (cp. Pv 25.6,7). Esses falsos mestres repudiaram a sabedoria de Deus, matando os profetas. Agora, note a ironia cortante do último ai:

Ai de vocês, peritos na lei, porque se apoderaram da chave do conhecimento. Vocês mesmos não entraram e impediram os que estavam prestes a entrar! (v. 52).

O oposto ao ai é a bênção. Jesus pronunciou muitas bênçãos que, como os ais, ocorrem em ditos semelhantes à sabedoria. O grupo mais notável, as bem-aventuranças, compõem a abertura do sermão do Monte. Este, como vimos no Capítulo 1, também termina com uma comparação entre o sábio e o insensato,[105] e contém muitas declarações proverbiais dentro dele. O conjunto do sermão deve ser visto como um tipo de instrução de sabedoria que, se endereçado à multidão, coloca o caminho falso dos fariseus em conflito com a sabedoria de Jesus.

Muito já se falou para indicar que Jesus deliberadamente escolheu o papel do homem sábio para complementar os papéis de profeta, sacerdote e rei. Como o profeta que veio não só para anunciar a palavra da revelação de Deus, mas para ser a verdadeira Palavra encarnada pela qual se pode conhecer a verdade. Como sacerdote, Jesus veio para ser o mediador entre Deus e o homem, e oferecer-se como único e verdadeiro sacrifício pelo pecado. Como rei, ele veio trazer o glorioso governo do Reino de Deus. Como sábio, surgiu como a própria sabedoria divina que desafia a loucura da humanidade que

---

[105] Há conotação, aqui, de Pv 10.25: "Passada a tempestade, o ímpio já não existe, mas o justo permanece firme para sempre." Cf. Beardslee, *op. cit.*, p. 65.

voltou atrás em relação à Palavra de Deus. Ele veio desafiar a loucura de todas as eras e dar sabedoria aos que chamaria a si mesmo. Desafiou a loucura do judaísmo de seu tempo e em especial a dos fariseus. Fez isso mostrando os pressupostos da religião centrada na Torá que acabara perdendo de vista a natureza dinâmica da fé de Israel, que a impulsionou para a nova era. Os judeus continuaram a esperar a nova era, ou pelo menos a vida após a morte, com exceção dos saduceus que parecem ter perdido a fé em qualquer novo ordenamento vital da existência por vir. Em geral, as expectativas dos judeus não deixavam espaço para o Messias como Jesus, que não agia em relação ao Reino como realidade política presente. Os quatro evangelhos ressaltam a crescente tensão entre Jesus e as autoridades religiosas judaicas. Algumas delas estavam inquietas em relação a Jesus, devido à possibilidade da reação romana a qualquer movimento messiânico que ameaçasse a paz da província. Mas a hostilidade dos judeus parece ter sido causada principalmente por causa de seu ensino. Ele nos é mostrado constantemente dizendo e fazendo coisas que excitavam a ira dos judeus. Desafiava as alegações deles de saberem a verdade e serem seus guardiães. Por parecer desrespeitar as leis rituais tão amadas pelos fariseus, Jesus era para eles blasfemo e apóstata. Mas, como os evangelhos deixam claro, essas mesmas ações de Jesus apontam para a vinda do Reino e para a realização das esperanças do AT. Isso não só provocou o endurecimento dos judeus como também constituiu uma questão de grande surpresa e admiração para os crentes.

O CONTEÚDO INTELECTUAL DO EVANGELHO

Em nossa jornada através da sabedoria do AT vimos que ela pertence aos jovens e simples (bem como ao experientes). O pré-requisito para a sabedoria não é um quociente intelectual alto, mas o temor do Senhor. Agora que voltamos ao NT, encontramos a mesma perspectiva sobre a sabedoria; no cerne da questão se encontra o temor do Senhor, ou a fé em Cristo, em vez da destreza intelectual. A fé em Cristo é acompanhada por uma nova visão da realidade chamada por

Paulo "renovação da mente" (Rm 12.2). Isso é algo normal para o cristão. Assim, do ponto de vista bíblico, o jovem intelectualmente "lento", mas crente em Jesus como seu Salvador, é mais sábio que o brilhante filósofo que, apesar de seus poderes intelectuais, recusa-se o conhecimento de Deus em sua Palavra.

Ao avaliar os que decididamente não são o que chamaríamos de intelectuais por falta de capacidade ou oportunidade, não se deve negligenciar a importância da mente.[106] Essa é uma das lições da sabedoria. Infelizmente, há uma tendência entre os cristãos, em particular os orientados pela experiência espiritual interior, de negligenciar a relação do evangelho com a forma como pensamos. É quase como se o pensamento cuidadoso e o raciocínio não desempenhassem nenhum papel em ser cristão. Isso é visto não só em conceitos peculiares de orientação, mas também na desconfiança da teologia e de qualquer tentativa de alcançar a precisão na exegese e interpretação da Bíblia. Esse tipo de cristianismo raramente desafia o não cristão convicto.[107] Esses desafios pertencem não só aos locais de ensino superior, mas também ao local de trabalho do homem comum. O trabalhador não qualificado e o funcionário de loja também têm uma interpretação intelectual da realidade à qual o evangelho deve ser endereçado.

O conteúdo intelectual do evangelho significa que a vida, morte e ressurreição de Jesus — como método divino de salvar pecadores — estão intimamente relacionadas com o significado de toda a realidade. Além disso, o evangelho é a maneira de Deus nos revelar o que isso significa. Assim, os cristãos devem aceitar a responsabilidade de desenvolver uma visão de mundo significativa em termos contemporâneos e coerente com o evangelho. Obviamente, o universo que passou a existir a partir de matéria eternamente preexistente, o universo não criado e resultado do tempo e do acaso, e a humanida-

---

[106] Cf. John Stott, *Your Mind Matters* (Leicester: Inter-Varsity Press, 1972). [Publicado em português com o título *Crer é também pensar* (São Paulo: ABU Editora, 1994).]
[107] Isso foi discutido em Cornelius van Til, *The Intellectual Challenge of the Gospel* (London: Tyndale Press, 1950).

de que não é responsável diante de Deus são ideias que se chocam violentamente com o fato de que Jesus morreu por nossos pecados. A menos que o universo seja a criação do Deus pessoal e eterno, o evangelho não tem nenhum significado.

Na sabedoria do AT, há duas ideias complementares. Deus concede sabedoria a seu povo como dom, e ele exige a tarefa delicada de aprender sabedoria. A oração de Salomão por entendimento foi concedida, mas, ao ser equipado com o dom divino, ele foi engajado na tarefa contínua de aprender, descobrir, raciocinar e tomar decisões. O dom não deve ser visto apenas como uma habilidade mental particular de Salomão sobrenaturalmente energizada. Dom e tarefas andam de mãos dadas. O fato de Salomão ter reconhecido o temor do Senhor, mesmo que mais tarde ele deixasse esse ponto de referência sair de foco, mostra que sua fé e o objeto da fé eram inseparáveis da sabedoria. Em outras palavras, a sabedoria de Salomão não pode ser entendida fora de todas as suas percepções da aliança e dos atos salvadores de Deus. O que Deus fez por ele sob a aliança foi o principal dom do qual procedeu o dom de sabedoria. Da mesma maneira que o dom de redenção exigiu a tarefa prescrita pela lei, o dom de sabedoria exigiu a tarefa de aprender e aplicar a sabedoria.

Jesus cumpriu o papel de Salomão como o sábio rei de Israel. A sabedoria de Salomão era imperfeita, mas a sabedoria de Jesus era perfeita. O conhecimento de Salomão sobre seu relacionamento com o Pai foi marcado pelo pecado e pela ignorância, mas Jesus tinha o conhecimento perfeito de todos os relacionamentos. Sendo o homem perfeitamente sábio para nós, Jesus se qualifica para nos redimir da ignorância pecaminosa e de seus efeitos. Nesse processo redentor, está incluída a instrução de nossa mente. Pelo que era e fez, Jesus nos mostra como são as coisas na realidade. Assim, ele padroniza a realidade da nossa relação com Deus, com os outros e com o mundo. Não ignoramos sua singularidade como homem-Deus e Salvador do mundo. Não podemos imitar esses atributos, mas podemos aprender com a natureza dos relacionamentos que somos, na verdade, restaurados à perfeição na pessoa de Cristo.

Qual, então, é a estrutura intelectual do evangelho? A fé cristã proclama que o universo foi criado pelo Deus que é uma Trindade. O conhecimento de Deus como Trindade vem a nós como resultado do evangelho. Uma vez que se reconheceu que de alguma forma Jesus era Deus em carne humana, era inevitável fazer a distinção entre ele e o Pai no céu. A mesma distinção também foi necessária pela realidade do Espírito Santo como pessoa divina. Deus, ao que parece, é uma comunidade de seres, três pessoas *e* um só Deus. Da mesma maneira, Jesus é percebido como uma pessoa com duas naturezas. Mas esse tipo de relacionamento era reconhecido como uma realidade nos relacionamentos humanos e em outros desde os primeiros tempos em Israel. Exatamente isso se entendia com clareza no que diz respeito ao ser de Deus.

A modo que como Deus se relaciona consigo mesmo como Pai, Filho e Espírito Santo se reflete nos relacionamentos do universo por ele criados. Essa é a questão de ordem que ocupou os escritores de sabedoria. Uma forma particular dessa questão é a relação entre o um e os muitos, o indivíduo com todos os outros indivíduos, e um grupo (ou classe) com os muitos indivíduos. Todas as questões sobre relacionamentos humanos que nos interessam são variações do problema do um e dos muitos. Todas as questões levantadas na literatura sapiencial são expressões dessa preocupação. Este é o problema por trás da relação de machos e fêmeas em geral, de marido e mulher, em particular, de pais e filhos, de crente e descrente, de trabalhador e empregador, de seres humanos e animais, de seres humanos e a criação inanimada, e assim por diante. A lista é interminável. Mas acima de tudo, procuramos conhecer a relação de Deus com o homem.

A fim de destacar a importância da abordagem verdadeiramente cristã destas questões, vamos considerar primeiro alguns exemplos de onde pensamentos não cristãos nos levam. O humanista que rejeita a existência de Deus fica com apenas os resultados do acaso cego na formação do universo. Se a humanidade resulta da seleção natural, da mutação fortuita, ou da sobrevivência do mais apto, então todos os relacionamentos humanos são expressos por meio de um molde. Se o humanista for coerente com as próprias premissas, ele não tem base real para o estabelecimento do certo ou errado nos relacionamentos humanos. Na nossa sociedade ocidental, seria verdade dizer que os humanistas e os não cristãos em geral têm realmente usado uma base ética tomada de empréstimo do cristianismo. Infelizmente, isso está mudando e a ética mais coerente com o humanismo vem prevalecendo cada vez mais. Por exemplo, o aborto expressa a sobrevivência da ética mais conveniente, que está totalmente em desacordo com a visão cristã da vida humana e do homem, criado à imagem de Deus. A revolução sexual moderna mostra a confusão que surge quando a base adequada para a ética e para os relacionamentos humanos é removida.

Outro ponto de vista não cristão da realidade é o do judaísmo farisaico que Jesus encontrou. Ele não nega Deus, no sentido de ser ateu. Além disso, ele compartilha as mesmas Escrituras do AT com o cristianismo. No entanto, quando Jesus afirmou ser aquele para o qual o AT apontava, ele se declarou em unidade com Deus, provocou ira nos judeus (p. ex., Jo 5.17,18). Pode ser que suas convicções sobre a unidade com Deus lhes tenha dificultado aceitar a implicação de que Deus poderia ter vindo em carne humana, enquanto permanecia o ser que habita acima dos céus. Mas sua reação não se deu por ser esse conceito era inconcebível à luz do AT. A declaração permanente de fé, ainda central para o judaísmo hoje, é o *Shema'* de Deuteronômio 6.4,5:

> Ouça, ó Israel: O SENHOR, o nosso Deus, é o único SENHOR. Ame o SENHOR, o seu Deus, de todo o seu coração, de toda a sua alma e de todas as suas forças.

Aqui, como encontramos frequentemente ao longo do AT, Deus é proclamado um (em hebraico *'echad*). A natureza da unicidade de Deus deve ser entendida a partir da revelação de toda a Bíblia, mas a palavra *um* não descarta uma complexidade ou pluralidade na unidade. Assim, a mesma palavra é usada para marido e mulher que se tornam uma só carne (Gn 2.24), para os dois sonhos de Faraó que eram um só (Gn 41.25), e para uma nação que se uniu como um só homem (Jz 20.1).[108]

O problema de um-e-muitos é ilustrado na confusão que as pessoas fazem no uso de substantivos coletivos em inglês. O que se ensina é que o uso correto em inglês exige um verbo no singular com um substantivo coletivo: a comissão *está* reunida, a equipa *está* jogando bem, o rebanho *vai* após o pastor. Os comentaristas de críquete parecem ter mudado as regras, pois costumam dizer que a Inglaterra (ou Austrália) *estão* com uma pontuação de... O problema é que a ideia de equipe é singular (uma equipe) e plural (muitos membros). Logicamente, é o aspecto que gostaríamos de salientar que determina se pensamos nisso como singular ou plural. Mas se quisermos fazer justiça à realidade do caráter coletivo, de alguma forma teremos que lidar com a unicidade e com o aspecto juntos.

Podemos ilustrar essa situação no caso de um jogo de críquete entre a Inglaterra e a Austrália. Ambas, por serem nações, não podem entrar em campo para jogar, mas dois times, duas equipes de onze jogadores que as representem, respectivamente, podem fazê-lo. Enquanto cinquenta mil espectadores nas arquibancadas devem ser claramente distinguidos da equipe que os representa (ou então seria o caos em campo), tal é a unidade entre os espectadores e equipe que, depois de tudo acabar, cada um desses espectadores terá em sua mente "ganhamos" ou "perdemos".

Voltando ao *Shema'*, as ilustrações anteriores nos ajudam a entender por que a convicção de Israel de que Deus é um só não descarta

---

[108] Gordon Jessup, *No Strange God* (London: Olive Press, 1976), p. 105, comenta: "Foi sugerido, por pelo menos um notável estudioso e professor judeu, que houve um tempo em que o judaísmo poderia ter aceitado a doutrina trinitária de Deus. Na época de Maimônides, o comportamento cristão antijudeu tornou isso emocionalmente impossível. Desse tempo em diante, também é intelectualmente impossível (exceto pela graça de Deus) para um judeu ortodoxo acreditar em um Deus cuja unidade é tão complexa que também pode ser chamada de Trindade." A referência a Maimônides diz respeito a um filósofo judeu do século XII d.C. que, ao falar de Deus, introduziu o uso da palavra hebraica *yachid*, que é relacionada com '*echad*, mas que enfatiza a natureza solitária da unidade.

a possibilidade de que ele é algo maior que uma unidade solitária, indiferenciada. Se Deus imprimiu de fato seu caráter no universo, pelo menos, seria possível demonstrar que, de alguma forma, Deus é um e muitos, pois é o que vemos a nosso redor. Cada aspecto da experiência só faz sentido se entendermos que nós mesmos e todos os relacionamentos expressam unidade e diferença. De acordo com o NT, Deus como fonte desse dado da realidade, é assim mesmo.

Esta doutrina da tri-unidade de Deus começa com Jesus como o Deus-homem. A encarnação é a expressão suprema dessa verdade no nosso mundo de espaço e tempo. E isso tem dois aspectos distintos. Em primeiro lugar, Jesus é Deus e homem. Se alguém, ao ver Jesus caminhando ao longo da estrada, dissesse: "Lá está Deus", sua declaração teria sido correta mas insuficiente. Da mesma forma, se ele tivesse dito: "Lá está um homem", esta afirmação também seria correta, mas inadequada. Até que os dois aspectos sejam colocados juntos para que possamos dizer: "Lá está o Deus-homem", a verdade não só é insuficiente, na verdade está distorcida por ter deixado de fora da relação a outra parte da verdade.

Isso aponta para a questão do tipo de relação entre as duas verdades. Se dissermos que pelo fato de Jesus ser Deus e homem ele deve ser duas pessoas, estaremos errando. Ele é, como dizem os teólogos, duas naturezas em uma pessoa; ele é uni-plural. No Concílio de Calcedônia, no século V, depois de muita polêmica, a Igreja Cristã elaborou uma maneira de falar que deixou claro que não poderia resolver o mistério da unipluralidade pela lógica simples (ou qualquer outro tipo de lógica). Em vez disso, para ser fiel aos fatos, devemos chegar a um acordo sobre a existência de um mistério. Então, se Jesus é descrito como verdadeiramente Deus e verdadeiramente homem, reconhecemos a unidade das duas naturezas sem confundi-las, ou, dito de outro modo, reconhecemos a distinção das duas naturezas sem as separar.

O segundo aspecto da encarnação é que ela nos aponta para Deus como Trindade. Os números podem variar, mas o mesmo tipo de relação existe aqui na pessoa de Jesus. O que a *Fórmula de Calcedônia* afirmou sobre a pessoa de Jesus poderia ser adaptado para nos ajudar a falar com mais precisão sobre a natureza de Deus como Trindade.[109] Devemos sempre manter a unidade de Deus, de modo que tudo o que ele faz, ele faz como Trindade: Pai, Filho e Espírito Santo. Por outro lado, as distinções devem ser mantidas para que nós não troquemos, simplesmente, as três pessoas em seus papéis distintos.

Outro ponto deve ser mencionado. Jesus expressa a mesma relação uni-plural entre ele e o Pai.[110] Isso é semelhante à relação entre suas duas naturezas. Outra vez é uma questão tanto de unidade quanto de pluralidade, a unidade e a distinção. Jesus salientou a distinção quando se dirigiu ao Pai como "tu", ou quando ele falou do Pai como "maior do que eu". Mas ele também fez afirmações frequentes de unidade, como "Eu e o Pai somos um", ou "Aquele que vê a mim vê ao Pai". Os dois aspectos devem ser apreendidos se não quisermos ter uma falsa visão de Cristo.

Todas os relacionamentos expressam algum tipo de unipluralidade por meio da unidade e distinção. Vimos que os principais interesses da sabedoria são os relacionamentos e a ordem das coisas no universo. Cristo cumpre para nós a função de sabedoria por ser a expressão mais plena de sabedoria. Assim, o evento do evangelho se torna para nós sabedoria no sentido de que a natureza da ordem é revelada em Cristo. Sua unipluralidade aponta para a do Supremo e, assim, para a do universo que tem a marca de sua natureza. A literatura sapiencial analisa constantemente os relacionamentos de unidade e de distinções características da ordem no universo. É função

---

[109] O chamado *Credo atanasiano* expressa a unipluralidade da Trindade e de Jesus Cristo. O credo é tido como anterior à *Fórmula de Calcedônia* (451 d.C.) e apresenta uma expressão um pouco pesada das doutrinas. Ela era considerada adequada aos cristãos comuns, tanto que o *Livro de oração comum* (da Igreja da Inglaterra) orientava que, em certos dias, fosse utilizado nas orações matinais no lugar do *Credo apostólico*. O vocabulário desse credo ilustra a impossibilidade de dar expressão adequada para a unipluralidade.

[110] Em Jo 14—16, o discurso de Jesus sobre a dádiva do Espírito contém referências frequentes tanto à unidade quanto à distinção dentre Pai, Filho e Espírito Santo, o que nos obriga a reconhecer a tri-unidade de Deus.

da sabedoria perceber em qualquer situação como manter a relação adequada de unidade e distinção. Por exemplo, em Provérbios 6.6, o trabalho da formiga, por ser um exemplo para o homem preguiçoso, mostra o tipo de unidade entre o homem e o inseto:

Observe a formiga, preguiçoso,
reflita nos caminhos dela e seja sábio!

Mas outro ditado, Provérbios 26.14, adverte que o homem preguiçoso está em perigo de levar a unidade para o ponto onde não há distinção entre ele e um certo objeto inanimado:

Como a porta gira em suas dobradiças,
assim o preguiçoso se revira em sua cama.

O evangelho mostra que esta é a forma como o universo é porque esta é a maneira que Deus é.

A partir da perspectiva baseada no evangelho, as cartas do NT abordam todos os tipos de relacionamento humano nessa luz. De forma prática, mostram que o evangelho fornece a estrutura adequada, o temor do Senhor, em que buscamos a sabedoria. Exemplo disto é a discussão de Paulo sobre o relacionamento entre marido e mulher em Efésios 5.21-33. Esse exemplo reflete a relação entre Cristo e a Igreja, que por sua vez reflete a relação entre Deus e seu povo. É significativo que no discurso Paulo lembre Gênesis 2.24 e a perspectiva de unipluralidade: "Por essa razão, o homem deixará pai e mãe e se unirá à sua mulher, e eles se tornarão uma só carne". Devemos notar que unidade-distinção é apenas um aspecto relacional. Ainda temos que levar em conta as características das pessoas ou coisas relacionadas. Enquanto unidade-distinção caracterizam todos os relacionamentos, Deus e o homem só podem dizer respeito a Deus e ao homem. Isso será muito diferente do relacionamento entre marido e mulher, que difere da relação de irmão e irmã. Por isso enfatizamos que na encarnação Deus se relaciona com o homem. É da natureza de Deus, entre outras coisas, ser absolutamente soberano, embora a natureza do homem seja absolutamente responsável. Eles permanecem assim enquanto se relacionam com perfeição na pessoa de Jesus Cristo. Da mesma forma, o fato de marido e mulher se tornarem uma só carne não significa que eles perdem a masculinidade ou feminilidade.

O fato de não entendermos como pode haver uma unipluralidade em Deus ou em Cristo só expressa a distinção real entre nós, com nossa mente finita, e o Deus infinito. No entanto, isso *é* assim porque a Bíblia nos mostra que é assim. Os exemplos apresentados serão suficientes para mostrar que não há uma estrutura para todos os relacionamentos originados na "estrutura" de relacionamentos dentro da unidade comunal de Deus. O temor do Senhor como princípio da sabedoria aponta para o conteúdo intelectual do evangelho, onde vemos Jesus Cristo como padrão de toda a verdade.

O EVANGELHO DE RELACIONAMENTOS RESTAURADOS

Quero agora abordar outro aspecto de como a sabedoria se relaciona com a pessoa de Cristo. Sugere-se que Provérbios 8 envolva a personificação da sabedoria intimamente relacionada à atividade criativa de vontade de Deus. Sugere-se que Paulo aponta para isso em algumas de suas declarações a respeito de Cristo como sabedoria (e.g., 1Co 1.24,30). Mas não é de todo claro que Provérbios 8 seja uma personificação real, isto é, a sabedoria creditada a uma existência pessoal e independente ao lado de Deus. Parece mais provável que se trate de uma forma poética de falar sobre a sabedoria de Deus expressa na criação de mundo.[111]

Como, então, podemos falar de Cristo como a sabedoria de Deus? Esta é uma questão complexa, e vamos focar um aspecto dela. Temos visto que a sabedoria no AT fica muito próxima da doutrina da criação. Já vimos que a sabedoria e a criação estão intimamente relacionadas com a história da salvação. Se reduzirmos as três áreas, sabedoria, criação e história da salvação, a seus esqueletos nus, descobriremos que elas têm a mesma estrutura subjacente. A criação decorre de Deus trazer todas as coisas à existência, para que haja Deus, a humanidade e o resto da criação, todos relacionados corretamente

---

[111] Cf. James D. G. Dunn, *Christology in the Making* (London: SCM Press, 1980), cap. 5.

como Deus determina. O pecado rompe esses relacionamentos de maneira tão radical que as únicos relacionamentos não deslocados são os próprios da Divindade. A salvação é uma forma de restaurar todas as coisas de Deus à devida ordem, de modo que mais uma vez haverá Deus, homem e o resto da criação em relacionamentos adequados. A sabedoria procede da base da revelação divina a respeito do que esses relacionamentos foram uma vez, e de como Deus os está restaurando para que sejam de novo. Em seguida, ela se esforça para obter conhecimento e compreensão de onde nos encontramos agora, com o objetivo de saber como se relacionar corretamente com o mundo em transformação. Assim, a sabedoria se preocupa com os relacionamentos de Deus, o homem e o mundo, não com a realidade estática, mas com a realidade que se move para a restauração de todas as coisas. Criação, história da salvação e sabedoria, assim, contêm o mesmo tipo de esqueleto, a saber, Deus, o homem e o mundo que, juntos, são apresentados como um entendimento bíblico peculiar da natureza da realidade, dos relacionamentos e de tudo nele.

A Bíblia nos apresenta assim, pelo menos duas perspectivas distintas da realidade, embora relacionadas. Elas parecem divergir por um tempo, mas são reunidas na pessoa de Jesus Cristo. Ambas as perspectivas lidam com a mesma matéria-prima bíblica da realidade e se encontram na mesma linha de base da criação. A história da salvação, como perspectiva, abraça toda a história da família específica da humanidade que inclui Israel. Quando seguimos a genealogia sagrada por meio de Adão, Sete, Noé, Sem, Abraão e Jacó, somos atraídos pelo tratamento de Deus com esta família. Os atos de Deus são estruturados por aliança e redenção, promessa de salvação e seu cumprimento. A sequência de eventos também pode ser reduzida ao básico:

a) A criação é o ato divino de trazer todas as coisas à existência e à relação adequada e harmoniosa.

b) A Queda da humanidade, resultante do pecado de Adão, fez com que todos os relacionamentos ficassem deslocados e confusos.

c) A salvação é o ato divino de trazer todas as coisas de volta a relacionamentos adequados.

d) Jesus Cristo é Deus e homem em um relacionamento correto, pois ele é o único homem sem pecado desde a Queda. A natureza humana de Jesus significa que ele também participa da criação física. Assim, podemos dizer que a pessoa de Jesus foi, pela primeira vez desde a Queda, a verdadeira expressão de Deus, do homem e da ordem criada em relacionamentos corretos.[112]

A história da salvação culmina no evangelho, mas ao mesmo tempo abraça a história posterior da humanidade até a volta de Cristo. Somos obrigados a expressar toda a perspectiva do NT em relação a Jesus Cristo e ao AT. Além disso, estamos justificados ao usar o conceito de ordem para significar a realidade ordenada de Deus, do homem e do mundo. Assim, podemos reafirmar a progressão da história da salvação que esta resumida anteriormente da seguinte forma:

a) Criação: *ordem*.
b) Queda: deslocamento da *ordem*.
c) Aliança: promessa da *ordem* restaurada.
d) Êxodo: o padrão redentor da *ordem* sendo restaurada.
e) Reinos de Davi e Salomão: um padrão da *ordem* por vir.
f) Jesus Cristo: a realidade da *ordem* representativamente estabelecida.[113]
g) o Reino de Cristo revelado em seu retorno: *ordem*.

A perspectiva da sabedoria parte do mesmo ponto que a história da salvação: a criação. Ela pressupõe o significado revelado da história

---

[112] V. *O evangelho e o Reino*, em que a história da salvação é apresentada em alguns detalhes como povo de Deus, no lugar de Deus, sob o governo de Deus. Esse resumo dos componentes do Reino de Deus é apenas outra forma de expressar Deus, o homem e a ordem criada em relacionamentos corretos. O conceito do Reino é um modelo dos relacionamentos corretos que Deus deseja.

[113] Quando Jesus trouxe o Reino na sua vinda, ele era o Reino. É importante entender que Deus restaurou todas as coisas nele como meio de restaurar todas as coisas neles. Jesus veio como nosso representante, bem como nosso substituto. Todos os relacionamentos certos da realidade existiam em Jesus de Nazaré; ele foi o único que veio para muitos.

da salvação apesar de se concentrar mais na criação que na redenção. E atinge o ponto culminante em Jesus de Nazaré. Em nosso estudo da sabedoria, vimos que a questão da ordem dos relacionamentos é primordial. Mais uma vez, utilizando o conceito de *ordem* para significar Deus, o homem e o mundo em relacionamentos corretos, podemos resumir a perspectiva da sabedoria assim:

a) Criação: *ordem*.
b) O pecado e loucura: deslocamento da *ordem*.
c) Sabedoria é a compreensão da atual *ordem* confusa e da futura ordem restaurada, de modo que se possa viver de acordo com o que é real.
d) Jesus Cristo é feito sabedoria, isto é, a *ordem* para nós.

Pode-se ver que a sabedoria e a história da salvação são dois lados da realidade. Essa não é uma realidade estática, mas dinâmica, passando da perfeição originária à interrupção, mediante a restauração da consumação e perfeição final. A salvação histórica tem forte ênfase escatológica na medida em que prevê continuamente o fim ou objetivo do processo. A sabedoria não é em sua maior parte orientada pela escatologia. Seu foco é a vida no presente, e os relacionamentos que devemos buscar em um mundo caído e confuso. Sua escatologia está implícita, pois seu objetivo é a vida, e a vida, em última análise, é vivida em perfeito relacionamento com Deus, e também o homem e o universo. No quadro da história da salvação, a preocupação da sabedoria é com o entendimento de onde aquele que teme ao Senhor está agora, e como deveria ser seu relacionamento com o mundo em juízo, mas também sob promessa.

Para concluir essa discussão, resumiremos o significado de Cristo como sabedoria de Deus. Primeiro, Cristo como Deus eterno, estava presente na criação e ativo na expressão da sabedoria de Deus. Em segundo lugar, a sabedoria de Deus era tal que Jesus Cristo, no evento do evangelho, foi o plano de Deus eternamente concebido sobre o qual a criação se baseou. Em terceiro lugar, a obra redentora de Deus, pelo benefício da criação carregada de pecado, ocorreu não só pela morte expiatória, mas pela nova criação na pessoa de Cristo em que Deus, o homem e a ordem criada se relacionam com perfeição. Em quarto lugar, a ruptura do pecado foi de tal natureza, que trouxe todo o pensamento humano sobre a realidade última em oposição à verdade real. Em quinto lugar, Deus concede verdadeira sabedoria a seu povo como presente quando envia Cristo ao mundo. Jesus justifica nossa confusa sabedoria ao possuir em si mesmo a sabedoria humana perfeita para nós. Ele santifica a nossa sabedoria confusa com a padronização da verdade e dando o seu Espírito Santo para nos guiar nos caminhos da verdade. Por fim, ele glorifica a nossa sabedoria quando somos renovados através de nossa ressurreição e refletirmos seu caráter perfeitamente.

QUESTÕES PARA ESTUDO

1. De que forma as parábolas de Jesus são os novos provérbios de sabedoria, e de que forma essa sabedoria colide com a dos judeus da época de Jesus?

2. Como o evangelho — a vida, morte e ressurreição de Jesus — fornece aos cristãos a única base válida para a sabedoria e uma compreensão do universo?

3. Como o evangelho reúne as duas perspectivas do AT a respeito da sabedoria da história da salvação?

CAPÍTULO 12

Os cristãos e a transformação da ordem

Resumo

Desde que a sabedoria se cumpriu na pessoa e obra de Jesus, os cristãos devem ler a literatura sapiencial do AT à luz desse cumprimento. A sabedoria sempre funciona no quadro de atos salvadores de Deus e da Palavra. Cristo não morreu apenas para nos salvar, ele foi também o homem perfeito e sábio de Deus vivendo de forma absolutamente responsável. Ele viveu em nosso lugar, de modo que podemos ser considerados sábios diante de Deus. Sua vida também foi o exemplo da verdadeira sabedoria, para que possamos aprender a sabedoria dele. A visão geral da sabedoria na Bíblia nos fornece a base para nossa tomada de decisões. A orientação é principalmente dirigida à responsabilidade dos cristãos de tomar decisões de acordo com a realidade revelada no evangelho.

Interpretação da sabedoria do Antigo Testamento

Dada a perspectiva diferente da sabedoria no AT, faz-se necessária uma abordagem especial para sua interpretação? No capítulo anterior, indiquei como o significado real da sabedoria está ligado à pessoa e obra de Jesus Cristo. Isso significa que ele não pode ser ignorado quando se busca interpretar os textos de sabedoria do AT. A interpretação de qualquer texto da Bíblia começa com a exegese. Ela visa descobrir o que o texto quis dizer no contexto bíblico originário. Assim, se devemos entender como o texto se refere a nós, como cristãos, devemos primeiro entender como ele se relaciona com o evangelho. A hermenêutica, ou interpretação, significa perguntar o que o texto quer dizer quando visto na relação apropriada com o evangelho.

A sabedoria está ligada aos mesmos dois pontos de referência que a história da salvação, ou seja, à criação e nova criação em Cristo. Além disso, ela é praticada com os pressupostos da revelação na história da salvação. Assim, esperaríamos que a interpretação da sabedoria procedesse na mesma base que a interpretação de textos sobre a história da salvação. Em essência, nosso método interpretativo é a resposta à natureza da totalidade da Bíblia, tendo em conta sua unidade e a diversidade de expressão nessa unidade. Sem alguma atenção à unidade teológica da Bíblia não é possível apreciar as relações importantes entre as várias fases de revelação bíblica.

Nossa breve incursão nas fontes de sabedoria do AT se concentrou na compreensão de como se procurava pela sabedoria. Precisamos renunciar à exegese detalhada dos textos. O cristão estudante da Bíblia pode se aproximar da exegese com confiança que terá muitos *insights* sobre a autêntica existência cristã. Armar-nos com essas percepções só pode ser benéfico, desde que consideremos como os sábios entendiam seu significado na aprendizagem da sabedoria. Outra qualificação é que nós sempre reconhecemos a natureza incompleta do AT sem o NT.

A fim de entender o que certo texto quer dizer no contexto originário, é preciso considerar seu histórico e contexto teológico. Temos de pensar na situação dos primeiros ouvintes ou leitores, e o que se esperava que eles compreendessem do texto em confronto com sua situação. O processo de mudança do texto para Jesus Cristo depende de onde o texto está na progressão histórica da revelação de Deus.

A sabedoria expressa a existência do povo de Deus no ponto culminante do período de Abraão até Salomão em que o Reino de Deus se expressava na experiência histórica de Israel. A sabedoria continua como importante área do pensamento israelita após o declínio histórico do Reino até a era da do NT. No Capítulo 4, vimos que a sabedoria floresceu a partir da época de Salomão como expressão do amadurecimento da nação. Os textos de sabedoria expressam a humanidade responsável no âmbito da revelação de Deus e de seu Reino. A sabedoria, portanto, refletia a tarefa humana do mandato cultural outorgada a Adão, mas que agora operava na realidade política e terrena do Reino no mundo não redimido. O fato de que o povo de Deus vivia, e ainda vive, no mundo não redimido, levantou todos os tipos de perguntas sobre o tipo de respostas que os redimidos devem dar para aquele que é redimido e para o que Deus criou os seres humanos para funcionar pela integração de duas fontes de verdade.

Deus criou os seres humanos para que atuassem pela integração de duas fontes de verdade. Elas não são fontes iguais que operam lado a lado, mas complementares. A primeira é a revelação derivada da Palavra de Deus. Como ser racional, o homem é incapaz de saber por si mesmo o necessário para interpretar o mundo a seu redor. O Deus racional e pessoal criou o homem à sua imagem, incluindo sua natureza racional-pessoal, para responder à palavra revelada de Deus. Por meio dessa revelação, o homem recebe os pontos de referência necessários para o entendimento das relações. Em suma, Deus revela ao homem algo da natureza da ordem no universo. A segunda fonte de verdade é a operação conjunta dos sentidos e da razão. A razão não é em si uma fonte de verdade, mas um modo de programar informações. A razão deve primeiro ser compatível com a verdade da revelação para processar com correção as informações de nossos sentidos. É por isso que, segundo a Bíblia, os gênios podem ser tolos. A forma como o raciocínio opera não é principalmente uma função de quão inteligentes somos, nem da quantidade de informação acumulada na mente. É uma escolha moral ser independente de Deus e se sujeitar a ele no pensamento, bem como em nossas ações. A escolha moral de ser independente de Deus é o que se transformou no que chamamos Queda do homem. Apenas o poder regenerador do evangelho e do Espírito Santo pode nos capacitar a fazer a segunda e correta escolha da submissão a Deus.

A revelação é, portanto, superior. Deus nos dirige e define a nossa humanidade em relação a seu ser e ao mundo. Conhecer a Deus e conhecer a nós mesmos nesse relacionamento são os pré-requisitos do exercício da compreensão dos detalhes da experiência humana. No Éden, Deus dirigia Adão e definiu sua tarefa cultural e os limites de sua liberdade. O próprio fato de que Deus, então, falou com sua criatura também definiu a boa relação entre ele e o homem. No mundo caído, em que a história da salvação opera, Deus dirigiu seu povo por meio das alianças da promessa e da lei, sendo que ambas estavam ligadas aos atos de redenção na história de Israel. A tarefa cultural de Israel, da qual a sabedoria é a principal expressão, precisava da revelação divina para ser entendida e realizada. Agora, Cristo veio como a mais completa e perfeita Palavra de Deus para o homem. Por meio de Cristo, Deus interpreta o sentido do universo, do mundo e de toda a história da raça humana. Cristo interpreta você e eu, para que nós não tenhamos que nos debater com a ambiguidade da nossa existência. Ele nos revela o que precisamos saber, a fim de continuarmos a viver como cristãos responsáveis.

Ao aplicar esses princípios gerais ao livro de Provérbios, começamos perguntando como ele funcionava no contexto originário. Como instruíam o povo de Deus sobre a relação com ele, uns com os outros e com o mundo? Essa é uma questão teológica, pois todos os relacionamentos envolvem o relacionamento com Deus. Provérbios destaca o lado prático do aprendizado da relação com tudo. Ele salienta a tarefa responsável da vida de fé. Sua função teológica é fornecer conhecimento sobre como podemos traduzir nosso relacionamento com Deus em relações corretas com o homem e o mundo. Mas como surgiu do contexto pré-cristão do AT, sua percepção das relações é limitada pela natureza incompleta da revelação de Deus no AT.

Os profetas do AT revelam o Reino futuro em que o povo de Deus viverá em relacionamentos perfeitos entre si e com o mundo. O ponto central dessa sabedoria entre as pessoas é o fato de que o rei messiânico será o exemplo vivo da sabedoria verdadeira. Mas a realidade do Reino não significa que não haverá tarefa em sabedoria. A ignorância e imperfeição no conhecimento de Deus, junto com a dureza pecaminosa do coração para a revelação divina, serão removidos. O povo de Deus será perfeitamente segundo a vontade de Deus através de uma renovação da sua natureza (Jr 31.31-34, Ez 36.25-28). A tarefa responsável da sabedoria é exigida não porque somos pecadores, mas porque somos criaturas finitas de Deus. O mandato cultural foi dado a Adão em sua inocência e não após a Queda.

A tarefa responsável de Provérbios tem expressão plena e perfeita em Jesus. Isso cumpre a expectativa profética do rei messiânico perfeitamente sábio. Como é tentador correr para os textos de Provérbios e aplicá-los à vida cristã, devemos nos disciplinar a relacionar nossos textos, antes de tudo, com Cristo. Jesus, em todos os sentidos, cumpre os requisitos divinos para Israel. Ele era o homem perfeitamente sábio de Deus vivendo a vida de forma responsável diante de seu Pai celestial. Em sua existência humana perfeita, viveu de acordo com sua verdadeira percepção da realidade, tomando decisões certas no lugar certo e na hora certa. Em tudo isso, ele viveu como quem temia ao Senhor com perfeição. Assim, na aplicação a nós mesmos das unidades textuais individuais de Provérbios, precisamos estar cientes do significado do evangelho para a existência humana. Não podemos aplicar apenas a sabedoria proverbial do AT a nós mesmos como se nunca tivéssemos ouvido falar de Jesus Cristo. A sabedoria aponta para a justiça, mas sabemos que a vida de Jesus foi vivida por nós, a fim de proporcionar a justiça perfeita para nós que resultasse em nossa aceitação diante de Deus. Jesus justifica nossa débil tentativa de viver com sabedoria como deveríamos ser, mas não conseguimos. Assim, Deus considera todos os crentes portadores da mesma sabedoria de Cristo. Em outras palavras, Cristo foi feito sabedoria para nós (1Co 1.30).

Mover um texto através do evangelho para nós mesmos tem um efeito transformador sobre seu significado. O temor do Senhor recebe significado específico e definitivo na fé na pessoa e obra de Jesus Cristo como nosso Salvador. O conteúdo intelectual do evangelho ilumina a natureza da ordem do universo com uma clareza não pertencente à revelação do AT. É aqui que o ensino do NT sobre a obra do Espírito Santo deve ser entendido. O Espírito e evangelho andam de mãos dadas, pois a tarefa principal do Espírito é aplicar o evangelho de Jesus ao coração e à mente do povo de Deus. O NT nunca sugere que o Espírito assume nossa humanidade. Isso seria a negação total da natureza do evangelho: restaurar nossa verdadeira humanidade, não removê-la. A doutrina da criação estabelece a existência da distinção real entre Deus e o homem que deve ser mantida na ordem de coisas. Na sugestão de que nossa humanidade é absorvida pelo Espírito de Deus essa ordem é destruída. Além disso, a razão para a vinda de Cristo na carne, como verdadeiro homem, dissolve-se se o propósito de Deus é nos absorver em seu ser. Salvação significa a humanização do homem, não sua deificação (ou divinização). Nossa unidade com Deus está em termos sido criados à sua imagem e refletirmos seu caráter. Nossa diferença de Deus está no fato de que o nosso destino é permanecer a maior criação de Deus e viver em resposta à sua revelação de si mesmo para nós. Toda a literatura sapiencial é eloquente sobre esses fatos e explora suas implicações na vida.

As diferenças entre Provérbios, Jó e Eclesiastes são encontradas principalmente nas ênfases diversas. Provérbios enfatiza os aspectos práticos relativos à ordem observável. Essa ordem não é autointerpretável; ela precisa da revelação divina para ser interpretada. Jó e Eclesiastes enfatizam a infinita grandeza de Deus e da sua sabedoria. Como consequência, o homem é colocado em seu tamanho e, assim, descobre que sua verdadeira humanidade não é diminuída pelo reconhecimento de que ele se relaciona com Deus em situação de desigualdade. O mistério da ordem aponta para o fato reconfortante de que Deus é infinitamente maior que a nossa possibilidade de compreensão. Jó e *Qohelet* convidam à abertura para a soberania de Deus e, portanto, urge confiar nele. Mais uma vez se vê que a sabedoria desses livros recebe expressão mais pura na pessoa de Cristo. Todas as tribulações do Filho do homem eram um ataque à ordem de seu relacionamento Deus-homem. No entanto, mesmo a tribulação da cruz não destruiu sua confiança no Pai. Por fim, a ressurreição demonstrou que a relação homem-Deus não pode ser destruída nem mesmo pela intrusão da maior das desordens: a morte.

O evangelho transforma, assim, toda a sabedoria do AT, mostrando seu lugar no destino final do povo de Deus. O evangelho, portanto, não torna o material do AT supérfluo, pois ele constantemente o pressupõe. O NT não despreza a base mais antiga, mas mostra como o solo antigo deve ser entendido e aplicado. Como Cristo é a perfeita expressão de todas as facetas da sabedoria humana, no AT, ele é capaz de ser a base de nossa aceitação por Deus. Então, ele nos mostra o objetivo do crescimento contínuo no sentido de nos tornarmos conformes o seu caráter. Como ele se tornou nossa sabedoria, precisamos estudar o AT à luz do que ele realizou. A literatura sapiencial, à sua maneira, nos conduz em direção à vida cristã responsável que se aplica à realidade de Cristo para todos os níveis da existência humana. Por um lado, dá-nos a percepção de fazer sentido em nosso mundo, e por outro lado, reforça a nossa confiança em Deus em face das coisas que não fazem sentido. À medida que buscamos sabedoria de maneira centralizada no evangelho, descobrimos mais e mais como Cristo é o ponto de partida e a meta.

O cristão entende a si mesmo e toda a criação à luz da revelação de Deus na pessoa e obra de Jesus Cristo.

Revelação de Deus em Cristo

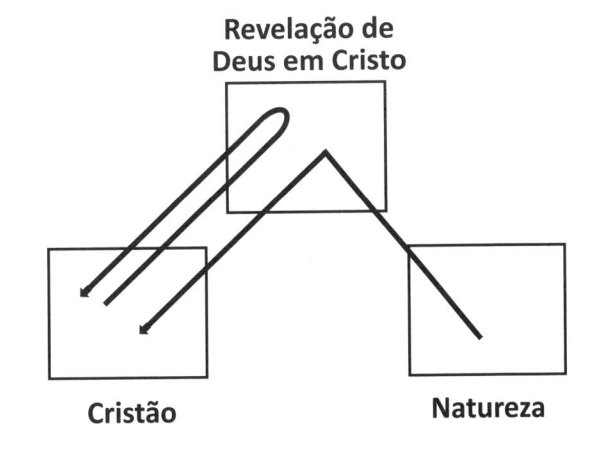

Cristão

Natureza

Figura 6. Sabedoria cristã

O DOM DA SABEDORIA

Qual a consequência do dom de sabedoria para o cristão? No AT, o dom de sabedoria parecia estar disponível a todos, mas há claramente uma dádiva especial para algumas pessoas cumprirem tarefas específicas. A mesma distinção aparece no NT. No evangelho, todo cristão tem sabedoria, mas há também o dom de sabedoria, uma manifestação especial do Espírito (1Co 12.8). O dom específico deve ser examinado à luz do dom geral dado a todos os cristãos.

O dom objetivo

Compartilhei meu entendimento sobre o dom de sabedoria de Salomão como algo mais amplo que a capacitação subjetiva ou poder mental para perceber e conhecer as coisas de forma especial. O aspecto subjetivo andava de mãos dadas com a sabedoria como dom objetivo. Ele reside na revelação divina de acontecimentos "externos" da história da salvação. Eu classificaria a palavra profética que interpreta esses eventos como objetiva da mesma forma que a Bíblia é objetiva para nós. Para o cristão, o dom objetivo de sabedoria é a pessoa e a obra de Cristo. Não se pode separar isso de todo o testemunho bíblico da história da salvação, porque a Bíblia inteira encontra seu significado no evangelho. Há inúmeras referências ao NT que fazem a sabedoria equivalente ao evangelho, de modo que quem conhece o evangelho, e realmente crê nele, possui sabedoria. Por exemplo, a sabedoria de Estêvão na disputa com os helenistas é manifesta na capacidade de proclamar o evangelho (At 6.10). Trata-se de um exemplo da promessa de Jesus em Lucas 21.12-45, ou seja, a sabedoria para testemunhar. Esse testemunho, no NT, significa narrar os atos salvadores de Deus em Cristo.

Em essência, o dom de sabedoria objetiva é a autorrevelação divina pela qual o povo de Deus recebe orientação. Cristãos fazem bem quando reconhecem que a Bíblia é sabedoria para nós. Ainda melhor é o entendimento de que toda a Bíblia se cumpre no evangelho. Portanto, a sabedoria objetiva é a sabedoria divina partilhada conosco mediante a revelação, na Bíblia, dos propósitos salvadores de Deus em Cristo. Assim, diz Paulo, as riquezas da graça divina, os benefícios do evangelho, são dispensadas sobre nós com toda a sabedoria e entendimento (Ef 1.8). A atividade de Deus para a salvação, proclamada ao mundo, torna-se a demonstração objetiva da sabedoria divina a todo o universo (Ef 3.8-10). É sabedoria objetiva quando os irmãos ensinam e admoestam os outros de acordo com a palavra de Cristo no evangelho (Cl 3.16). Da mesma forma, é sabedoria objetiva a que já é considerada como conteúdo intelectual do evangelho.

O dom subjetivo

O evangelho como sabedoria de Deus deve ser nosso guia. O evangelho é objetivo na medida em que "está lá fora". A obra completa de Cristo foi realizada inteiramente sem nossa participação. Mas o evangelho que "está lá fora" deve ser aplicado ao pecador. Deve se tornar parte do seu mundo e ser percebido como algo que se aplica a ele e exige seu envolvimento por meio da fé e do arrependimento. Essa consciência subjetiva de que a vida e a morte de Jesus são "para mim" equivalem à saída consciente de mim mesmo para me relacionar com o que é objetivo. A percepção subjetiva do evangelho jamais ocorre completamente em mim. Sempre é a resposta do que está em mim ao que está lá fora. O evangelho é sempre o mesmo: ele é Jesus Cristo, o mesmo ontem, hoje e sempre (Hb 13.8). As percepções subjetivas do evangelho variam de pessoa para pessoa. Muitos fatores estão envolvidos, como a forma clara e significativa do anúncio do evangelho, bem como o próprio *background*, treinamento e temperamento. Nenhum desses tem uma influência sobre a reação esperada da pessoa, uma vez que essa reação é obra soberana de Deus mediante o poder do evangelho para submeter quem ele deseja. A graça divina no evangelho é o ato soberano pelo qual os fatos objetivos do evangelho se tornam a realidade subjetiva para o crente sem nunca perder sua natureza objetiva. A graça é dom, como o evangelho bem exemplifica. A resposta ao evangelho é a vida de fé, a vida de sabedoria prática cristã. Esta é a tarefa. Dom e tarefa nunca podem ser separados, pois assim Deus se relaciona com seu povo.

Arrisquei-me trabalhando esse assunto por causa de sua importância. O padrão de sabedoria no AT se conforma com o padrão do NT de vida de fé responsável: dom e tarefa. Há, no entanto, algumas passagens relativas ao dom da sabedoria que parecem enfatizar mais o dom que a tarefa. José é um exemplo disso. Mesmo rejeitando o argumento de Von Rad de que a narrativa sobre José em Gênesis 37—45 é uma peça de literatura sapiencial (v. Capítulo 9), não podemos ignorar as referências à sabedoria dentro do texto.[114] Embora não haja referências ao fato de José ter recebido o dom de sabedoria, ele fez o que os sábios do Egito não conseguiram, isto é, interpretar os sonhos de Faraó. Estêvão (At 7.10) se refere a José como alguém que recebeu sabedoria divina, por ter se tornado o braço direito do Faraó. Como a sabedoria incluía a interpretação de sonhos, ela é descrita mais como uma habilidade geral que o conhecimento sobrenatural direto. A sabedoria de Josué era de um tipo semelhante, embora tenha resultado da imposição das mãos (Dt 34.9). Foi um dom carismático de liderança da mesma forma que o dom de Salomão. O dom e a tarefa passaram de mão em mão, mas com José havia um dom de conhecimento direto através de uma revelação sobrenatural de Deus.[115]

As outras passagens principais em que a sabedoria envolve um dom sobrenatural de conhecimento estão relacionadas com Daniel. A narrativa de Daniel 2 contém muitos paralelos estreitos com a história de José. Em ambas, os israelitas são escravos de estrangeiros. As duas envolvem sonhos de reis estrangeiros cujos próprios sábios

---

[114] O fato de José agir com sabedoria não faz da narrativa uma história de sabedoria como Von Rad sugere, e as referências à sabedoria de Salomão em 1Rs 3—10 não fazem dessa narrativa o trabalho de um homem sábio. São simples narrativas e não composições elaboradas para transmitir sabedoria.

[115] Todas as teorias psicológicas modernas de interpretação dos sonhos trabalham a partir do conceito de causa e efeito. O que uma pessoa sonha está de alguma forma relacionado a fatores do passado, incluindo-se como ele pensava a respeito do futuro. Não há previsão de acontecimentos futuros, como se vê em José.

não conseguem interpretar. Os sonhos vêm de Deus e só ele é capaz de interpretá-los por meio de seus sábios. Quando os sonhos são interpretados, o resultado tem significado de salvação para o povo de Deus, ponto de extrema importância para a compreensão destes eventos. Saliento isso porque todos os eventos com significado de salvação no AT apontam para Jesus Cristo no evangelho. Seu cumprimento é o que Jesus fez por nós, em vez de em eventos semelhantes em nossa experiência. A revelação de sonhos a José e Daniel estão mais no fluxo da história da salvação que da sabedoria como vida prática. A revelação de salvação alcança a plenitude em Jesus Cristo. Sem afirmar que Deus possa ou não conceder essas revelações diretas aos cristãos hoje, devemos declarar que as revelações no presente seriam de uma ordem diferente das revelações do AT, pois agora temos a palavra final de Deus em Cristo.

Concluo de tudo isso que há pouco, no AT, tanto nas narrativas sobre os homens sábios como na própria literatura sapiencial, para apoiar a ideia de que o dom de sabedoria no NT consiste em novas revelações sobrenaturais de Deus. Para isso é preciso acrescentar também que não há indício dessa ideia no extenso tratado sobre a sabedoria em 1Coríntios 1—2, que sem dúvida deve ser definitivo para a compreensão do significado de 1Coríntios 12.8, reunindo todas as evidências da natureza da sabedoria tanto no AT como no NT. É mais realista concluir que Paulo fale sobre uma capacidade dada por Deus de aplicar o significado do evangelho em situações específicas da vida real. Ela deve ser distinguida da sabedoria pertencente a todos os cristãos, mas provavelmente apenas em grau. A experiência cristã normal seria de crescimento constante para a maturidade por meio do envolvimento na tarefa de aprender a sabedoria. O dom especial de que Paulo fala pode ser demonstrado na maturidade que ultrapassa os anos de experiência cristã de uma pessoa.

Um problema de lista de dons de Paulo em 1Coríntios 12.4-11 é que ela parece distinguir a mensagem de sabedoria da mensagem de conhecimento. Na maior parte do AT, os contextos de sabedoria e conhecimento são quase sinônimos, ou, pelo menos, se sobrepõem em maior ou menor grau. Mesmo a habilidade do artesão, que se encontra entre os usos da palavra *sabedoria* em Êxodo, tem o *conhecimento* como sinônimo.[116] Se Paulo pretende apresentar uma distinção, ele não a explicou. Na discussão, é importante o reconhecimento do que não constitui os dons de sabedoria e conhecimento. O que quer que sejam, eles não usurparão o supremo lugar de Jesus Cristo, ou do cânon das Escrituras que testificam sobre ele, no sentido de tornar conhecido para nós todo o necessário para dar sentido a nós mesmos e ao mundo que nos rodeia. Ou eles deslocariam a tarefa de usarmos o cérebro e o senso comum santificado. Isto não descarta a possibilidade de esses dons serem apresentados como a capacidade manifestamente sobrenatural de penetrar na realidade de qualquer situação.

A sabedoria em Tiago

A Epístola de Tiago tem sido considerada como uma obra fortemente influenciada pela sabedoria israelita. Em alguns aspectos, Tiago cumpre um papel no NT semelhante ao de Provérbios do AT. Há alguns paralelos óbvios na forma como Tiago exorta os cristãos a buscarem a verdadeira sabedoria. Existem alguns problemas com Tiago, como é comumente reconhecido, como a falta de referência ao evangelho. Seria difícil reconstruir a natureza do evangelho a partir dessa carta não fosse o fato de que Jesus Cristo é o Senhor da glória e voltará para julgar o mundo. (Embora Tiago seja muito mais explícito nas referências à história da salvação que 3João, onde Jesus nem sequer é mencionado.) Poucos aceitariam a ideia de que Tiago deliberadamente contradiz Paulo no tratado sobre fé e obras (Tg 2.14-26), e o que ele diz é consistente com a visão da sabedoria como dom e tarefa. Então, para começar, notamos que Tiago, como a literatura sapiencial do AT, faz poucas referências explícitas aos atos salvadores de Deus, mas claramente os pressupõe.

A segunda característica da epístola é a falta de qualquer tema ou desenvolvimento. Há algumas seções que tratam de uma variedade

---

[116] Êx 31.3; 35.31.

de assuntos relativos à vida diária. Mas seria tão errôneo concluir que Tiago não é teológico quanto seria em relação a Provérbios. Tiago escreve como cristão cuja fé no Senhor da glória pressupõe a vida, morte e ressurreição de Jesus. As características da sabedoria de Tiago não se limitam a discursos sobre o assunto (ou seja, 1.5-8; 3.3-18). Em toda a parte ele mostra as preocupações da velha sabedoria aos cristãos do século I. O contraste entre a sabedoria terrena de Tiago e a sabedoria do alto é intensamente prático. Toda boa dádiva vem do alto, ou seja, vem de Deus (1.17). A sabedoria é uma dessas dádivas e mostra-se na boa vida (3.13). Ela é pura, amante da paz, atenciosa, submissa, misericordiosa e tem bons frutos (3.17). Não é razoável supor que o texto de Tiago 4 e 5 (e, talvez, os capítulos precedentes) seja o detalhamento dessa sabedoria em determinadas áreas da vida. Tiago fala da sabedoria como dom e tarefa baseados no temor do Senhor, que em seus termos significa a fé em Jesus Cristo, o Senhor da glória. Não há indício de nenhum dom carismático de sabedoria especial. A sabedoria pertence a todos e, de fato, ela se manifesta em boas obras que atestam a realidade da fé.

DECISÕES

Como afirmei no Capítulo 1, este livro não versa sobre orientações e tomadas de decisão. Se quiséssemos um tratado abrangente sobre o tema orientação, seria preciso abordar uma gama de assuntos bem mais ampla que a literatura sapiencial. A sabedoria, no entanto, é uma dimensão importante do assunto. Muitos problemas pessoais poderiam ser evitados por meio da perspectiva apresentada pela sabedoria.

Para entendermos a visão bíblica sobre orientações precisamos procurá-las no contexto da natureza progressiva da revelação. A verdade da revelação de Deus vem por estágios até atingir a intensidade total da luz do conhecimento de Deus em Cristo. Há duas coisas a serem ditas sobre a orientação nesse âmbito bíblico. Em primeiro lugar, a orientação a indivíduos por meio direto de sonhos, visões e palavra profética diminui à medida que o repositório da vontade revelada de Deus cresce. Isso não significa que essa orientação direta e sobrenatural cesse necessariamente uma vez concluído o cânon das Escrituras, mas significa que a probabilidade de Deus adicionar algo à palavra final em Cristo, registrada no NT, é de fato muito remota. Em segundo lugar, creio que seja correto dizer que todos os casos de orientação especial dada a indivíduos na Bíblia dizem respeito ao lugar da pessoa na realização dos propósitos salvadores de Deus. Dizendo de outra maneira, não há exemplos na Bíblia em que Deus dá orientação especial e específica para o crente israelita comum ou cristão sobre detalhes de sua existência pessoal.

Foi, de fato, em Israel que a sabedoria floresceu como a prática de prudência na tomada de decisão entre outras coisas. Assim, podemos justificadamente dizer que um aspecto muito importante da orientação de Deus na Bíblia é a recusa em nos guiar em cada detalhe da existência; entretanto, Deus se atém em nos apresentar a estrutura general de sua vontade e propósito. A literatura sapiencial contribui muito para o impacto global da Bíblia ao estabelecer que Deus deu a seus filhos a liberdade de fazer escolhas reais entre opções reais. Essa liberdade, de maneira nenhuma, nega a soberania divina, mas destaca nossa humanidade redimida. Deve estar muito claro agora que qualquer noção de que Deus remove de nós a responsabilidade de tomar decisões por meio de algum tipo de orientação interior (ou mesmo exterior) não está de acordo com o que é dito na literatura sapiencial. É também uma negação do ensino bíblico sobre nossa humanidade restaurada em Cristo.

A Bíblia nos mostra a vontade soberana de Deus em que todas as coisas o louvarão. Nessa vontade, há muito que não podemos compreender ou que não é revelado. Jó e Eclesiastes nos apontam para mistérios como o mal e o sofrimento. Mesmo eles, sabemos, também virão louvar a Deus. O exemplo mais claro disso está na crucificação, o assalto final a Deus pelo Diabo e o homem. No entanto, ela foi ordenada por Deus como meio de salvar o povo de Deus e restaurar a ordem universal (At 2.23; 4.27,28).

Nessa vontade soberana abrangente está a vontade de Deus específica, revelada no evangelho. Ela é a vontade de Deus de salvar um povo para si mesmo e trazê-lo à glória no universo regenerado. Deus nos revelou seu propósito em Jesus Cristo. Conhecemos sua vontade para nós, ou seja, nos conformar à imagem de Cristo (Rm 8.29). Aqui, principalmente, é onde ocorre orientação na Bíblia. É impossível que o povo de Deus não cumpra a vontade divina, porque Cristo não perderá nenhum daqueles que lhe foram dados pelo Pai, e ele os ressuscitará no último dia (Jo 6.35-40). Não podemos perder o melhor de Deus, uma vez que somos propriedade de Cristo e seremos como ele.

Mas como Deus nos conduz a esse objetivo? Paulo resume tudo em termos de crescimento do cristão em santidade: "A vontade de Deus é que vocês sejam santificados" (1Ts 4.3). Sabemos que seremos conduzidos aos objetivos de Deus, mas nenhum de nós pode prever o caminho que percorrerá. Há duas formas possíveis de conceber esse progresso da conversão à glorificação. A primeira é a abordagem da orientação especial que pressupõe que Deus não apenas mapeou todos os detalhes de nossa vida, mas que devemos descobri-los por meio de uma orientação especial. Assim, devemos buscar a orientação divina para cada momento específico, para não perdermos seu propósito para nós. A Bíblia não sabe nada sobre isso, e, de qualquer forma, não pode mesmo funcionar. Isso existe, sob medida, para gerar cristãos ansiosos e inseguros em relação ao direcionamento de Deus sobre que pé devem mover primeiro.

A segunda abordagem de orientação é o caminho da sabedoria. Ou seja, Deus nos deu o quadro em que tomaremos decisões durante a vida. No evangelho estão todos os princípios necessários para que tomemos decisões sábias e responsáveis. Somos instados a usar o cérebro para a tomada de decisões compatíveis com o evangelho, e reconhecemos que muitas situações, mesmo as de grande importância, nos apresentam duas ou mais opções, e nenhuma delas parece mais aceitável que as outras.

No decurso da sua tomada de decisão diária, o cristão pode ter certeza que não perderá o melhor de Deus. Por uma questão de insanidade momentânea ou estupidez, ele pode escolher um curso de ação resultante em um monte de problemas, até mesmo tragédias. Mas nem isso pode demovê-lo do propósito final de Deus. Todos temos muito do que nos arrepender todos os dias, e decisões mais sábias (mais dirigidas pelo evangelho) com certeza nos impedem de causar danos a nós mesmos e aos outros. O livro de Provérbios é largamente direcionado para esse fim. A perspectiva da sabedoria como dom e tarefa é vista nas palavras de Paulo, e por adequação da tradução, cito a versão de John Bertram Phillips:

> Portanto, meus prezados amigos, assim como vocês sempre me obedeceram — não apenas enquanto estive entre vocês — agora, ainda mais em minha ausência, completem a salvação que Deus lhes deu com um devido sentimento de temor e responsabilidade. Pois é Deus quem está agindo dentro de vocês, dando-lhes a vontade e a força para atingirem o objetivo dele (Fp 2.12,13).[117]

Paulo dizendo aqui que os cristãos de Filipos devem parar de depender dele para tomar suas decisões. Eles devem trabalhar as implicações de sua salvação na vida diária. Essa é a tarefa de cada cristão em resposta ao amor de Deus mostrado para nós em Cristo. Observe a reafirmação de Paulo. Deus trabalha em nós de uma forma que afeta a nossa vontade e a capacidade de realizá-la. Deus não toma decisões por nós, mas quando nos esforçamos para entender o mundo à luz da revelação, Deus trabalha na tomada de decisão de todo o seu povo, atuando por meio de nosso pensamento e vontade, a fim de realizar nossa santificação.

A SABEDORIA CRISTÃ NA ERA TECNOLÓGICA

Gostaria de concluir com um comentário sobre sabedoria e tecnologia. Uma definição simples de tecnologia é a capacidade humana de fazer as coisas. Essa é a mesma definição dada a *sabedoria* no livro de Êxodo. Outra maneira de olhar para a tecnologia é a aplicação prática do conhecimento científico. Pode-se dizer que a tecnologia é uma das primeiras consequências do mandato cultural assim que

---

[117] *Cartas para hoje*. São Paulo: Vida Nova, 1994.

o homem passou a fazer ferramentas. Houve vários momentos tecnológicos específicos muitos significativos que alteraram de modo radical o curso da história humana. Contudo, até este século, o ritmo dos avanços tecnológicos era relativamente lento. O significado completo da invenção da roda, por exemplo, dificilmente teria ocorrido a quem a inventou. A união da utilização da alavanca com a roda produziu resultados extraordinários durante um período muito longo. Quando estes se uniram com a invenção do motor a vapor e, mais tarde, ao motor de combustão interna, os resultados foram rápidos e extraordinários. Mas, de forma geral, antes da revolução industrial, o homem teve tempo para se adaptar às ramificações desse desenvolvimento. Ele teve mais oportunidade que nós hoje para pensar nas implicações éticas desses avanços.

Agora as mudanças ocorrem com tanta velocidade que se adaptar a elas é mais do que o homem pode suportar. Agora temos a tecnologia necessária para fazer muitas coisas antes de ter refletido o suficiente sobre suas implicações éticas. Mesmo que já se tenham passado mais de quarenta anos do primeiro aproveitamento da energia nuclear, o bombardeio de Hiroshima permanece uma ilustração clara dos dilemas morais colocados pela tecnologia. O debate continua porque as implicações de Hiroshima estão sendo mais compreendido por mais e mais pessoas. A corrida armamentista demonstra que a compreensão das questões não fornece os meios para controlar o monstro criado.

Os problemas éticos criados pela tecnologia são também vistos com clareza nos campos da medicina e da biologia. Não só os cristãos se encontram alarmados com as possíveis aplicações das atuais realizações com a fertilização *in vitro*, os transplantes de órgãos e a engenharia genética. Muitas pessoas dizem que a pesquisa nessas áreas deve ser retardada para nos dar tempo para pensar sobre as implicações. Assim, por um lado, isso é visto como uma corrida contra o tempo para desenvolver novas formas de controlar o corpo e o meio ambiente, a fim de conseguir melhorias (bebês para mulheres sem filhos, novo sopro de vida para quem espera a morte e a abolição de defeitos genéticos, como a síndrome de Down). Por outro lado, há muita inquietação sobre a tecnologia mesmo que para o bem, mesmo sobre as coisas criadas com bons propósitos, mas com potencial de danos terríveis para a sociedade. Estamos preocupados com a despersonalização do indivíduo e a restrição de certas liberdades. Há pouco conforto nos grupos seculares de liberdades civis, pois esses muitas vezes parecem defender o liberalismo que mina o conceito cristão de sociedade bem-ordenada. A mente secular que chuta a idolatria à tecnologia convida o cristão a participar de uma causa comum. Mas os grupos seculares de desarmamento nuclear, estilo de vida alternativo, conservação das liberdades civis, raramente fornecem uma base racional para a ação realmente satisfatória para a mente cristã.

Um dos problemas característicos da tecnologia moderna é algo que dificilmente teria se apresentado em tempos bíblicos. A explosão do conhecimento significa que mais e mais pessoas se tornam especialistas em campos mais estreitos do conhecimento. O especialista nem sequer é consciente da vasta gama de outras especializações, e muito menos de como seu campo está em sintonia com os outros. À luz da visão bíblica da sabedoria e do conhecimento, vemos que a especialização torna o desenvolvimento de uma visão global de mundo menos provável. O salmista disse:

Ensina-nos a contar os nossos dias
para que o nosso coração alcance sabedoria (Sl 90.12).

Para ele, essa era a questão de longevidade vista como dom de Deus. A sabedoria, então, avalia nossa mortalidade como algo ligado à ordem total das coisas. Não é a tecnologia que pode nos ensinar o sentido último da vida, pois ela foi concebida para ser governada pelo que Deus revelou sobre seu significado. Mas a tecnologia especializada faz tudo menos assumir o controle das questões de nascimento e morte. As questões mais importantes são controlar o preço e a qualidade dos nascimentos, e por quanto tempo a vida pode e deve ser prolongada pela tecnologia à disposição. O indivíduo não mais conta seus dias; ele passa a responsabilidade aos tecnocratas a fim de que o façam por ele.

Há um grande número de considerações específicas para o cristão avaliar vários aspectos da tecnologia. Mas podemos ver um quadro bíblico amplo para moldar nosso pensamento para que nossa resposta não seja uma conformação tola nem reação insegura? Acredito que podemos, e não tenho dúvida de que o conceito bíblico de sabedoria fornece o enquadramento necessário. Além disso, suspeito que o quadro bíblico exija algumas reavaliações radicais do uso da tecnologia. O quadro pode ser relativamente simples, mas sua aplicação à vida mostra uma complexidade crescente.

Pelo fato de a ciência e tecnologia serem expressões do mandato cultural, elas devem ser afirmadas e bem recebidas pelos cristãos. Na verdade, a visão cristã do homem e da criação fornece ao cientista e tecnólogo a perspectiva de suas atividades, que não só as tornou possíveis — deveria também tê-los impedido de criar o monstro. Quando o mandato cultural é aceito com base na revelação, as distinções adequadas entre Deus, o homem (os cientistas) e o mundo podem ser mantidas. Mas, quando ela deixa de ser vista como mandato, ou seja, como operação autorizada por um superior, passa a ser considerada extensão natural do homem autônomo. Removida de sua relação benigna com a ordem do universo, é adotada como a base de poder para todos os tipos de dominação. O domínio do homem foi destinado a refletir o pastoreio gracioso de Deus, mas se corrompeu em um jogo de poder egoísta. A sabedoria nos impulsiona a continuar lutando para traduzir o temor do Senhor como o princípio do conhecimento para viver pela fé no mundo. Sua base na doutrina da criação, e a ênfase nos aspectos práticos da vida aqui e agora, fornecem a verificação contra o uso indevido da orientação para a vida futura que fuja das responsabilidades no presente. A sabedoria nos lembra de que a vida de ressurreição será alcançada por meio de nossa peregrinação por esta vida neste mundo.

Se a sabedoria, aperfeiçoada no evangelho, pretende ter algum impacto no mundo, ela deve ser vista como uma implicação do evangelho. Longe de remover a literatura sapiencial do AT, o evangelho a completa e interpreta. Com a perspectiva total do AT e NT, temos a base para a compreensão do temor do Senhor, e com isso uma visão abrangente da realidade. A natureza da unidade de todas as coisas e a distinção adequada entre elas ficam obscurecidas quando rejeitamos os pontos de referência principais. A mente do cristão começa com o ser de Deus como Trindade. Isto não é vagamente teísta de alguma forma não especificada. Dizer: "Eu acredito em Deus" não é bom o suficiente — a menos que seja o Deus da Bíblia. A mente secular rejeitou este ponto de referência mais importante e, consequentemente, lançou uma nuvem de ignorância e insensatez sobre todas as áreas de seu conhecimento. O humanismo derrota o próprio objetivo — que é o bem do homem. Ele não pode saber o que é melhor para o homem, uma vez que rejeitou a possibilidade da existência do Deus da Bíblia. Novos deuses tomaram o lugar do Deus verdadeiro, e a tecnologia foi transformada em um ídolo particularmente tenaz do século XXI. Ela é um poderoso deus, uma vez que é o desvio de algo que estava no centro dos propósitos de Deus para o bem.

Os israelitas foram chamados para buscar a boa ordem do Reino de Deus na medida do possível neste mundo pecaminoso. Esta teria sido uma busca sem sentido sem a perspectiva do Reino futuro que o próprio Deus estabeleceria por meio da transformação de todas as coisas para a perfeita ordem. Este deveria ser o tão esperado dia do Senhor. Segundo o NT, o dia do Senhor veio em Jesus Cristo, mas a era antiga continua por um tempo até que Cristo apareça outra vez em glória. Na sobreposição dessas duas eras, entre as duas vindas de Cristo, os livros de Provérbios, Jó e Eclesiastes são palavras de Deus nos chamando para buscar a ordem do Reino como ela se aplica a esta era ambígua. Essa ordem é alcançada não só por meio da conversão e santificação pessoal, mas pela santificação do corpo de Cristo, e mediante a proclamação do evangelho em todo o mundo. O evangelho julga a desordem em nosso interior e à nossa volta.

A perspectiva que nos leva de volta a partir de Jesus Cristo para a sabedoria do AT e, em seguida, para a criação, lembra-nos de que a transformação da ordem que tão ardentemente desejamos em nós mesmos não acontecerá sem a transformação da pessoa toda — corpo, mente e espírito —, e do universo que nos rodeia. É impossível que imaginemos o significado da completa ausência de desordem na nova terra. A antecipação dessa experiência é uma das alegrias da certeza da ressurreição no último dia. Mas nunca será apenas antecipação, pois o processo de nos transformar nessa ordem já começou a partir do momento em que Cristo tomou conta de nós mediante seu evangelho. A literatura sapiencial do AT desempenha uma parte vital para nós na estruturação do efeito inevitável do evangelho em nossa vida quando somos transformados pela renovação da mente (Rm 12.2).

Na época em que a tecnologia e a corrida para possuí-la substituíram as antigas rivalidades tribais, os sábios de Israel nos lembram que a palavra *sabedoria* era, pelo menos por um tempo, sinônimo de tecnologia, como ela existia então. Esses sábios são companheiros dignos quando falamos de regeneração cósmica. De maneiras inesperadas, eles nos ensinam a confiança e o temor do Senhor. Ao fazê-lo, eles nos levam à fonte da verdadeira sabedoria na pessoa e obra de Cristo. Aquele que é o caminho, a verdade e a vida permanece o princípio e o fim de todas as buscas do homem por ordem e significado no universo. Os homens de Israel podem nos surpreender, e até desagradar, com seu mundanismo e sabedoria caseira. Às vezes podemos achar difícil reconhecer a voz de Deus falando conosco por intermédio deles. Mas a mais alta sabedoria de Deus consistiu em se tornar um com eles e conosco, como o Deus-homem. Assim, ele fez do mundo nossa sala de aula. Quer consideremos os caminhos da formiga de Salomão, ou a ponderação de Jó sobre o Leviatã, ou nos maravilhemos com *Qohelet* sobre os mais profundos mistérios da vida, somente Cristo transformará todas as distorções e ambiguidades da nossa míope visão. Ele é a nossa sabedoria, e, assim, transforma as palavras dos antigos sábios hebreus em proclamação urgente do evangelho que nos convoca a confiar nele para tudo o que há na vida:

> Como é feliz o homem que me ouve, vigiando diariamente à minha porta, esperando junto às portas da minha casa. Pois todo aquele que me encontra, encontra a vida e recebe o favor do SENHOR (Pv 8.34,35).

QUESTÕES PARA ESTUDO

1. Por que todos os textos do AT devem ser entendidos à luz do evangelho?

2. Qual é a evidência bíblica para a construção de nossa compreensão do que Paulo se referiu como o dom de sabedoria em 1Coríntios 12.8?

3. Como o conceito bíblico de sabedoria nos ajuda a compreender a natureza da orientação e da tomada de decisão?

4. Como a sabedoria bíblica nos ajuda a lidar com o evangelho na era tecnológica?

Paixão pela verdade

a coerência intelectual do evangelicalismo

Alister McGrath

SHEDD
PUBLICAÇÕES

Avivamento e Renovação

EM BUSCA DO PODER TRANSFORMADOR DE DEUS

RUSSELL P. SHEDD

SHEDD
PUBLICAÇÕES

AVIVAMENTO

a ação extraordinária do Espírito Santo

RICHARD OWEN ROBERTS

Kevin J. Vanhoozer

teologia primeira

Deus, Escritura e hermenêutica

SHEDD
PUBLICAÇÕES